슬기로운 의료마케팅

| 홍상진

신영사

머리말

음악Music, 테니스Tennis, 독서Books의 MTB 인생이라고나 할까.

37년간 열심히 했던 테니스와 수만 장 되는 LP와 CD 음반이 그 증거다. 매년 300권의 책읽기를 목표로 작성해온 독서일기도 십수 년째 되었다. 용돈을 아끼고 점심값을 줄여서 한두 장씩 사 모으던 학생 시절부터 월급의 일부를 떼어내 정기적으로 구입하던 30~40대를 지나 지금까지 꾸준히 음반을 모아왔다. 이러한 내 인생에 진짜 MTB가 들어왔다. 테니스를 접고 자전거로 출퇴근하는 '자출족'이 된 지 4년 차다.

자전거 동호인들은 주말에 모여 함께 타는 경우가 많다. 이들의 목표는 단연 국토종주 자전거길 완주. 한강과 금강은 물론 제주도를 포함해 전국 유명 각지를 찾아 달린다. 주말이 되면 이들은 온종일 혹은 밤새워 달리기도 한다. 하루 100킬로미터를 넘어 달리는 건 일도 아니다. 하지만 주말에만 달리다 보니 그게 전부다.

자출족인 나는 주행거리가 그리 길지 않다. 집에서 직장까지 20킬로미터 조금 넘어 왕복으로 하루 41킬로미터. 100킬로미터를 넘나드는 주말 자전거족에 비하면 그야말로 새 발의 피에 불과하다.

그러나 나는 월화수목금요일 매일 달린다. 그렇게 40킬로미터씩 달리면 연간 주행거리는 딱 1만 킬로미터다. (참고로 주차장에 주로 서 있는 내 자동차의 연간 주행거리는 6천 킬로미터다).

자전거 고수라도 1만 킬로미터를 넘게 달리는 사람은 정말 드물다. 하루 40여 킬로미터는 우스운 거리일 수 있으나, 조금씩이지만 그 '매일'이 모이고 쌓이면 그 결과는 참으로 엄청나다.

날씨가 좋지 않을 경우 제아무리 마니아라 한들 그 주는 쉴 수밖에 없다. 그러니 주말 자전거족의 주행거리란 매주 100킬로미터씩 달려도 400킬로미터다. 예외적인 경우 200킬로미터씩 달리는 경우도 있겠으나, 그런 식이다 보면 결국에는 탈이 나거나 몸에 무리가 와 한동안 푹 쉬거나 자전거와 영영 이별하는 경우도 있다.

그에 비하면 멋진 복장이나 기막힌 폼은 아니지만 비가 오나 눈이 오나 웬만하면 자전거 출근인 나는 하루 40킬로미터에 불과한 길로 매달 800킬로미터를 달린다. 비가 오면 우비를 쓰고 눈이 오면 옷을 두둑이 입고 달린다. 도로가 얼어 위험하다지만, 그런 날에는 길에 사람들이 드물어 한산해 좋다. 비가 오면 비를 맞으며 타는 즐거움에, 눈이 오면 눈 내리고 쌓인 길을 달리는 기분에 열심히 탄다. 추운 날이라 해도 몇 분만 가다 보면 몸에 열이 나고 땀이 솟는다. 한겨울에 속옷이 땀으로 푹 젖는 기분도 남다르다. 눈이 내리면 눈길을 헤치고, 그리고 비가 오면 그 빗속을 달린다.

의료마케팅 공부도 크게 다르지 않다.

그냥 조금씩 매일매일 해나가다 보면 언젠가는 반드시 모이고 쌓여 어떤 형태로든 드러나기 마련이다.

1만 킬로미터를 달리는 게 쉬울 리 없다. 비가 오거나 기온이 떨어져 꽁꽁 얼어붙은 겨울 날씨에 자전거 타기가 귀찮을 수는 있다. 모두가 자전거를 탈 수 없는 이유를 들이댈 때, 그리고 누군가는 그 말을 듣고 타고 나가려던 자전거를 다시 내려놓을 때 바로 그때 고민하지 말고 자전거를 끌고 밖으로 나가면 된다.

이러한 수고로움이나 노력 없이 얻을 수 있는 게 세상에 무엇이 있겠는가.

얼핏 보잘것없어 보이는 소소한 것들이라도 일상의 꾸준함으로 이어가다 보면 언젠가는 큰 결실을 맺게 될 것이다. 매일매일 조금씩 해나가는 것의 위대함을 이 책으로 공부하는 모든 분들이 경험하게 되길 바란다.

2020년 8월

저자 씀

차 례

제 I 부 마케팅의 이해 및 마케팅 환경과 시장

제 1 장 의료마케팅의 이해

제 2 장 마케팅 환경과 시장

제 II 부 4P와 4C 및 마케팅 믹스

제 3 장 PRODUCT

제 4 장 PRICE

제 5 장 PLACE

제 6 장 PROMOTION

제 7 장 의료마케팅과 STP

제 Ⅲ 부 마케팅의 실제

제 8 장 시장조사

제 11 장 환자 경험

제 12 장 접점관리와 위기관리

제 13 장 마케팅과 지속 성장

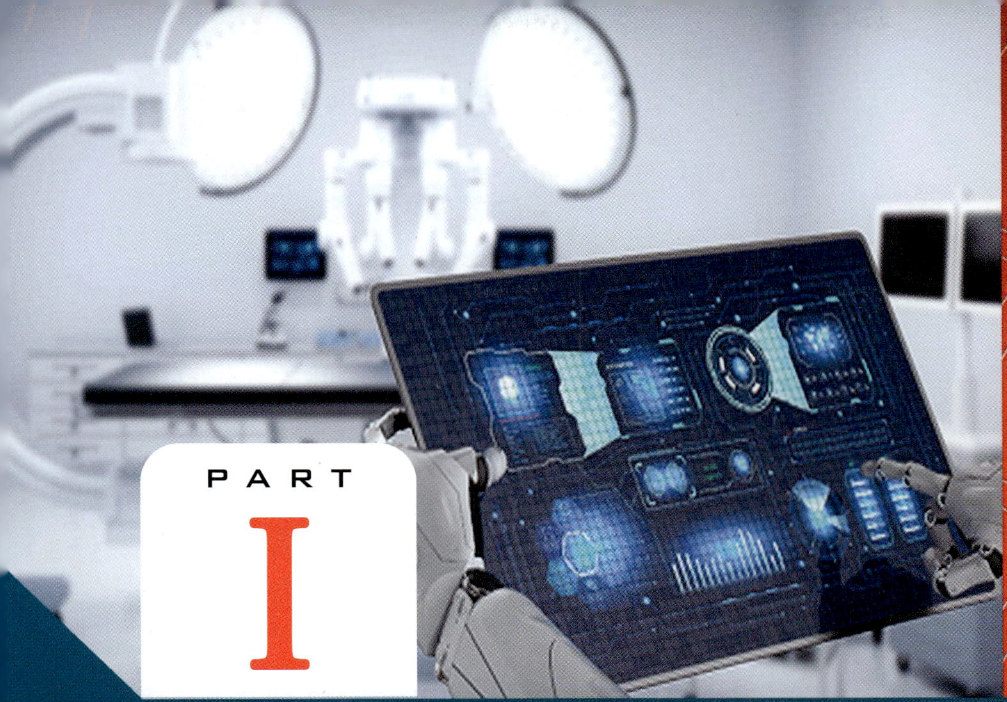

PART

I

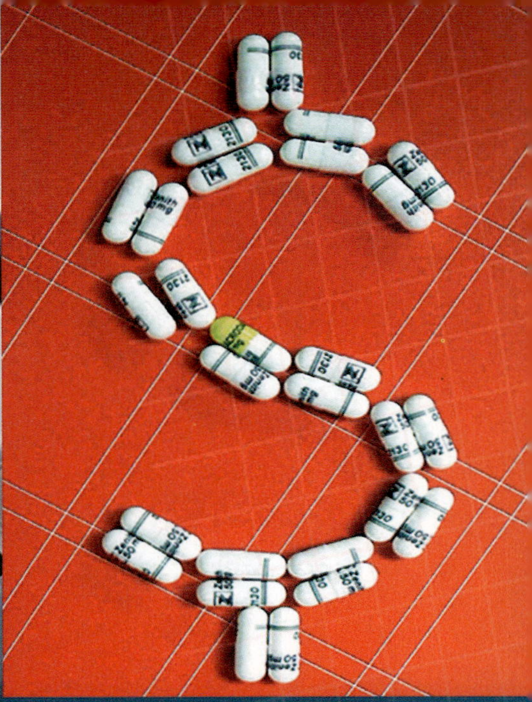

마케팅의 이해 및 마케팅 환경과 시장

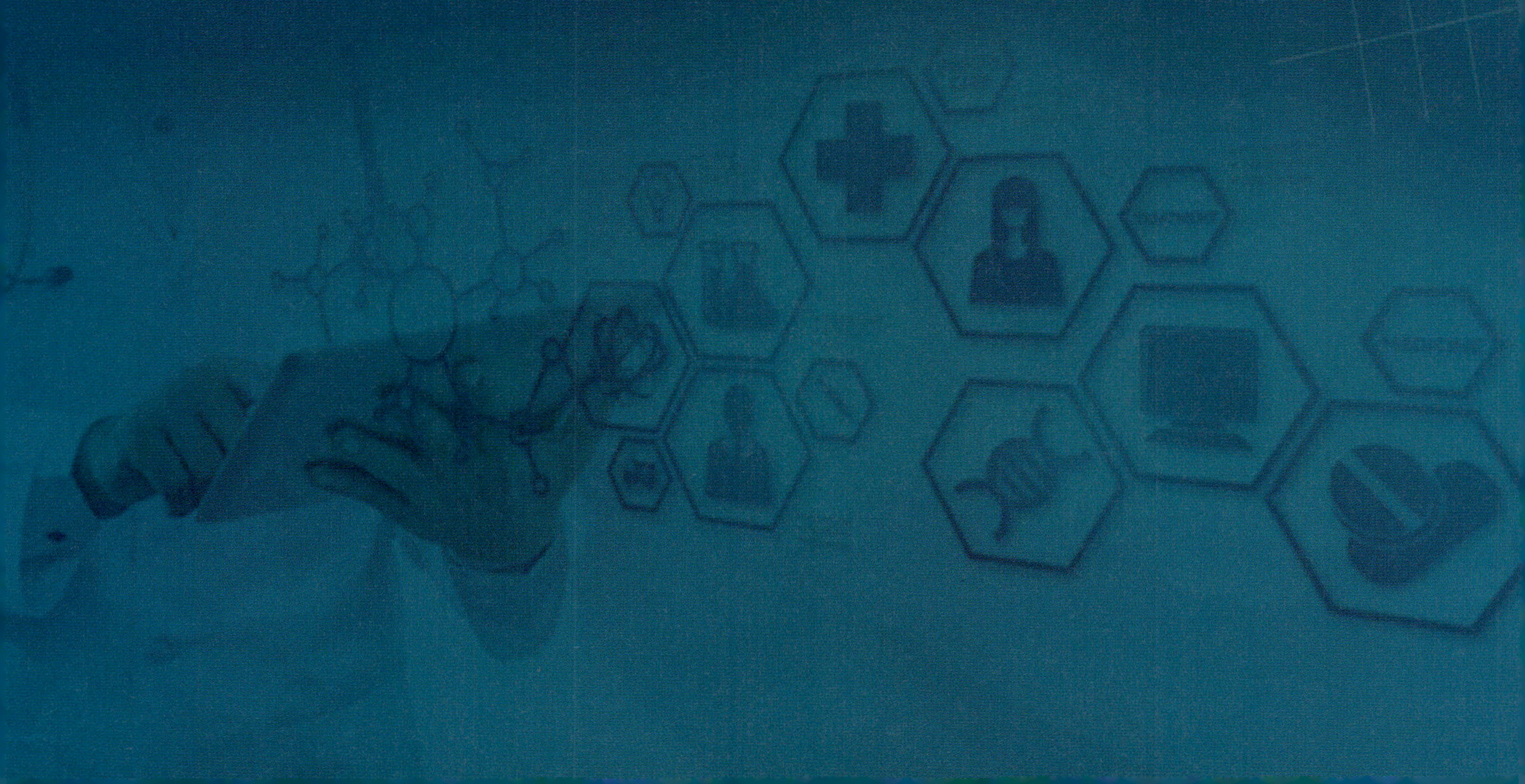

동경대 뇌신경외과를 설립한 시미즈 켄타로 교수는 매우 훌륭한 의사였지만, 수술할 환자들에게 인폼드 콘센트informed consent(수술 전 환자에게 수술 내용을 알리고 동의를 얻는 것)도 하지 않고 그냥 자신에게 모든 걸 맡기라고만 했다. 만약 의료 사고가 발생하더라도 환자 본인이나 가족들은 운이 나빴을 뿐이라고 생각했다. 불평은 생각도 못할 일이었다.[1)]

완쾌 여부를 떠나 병원에 가보는 것만으로도 큰 다행이라 여기던 시절이 있었다. 의료 인력이나 시설이 워낙 부족하다 보니 진찰받는 것 자체만으로도 황송했을 정도였다. 사정이 이러하니 환자가 사망하는 경우라도 불평은커녕 애써 준 의료진에게 그저 고개 숙이며 감사할 뿐이었다. 유족들 스스로도 '할 만큼 했다'는 위안을 품을 정도로 일본에서도 1960년대 초반까지 병원은 드문 존재였다.

• 날로 증가하는 공급량

우리도 마찬가지로, 해방 당시 의사 수는 남북한 통틀어 3천 명 정도였다. 당시 인구가 3천만 명이었으니 인구 10만 명당 의사는 10명꼴이었다. 그러다 보니 대부분의 사람들은 의사 구경조차 하기 어려웠다. 하지만 지금은 임상에서 활동하는 의사 수를 기준으로 10만 명당 288명(2018년 기준)[2)]이며, 앞으로 이 수치는 더 올라갈 것이다.

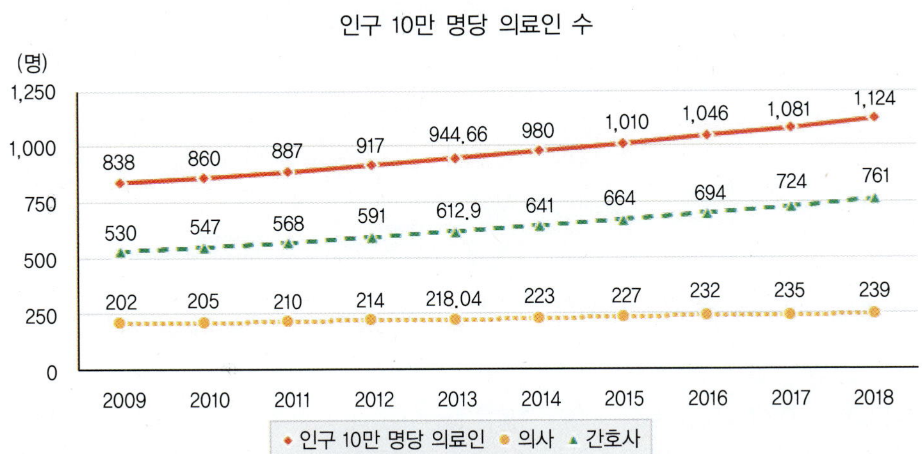

출처 : 보건복지부 「보건복지통계연보」, 통계청 「장래인구추계」

1) 구로카와 키요시. 대학병원 혁명. 한언, 2008
2) 2018년 12월 활동자 수 기준으로 의사(102,471), 치과의사(25,792), 한의사(20,759)를 모두 포함한 것이며(활동 의사 수 149,022명, 인구 5,180만 명 기준), 전년도인 2017년 수치는 284명임

활동 의사 수를 기준으로 한 앞 도표와 달리 발급된 면허를 기준으로 하면 이 수치는 347명으로 크게 올라간다.

인구 10만 명당 의료인 수 추이 [단위 : 명]

	2010	2011	2012	2013	2014	2015	2016	2017	2018
전체	860	887	917	945	980	1,010	1,046	1,081	1,124
의사	205	210	214	218	223	227	232	235	239
한의사	39	40	41	42	44	45	47	47	48
치과의사	51	52	54	55	56	57	58	59	60
조산사	17	17	17	17	17	16	16	16	16
간호사	547	568	591	613	641	664	694	724	761

출처 : 통계청(www.index.go.kr) e-나라지표(2020년)

• 공급자 중심에서 고객 중심으로

학교식당은 성장기에 있는 학생들을 대상으로 하는 곳이라 영양소의 균형과 조화가 요구된다. 식단을 짜는 영양사의 입장에서 볼 때 어제가 닭튀김이었다면, 오늘은 해산물이나 채소가 더 알맞을 것이다. 어제가 육류였다면 오늘이나 내일은 야채가 들어가야 전체적으로 잘 맞아떨어진다. 이런 차원에서 한 달 전체로 본 식단표는 매우 균형적이요 조화롭기 그지없다. 하지만 한 달 내리 학교식당만 이용하는 경우가 아니라면 어떨까. 공교롭게도 매번 올 때마다 고기반찬을 먹는 학생이 있는가 하면, 올 때마다 야채 등 푸성귀만 잔뜩 있어 '학식'에 질리는 경우도 있을 것이다. 월간 식단표는 전체적으로 조화로웠지만, 학생 개개인별로 본다면 조화롭지도 만족스럽지도 못한 것이다.

급식 매장의 한 달 메뉴를 보면 어디든 공통된 패턴이 있다. 마치 풍경화를 그리듯 그림 한 장에 다양한 것들이 모두 들어 있다. 해산물이 있으면 닭고기도 있고, 튀긴 게 있으면 볶은 것도 있다. 생선에다 야채도 빠지지 않는다. 균형감 있어 보이는 게 정말 괜찮아 보인다. 그런데 이게 잘 짜인 식단표일까?

이거야말로 짜는 사람의 입장에서 만든 식단이다. 짜는 사람의 입장에서야 여기 콩나물 무침을 넣었으면, 저기에는 콩나물국을 넣고, 이런 식으로 그림을 그린다. 한 달 식단 기준으로는 매우 조화롭지만 먹는 사람의 입장에서는 어떨까? 그날 뭐가 나오는지가 중요하다. 한 달의 조화가 중요한 게 아니다. 가끔씩 오는 사람들 입장을 고려한다면 급식 매장의 한 달 치 식단은 조화롭게 짜는 것보다 한쪽에 치우치게 짜는 것이 더 조화롭다. 고객 입장에서 그렇다는 말이다. (백종원. 백종원의 장사이야기. 서울문화사, 2016)

균형과 조화는 어느 분야를 막론하고 매우 중요하다. 하지만 이와 더불어 주 고객이 누구인지 정확하게 판단하는 것이 중요하다. 혈기왕성한 젊은이들이 주 고객이라면 기름진 음식을 가급적 많이, 거의 매일 올려야 한다. 한 달 치 기준으로는 균형은 물론 조화롭지도 않은 식단표일지 몰라도, 학생들이 주 고객인 학교식당이라면 이런 편파적인 식단표야말로 가장 균형 잡힌 것이자 고객이 진정 원하고 만족하는 메뉴라는 것이다.

마케팅에는 많은 시각차가 존재한다. 식단을 짜는 영양사의 입장과 먹는 학생의 입장이 다르다. 이 두 가지가 서로 다툴 때 최종적으로 선택해야 할 것은 손님의 입장이라는 아주 간단한 사실을 너무나 자주 잊어버리곤 한다.

• 고객 중심에서 고객 관점으로

지오지오는 이탈리아의 한 작은 마을의 가정용품 판매점이다. 무늬를 직접 새겨 넣은 아름다운 에스프레소 잔과 사용이 편리한 포크 제품 등에 대한 명성이 자자해지면서 이 가게를 방문하는 외국인들의 숫자도 조금씩 늘어나기 시작했다.

매장을 찾은 어떤 이들은 합작을 제안하기도 했다. 하지만 이런 제안들을 하나같이 거절했다. 무리 없이 순탄하게 유지되는 기존의 사업만으로도 충분했기 때문이었다. 하지만 지점을 내보자는 요청이 잦자 마침내 워싱턴 DC 외곽에 매장을 열었다.

그런데 어찌 된 영문인지 이곳의 매출은 당초의 기대를 크게 저버린 아주 저조한 수준이었다. 더 당황스러운 것은 매장의 방문객 수는 본국에 비해 월등히 높았다는 점이었다. 매장을 방문하는 사람들은 많은 데 비해 매출은 턱없이 저조하다는 사실을 어떻게 받아들여야 할지 무척 고민스러웠다.

누구도 이에 대해 속 시원한 해명을 내놓지 못했다. 결국 지오지오는 고객의 행동을 유심히 살펴보기로 했다. 도무지 알 수 없는 이유를 고객의 행동을 통해 밝혀 보기로 한 것이다. 그러고는 매장이 한눈에 내려다보이는 곳에서 고객들을 살펴보기 시작했다. 조사 결과 고객들이 가장 많은 관심을 보인 제품은 여섯 개씩 묶어 놓은 200cc짜리 물컵 세트와 낱개로 판매하는 500cc짜리 꽃병이었다.

매장을 찾은 고객들은 물컵 세트를 집어 들었다가 내려놓고는 꽃병이 진열된 곳으로

갔다. 대부분의 고객들은 하나같이 고개를 갸우뚱거리며 집었던 꽃병을 다시 내려놓았다. 그러기를 수차례 하다가는 하나같이 매장을 빠져나가는 게 아닌가. 물컵 세트는 물론 꽃병도 사지 않은 채 말이다.
이들의 행동이 하도 궁금해 손님들에게 물었더니 의외의 답변이 나왔다.

"너무 아름다워요. 그런데 왜 꽃병을 여섯 개씩 묶어 파는 거죠? 꽃병을 여섯 개나 살 일은 없는데. 그리고 물컵은 왜 하나씩만 파는 거죠? 몇 개씩 묶어서 팔면 좋으련만."

물컵과 꽃병으로 팔려는 제품을 미국 사람들은 꽃병과 물컵으로 받아들인 것이었다. 미국인들이 보기엔 꽃병을 여섯 개씩이나 묶어 놓았고, 정작 가족 수만큼 필요한 물컵은 낱개로 팔고 있으니 참으로 기이해 보였던 것이다. 이탈리아에서는 모두가 꽃병으로 생각하는 커다란 500cc짜리 제품을 미국 사람들은 너무나도 당연하게 물컵으로 생각하고 있었던 것이다. 뒤늦게 그 사실을 깨달은 회사 측은 비로소 자신들이 이탈리아와는 전혀 다른 낯선 시장에 와 있음을 실감하게 되었다.

지오지오는 그 즉시 고객이 원하는 대로 포장을 다시 했다. 여섯 개씩 묶어놓았던 물컵은 개별 포장으로, 그리고 낱개로 해두었던 꽃병을 여섯 개씩 묶어 다시 내놓았다. 이후 지오지오의 CEO는 이렇게 말했다.

"고객이 생각하는 것이 바로 제품이며, 내 생각 따위는 중요하지 않아. 나는 고객과의 대화를 통해 고객이 원하는 걸 배울 수 있었네."[3]

---

3) 세스 고딘 등. 빅무THE BIG MOO. 황금나침반, 2006 참고

CHAPTER

1

의료마케팅의 이해

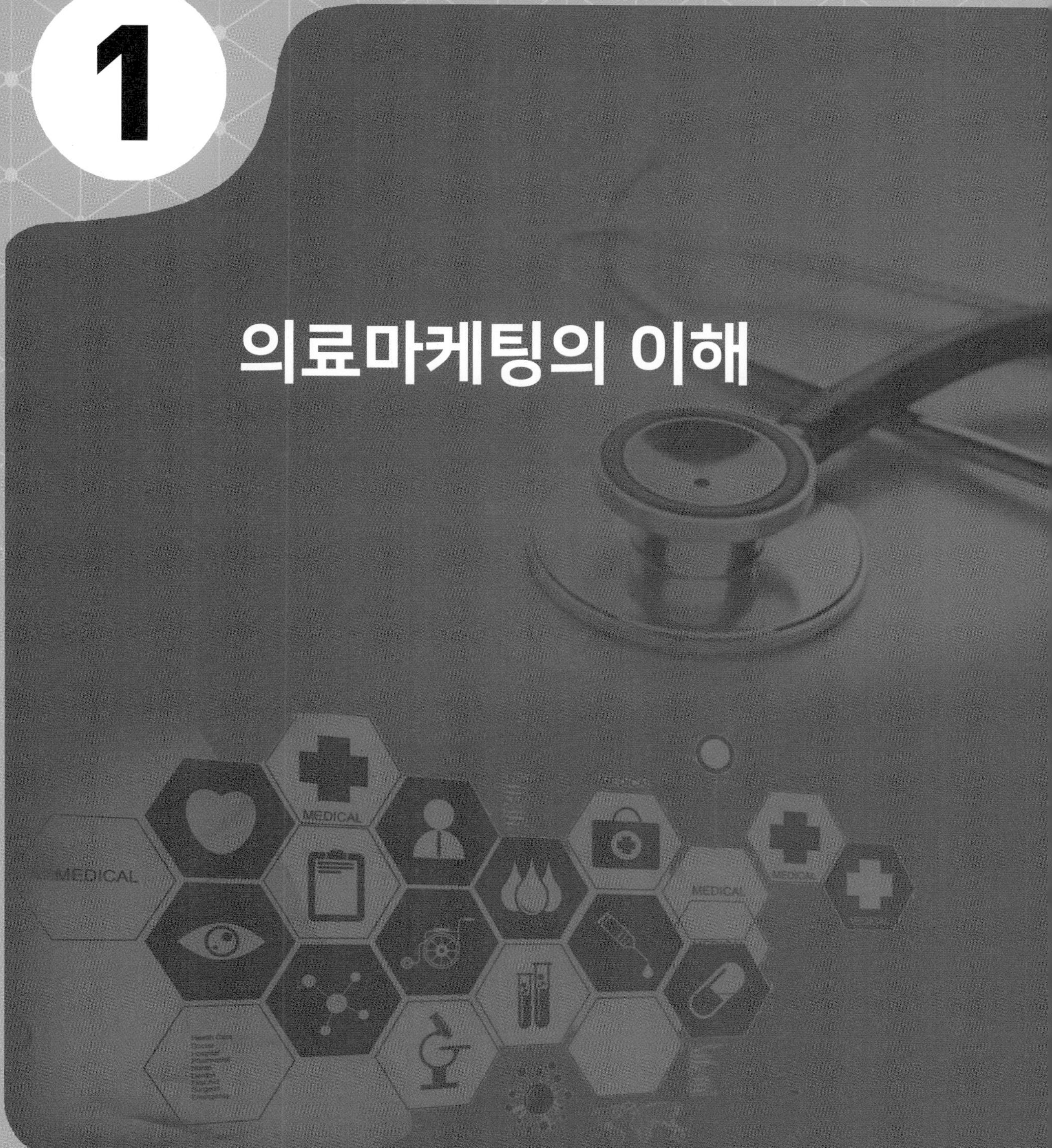

1. 마케팅의 활용

가. 마케팅 시대

마케팅의 시대가 분명하다. 하지만 처음부터 그랬던 것은 아니다. 구글Google 학술검색에서 마케팅Marketing이란 용어의 출현 빈도를 찾아보았다.

시대별 마케팅 용어의 출현 빈도

시기	출현 빈도	구성비(%)
1900~1919	17,800번	0.5
1920~1939	39,400번	1.1
1940~1959	106,000번	2.9
1960~1979	500,000번	13.6
1980~1999	1,680,000번	45.7
2000~2019	1,331,000번	36.2
계	3,674,200번	100.0

2019년까지 마케팅이란 용어의 출현 빈도는 367만 번 정도 된다. 시기별로 구분해 보면 1980년대와 1990년대(1980~1999)가 절반 가까이 되며(45.7%) 2000년 이후도 전체의 1/3이 넘는다. 최근 40여 년 동안의 비중이 81.9%로 압도적으로 많다.

'마케팅'이라는 용어가 대략 1910년도부터 사용되기 시작하면서 유통, 거래, 상거래와 같은 용어가 함께 등장했다. 하지만 이 시기의 마케팅이란 용어의 의미는 주로 공급자의 활동에 국한된 것일 뿐이었다. 오늘날 우리가 알고 있는 의미의 마케팅 개념은 20세기 후반에 나온 것이다. 이를 기준으로 볼 때, 마케팅이란 용어는 40여 년 전만 해도 매우 낯설었으나 지금은 아주 흔한 단어가 되어 우리 삶의 거의 모든 것을 지배하는 매우 중요한 용어로 사용되고 있다.

나. 마케팅의 활용 주체

다음은 마케팅이란 용어가 붙은 단어들을 가나다순으로 적어본 것이다.

- 감성 마케팅
- 관계 마케팅
- 관광 마케팅
- 건강 마케팅
- 경험 마케팅
- 공간 마케팅
- 공동 마케팅
- 관계 마케팅
- 귀족 마케팅
- 그린 마케팅
- 내부 마케팅
- 네트워크 마케팅
- 뉴로 마케팅
- 다이렉트 마케팅
- 데이터베이스 마케팅
- 도시 마케팅
- 디 마케팅
- 디자인 마케팅
- 레저 마케팅
- 매스 마케팅
- 모바일 마케팅
- 문화 마케팅
- 바이럴 마케팅
- 병원 마케팅
- 부동산 마케팅
- 브랜드 마케팅
- VIP 마케팅
- 블로그 마케팅
- 사회적 마케팅
- 서비스 마케팅
- 숫자 마케팅
- 스타 마케팅
- 스토리텔링 마케팅
- 스페이스 마케팅
- 스포츠 마케팅
- 스폰서십 마케팅
- 시간 마케팅
- 시티 마케팅
- 실버 마케팅
- 아트 마케팅
- 언택트 마케팅
- 역발상 마케팅
- SNS 마케팅
- 에코 마케팅
- 온라인 마케팅
- 의료 마케팅
- e 마케팅
- 인지 마케팅
- 인터넷 마케팅
- 입소문 마케팅
- 장소 마케팅
- 제휴 마케팅
- 차별화 마케팅
- 체험 마케팅
- 추천 마케팅
- 컨버전스 마케팅
- 텔레마케팅
- 통합 마케팅
- 하이앤드 마케팅
- 항공사 문화 마케팅
- 해외 마케팅
- 현지화 마케팅
- 호텔 마케팅

이것 말고도 더 많은 용어들이 있을 것이다. 그렇다면 누가 무슨 목적으로 마케팅을 활용하는 걸까. 어떤 조직에서 마케팅이 사용되고 있으며 구체적으로 그 목적은 무엇인가. 이에 대해 알아보고자 한국교육학술원$_{KERISS}$의 검색엔진(이하 RISS)을 이용해 알아보았다. 해당 DB에 수록된 학위논문을 중심으로 '마케팅'과 관련된 논문을 검색하였고, 이 가운데 제목에 '마케팅'이란 표현이 명시되어 있는 논문을 찾아보았다(2020년 기준).

다음 표에서 보는 바와 같이 마케팅의 활용 주체는 경찰과 군대 조직에 교회까지 매우 다양하다. 그런가 하면 마케팅은 매출 확대와 구매 의사결정 및 고객만족과 같은 익숙한 내용은 물론, 충성심과 사기, 역량강화와 같은 다소 낯선 분야에서도 다양하게 활용되고 있음을 알 수 있다.

마케팅의 활용

활용 주체	논문 제목	활용 목적
• 경찰	• 고품질 치안 서비스를 위한 내부마케팅 활성화 방안	• 서비스 개선
• 공연	• 감성마케팅을 활용한 한국창작무용공연 관객개발연구	• 관객 개발
• 교회	• 마케팅에 대한 인식과 교회성장과의 관련성	• 지속 성장
• 군대	• 지휘관의 내부마케팅이 병사의 충성심과 사기에 미치는 영향	• 충성심, 사기
• 금융기관	• 금융기관 내부마케팅이 직원의 고객지향성에 미치는 영향	• 고객지향성
• 기업과 미술관	• 기업과 미술관의 협력을 통한 문화마케팅의 확장과 전망	• 이미지, 역량강화
• 담배회사	• 다국적 담배회사의 영화·축구 및 자동차 경주 행사후원 활동을 통한 국내 마케팅 전략 분석	• 이미지 개선
• 도서관	• 문헌정보학 분야의 도서관마케팅 연구동향	• 역량강화
• 도시	• 마케팅 전략의 경제적 파급효과분석 : 서울시 외국인 방문객을 중심으로	• 경제효과 창출
• 면세점	• 면세점의 내부마케팅이 판매직원의 서비스몰입과 고객지향성에 미치는 영향	• 서비스개선
• 물류기업	• 물류기업의 내부마케팅이 조직유효성과 고객지향성에 미치는 영향	• 조직유효성
• 미용실	• 미용실 종사자의 내부마케팅과 직무만족 및 조직몰입이 고객지향성에 미치는 효과	• 고객지향성
• 보건소	• 보건소의 관계마케팅 실행요인과 주민 신뢰도와 애호도 및 재이용의사	• 재이용, 재방문
• 부동산업체	• 부동산분양대행업의 마케팅 전략에 관한 연구	• 홍보효과
• 뷰티산업	• SNS 마케팅 특성이 브랜드 만족도와 구매의도에 미치는 영향	• 만족도와 재구매
• 스포츠센터	• 스포츠센터 경험마케팅이 고객태도, 고객만족 및 구매 의사결정에 미치는 영향	• 이미지, 매출 증가
• 식품업체	• 가공식품의 마케팅믹스 전략과 제품선택속성이 소비자 만족 및 구매행동에 미치는 영향 연구	• 구매 의사
• 아파트	• 아파트 마케팅 전략에 대한 영향요인 분석 및 효과적 마케팅 전략에 관한 연구	• 경제효과 창출
• 여행사	• 여행사 인터넷마케팅의 활용방안	• 매출 증대
• 지방자치단체	• 지역 활성화를 위한 광주 무용공연 마케팅 전략	• 지역 활성화
• 커피전문점	• 커피전문점 공익연계마케팅이 브랜드 이미지와 소비자구매의도에 미치는 영향	• 이미지, 구매 의사
• 패션업계	• 패션 아트 마케팅에 대한 소비자 태도가 구매의도에 미치는 영향	• 이미지, 구매 의사
• 학원	• 체험마케팅 활동이 감정반응, 학원이미지 및 행동의도에 미치는 영향 • 학원운영의 효율성 증대를 위한 마케팅 전략	• 이미지 개선 • 경영개선
• 항공사	• 항공사 SNS 마케팅이 브랜드 이미지, 브랜드 태도, 구매의도에 미치는 영향	• 서비스, 이미지 개선
• 호텔	• 호텔의 문화마케팅이 기업브랜드 이미지와 관계지속의도에 미치는 영향	• 이미지, 충성고객
• 화장품업계	• 화장품산업에서의 컬러마케팅 사례연구	• 구매 의사
• 휴대폰업계	• 중국 휴대폰 마케팅 전략에 관한 연구 : 샤오미 핸드폰을 중심으로	• 홍보효과, 구매 의사

다. 의료마케팅의 활용

의료경영 분야에서는 어떨까. 앞서와 동일한 방법으로 검색엔진 RISS를 이용해 찾아보았다. 그 결과, 다음 표에서 보는 바와 같이 의료기관에서는 마케팅이 고객만족(11건), 경영전략(9건), 환자 유치(8건)는 물론, 병원 선택이나 서비스 향상을 위한 목적으로도 활용되고 있는 것을 볼 수 있다. 결론적으로 마케팅은 고객만족을 비롯해 의료경영 전반에 걸쳐 다양한 목적으로 활용되고 있음을 알 수 있다.

의료경영 분야의 마케팅 활용

활용 분야	논문 제목
• 경영전략	• 네트워크 마케팅 전략 • 문화마케팅을 통한 의료관광 활성화 • 병원 브랜드 차별화를 위한 문화마케팅 전략 • CRM의 전략적 활용방안 • 의료기관 홍보에 있어서의 영상 콘텐츠 활용 연구 • 의료분야에서의 마케팅 개념의 도입 성공사례 • 중소병원의 마케팅 전략 실행과 마케팅 성과 간의 관계에 관한 연구 • 중소병원의 마케팅 전략으로 PACS의 유용성 분석 • 환경변화에 따른 병원마케팅 전략
• 고객만족	• 개인정보의 마케팅 활용이 고객만족에 미치는 영향 • 고객 중심적 병원마케팅 전략 • 관계마케팅이 서비스품질, 관계적 몰입을 통해 고객 애호도에 미치는 영향 • 내부마케팅이 종사자의 고객지향성과 경영성과의지에 미치는 영향 • 병원 복합문화 공간의 유형이 소비자 태도에 미치는 영향 • 서비스에 있어서 관계마케팅 모형 • 소아 방사선 검사 시 안전 안내문이 보조자의 불안감 해소에 미치는 영향 • 정신병원의 마케팅 믹스요인이 고객만족에 미치는 영향 • 중규모 병원의 마케팅 전략 수립을 위한 고객만족도 분석 • 환자만족도와 마케팅 전략
• 매출 신장	• 병원 유통 화장품의 마케팅 전략 • 의료기기의 중국 시장 마케팅 전략에 관한 연구
• 병원 건축	• 감성마케팅을 적용한 어린이병원 설계 : 시각적 요소를 고려한 실내공간계획 • 의료관광 마케팅 분석에 의한 국제병원 실내 공간 계획에 관한 연구 • 헌혈 공간 실태 분석을 통해 본 공간 개선 방안 : 공간 마케팅적 접근
• 병원 선택	• 미용성형 의료기관 선택 속성에 따른 마케팅 전략 • 병원 광고 유형과 가격제시 여부가 소비자 반응에 미치는 영향 • 병원 직원의 추천이 암 환자 병원 충성도에 미치는 효과

	• 암 환자의 병원선택과 만족에 관한 연구 • 의료기관 선택기준과 병원의 마케팅 • 종합병원 선택에 있어서 오프라인 구전과 온라인 구전의 역할 비교 • 친환경 병원 브랜드 이미지가 병원의 선택, 권유, 재방문에 미치는 영향
• 서비스 향상	• 내부마케팅이 간호사의 고객지향성에 미치는 영향 • 서비스마케팅 적용에 관한 연구 • 서비스 청사진을 이용한 서비스 개선 방안에 관한 연구 • 여성들의 피부 관리실 이용 형태와 서비스 이용 만족도에 관한 연구 • 의료 서비스 시장 활성화를 위한 마케팅 전략에 관한 연구
• 직무만족, 내부구성원 유지	• 내부마케팅 요인이 직원의 직무만족, 고객지향성, 이직의도에 미치는 영향
• 직무몰입, 집단응집력, 고객만족	• 내부마케팅활동이 직무몰입, 집단응집력 및 고객지향성에 미치는 영향
• 환자 유치(재이용)	• 커뮤니케이션 요인과 병원마케팅, CRM이 의료 서비스 재이용에 미치는 영향
• 환자 유치	• 마케팅홍보 전략에 대한 연구 : 태국 「범룽랏 병원」과 한국 「우리들 병원」 • 병원 모바일 웹 사이트 품질이 의료 서비스 기대, 이미지, 신뢰에 미치는 영향 • 성형외과 병원들의 마케팅 활동과 병원특성이 중국인환자 유치성과에 미치는 영향 • 온라인 병원 리뷰 자료 분석을 활용한 의료 서비스 만족요인 연구 • 외국인 환자 유치를 위한 병원의 차별화 마케팅 전략 • 인터넷을 활용한 병원마케팅 • 지역문화 콘텐츠를 통한 의료관광 브랜드 구축 방안

2. 마케팅의 진화

마케팅은 영어로 Marketing이라 쓴다. 시장을 뜻하는 마켓Market에 '~ing'가 덧붙여진 형태다. '~ing'란 진행형을 뜻한다. 따라서 마케팅은 한 번에 끝내는 것이 아니라 계속 해야 하는 것일지도 모른다.

1948년, 미국마케팅학회American Marketing Association가 마케팅에 대한 정의를 공식화한 이후, 1960년에 이를 다시 수정하였는데, 이때 나온 정의는 다음과 같다.

'마케팅이란 생산자로부터 소비자 또는 사용자에게 재화와 서비스가 흐르도록 하는 기업 활동이다(Marketing consists of the performance of business activities that direct the flow of goods and services from producer to consumer or user).'

위 내용에서 보듯이 당시에는 재화와 서비스만을 대상으로 마케팅의 핵심을 유통에 두었으며 마케팅 활동의 주체 또한 기업에 국한했음을 알 수 있다. 이후 미국마케팅 학회에서는 1985년에 마케팅의 정의를 다음과 같이 다시 한 번 개정했다.

'마케팅이란 개인과 조직의 목표를 충족시키는 상호 교환이 일어나도록 하기 위해 아이디어 및 제품, 서비스의 개념화와 가격, 촉진 및 유통을 계획하고 실행하는 과정이다(Marketing is the process of planning and executing the conception, pricing, promotion and distribution of idea, goods and services to create exchanges that satisfy individual and organizational objectives).'

새로 바뀐 정의에 따르면 '유통'에 국한했던 기존의 개념을 넘어 '교환exchange'이라는 보다 넓은 개념으로 확장되었고, 이와 더불어 마케팅의 주체와 대상도 기업에서 개인과 조직으로 확대하였다.

마케팅의 관점은 시대에 따라 꾸준히 변해 왔다. 따라서 지금까지의 시대별 변화 내용을 살펴보는 것은 무척 흥미로운 일이다. 아울러 이러한 사회적 변화에 따라 의료시장에서는 또 어떠한 변화가 있어왔는지에 대해서도 살펴보자.

마케팅 관점은 시대에 따라 다음과 같이 그 내용이 달라져 왔다.

생산 지향 시대 → 제품 지향 시대 → 판매 지향 시대 → 마케팅 지향 시대 → 사회 지향 시대

의료시장의 변화에 대해 좀 더 객관적인 관점에서 볼 수 있도록 지금으로부터 60여 년 전인 1958년 개원 이후 지속적인 성장을 거듭하면서 대형의료 재단으로 발돋움한 길병원 사례를 함께 제시하였다. 의료기관에서도 시대별 시장 상황에 맞춰 지속적으로 변화해 왔음에 주목했으면 한다.

가. 생산 지향 시대

> 아침 8시부터 세운상가 가전제품 판매점에서 500여 명이 뒤엉켜 아수라장이 됐다. 가게 셔터와 유리창이 부서졌고 판매원 1명은 손가락이 부러졌다. 소동은 선풍기 때문이었다. 찜통더위 속에 선풍기가 품절된 가운데, 200대가 새로 입고되어 판매를 시작하자, 서로 먼저 사려고 난투극을 벌였다(동아일보 1978년 7월 29일자).
> '선풍기 대란'이 일어난 1978년엔 대기 티켓 한 장이 1만 원(오늘 물가로 약 11만 원) 안팎에 뒷거래됐다. 어떤 주부는 선풍기를 사려고 새벽부터 저녁까지 전자상가의 모든 점포를 기웃거렸으나 빈손으로 돌아갔다.[1)]

생산 지향 시대의 특징은 공급이 턱없이 부족하다는 것이다. 수요가 넘치다 보니 판매에 특별히 애쓰지 않아도 되었다. 가능한 한 많은 물건을 확보하는 게 최대의 관건이었다. 사려는 사람들은 언제나 차고 넘쳤기 때문이다. 그러니 이 시대의 관심사는 오직 하나! 어떻게 하면 생산량을 증대시킬까 하는 것뿐이었다.

작업 시 불필요한 동작을 줄여 생산성을 높이는 것도, 한 사람이 전체 작업과정을 도맡는 방식보다는 업무를 구분하여 분업의 형태로 일함으로써 엄청난 성과를 낼 수 있다는 것도 이 시대에 밝혀진 것들이다. 더 많은 물건을 만들기 위해 이런 저런 궁리를 하는 가운데 알아낸 것이었다. 그 과정에서 지나친 분업과 단순작업의 반복이 가져올 인간성 훼손 혹은 일의 의미 상실과 같은 점은 고려하지도 않았다. 이 부분과 관련해서는 찰리 채플린 주연의 무성영화 〈모던 타임스Modern Times〉에 잘 표현되어 있다.

> *** 모던 타임스**
> 1936년에 제작된 찰리 채플린의 코미디 영화로, 산업혁명을 날카롭게 비판하고 있다. 이 영화는 기계문명에 대한 도전과, 자본주의의 인간성 무시에 대한 분노를 묘사한 것으로도 유명하다.

영화 〈모던 타임스〉 스틸 컷

1) 조선일보, 2018.8.1 [김명환의 시간여행]

*과학적 관리법

프레더릭 테일러Frederick Taylor는 미드웰 제철소의 생산조장을 맡아 표준 과업을 규정하고 기능적 관리를 적용해 기업에 과학적인 경영 방식을 도입했다. 그는 1911년, 〈과학적 관리법The Principles of Scientific Management〉이란 책을 통해 당시로서는 파격적인 네 가지 기본 원칙을 제시하였다.

- 진정한 과학의 개발
- 노동자의 과학적 선발
- 노동자의 과학적인 교육과 계발
- 경영자와 노동자 사이의 친밀한 협동

과학적 관리이론의 아버지로 불리는 그는 쓸데없는 업무, 미숙한 작업, 엄격하지도 못하면서 비현실적인 성과기준, 업무 요구사항과 근로자 능력의 부조화, 근로의욕을 떨어뜨리는 시스템 등에 맞서 싸웠다. 테일러는 직원들이 해야 할 일이 무엇인지 정확하게 알고 그들이 가장 경제적인 방법으로 최선을 다하도록 만드는 것에서 효율성이 생겨난다고 주장했다.

생산 지향 시대의 의료계 상황은 어떠했을까.
병원은커녕 의사도 드문 시대였다. 의사부족 문제를 시급히 해결하려다 보니 의대 교육기간이 2년 혹은 1년 반이 보통이었다. 하버드 의대가 3년제로 자리 잡은 게 1870년이고 4년제 의과대학이 생긴 것은 1893년의 존스홉킨스 의대가 처음이다. 우리나라 상황도 크게 다르지 않았다.

동인천역 앞 허름한 2층집에 병원 문을 열자 환자들이 모여들었고, 금세 북새통을 이루었다. 1958년의 일이다. 말이 2층집이지 한 층이 고작 10평도 안 돼 비좁기 짝이 없었다. 1층은 진료실과 대기실로, 2층은 입원실과 수술실로 썼다. 요즘이야 홍보에도 각별히 신경을 써야겠지만, 그 시절은 전혀 그렇지가 않았다. 마치 개원을 기다렸다는 듯이 환자들이 찾아오는 바람에 정신없이 바빴다.[2)]

나. 제품 지향 시대

이 시대는 최고의 품질과 성능을 가진 좋은 제품이라면 시장에서 환영받는 건 당연하다는 생각이 지배적이었다. 따라서 문제점들을 개선해가며 지속적으로 좋은 제품을 생산하는 것이 관건이었다. 여전히 시장의 주도권은 공급자에 있었다.
이러한 경향은 의학교육에서도 마찬가지였는데, 아쉽게도 의학교육기관의 수준은 그야말로 천차만별이었다.

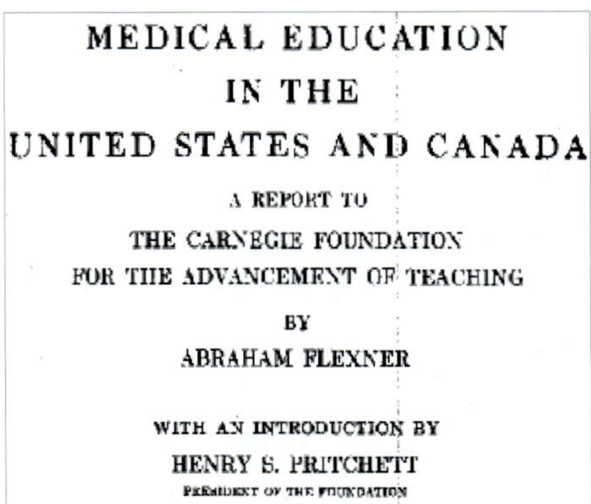
MEDICAL EDUCATION
IN THE
UNITED STATES AND CANADA
A REPORT TO
THE CARNEGIE FOUNDATION
FOR THE ADVANCEMENT OF TEACHING
BY
ABRAHAM FLEXNER
WITH AN INTRODUCTION BY
HENRY S. PRITCHETT
PRESIDENT OF THE FOUNDATION

미국 의학교육의 기초를 세운 플렉스너 보고서 표지

미국 의학교육의 개혁자로 알려진 아브라함 플렉스너Abraham Flexner는 의학교육기관들을 조사하고 그 결과를 1910년, 플렉스너 보고서란 이름으로 발표했다. 이 보고서는 엄청난 사회적 파장을 불러일으켰고 의학교육기관을 다시금 돌아보게 되었다. 이를 토대로 함량 미달인 의사들을 줄줄이 쏟아내던 미국의 의학교육에 대한 대대적인 개선 작업이 시작되었다.

제품 지향 시대의 의료시장 상황은 어땠을까.
의료 소송이라는 단어는 생소했고, 환자권리라는 개념은 더더욱 낯설었다. 의료 서비스는 귀했고 의료인은 더 귀했다. 그러다 보니 환자나 그

2) 이길여. 간절히 꿈꾸고 뜨겁게 도전해라. 웅진지식하우스, 2008 참고

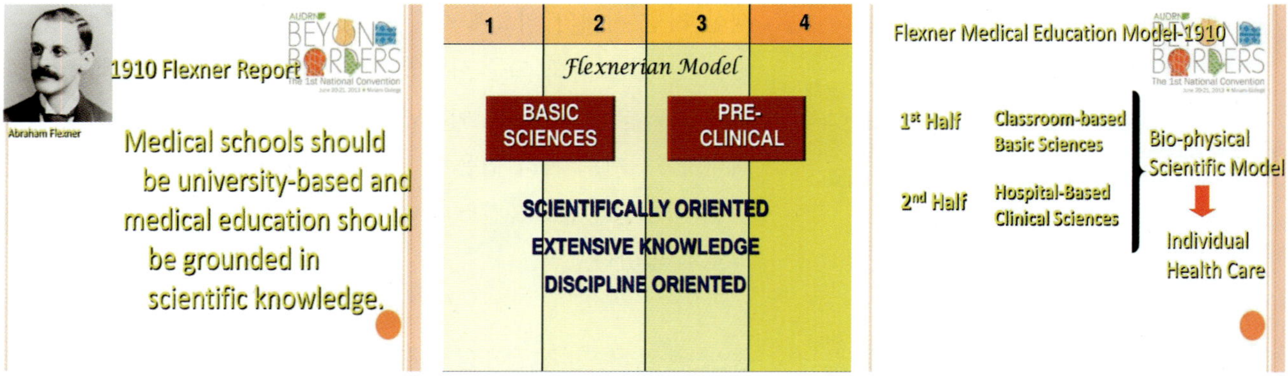

대학 중심의 과학적 기반에 의한 의학교육과 기초과학 과정과 전임상 교육을 축으로 한 교육내용 구성 등 플렉스너 보고서의 내용은 당시 상황에선 매우 파격적인 주장이었다.(출처 : slideshare.net/mclavinlove/audrn-national-convention-slide)

가족들은 진료비를 내면서도 마냥 감사할 뿐이었다.

그러던 우리나라에서도 건강보험의 전신인 의료보험제도가 도입되면서(1977년) 전에 없던 엄청난 의료수요가 생겨났다. 의료기관들은 크게 늘어난 수요에 대응해 병원 신축과 증축을 끝없이 이어갔다. 1980년대 내내 이루어졌던 병원과 병상 수의 엄청난 증가는 건강보험의 영향이 결정적이었다. 흥미로운 점은 수많은 의료기관의 신설과 이들의 몸집 불리기에도 불구하고 의료기관들은 아직까지 서로를 경쟁상대로 크게 의식하지는 않았다는 점이다.

의료수요가 폭증하다 보니 자기들 병원을 키우는 데도 바빠 주위를 둘러볼 경황이 없을 정도였다. 대다수 의료기관들이 기존 시설로는 도저히 늘어난 수요를 감당할 수 없었기에 이웃 병원을 둘러보며 경쟁을 의식하기보다는 증축 또는 신축을 통한 몸집 불리기가 더 절실했다. 길병원 사례를 보면 당시 의료수요가 얼마나 폭증했는지 알 수 있다.

> 1978년, 150병상의 건물을 지어 종합병원의 꿈을 이루었다. 주변에서는 병원이 너무 크다며 우려했지만 개원 3년 만에 병실이 부족해 300병상으로 확장했다. 1984년에는 500병상 규모의 병원 공사를 또 하나 시작했다. 1987년 개원 당시 병상이 다 차지 않을 것이란 우려와 달리 6개월 만에 모두 찼다. 폭발적인 수요를 감당할 수 없어 급하게 1,000병상으로 규모를 늘렸으나 이마저도 1년 뒤에 채워졌다.[3]

3) 이길여. 전게서前揭書

제품 지향 시대의 의료기관들은 다른 의료기관에 대해 신경 쓰기보다 늘어난 수요에 맞는 규모 확장이 더 시급했다. 정신없이 병원을 키워놨다가 어느 순간 의료수요가 줄어들면 어쩌나 하는 걱정을 하는 사람은 누구도 없었다. 당시에는 이런 생각은 할 필요도 없었던 것이다.

다. 판매 지향 시대

기업의 관심사는 제품이 완성되기까지에만 쏠려 있었다. 공장 문 밖에는 돈을 싸들고 와서 물건을 하나라도 더 받아가려는 도매상들이 줄지어 있었기 때문이다. 이런 상황이다 보니 기업의 입장은 언제나 갑甲이었다. 마치 유명 맛 집에서 '재료가 다 떨어져 오늘은 여기까지만~' 하며 기다리던 손님은 아랑곳 않고 매몰차게 문을 닫는 경우와 크게 다르지 않았다.

그러던 것이 어느 순간부터 상황이 변하기 시작했다. 멀쩡한 제품도 경우에 따라 시장에서 외면받는 일들이 벌어지기 시작한 것이다. 그러다 보니 기업들은 공장 바깥 상황에 대해서도 신경을 쓰지 않을 수 없게 되었다. 판매에 대한 고민과 궁리도 해야 하는 시대가 된 것이다. 어떻게 하면 더 잘 팔릴지, 소비자들이 원하는 것이 무엇인지 등 예전에는 생각하지도, 생각할 필요도 없었던 것들이 아주 중요한 과제로 떠올랐다.

판매 지향 시대의 도래는 공급량 증가에 따른 당연한 수순이었다. 물량이 증가했고 제품의 가짓수도 크게 늘다 보니 소비자들의 선택권은 예전보다 한층 더 커졌다. 이런 소비자들을 누구보다 먼저 차지하기 위해 다른 기업들과 싸워야 하는 경쟁이 일상화된 시대가 된 것이다.

의료분야도 예외가 아니었다. 폭증하는 수요에 비해 공급이 부족하긴 했지만, 언제까지나 계속될 수 있는 것은 아니었다. 의료계에서도 공급자 중심의 시대가 저물어가면서 경쟁이라는 용어가 점차 익숙하게 사용되기 시작했다.

1960년대와 1970년대 두 번의 유학을 통해 미국과 일본의 선진의료를 일찍 경험한 이길여 원장은 시대의 변화에 맞춰 병원도 변해야 한다는 생각을 신축 병원에 반영했다. 기존 병원에서는 볼 수 없었던 몇 가지 특징이 길병원의 설계와 건축 과정에서 드러나는데, 소비자들의 입장을 생각해야 하는 판매 지향 시대가 의료계에 다가오고 있음을 보여주는 것이다.

철저하게 환자 중심의 병원을 만들어야 했다. 흰색이나 회색 일색인 기존 병원들과 달리 환자들이 편안하게 느끼면서도 병원 고유의 색깔로 인식할 만한 색을 고르고 싶었다. 여러 번의 시도 끝에 '인디언 핑크' 색깔이 탄생했다.
화장실을 넓고 쾌적하게 만들어야 한다는 소신을 가지고, 서울의 유명 호텔들을 돌며 직접 화장실의 크기와 구조를 본떠 병원에 적용했다.
개원 즉시 '야간병원'을 모토로 24시간 진료에 들어갔다. 접수와 진료 후 처방약을 타서 병원 문을 나설 때까지, 모든 과정이 신속하게 이루어지도록 전산시스템을 개발해 첨단화된 병원을 지향했다.[4]

의료기관 고유의 색상 (인디언 핑크 컬러)	환자 편의를 고려한 설계 (쾌적한 화장실)	이용자 편의 중심 운영 (24시간 진료)

라. 마케팅 지향 시대

1949년 당시, 일반적인 슈퍼마켓은 대략 3,750개의 품목을 취급했다. 1971년이 되자 취급하는 품목은 두 배가 넘어 약 8,000개가 되었고, 2012년에는 4만여 개에 이르렀다.
맥도날드도 처음에는 메뉴가 딱 세 가지뿐으로 햄버거와 치즈버거, 감자튀김이 전부였다. 지금은 다양한 종류의 버거와 생선, 닭고기, 돼지고기로 만든 샌드위치, 치킨 너겟, 샐러드, 파이, 쿠키, 요거트, 파르페 등 다른 메뉴들을 제공한다.
미국에서는 매년 수천 개의 신상품이 쏟아져 나온다. 2005년에는 5,000개가 넘는 종류의 캔디와 껌, 스낵, 그리고 4,700개의 새로운 음료, 약 2,000개의 새로운 조미료를 포함하여 새로운 식품과 음료 1만 8,722개가 출시되었다.[5]

4) 이길여. 전게서 참고
5) 제이넵 톤. 좋은 일자리의 힘. 행복한북클럽, 2019 참고

온갖 마케팅의 시대(출처 : http://www.businessblogshub.com/2012/10/how-marketing-has-changed-in-the-digital-age)

소비자들의 필요와 욕구에 맞춘 제품 개발을 통해 고객 만족을 실현해야 하는 시대가 되었다. 제품을 생산하는 차원을 넘어 소비자들의 만족도까지 감안해야 하는 시대가 된 것이다. 고객만족 활동은 선택 사항이 아니라 조직의 사활과 직결되는 필수 사항이 되었다.

경제규모도 커졌다. 씀씀이도 커지고, 의료비를 부담할 능력도 전보다 훨씬 더 나아졌다. 건강보험제도가 조금씩 개선되면서 이용자들의 부담이 줄어든 것도 수요 증가에 크게 한몫했다. 하지만 문제는 이 모든 증가를 넘어서는 것이 바로 의료기관의 증가, 즉 공급 측면의 증가라는 점이다. 20여 년 전에 비해 의사 수는 3배 정도 늘었다. 병원도 두 배 이상 늘어 900여 개에서 2천 개로 늘었고, 의원은 세 배 이상 늘어 3만여 개에서 9만여 개로 늘어났다. 의료기관 간의 경쟁수위도 점점 높아졌다.

그러다 보니 이제 더 이상 의료기관들의 마케팅이나 홍보 전담 부서 신설 소식이 특별한 뉴스거리가 되지 않는다. 의료기관들이 마케팅 활동을 강화하면서 일방적인 의료 서비스 공급에서 벗어나 소비자들의 기호 등 수요자의 입장을 중시하는 일대 변화가 생겨났다.

1994년, 첫 전문 병원(여성전문센터)의 문을 열었다. 라마즈분만교실, 모유수유교실, 질회음근육 운동교실 등 무료 공개강좌를 열어, 여성 스스로 건강을 지킬 수 있도록 교육에도 힘을 쏟았다. 1998년에는 안 · 이비인후센터를 개원했다. 기존의 안과나 이비인후과 병원과는 질적으로 다른, 진료하는 의사를 중심으로 질병을 나누는 대신 환자를 중심으로 전문화 · 통합화한 것이다. 환자 중심의 전문 병원의 시작이었다.[6)]

마. 사회 지향 시대

판매를 넘어 기업의 사회적 책임을 다해야만 하는 시대가 되었다. 지속 가능성, 공정성 등이 매우 중요한 화두가 되는 시대인 것이다. 소비자들은 제품은 물론 해당 기업의 이미지와 사회적 활동 정도에 따라 구입 여부를 결정하는 시대로 변했다.

6) 이길여. 전게서

사람들은 진심을 담아 나눔과 봉사를 실천하는 기업에 호감과 매력을 느끼고 있다. 소비자들은 기업들이 일회성 행사 차원을 넘어 지속적으로 이에 관심을 가지는 진정성 있는 모습을 기대하고 있다.

기업의 사회적 책임Corporate Social Responsibility, CSR(출처 : impakter.com/corporate-social-responsibility)

대중매체를 통해 소비자에게 마케팅을 하는 시대가 아니라, 소비자에서 소비자로 전달되는 입소문이 곧 마케팅인 시대가 되었다. 소비자들은 기업이 말하는 내용이 아니라 기업들이 보여주는 모습을 보고 그에 대한 자신의 생각을 정하고 있다. 아울러 이를 자신의 구매행위에 매우 중요한 기준으로 활용하는 한편, 이러한 생각을 가까운 지인들에게 보다 적극적으로 알리고 있다. 이제 기업들은 진심을 담아, 이를 제품이나 자신들의 활동에서 낱낱이 드러내야 한다. 기업 스스로 자신들의 존재가 사회적 의미를 지니고 있음을 보여주어야 하는 것이다.

3. 사회 지향 시대와 마케팅

가. 러시LUSH

러시에서 판매되는 모든 것들은 포장 없이 그대로 드러나 있고, 병에 담지 않으며, 물건을 담아주는 봉투 또한 코팅하지 않은 것을 사용한다. 매장에는 자르지 않은 비누 조각들이 테이블 위에 놓여 있다. 매장 벽은 페인트칠을 따로 하지 않았고, 콘크리트 바닥에는 타일이나 카펫도 깔지 않는다.[7)]

7) 이지훈. 단單(버리고, 세우고, 지키기). 문학동네, 2015 참고

환경보호 차원에서 과대포장 문제가 사회적으로 문제가 되고 있지만 포장에 대한 기업들의 관심과 노력은 집착에 가까울 정도로 집요하다. 사람들의 시선을 모으려다 보니 독특하고 화려한 포장은 불가피할 수밖에 없다. 하지만 러시는 예외다.

비누나 입욕제를 날것 그대로 바구니에 담아두는가 하면 고체 상태의 샴푸를 만들어 판다. 화장품의 경우 플라스틱 용기에 담지만 종이박스 없이 그냥 용기에만 담아 파는 식이다.

포장을 하지 않으니 포장비가 줄어들어 원가가 낮아진다. 화장품 업계에 만연한 호화포장에 고가의 화장품 용기 등과 비교하면 참 별난 기업이다. 하지만 이 회사가 진정 얻고자 하는 것은 원가 절감을 넘어선 것이다. 그보다는 제품 생산 과정에서 어떻게든 자원의 남용을 막고 이를 통해 환경보호에도 열심인 기업임을 고객들에게 알려 소비자들의 마음을 얻고자 하는 것이다. 좋은 제품을 넘어 진정성을 통해 고객의 마음에 닿는 것이야말로 최고의 마케팅 전략이라는 것을 러시는 잘 알고 있는 것이다.

나. 파타고니아Patagonia

모유보다 좋은 것은 없다고 얘기하는 분유회사의 말은 어디까지가 진실일까. 밥이 보약이라는 건강보조식품업체의 말은 또 어떻고. 잘 먹고 잘 자는 게 최고라는 의사의 말도 그렇긴 하다.

진실이 담겨 있는 말인지 아닌지는 들어보면 안다. 가식적인 얘기는 제아무리 그럴싸하게 포장한다 해도 진심이 아니란 걸 단번에 알 수 있는 것처럼 말이다. 그럼에도 불구하고 모유보다 나은 분유 없고, 밥은 보약이고, 잘 먹고 잘 자는 게 좋다는 것은 분명하다.

옷을 파는 의류회사가 옷을 사지 말라면 이를 어떻게 받아들여야 할까. 이들이 만일 다음과 같은 얘기를 한다면 어디까지가 진실일까.

'환경보호가 중요하다. 쏟아지는 의류 폐기물을 줄이기 위해서라도 이제부터 새 옷 좀 그만 사고, 대신에 낡은 옷을 입자. 그리고 망가진 옷도 제발 좀 고쳐 입자. 마지막으로 한 마디만 더! 제발 우리 회사 옷 좀 사 입지 마라!'

말도 안 되는 얘기다 싶다. 의류 사업을 하면서 환경보호를 외치고, 수시로 바뀌는 유행에 흔들리지 말고 꿋꿋하게 낡은 옷을 입으라니 도무지 앞뒤가 맞지 않는다. 하지만 사실이니 어쩌겠는가. 위 내용도 실제로 이들이 광고에 실었던 것이다. 파타고니아의 설립자 이본 쉬나드는 지구가 온전하지 않으면 어떤 비즈니스도 존재할 수 없다는 독특한 철학을 가지고 있는 사람이다. 문제는 그가 아웃도어 의류 사업을 하고 있다는 데 있다. 의류 사업을 하면서 환경보호를 외치다니 가당키나 한 말인가?

고객들이 낡아 해질 때까지 오래도록 입는 대신, 유행이 변했다거나 철이 지났다는 이유 등으로 신상품을 구입하길 바라는 게 일반적인 의류 업체의 입장이지 않을까. 그런데 이 회사의 사장은 전혀 그렇지 않다는 것이다.
환경을 지키려니 회사 매출이 줄겠고, 그렇다고 자신의 신념을 어기면서까지 사업을 해야 하나 하는 생각에 고민이 참 많았던 그였지만 자신의 신념을 포기하지 않았다.

파타고니아의 창업자 이본 쉬나드는 기존 의류 회사로는 결코 하기 힘든 일들을 행동에 옮겼다.

- 수선 방법은 물론, 제품 손상 시 수선센터 전화번호 홈페이지에 안내
- 오래 입는 노하우, 중고 제품 구매 방법 등 안내
- 낡은 옷을 보내오면 수선해서 다시 보내주는 배송 서비스
- 옷 수선 차량 운영Better Than New-Patagonia's Worn Wear® Repair Truck & Facility
- 사진과 스토리를 통해 옷을 오래 입은 사람들을 적극 알리기
- 적게 사고 중고품도 사서 쓰자는 'Buy Less, Buy Used' 캠페인 실시
- 온라인 경매 사이트인 이베이ebay.com와 제휴해 중고 의류를 손쉽게 사고팔도록 지원
- 뉴욕 타임스에 '이 재킷을 사지 마세요.Don't Buy This Jacket'라는 광고 게재

말도 안 되는 얘기다. 매출에 직접적인 타격을 미치는 조치가 분명하다. 이쯤 되면 옷 장사를 그만두겠다는 말이나 다름없다. 결과는 과연 어찌 되었을까. 혹시 회사가 망한 것은 아닐까.

그 결과가 어찌 되었는지 우리는 이미 잘 알고 있다. 파타고니아라는 브랜드를 알고 있다는 것이 그 증거다.

옷을 팔아 살아가는 의류회사가 옷을 좀 덜 사 입으라는 해서는 안 되는 얘기를 했다. 금기를 깬 것이다. 모순도 그런 모순이 없다 싶다. 하지만 연이은 파타고니아의 진정성 있는 행동을 통해 고객들은 드디어 회사의 진심을 알게 되었다. 지금까지 옷을 통해 그 어떤 회사도 구현하지 못한 '옷을 통한 인간과 지구와의 교감'이라는 철학을 실천해내는 이 회사와 평생 함께하려는 사람들이 늘어났다. 파타고니아의 골수 충성고객이 구름처럼 퍼져갔다.

다. 아라빈드 병원Aravind Eye Hospital

인도에서 가장 규모가 큰 안과 병원인 아라빈드 병원은 1976년, 닥터 브이Dr. V로 불리는 안과 의사 고빈다파 벤카타스와미Govindappa Benkataswamy에 의해 설립되었다. 그는 인도에서 가장 존경받는 안과 의사 중 한 명으로 심각한 손가락 관절증을 가지고 있

Tamil Nadu에 위치한 아라빈드 병원 중 한 곳

음에도 재활 훈련을 통해 이를 극복하고 독학을 통해 안과 의사가 되었다.

그가 젊었을 때만 해도 인도에서는 2,100만 명의 백내장 환자가 돈이 없어 수술을 받지 못한 채 살아가고 있었다. 백내장은 혼탁해진 수정체를 투명한 인공 수정체로 교체하면 되는 비교적 간단한 시술로 치료될 수 있는 질환이다. 닥터 브이는 백내장 수술비용을 파격적으로 줄일 수 있는 방법에 대해 고민하다 어느 날 그의 눈에 순식간에 하나씩 포장되어 나오는 맥도날드가 보였다. 빅맥이나 프렌치프라이를 일정한 공정에 맞춰 착착 만들어 내는 것처럼, 표준화된 공정에 따라 백내장 환자를 착착 수술하면 되지 않을까 하는 생각이 떠오른 것이다.

젊은 안과 의사의 열정과 아이디어는 마침내 큰 빛을 보게 되었다. 맥도날드처럼 대량으로 안과 수술을 치러 내는 아라빈드 병원이 만들어진 것이다. 아라빈드 병원은 일 년에 23만 명의 환자를 수술한다. 극빈층인 대부분의 환자들에게 무료로 수술해주는 대신 여유가 있는 3분의 1 정도의 환자에게 치료비를 받아 운영하고 있다.

아라빈드는 안구 내 렌즈와 봉합사를 만드는 오로랩이라는 회사도 운영하고 있다. 이는 극단적인 장애를 획기적인 혁신으로 승화시킨 놀라운 역발상의 사례로 1세트당 200달러에 달하는 렌즈를 해외에서 수입하는 대신 소규모 렌즈 생산공장 설립을 선택한 것이다.

매년 25만 건 이상의 수술이 진행되는 아라빈드 병원. 수술과 관련된 절차의 일관성은 이 병원의 효율성을 유지하는 핵심 요소다. 집도의가 환자의 손상된 수정체를 신속하고도 능숙한 솜씨로 제거하는 동안 수술실 밖에서는 이미 다음 환자를 위한 준비가 진행되고 있다. 수술을 받은 환자는 골풀로 짜인 매트가 깔려 있는 작은 방에서 하룻밤을 보낸 뒤 다음날 바로 퇴원한다. 서구사회의 기준에서 보면 호사와는 거리가 멀지만 자신의 집에 있는 침대에서 자는 것처럼 편안한 환경이다. 환자들 가운데 3분의 1 정도는 '무료 수술'을 받고, 나머지 환자는 3,000루피(약 65불) 정도의 수술비를 지불한다. 물론 수술비 지불 여부와 상관없이 환자들이 제공받는 의료 서비스 수준은 동일하다.

아라빈드 병원에서 볼 수 있는 깊은 통찰력과 식견은 가난한 사람들의 문화에 진심으로 공감하는 닥터V에게서 나온 것이다. 그는 환자들에게 평소의 주거 환경과 비슷한 시설에서 치료를 하는 것이야말로 경제적인 실용성을 확보하면서 빈민들에게 혜택을 주는 방법이라는 사실을 깨달은 것이다. 그리고 멋지게 성공했다.

그동안 아라빈드 병원은 수백만 명의 환자들에게 의료 서비스를 제공했다. 많은 이들이 아라빈드 병원이 보여준 '온정적 자본주의' 또는 '더불어 사는 자본주의' 정신을 칭송한다. 벤카타스와미 박사는 규모와 효율성 면에서 맥도널드를 기준으로 삼는 걸 좋아했다. 전 세계에 방대한 체인을 갖고 있는 맥도널드의 규모와 효율성을 의료 분야로 끌어오는 것이 그의 꿈이었기 때문이다.

(팀 브라운. 기획에서 마케팅까지 디자인에 집중하라. 김영사, 2010)

사회 지향 시대로의 변화에 따라 의료분야도 달라지고 있다. 예를 들어, 재해 현장에는 항상 이들을 돕는 의료기관들이 빠지지 않는다. 병원도 사회의 중요한 구성원 중 하나인 만큼 그 사회에 대한 책임 있는 역할이 기대되는 것이다. 마케팅 지향 시대를 넘어 사회 지향 시대를 맞아 의료기관들의 이 같은 노력과 활동은 앞으로도 한층 더 활발해질 것이다.

지금까지 마케팅 관점의 변화에 대하여 살펴보았다. 앞서 언급한 바와 같이 마케팅 관점은 생산 지향 시대를 시작으로 마케팅 지향 시대를 지나 사회 지향 시대로 변하고 있다. 하지만 모든 조직이 그에 상응한 마케팅 활동을 전개하는 것은 아니다. 기업의 마케팅 활동은 그 기업의 역량에 따라 달라지기 때문이다.

필립 코틀러는 〈마케팅 관리론〉에서 기업 역량의 수준에 따른 마케팅 활동의 특징에 대해 언급한 바 있다. 우리 의료기관들이 다음 중 어느 수준에 있을지를 생각해 보며 표를 살펴보자.

기업 역량에 따른 마케팅 활동 특징

최악의 기업	우수한 기업	최고의 기업
제품 지향	시장 지향	시장 주도
대중시장 지향	세그먼트 지향	틈새시장 지향
제품 제공	부가서비스가 포함된 제품 제공	고객 욕구·문제의 해결책 제공
평균 수준의 제품 품질	평균 이상의 제품 품질	전설이 되는 제품 품질
평균 수준의 서비스	평균 이상의 서비스	전설이 되는 서비스
부서 지향	프로세스 지향	성과 지향
경쟁자에 대응	경쟁사를 벤치마킹	경쟁자를 뛰어넘음
공급업체 착취	공급업체 선호	공급업체와 파트너십
판매업자 착취	판매업자 지원	판매업자와 파트너십
가격 지향	품질 지향	가치 지향
평균 수준의 배송속도	평균 이상의 배송속도	탁월한 배송속도
위계질서	네트워크	팀워크
수직적 통합	수평적 조직	전략적 제휴
주주 지향	이해관계자 지향	사회적 기업 지향

출처 : 필립 코틀러, 케빈 레인 켈러. 마케팅 관리론. PEARSON, 2012

4. 예방의료 시대와 애플워치가 만들어갈 세상

2011년 10월 5일, 56세를 일기로 애플의 창업자 스티브 잡스가 사망했다. 난치성 질환(췌장암)을 앓으면서도 10여 년을 버텨온 그였기에, 사망 소식은 무척 충격적이었다. 잡스를 이어 애플을 이끌어갈 다음 주자가 누구인가에 대한 궁금함보다는 그가 없는 애플을 염려하는 사람이 더 많았을 정도로 스티브 잡스는 애플 그 자체였다. 하지만 시장의 염려와 달리 잡스에 이은 팀 쿡은 애플을 사상 초유로 기업 가치 1조 달러를 넘어서는 우수 기업으로 세워놓으며 시장의 불안을 잠재웠다.

애플의 최대 히트 상품은 누가 보더라도 아이폰이다. 수익성도 탁월해 스마트폰 시장 전체 이익의 80%를 쓸어 담으며 애플 전체의 이윤은 30~40%를 웃돌 정도라니 놀라울 따름이다.

스티브 잡스가 스마트폰으로 애플을 이끌었다면 팀 쿡이 내놓은 야심작이 바로 애플워치다.
시장의 반응은 긍정적이어서 애플워치는 스마트시계 시장에서 선두 자리를 차지하고 있다. 매출액은 스위스의 시계 산업 전체보다 더 많으며, 2019년 한 해 출하량만 해도 3천70만 대에 달하고 있다.

애플은 시계 산업의 선두가 되려는 것도, 신개념의 컴퓨터를 보급하려는 것도 아니다. 애플이 노리는 것은 이보다 훨씬 더 크다. 애플워치는 건강과 웰빙 분야를 선점하는 데 핵심이 되는 도구(플랫폼)다. 손목에 착용하는 새로운 차원의 컴퓨터인 애플워치에 건강 관련 자료를 수집하고 분석하는 헬스키트와 리서치키트ResearchKit 등의 소프트웨어를 탑재해 이용자들 스스로 자신의 건강과 피트니스 상태를 모니터하고 개선하도록 돕게 될 것이다.

애플워치가 가져올 다양한 비즈니스 기회로는 어떤 것이 있을까.
시간문제겠지만, 애플워치에 혈당 센서가 추가될 것이다. 그렇게 될 경우 당뇨 환자에게 특히 유용할 뿐만 아니라, 식사 내용과 섭취량이 혈당에 어떤 영향을 미치는지 궁금했던 사람들에게 매우 큰 도움이 될 것이다. 더 나아가 애플워치를 통해 음식이

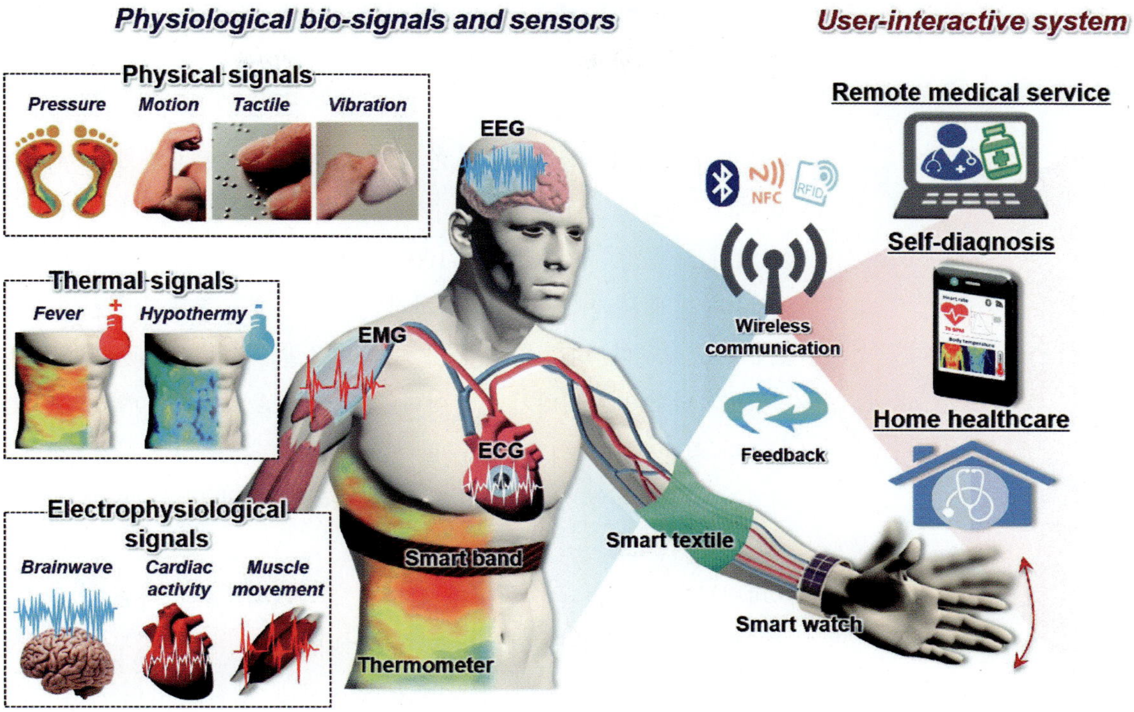

출처 : 사용자 대화식 건강 모니터링 장치를 위한 착용형 유연센서Werable and flexible sensors for user-interactive health-monitoring devices에 관한 내용을 담은 2018년 재료화학저널Journal of Material Chemistry B 24호

몸에 어떤 변화를 가져오는지 알게 됨으로써 사람들의 식습관에도 많은 변화가 생길 수 있을 것이다.

애플워치를 통해 실시간으로 혈당을 알 수 있게 된다면 무엇이 달라질까.
우리나라 국민 중 '당뇨 전 단계', 즉 예비 환자군이 약 870만 명에 달한다. 당뇨 환자가 약 501만 명이니 둘을 합치면 거의 1,372만 명에 육박한다(2016년 기준). 5,000만 인구의 27.4%가 당뇨 혹은 당뇨 예비 환자란 얘기다.

한 달에 한 번 혹은 두세 달에 한 번씩 정기적으로 병원을 방문해야 했던 이들은 지금까지는 병원을 방문해 검사를 받고서야 비로소 자신의 건강 상태를 알 수 있었다. 건강 정보를 뒤늦게 알게 되는 '정보 지체'가 생기는 것은 물론이며, 이런 이유로 환자들은 의료기관에 예속될 수밖에 없다.

만일 건강 상태를 실시간으로 알 수 있다면 의료기관에 대한 의존도가 줄어드는 것은 물론, 자신의 건강에 대한 능동적인 관리 주체가 되어 질병에 대해 보다 더 적극적으로 나설 수 있을 것이다.

이뿐만이 아니다. 칼로리가 높고 당분 함량이 많아 문제가 되는 식품을 예로 들어보자. 모든 제품이 그런 것은 아니지만, 포장지에 영양 정보가 적혀 있어도 잘 보이지가 않아 가독성이 떨어지거나, 100g 또는 100ml 단위로 다시 계산을 해야 되는 경우가 많아 쉽게 알기가 힘들었다. 하지만 애플워치를 통해서라면 이 모든 과정이 불필요할지도 모른다. 먹고 나면 몸이 즉각 반응할 테고, 그 결과는 실시간으로 액정화면을 통해 낱낱이 드러나기 때문이다. 즉각적으로 보여주는 혈당 수치를 보면 본인이 섭취한 식품의 칼로리 및 당분 함량이 어느 정도였는지는 물론, 해당 제품이 건강한 먹거리인지의 여부도 몇 번의 경험을 통해 확실히 알 수 있게 된다.

- 비빔라면을 먹었더니 혈당이 갑자기 올라가네. 설마 이럴 줄이야!
- 식빵 한 쪽 먹었는데 혈당이 쭉 올라가네. 와아~ 식빵 함부로 먹어선 안 되겠는걸!
- 음료수 한 잔 마셨는데, 혈당이 팍팍 오르네. 생각보다 이 제품에 설탕이 많이 들었나보네!!

식품 산업의 재편까지는 몰라도 기존 제품의 대대적인 영양성분 조정은 불가피할 것이다. 베일에 가려졌던 칼로리 및 첨가물 등의 실체가 혈당 정보를 통해 그대로 드러나게 되기 때문이다.

제로 칼로리 제품이 과연 칼로리가 제로인지 알 수 있을 것이고, 아무 생각 없이 즐겨 먹던 주전부리 간식거리의 엄청난 칼로리와 그로 인한 혈당 상승은 그동안 해당 제품을 애용했던 고객 입장에서 큰 충격일 것이다. 당연히 그런 제품의 판매는 급감할 것이 분명하다. 이러한 정보는 애플워치가 없는 사람들에게까지도 영향을 미치게 될 것이다. 주위의 애플워치 사용자들이 쏟아내는 입소문을 통해 특정 식품의 건강성 혹은 건강위해성에 대해 속속들이 전해들을 것이기 때문이다.

건강에 대한 관심은 헬스와 운동 비즈니스 및 관련 기구나 장비의 수요에도 영향을 미칠 것이다. 애플워치를 통해 매일매일 즉각적으로 드러나는 건강개선 효과를 확인할 수 있기에(비록 지금은 혈당 수치 하나에 불과할지 몰라도), 시시각각 개선되고 나날이 달라지는 몸의 변화를 수치를 통해 파악하게 되면서 중도탈락자 감소는 물론 꾸준히 운동하는 사람들이 점점 더 많아질 것이다.

그러다 보면 자신의 건강 문제를 병원이나 처방약에만 의존하는 사람들이 조금씩 줄어들 것이다. 바른 먹거리든 좋은 식습관이든 혹은 적절한 운동을 통해서든 간에 애플워치를 통해 자극받아 긍정적인 방향으로 나아가는 사람들이 늘게 됨으로써, 질병의 사전 예방 또는 질병의 안정적 관리가 좀 더 용이해질 것이 분명하다. 그렇게 되면 결국에는 특정 질환 환자 수도 감소하게 될 것이니, 전체적으로 의료기관의 환자 수도 줄어들지 모른다.

그동안 질병 예방활동과 조기 검진 및 조기 치료를 통해 나름 의료비 절감을 도모해 왔지만, 날로 증가하는 의료비와 더욱더 높아져만 가는 의료비 증가율은 역대 어느 정부에서나 큰 골칫거리 중 하나가 분명했다. 그런데 애플워치를 통해 환자 수가 줄어든다면 이는 국민의료비가 줄어드는 것이다. 여기까지는 아니더라도 국민의료비 증가 폭이 완화될 것이 분명하다. 그러니 정부로서도 마다할 이유가 없다. 정부 입장에서 애플워치 혹은 이와 유사한 기기의 보급을 위해서라면 뭐라도 할 만하다. 국민건강 차원 및 의료비 절감 차원에서 구입비 보조 정책이 나올지도 모른다.

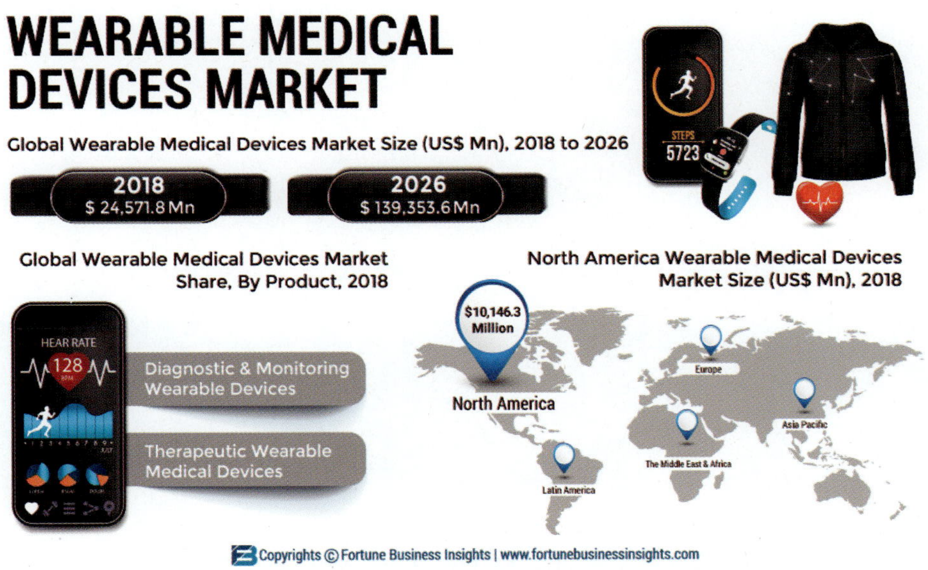

출처 : 착용형 의료용구의 시장 규모가 2018년도 245억 달러에서 2026년에 1,393억 달러 규모로 크게 증가하리라는 예측을 담은 내용으로 메드가젯$_{Medgadget}$ 2019년 11월 6일자에서 재인용

시대가 급변하고 있다. 질병 치료의 시대에서 예방의 시대라고들 말하고 있다. 애플워치를 보면서 예방이 강조되는 시대에 구체적인 도구의 하나를 본 듯하다. 의료 문제를 해결하거나 완화하기 위해 그 해결책을 의료 이외의 영역에서의 찾는 것, 이를테면 애플워치와 같은, 기존 제도권을 뛰어넘는 혹은 기존의 의료 영역 밖에서 의료 문제의 해결책을 찾으려는 노력과 시도는 앞으로 더욱더 적극적이고 다양해질 것이다.

의료마케팅도 마찬가지가 아닐까.
마케팅 문제를 해결하기 위해 기존의 영역에 안주하지 말고, 기존의 상식에만 의존하지 말고 의료 그 너머에까지 눈을 돌리는 보다 적극적인 자세가 필요하다.

조별 과제

① 제1장에 수록된 내용 중 가장 공감하는 부분은 무엇이며, 그렇게 생각하는 이유를 설명하시오.
② 제1장에 추가할 내용으로 딱 좋은 사례를 찾아보고, 해당 사례를 선정한 이유에 대해 설명하시오.
③ 앞으로 새롭게 떠오를 마케팅 관점에는 어떤 것이 있을지 제시하고, 그렇게 생각하는 이유에 대해 설명하시오.

개인 과제

CHAPTER 1. 의료마케팅의 이해

학번		성명		제출일	

① 이번 장을 한 문장으로 표현해 보자.

② 이번 장과 관련해 스스로 찾아본 것에 대해 자세히 적어 보자. 책은 50쪽 이상 읽은 것만 적을 수 있으며, 영상 자료와 신문 및 기타 내용은 출처나 연도 표기를 정확히 적어 보자.

책	
영상 자료	
신문	
기타	

③ 이번 장에 관해 200자 이상의 에세이를 손으로 직접 써 보자.

* 이 페이지는 절취하여 다음 시간에 제출할 것

CHAPTER

2

마케팅 환경과 시장

1. 거시환경
2. 미시환경

> 200년 전만 해도 농민이나 도회지 사람이 일생 동안 접촉하는 사람의 수가 이삼백 명을 넘지 않을 정도로 외부와의 교류가 뜸했다. 중세 말 프랑크푸르트의 메세 같은 대규모 시장도 1년에 한 번만 열렸을 정도였다. 하지만 이제 시장은 우리 삶에 절대적이고 압도적임을 부인할 수 없다. 우리 삶에 있어 시장은 더 이상 떼려야 뗄 수 없는 존재이다.[1)]

산소 없이는 단 몇 분도 버티지 못하면서도 공기의 존재를 잊고 지내듯 현대인은 시장에 기대어 살아가는 존재면서도 시장의 실체에 대해서 제대로 인식하지 못하는 경우가 많다.

남대문시장과 베트남 나트랑시장(출처 : theculturetrip.com/asia/vietnam/articles/the-best-markets-in-nha-trang-vietnam/)

1) 제러미 리프킨. 유러피언 드림EUROPEAN DREAM. 민음사, 2005

사람들이 모여 시장을 형성하고 그 시장은 다시 우리의 삶을 떠받치고 있다는 점에서 시장은 우리 삶과 직결되어 있다. 다른 한편으로 시장은 역동적인 존재다. 어제의 시장과 내일의 시장이 같을 수는 없다. 그러니 시장의 흐름과 변화에 관심을 가짐으로써 변화무쌍한 세상을 읽어내는 것 또한 현명한 태도가 아닐까.

구 분	구체적 내용
거시환경	인구 / 경제상황 / 자연환경 기술환경 / 사회문화적 환경 법적 환경
미시환경	신규 진입자 / 경쟁기업 대체재 / 구매자 / 공급자

마케팅 환경은 거시환경과 미시환경으로 구분할 수 있다. 끊임없이 변화하는 환경의 특성상 이 두 가지 환경 역시 수시로 변하고 있다. 마케팅 환경에는 여러 가지 요인들이 존재하는데, 이들이 미치는 영향력 또한 다양하고 제각각이다.

1. 거시환경巨視環境

오랜 가뭄 끝에 브라질에 비가 내렸다는 소식을 접하고 스타벅스 주식을 매입한 사람이 있다. 그가 주식을 사들인 이유는 가뭄이 해소되면 브라질의 커피 농사가 잘될 테고 그러면 커피 원두 가격이 하락할 것이니, 세계 최대의 원두 소비처인 스타벅스의 원가 부담도 줄 것이라 봤기 때문이다. 회사의 수익이 호전되면 주가는 덩달아 오를 테니 그에게 브라질의 비 소식은 주가의 상승을 알리는 신호탄이었던 셈이다.

전혀 상관없어 보이는 비 소식을 듣고 곧바로 주식 매입에 나선 그는 거시환경을 제대로 볼 줄 아는 사람이다. 세계가 하나로 묶이고 서로 연결되어 있음을 알고 있는 그에게 브라질 비 소식은 스타벅스 주식 매입의 절묘한 시점과도 연결되어 있다. 세상에는 이처럼 전혀 관계없어 보이는 것 같지만 실은 아주 긴밀하게 연결되어 있는 것들이 많이 있다. 다만, 우리가 그것을 제대로 인식하거나 파악하지 못하기 때문에 그냥 지나쳐 버릴 뿐이다.

거시환경이란 인구 변화나 경제, 자연, 기술, 사회문화 및 법과 제도와 같이 넓고 큰 요인들을 통틀어 부르는 말인데, 지금부터 거시환경에 대해 하나씩 살펴보기로 하자.

가. 인구

인구는 힘일까 짐일까? 중국에 대한 세계 각국 기업들의 관심이 끊이질 않는 이유는 엄청난 인구가 만들어내는 시장가치 때문이다. 반세기가 훨씬 넘는 기간 동안 미국이 세계 모든 기업의 꿈의 격전장이 된 것도 3억이 넘는 인구를 가진 미국 시장이 만들어내는 엄청난 소비량 때문이다.

1인당 GDP로는 싱가포르(65,233달러, 2019년 기준)와 비교가 안 되는 인도네시아(4,193달러)가 어떤 면에서는 더욱더 평가되는 이유 또한 엄청난 부존자원과 더불어 3억 가까이 되는 상당한 인구와 그에 따른 시장의 잠재적 가치 때문이다. 이런 면에서 본다면 인구란 힘이 분명하다.

출처 : MIT Technology Review Nov 5, 2019

하지만 지나치게 많은 인구는 여전히 짐이다. 한동안 중국에서 철저하게 아이를 하나만 낳도록 강요한 것도 무작정 낳다 보면 거지꼴을 못 면한다는 생각에 따른 것이었다. 1960년대부터 1990년대 초반까지 우리나라에서도 가족계획의 의미는 아이를 적게 낳는 것이었다. 둘만 낳자고 했다가 둘도 많으니 하나만 낳아 잘 기르자고 했다.

1970년에 4.53명이었던 합계출산율이 최근 들어 세계 최저 수준을 보이고 있다. 2017년, 1.05명이던 합계출산율은 이듬해인 2018년에 0.98명으로 더 떨어졌다. 이제 가족계획은 많이 낳아 잘 기르는 것으로 바뀌었고 다산多産을 장려하기 위해 우리 사회 전체가 고심하고 있다.

적정수준의 인구를 유지하는 것은 중요한 의미가 있다. 내수시장을 일정 규모로 유지해 안정적인 경제 생태계의 터전을 만들어 간다는 것도 그중 하나다. 하지만 더 중요한 것이 있다. 인구가 줄어들면 정말 곤란해지는 것이 있다. 인구가 점점 줄어드는 데다, 상대적으로 노령층 인구가 많아진다는 것은 그만큼 세금 낼 사람이 줄어든다는 걸 의미하는 한편, 부양받는 사람이 늘어나 사회적 부담이 커진다는 뜻이기도 하다. 세수가 줄어들면 혹은 세금이 덜 걷히면 어떤 일이 벌어질까.

각종 사회보장제도, 즉 연금제도와 건강보험제도 같은 정부의 시책은 모두가 일정 수준의 인구 유지를 전제로 한 것인데, 인구가 준다는 것은 이와 같은 기본 전제에 큰 위협이 된다. 세금 내는 사람이 줄어들면 정부의 조세 수입이 감소할 테고 더 나아가 극단적인 경우에는 정부는 물론 국가의 존립에도 큰 위협이 될 것이다.
영국의 고령화 전문가인 폴 월리스는 인구 구조의 변화가 가져오는 사회경제적 충격을 지진earthquake에 따른 자연재해에 빗대어 '인구 지진agequake'이라고 칭했을 정도다.

인구 규모는 병원을 비롯한 의료계에도 큰 영향을 미친다. 인구의 고령화와 맞물려 전체 인구가 줄게 될 경우 의료계에 불어닥칠 이슈로는 다음과 같은 것들이 우선적으로 제기될 것이다.

- 연금재정 고갈로 연금 수령액 조정에 따른 의료비 지불 능력 감소
- 퇴직 연령의 연장 또는 철폐에 따른 노후 세대 경제활동 참가 인구 증가로 고령 근로자의 직업성 질환(직업병) 증가
- 노인 친화적 또는 노인 중심적인 방향으로의 건강보험 정책 변화
- 인구 감소에 따른 외국 노동자 유입 증가에 따른 이국적 질환의 증가
- 나 홀로 가구(외짝 노인 가구 포함) 증가에 따른 정신질환 및 홈 케어 서비스 수요 증가

나. 경제상황

2010년 현재 일본에서 순금융자산을 1억 엔 이상 보유한 부유층 인구는 174만 명으로 2009년 대비 5.4%가 늘어났다. 이들이 보유한 자산은 총 254조 엔으로, 일본 인구 가운데 1.8%에 불과한 이들의 금융자산이 개인 금융자산 총액의 21.7%를 차지하는 셈이다.
전체 부유층 가운데 65세 이상이 차지하는 비중이 47%이며 75세 이상의 비중도 15%에 달한다. 이에 따라 산업의 진행 방향은 당연히 실버를 향하게 되었다. 일본 기저귀 생산량의 변화를 보자. 2003년만 보면 유아용 기저귀 시장규모가 26.2만 톤이었으나, 2008년에는 25.5만 톤으로 감소했다. 그런데 성인용 기저귀는 2003년 17.7만 톤에서 2008년 21.7만 톤으로 급격히 증가했다. 거의 모든 산업이 불황을 겪고 있는데, 유일하게 호황을 구가하는 산업은 실버산업뿐이다.[2)]

2) 윤덕균. 포스트 삼성Post Samsung Electronics. 매일경제신문사, 2015 참고

출처 : REUTERS/Mohamed Abd El Ghany

2017년, 이집트에서 우버Uber 운전기사로 활동 중인 사람은 15만 7천 명이나 된다. 문제는 경제사정 악화로 우버 기사로 나서는 사람들이 더 많아졌다는 점이다. 이들 중 70%가 17~35세의 젊은이들이라고 하는데, 한창 대학을 다니거나 제대로 된 직업을 구해야 할 이들이 우버 기사를 한다는 뜻이다. 2017년, 이집트의 청년실업률은 30%가 넘었다. 경제 침체로 일자리 구하기는 하늘의 별 따기다 보니 택시 기사로 나서는 사람들이 급증한 것이다.

우리나라도 이집트 못지않은 때가 있었다. 1960년대, 아무것도 가진 게 없던 시절이다 보니 독일에 광부와 간호사를 보내고 이들이 받을 임금을 담보로 차관을 얻어야 했을 정도로 경제상황이 열악했다.

재외동포재단

기념 전시회, 다큐 제작 등 광부 역사 조명

한국 경제의 밑거름 파독광부 50주년

1960년대 독일에 광부로 파견나간 이들이 보내온 외화는 조국 근대화의 밑거름이 됐다.

1966년 1월 31일 독일 프랑크푸르트 공항에 도착한 파독 간호사들이 마중 나온 현지 한인들과 함께 찍은 기념사진

(출처 : 재외동포의 창, 2013.2.)

국민소득은 87달러에 불과했고 변변찮은 기업체 하나 없던 당시, 독일 파견 근로자로 지원한 사람은 2,800여 명이었다(1963년 기준). 합격자 367명의 명단은 사법시험 합격자처럼 신문에도 실렸다. 대졸자도 20%나 돼 '신사 광부'라 불리기도 했다.
의사들의 외국행도 상당 기간 계속되었다. 1970년대 당시 국내 유명 의대 졸업생들의 절반 가까이 미국으로 취업 이민을 떠나기도 했다.

대학 졸업자를 외국의 광부로 보낼 수밖에 없었던 것이나, 애써 키운 의료인들의 외국행을 막지 못했던 것은 국가적으로도 큰 손실이 아닐 수 없다. 그럼에도 불구하고 이들의 외국행을 막을 수 없었던 것은 1960년대 당시 우리 경제가 너무나 보잘것없었고 1970년대에도 갓 졸업한 의대생들의 입장에서 봤을 때 별로 매력적이지 못했기 때문이다. 이처럼 경제상황 혹은 경제수준은 유능한 인력을 끌어들이기도 하고 그 반대로 쫓아내기도 한다.

경제수준에 따라 시장규모와 사업기회는 물론 판매되는 제품이나 서비스의 수준에 이르기까지 큰 영향을 받게 된다. 냉장고도 드물었던 1960년대에 '딤채'라는 김치 전용 냉장고 시장이 존재하기란 불가능했을 것이다. 그런가 하면 자동차가 운송수단을 넘어 레저 혹은 움직이는 또 하나의 삶의 공간으로 뿌리내릴 수 있었던 것도 경제부흥이라는 뒷받침과 고속도로를 비롯한 사회기반이 마련되었기에 가능했던 것이다.

다. 자연환경

중동지역에서는 해$_{\text{sun}}$보다는 달$_{\text{moon}}$이 더 대접받는다. 중동 국가의 국기에는 달이 새겨져 있다. 워낙 더운 지역이다 보니 한낮은 활동하는 시간이 아니라 정지된 시간이요 죽은 시간이다. 오히려 이들의 활동은 해가 뉘엿뉘엿 지고 난 후 달이 떠오르면서 본격적으로 시작된다. 낮보다는 선선해지기 시작하는 저녁에서야 비로소 사람들은 활기를 되찾고 공동체도 시끌벅적해지는 것이다. 그러니 밤 시간이야말로 우리 생각과 달리 이들에게는 활기 넘치는 살아 있는 시간인 것이다.

반면에, 일 년의 절반 가까이 우중충한 날씨가 계속되는 북유럽에서는 햇빛에 대한 간절함이 상상 그 이상이다. 자주 볼 수 없는 태양이기에, 해만 뜨면 어디서든 상관없이 일광욕에 나선다. 근무시간에도 뛰쳐나간다. 그만큼 햇빛이 절실하기 때문이다.

중동지역 국기를 이용한 퍼즐. 터키와 파키스탄, 그리고 우즈벡과 투르크메니스탄 국기의 달이 선명하다.(출처 : http://inclusionhq.co.uk/products/middle-east)

달을 반기든 해를 사랑하든 두 지역 사람들에게는 공통적인 특징이 있다. 바로 자연환경에 적응하는 삶이라는 것이다. 북유럽의 독특한 가구나 세계적으로 유명한 스위스의 정밀 시계 공업은 날씨 탓에 일 년의 절반 가까이 집에 갇혀 지내다시피하는 이들 지역의 환경적 특성이 반영된 것이다. 종교가 삶의 중심인 데다, 한 번 정한 결정은 좀처럼 바꾸지 않는 중동지역 사람들의 성향 역시 변화가 거의 없는 사막 기후에 영향을 받은 것은 아닐까.

겨울이 특별히 긴 지역과 일 년 내내 태양이 내리쬐는 나라들 간에 발생하는 질병의 양상이 같을 리 없다. 아주 추운 그린란드$_{\text{Greenland}}$나 알래스카와 무더운 아마존이나 아프리카 지역의 질병 양상은 다를 수밖에 없다. 정신질환이나 자살자의 숫자부터 확연히 차이가 난다. 풍토병이란 것도 바로 이와 같은 자연환경의 영향이 반영된 것이다. 간혹 자연환경은 기업의 운명에 치명타를 가하기도 하는데, 고병원성 조류인플루엔자도 그중 하나다.

대만식 카스텔라로 유명세를 탄 대왕 카스텔라는 2016년, 국내에 문을 연 지 6개월 만에 전국에 400개에 달하는 매장으로 급성장했다. 그런 추세라면 2017년 상반기에만 400개의 매장이 더 늘어날 것이란 게 업계의 전망이었는데, 고병원성 조류인플루엔자 파동으로 순식간에 그 기세가 꺾였다.

일본식 카스텔라와 달리 단맛을 빼고 계란 고유의 고소한 맛을 강조한 대만식 카스텔라는 재료비의 80%가 계란 값인데, 조류인플루엔자 사태로 계란 값이 배 가까이 올랐고 그마저도 구하기 힘든 상황이 계속되었다. 가격 폭등에 원자재 확보의 어려움까지 겹치면서 그 많던 대왕 카스텔라 매장은 어느 날 갑자기 사라져버렸다.

살충제 계란 파동도 있었다. 양계장에서 진드기 퇴치를 위해 '피프로닐'이란 살충제를 살포한 것인데, 계란에서도 해당 성분이 검출되어 우리나라를 비롯해 전 세계가 들썩였다. 인간의 욕심에서 비롯된 살충제 살포 파동까지 자연환경에 넣기는 다소 무리가 있음이 분명하다. 계란을 주원료로 하고 있는 곳에서는 땅을 칠 노릇이지만, 이를 어찌 알고 미리 대비할 수 있겠는가.

라. 기술환경

뉴욕에서 안경을 하나 맞추려면 렌즈 코팅 가격이 75불, 안경 렌즈 140불, 안경테 395불 등 대략 600불 정도가 든다. 의사 검안료 100불은 별도다. 그런데 와비파커Warby parker에서는 안경을 95불에 판매한다. 가히 혁명적인 가격이라 할 수 있다.
와비파커 비즈니스 모델의 핵심은 홈트라이온Home Try-On 프로그램이다. 인터넷으로 최대 5개의 안경을 주문할 수 있고, 5일 이내에 맘에 드는 디자인 하나를 선택하고 나머지는 착불 박스에 넣어 되돌려 보내면 된다. 그런 와비파커가 또 다른 혁신을 선보였다. 아이폰의 카메라와 애플의 안면인식기술FaceID을 기반으로 증강현실AR을 구현하는 버추얼 트라이얼Virtual Try-On을 개발한 것이다. 고객은 이 앱을 이용하여 실제 안경을 써보지 않고도 스마트폰 화면에서 안경을 쓴 자신의 얼굴을 확인할 수 있다.

(엄성필. 뉴욕 비즈니스 산책. 한빛비즈, 2019)

인류 역사상 가장 창의적 인물로 손꼽히는 레오나르도 다빈치는 다양한 부문에서 그의 천재성을 유감없이 발휘했다. 무거운 것을 들어 올리는 기중기는 물론 낙하산과 비행기까지 자신의 아이디어를 그림을 곁들인 메모 형태로 남겨 놓았다. 하지만 안타깝게도 드로잉 작품 중에 그의 생존 시절에 개발된 것은 거의 없다. 그 이유는 당시의 기술수준이 레오나르도 다빈치의 천재성을 뒷받침해 주지 못했기 때문이다.

이러한 일들은 레오나르도 다빈치에게만 국한된 것이 아니다. 어느 시대나 아이디어와 기술 수준 간에는 차이가 있다. 우주여행이라는 아이디어는 여전히 많은 기술적 난제로 지연되고 있다. 반면에 음식물의 장기 저장은 멸균법이나 냉동법을 포함한 다양한 저장 기술 덕분에 일상화된 지 오래다.

의료분야는 새로운 과학기술의 개발과 함께 전문성이 더해지고 확장되고 있다. 1895년, 물리학자 빌헬름 콘라트 뢴트겐Wilhelm Conrad Röntgen(1845~1923)의 엑스선 발견 이후, 엑스레이 촬영기기는 긴요한 진단 도구로 이용되어 왔다. 이를 바탕으로 100여 년 전에는 존재하지도 않았던 영상의학과라는 새로운 분과가 엑스레이 장비의 도입과 확산을 계기로 생겨났다.

이뿐만이 아니다. 심장의 박동에 따라 심근에서 발생하는 활동 전류를 기록하는 심전도는 심장의 리듬을 파악해 심혈관계 질환을 진단하는 도구다. 1901년, 네덜란드의 생리학자인 빌럼 에인트호번Willem Einthyven이 최초로 개발한 심전도계는 이후 심장 내과가 생기는 데 있어 크게 기여했다.

날로 그 수가 증가하고 있는 당뇨병 환자를 생각해 보자. 전 세계적으로 4억여 명에 달한다는 이들에게 가장 중요한 것은 혈당 조절이다. 현재는 혈당을 측정하려면 혈액 샘플이 있어야 한다. 손가락 부위를 찔러 살짝 피를 내어 측정하는 기존의 방법은 따끔한 게 은근히 두려운 데다, 측정할 때마다 스트립strip이라는 혈당시험지를 사용해야 하기에 비용이 드는 일이다.

하지만 지속적 혈당 모니터링이라는 방법이 이미 개발되어 있다. 복부에 초소형 센서를 삽입해 인체 조직액의 당 수치를 전송하는 방식이다. 최근 들어 보다 간편해진 혈당 측정 기기들이 개발 중에 있다. 대표적인 것이 콘택트렌즈를 이용하는 방식인데, 착용하기만 하면 별도의 채혈 과정 없이 실시간으로 혈당 정보를 확인할 수 있다. 몸속에 삽입하는 대신 눈에 착용하는 것으로 한결 손쉬워 심리적 부담도 훨씬 덜하다. 이와 같은 첨단 기기가 보급될 경우 혈당 측정기가 당뇨병 환자의 집에서 사라질 날도 머지않았다.

멸균법이라는 기술적 뒷받침이 없었다면 통조림이라는 제품이 나올 수 없었을 것이고, 균의 발견 역시 현미경이라는 장비의 개발 없이는 상상할 수 없었을 것이다. 이처럼 그 시대의 제품은 결국 그 시대의 기술수준에 크게 의존할 수밖에 없다.

마. 사회문화적 환경

스웨덴 친구가 한국에 왔을 때 같이 마트에 간 적이 있다. 친구는 여성전용주차 공간을 보고 무슨 표시냐고 물었다. 여성들만 주차할 수 있는 공간이라고 말했더니 "여자가 주차도 제대로 못하는 나약한 존재라도 되는 것처럼 왜 앞쪽에 별도로 주차 공간을 주는 거야? 한국 여자들은 이런 대접을 받으면서 그냥 참고 있는 거야?"라며 놀랐다. 참고로 이 친구는 여자다.
평등을 지나치게 강조해 배려가 별로 없다는 단점도 있다. 약자에게 자리를 양보하는 일은 찾아보기 어렵다. 버스나 전철에서 임산부가 타건 노인이 타건 누구에게도 양보하는 모습을 본 적이 없다. 남에게 폐를 끼치는 걸 병적으로 싫어하는 스웨덴의 문화 탓인지 도움을 요청하지 않았는데 먼저 도우면 무례다. 배려配慮는 제도의 몫이라 여긴다. 그래서인지 휠체어나 아이가 탄 유모차를 끌고 버스를 타면 차비가 면제다. 승객들은 누구도 불평하지 않고 기다린다. (하수정. 북유럽 비즈니스 산책. 한빛비즈, 2016)

출처 : VISITNORWAY.COM

베르겐Bergen 철도 노선 개설 100주년을 맞이해 노르웨이의 NRK2 방송국에서 특별한 프로그램을 내보냈다. 달리는 기차에 카메라를 설치하고 7시간 내내 여기서 찍은 풍경만 내보낸 것이다. 간간이 자막을 넣어 기차가 지나는 지역에 대한 정보나 자료 화면을 보여주긴 했지만, 시종일관 배경음악은 물론, 해설 방송도 하지 않았다.

말풍선과 온갖 자막에다, 소란스러울 정도로 지나친 배경음이 가득한 우리의 방송과는 달라도 너무 달랐다. 흥미로운 사실은 노르웨이 국민의 절반이 넘게 이 방송을 봤다는 것이다. 열화와 같은 성원에 힘입어 방송사는 후속편으로 크루즈 선상에서 바라보는 영상을 내보냈다. 이번에는 7시간이 아니라 134시간 분량에 음악과 안내방송이 없는 건 마찬가지였다. 우리의 정서상 도저히 불가능할 것만 같은 TV 프로그램이 노르웨이에서는 기꺼이 받아들여지는 것은 문화적 차이 외에는 달리 설명할 길이 없을 것 같다.

뉴욕의 시티투어 버스

'뉴욕에 있는 아이는 제가 미국에 와서 일하기를 바랍니다만, 저는 못한다고 했습니다. 아이가 보기에는 영어를 잘하는 아빠가 왜 뉴욕에서 일할 수 없는지 이해하기 어려웠나 봅니다. 그래서 제가 좀 자세하게 설명했습니다. 광고는 '언어'를 조금 배운다고 만들 수 있는 것이 아니다. 사회문화적인 맥락을 충분히 이해해야 한다. 미국에서 좋은 광고를 만들 만큼 미국의 사회문화적인 맥락을 이해하려면 20년은 걸려야 할 거다.'[3)]

3) 박웅현, 강창래. 인문학으로 광고하다. 알마, 2009 참고

사회문화적 맥락에 대한 이해가 어디 광고에만 국한된 것일까. 의료분야에서도 사회문화적 환경에 대한 이해는 매우 중요하다. 미국은 세계에서 의료비를 가장 많이 지출하는 나라다. 당연히 수술도 많다. 하지만 예외도 있다. 맹장수술이라 부르는 충수돌기염 수술은 독일이 더 많다. 독일인들의 맹장 상태가 특별히 나빠서 그런 것이 아니다. 그보다는 동일한 증상에 대해 독일 환자 혹은 독일 의사들이 약물치료 대신 수술을 선택하는 경향이 더 많기 때문이다.

이뿐만이 아니다. 독일 의사들은 영국 의사에 비해 강심제를 많이 쓰는 반면(6~7배), 항생제 사용은 훨씬 적다. 프랑스도 나름 독특한 의료 문화가 있다. 이 나라 의사들은 미국 의사에 비해 좌약 처방이 7배나 많다. 프랑스 국민들의 신체 특성에 의한 것이라기보다 좌약을 부담 없이 받아들이는 남다른 문화에 기인한 것이다.

우리나라도 예외는 아니다. 특히 제왕절개 수술이 그렇다. 많아도 아주 많다. 전체 분만에서 제왕절개를 통한 분만이 35.1%를 차지해 OECD 평균인 25.8%보다 훨씬 높다. 제왕절개 수술은 언제 나올지 모를 태아를 마냥 기다리지 않아도 되니 시간이 절약되고 심지어 한밤중에 불려나와 아이를 받아야 하는 수고로움도 피할 수 있다. 게다가 건강보험 수가 측면에서도 이득이다. 그러다 보니 정상 분만이 가능한 경우에도 제왕절개를 권하는 경우도 있다. 결국 낮은 수가를 보전하려는 것과 좀 더 편하게 아이를 받으려는 의료진의 동기가 합쳐져 제왕절개가 유난히 많은 우리만의 독특한 출산문화가 만들어진 것이다.

덧붙이자면, 의료사고에 대한 대비가 부실하다는 점도 한몫한다. 산모나 태아의 사망이나 뇌성마비 등 의료사고의 위험은 정상 분만 쪽이 훨씬 높다. 게다가 정상 분만의 경우 출산의 진행과 주도권이 산모에게 있다 보니 의료진의 개입도 제한적이다. 반면, 제왕절개의 경우 주도권이 의사에게 있고 위기상황에 따른 대처도 훨씬 신속해 여러모로 유리하다는 점도 간과할 수는 없다.

바. 법적 환경

일본의 경우 지방에 사는 사람들의 해외여행이 무척 불편하고 번거로웠다. 그러던 중 2000년 이후 해결 기미가 보이기 시작했다. 계기는 일본 정부도 일본 항공사도 아닌 우리나라 인천공항의 개항 때문이었다.
지금까지는 지방에 사는 사람들이 해외여행을 하려면 도쿄에 있는 하네다공항까지 비행기로 온 다음 지하철이나 버스로 갈아타 나리타공항으로 가야 했다. 하네다공항은 국내선 전용이라 국제선을 타려면 나리타공항으로 가야만 했기 때문이다.

하네다공항에서 나리타공항까지의 거리는 80km 정도 되는데, 여행 짐이 가득 든 카트를 끌며 이동하는 것 말고는 달리 방도가 없었다. 그러던 차에 2001년에 인천공항이 문을 열었다. 인천공항은 일본의 지방 공항들과 곧바로 연결되어 있어 지방에 사는 일본인들에게 '하네다–나리타' 코스 외에 인천공항이라는 선택권이 하나 더 생겨난 셈이다. 인천공항을 경유할 경우 환승할 때 공항에서 몸만 움직이면 되기 때문에 훨씬 간편하고 힘도 덜 들 뿐만 아니라 하네다에서 나리타로 이동하는 교통비까지 아낄 수 있어 금상첨화였다.

과거	집 → 가까운 지방 공항 → 하네다공항 → 지하철 등 대중교통 이동(집 가방 들고 이동) → 나리타공항 → 외국 여행지
현재	집 → 가까운 지방 공항 → 인천공항(집 가방 없이 공항 내 해당 터미널로 간편 이동) → 외국 여행지

이런 사실이 알려지자 일본 여행사들은 너도나도 인천공항을 경유지로 하는 관련 상품을 내놓기 시작했다. 이에 일본 당국은 무척 당황했다. 사태의 심각성을 파악한 일본 정부에서는 결국 하네다공항에도 국제선을 집어넣었다. '국제선은 나리타, 국내선은 하네다'라는 기존의 분리 원칙을 스스로 거둔 것이다.

그렇게도 고집해 온 국제선과 국내선의 분리 원칙은 지극히 관료적이며 편의주의적인 발상이었음에도 수십 년간 별문제 없이 지켜져 왔다. 하지만 문제가 없었던 것이 아니다. 이 같은 규제 탓에 그동안 국민들은 하지 않아도 될 고생을 수없이 계속해 왔기 때문이다. 반면에 국민들의 불편에도 불구하고 기존의 분리 체제 덕분에 남다른 혜택을 누리던 곳도 여럿 있었다. 항공사와 공항에 입점한 매장들이 덕을 보았고 하네다에서 나리타까지 노선을 운행하던 운송회사들도 좋았을 것이다. 국제선과 국내선 분리라는 법의 보호 아래 안락하게 지내온 곳이 어디 이들뿐이랴. 하지만 이 모든 것이 과거의 유물로 사라지는 것은 시간문제일 뿐이다.

오래된 관습과 깨어지지 않을 것만 같은 규정에 기대어 영원할 것처럼 보였던 이들의 이권은 계속될 수 없었다. 고객이 원하는 가치를 제공하지 못하는 한 그런 이권은 지속될 수 없다. 결코 무너지지 않을 것처럼 보였던 규제가 의외의 곳인 인천공항에 의해 무너지는 것을 보면 더더욱 그렇다.

영화나 드라마에서와 같이 진리와 정의가 언제나 이기는 것은 아니다. 특히 법적 환경이라는 영역에서는 더 그렇다.

일반적으로, 에이즈 치료제는 그 비용이 연간 만 달러에서 만 오천 달러 정도 소요되는데, 인도, 이집트, 타이, 아르헨티나 등지에서 생산되고 있는 제네릭 의약품generic drugs 가격은 600달러 수준에 불과하다. 이들 국가를 상대로 유명 제약사들이 지적 재산권 침해 소송을 줄기차게 제기해온 가운데, 세계보건기구는 2003년 8월, 국가적 비상사태에 한하여 제네릭 의약품을 생산하거나 수입할 수 있도록 제한함으로써 제약사들의 손을 들어주고 말았다.

세계 굴지의 제약회사들이 이들 국가들과 벌였던 싸움은 겉보기에는 지적 소유권 인정 문제였지만, 다른 한편으로는 생명권, 더 나아가 인권과 이권의 싸움이기도 했다. 하지만 법적 판단은 지적 소유권을 우선하는 쪽으로 결론이 내려졌다. 이러한 결론이 올바른 것인지, 이 같은 결정이 정의로운 것인지에 대한 이론은 여전하지만 법적 환경은 때로는 일반의 상식과 정서를 넘어서기도 한다.

지적 소유권 저작권 투자금 회수	vs. ⟺	생명권 생존권 인권Human Right

2. 미시환경微視環境

소설가 김훈의 『칼의 노래』 첫 문장은 이렇게 시작된다.

"버려진 섬마다 꽃이 피었다."

저자는 소설 첫 머리를 '~꽃이 피었다'로 할지 '~꽃은 피었다'로 할지를 놓고 며칠 동안이나 고심했다고 한다. 객관적인 사실을 말하는 듯한 '~이 피었다'라는 표현과 주관적인 정서를 투사하는 듯한 '~은 피었다'라는 표현을 두고 '~이'와 '~은' 사이에서 고민했던 것이다. 조사助辭 하나를 놓고 며칠을 고민한 정교함과 섬세함 덕분이었는지 그의 작품 〈칼의 노래〉는 소설가 김훈을 대중적으로 널리 알리는 기폭제가 되었다.

콜라는 90% 이상이 설탕물이다. 하지만 1~2% 차이로 코카콜라가 되기도 하고, 펩시콜라도 된다. 그래도 이 정도면 양호한 편이다. 이들과 똑같이 90% 이상 설탕물을 쓰고도 기억에도 없는 이름 모를 콜라들이 또 얼마나 많은가. 단 1~2% 차이로 극과 극이 갈리고 나뉜다. 겨우 1~2% 차이 때문에 말이다.

1920년에 창업한 구찌GUCCI의 사훈은 '크게 되기 위해 작게 남아 있자'였다. 작은 것이야말로 위대한 결과를 낳는 밑거름이다. 바로 이 작은 것 하나에서 엄청난 제국이 세워지기도 하고 무너져 내리기도 한다. 미세한 부분을 어떻게 다루는가에 따라 그 결과는 결코 미세하지 않다. 이는 마케팅에서도 예외가 아니다.

여기서는 마이클 포터의 5가지 경쟁요인(파이브 포스5 forces)을 중심으로 미시환경 요인에 대해 살펴보기로 하겠다.

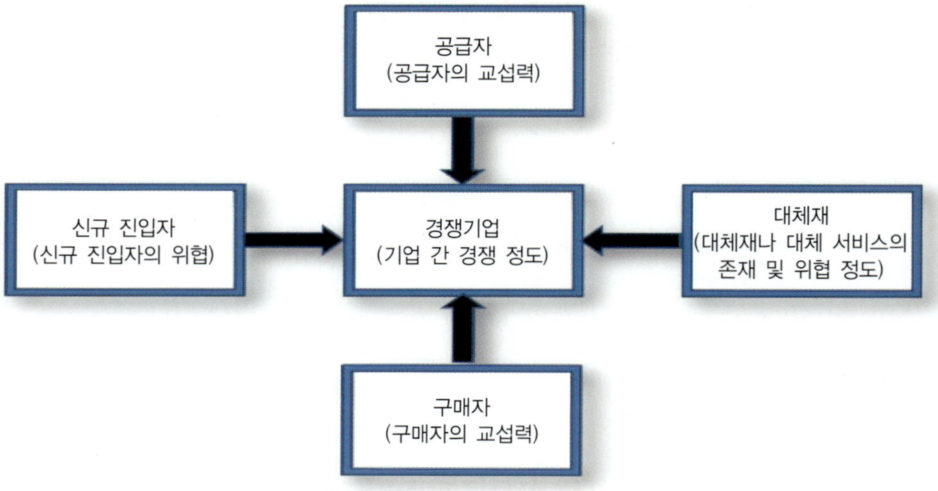

5가지 경쟁요인

가. 신규 진입자(신규 진입자의 위협)

자동차 산업과 중국집 개설을 놓고 보자. 엄청난 초기 투자비가 요구되는 자동차 산업에 아무나 뛰어들 수는 없지만, 기존의 중국집이 존재하더라도 인근에 중국집을 하나 더 내기란 크게 어려운 일이 아니다. 마찬가지로 엄청난 시설투자가 필요한 암센터는 아무나 쉽게 뚝딱 지을 수 있는 것이 아니다. 어디 시설투자뿐이겠는가. 우수한 의료진을 확보하는 것은 또 얼마나 어려운가.
신규 진입의 용이성 여부는 규모의 경제, 제품 차별화, 초기 투자비 정도, 교체비용, 유통경로 확보, 원가우위, 정부정책 등에 의해 결정된다.

새로운 병원의 개설(의료시장 내 신규 진입)에 대해 이웃한 병원들은 신경을 쓰지 않을 수 없다. 초기 시장은 몇몇 의료기관에 의해 유지되는 독과점적인 상태라 경쟁과는 동떨어져 있다. 하지만 새로 들어서는 병원이 많아지면서 시장은 점차 경쟁적으로 변하게 된다. 이른바 성숙기 단계에 돌입하는 것인데, 그렇게 될 경우 경쟁에서 버텨낸 곳만 살아남게 된다. 이런 상황에서 동일한 진료과목에다 표방하는 핵심 서비스 내용이 기존의 병원과 유사한 신규 진입자의 출현이라면 그야말로 경쟁수위는 최고조에 달하게 될 것이다.

나. 경쟁기업(기업 간 경쟁 정도)

모든 산업분야에서 동종업계의 수많은 회사들은 서로 가격, 품질, 원가 등을 놓고 치열하게 경쟁하고 있다. 게다가 경쟁자는 동종업계에만 있는 것이 아니다.

"우리의 경쟁자는 누구인가?"

스포츠 및 아웃도어 의류를 판매하는 회사의 경쟁자 중에는 스마트폰(혹은 그것을 제조하는 기업)도 있다. 이유는 이들이 소비자들의 여유시간을 두고 경쟁하고 있기 때문이다. 공휴일만 되면 어떤 이는 아웃도어 의류가 닳고 닳도록 산과 들을 헤맨다. 하지만 누군가는 그 시간에 스마트폰 게임에 푹 빠져 지내느라 아직 포장도 뜯지 않은 아웃도어 의류가 옷장에서 썩고 있는 사람도 있다. 그렇다고 볼 때 아웃도어 회사의 경쟁자는 스마트폰이 분명하다.

마찬가지로 고급 자동차 회사의 경쟁사는 다른 자동차 회사만이 아니다. 보통의 자동차가 '이동 수단'의 기능을 가진 데 반해 고급 자동차는 '과시 수단'으로의 기능도 있다. 따라서 과시 수단을 업으로 삼는 기업이라면 고급 자동차와 경쟁관계에 있는 것이다. 보석, 명품시계, 의류 및 가방 등을 취급하는 기업이 이들 자동차 회사의 경쟁상대가 될 수 있다는 얘기다.

이를 의료분야에 적용해 보면, 미용성형 전문 병원의 경쟁상대는 인근에 있는 또 다른 성형의원 외에도 더 있을 수가 있다. 이들 의료기관이 제공하는 것 중 하나가 남다른 '아름다움' 혹은 '자기만족'일 텐데, 이러한 것들을 제공하거나 추구하는 것을 업으로 삼는 곳이라면 경쟁자 혹은 잠재적 경쟁자가 될 수 있다. 예를 들면 다음과 같은 것들이다.

의료기관의 경쟁자 또는 잠재적 경쟁자들

경쟁주제	경쟁대상
육체적 건강과 아름다움	피트니스 센터, 헬스장
심리적 · 정신적 건강과 아름다움	명상센터, 요가원
보다 높은 차원의 미와 이에 관한 가치관	페미니즘, 여성 단체

미용성형이 주 전공인 의원의 경우 피트니스 센터나 헬스장과 육체적 아름다움을 놓고 경쟁할 수 있다. 정신건강 관련 환자들을 주로 다루는 의원이라면 명상센터나 요가원이 잠재적 경쟁상대가 될 수 있다. 이들 기관 또한 심리적·정신적 건강과 아름다움을 위해 다양한 활동을 펼치고 있기 때문이다. 무엇보다 중요한 것은 최종 선택은 소비자들의 몫이라는 점이다. 병원이 좋으면 병원을 찾을 것이요, 다른 곳이 더 잘 맞으면 그곳을 선택할 사람들이 바로 이들이기 때문이다.

더 나아가 지금과 같은 가시적인 아름다움을 넘어 '진정한 아름다움'이나 자신의 몸에 대한 '자치권 또는 결정권'을 강조하는 경우라면 어떨까. 그렇게 되면 아름다움에 대한 기준도 지금과는 많이 달라질 것이다.
북유럽 여성들 마냥 인공적인 치장을 멀리하고 자연스러움을 가장 큰 아름다움으로 여기는 이들은 색조 화장 대신 로션 등을 이용한 기초화장 정도에 그친다. 맨 얼굴의 자연스러움이 제대로 드러내는 것이 가장 잘된 화장이자 가장 아름다운 것이란 생각을 갖고 있기 때문이다.

자연스러움이 무엇보다 중요하며 기존의 아름다움에 대한 정의가 누군가에 의해 만들어진 강요된 것이라는 페미니즘적 주장이 공감을 얻게 될 경우 성형 시장의 상당 부분이 위협받게 될 수도 있다. 따라서 잠재적이긴 하지만 성형전문 의료기관의 가장 위협적인 요인 중 하나는 '페미니즘'일 것이다.

다. 대체재(대체재나 대체 서비스의 존재 및 위협 정도)

대체재 유무 혹은 대체재 여부 등은 경쟁상황과도 밀접하게 연관되어 있다. 경쟁기업이 전혀 없는 독점시장의 경우라면 대체할 것도 없지만, 수많은 기업들이 이미 존재해 치열하게 각축을 벌이고 있는 완전경쟁시장이라면 대체재 또한 무수히 많을 것이다.

경쟁상황에 따른 대체재 여부

경쟁상황	경쟁자	진입장벽	대체재
독점monopoly	전혀 없음	아주 높음	전혀 없음
과점oligopoly	몇 몇 있음	어느 정도 있음	조금 있음
독과점monopolistic competition	많음	별로 없음	많음
완전경쟁perfect competition	매우 많음	전혀 없음	무수히 많음

아울러, 직접적인 대체품은 물론 잠재적으로 대체 가능성이 있는 제품 혹은 그 제품을 생산하는 기업들은 모두 경쟁관계에 있다고 볼 수 있다.
성형 시장에서는 기존 성형외과와 치과(구강악안면외과) 외에, 피부미용 및 피부성형이란 표현으로 치고 들어오는 피부과와 '수술 없이 성형한다'는 일부 한의원까지 모두 경쟁 혹은 잠재적 경쟁관계에 있다. 이른바 대체재의 춘추전국시대라고나 할까. 이뿐만이 아니다. 영향력 면에서 당장은 크게 주목할 정도는 아니겠지만, 기공이나 마사지 등 의료영역 밖으로부터의 도전도 끊임없이 제기되고 있다.

라. 구매자(구매자의 교섭력)

구매자란 그 산업으로부터 제품이나 서비스를 구입하는 주체다. 이들 구매자들이 해당 산업에 강력한 영향력을 행사하고 있다면(혹은 영향력을 행사할 수 있는 상황이라면) 해당 산업계의 경쟁수준은 아주 높은 상황이라고 보면 된다. 생산자에 비해 구매자의 권한과 목소리가 훨씬 더 큰 상황을 생각해 보라. 이들의 권한이 커진 것은 공급(혹은 공급자)이 많아졌기 때문이거나 특정 구매자의 구매액이 압도적인 경우 흔히 발생한다. 예를 들면 다음과 같은 경우일 것이다.

• 특정 구매자의 구입량이 공급자의 매출에서 차지하는 비중이 크다

P&G의 총매출 중 월마트가 차지하는 부분은 절대적이다. 따라서 월마트는 구매자임에도 불구하고 가격 결정권 등 뛰어난 교섭 능력을 보유하고 있다.

• 특정 구매자가 구입하는 제품이 구매자의 비용 또는 구매 물품 전체에서 차지하는 비율이 높다

특등급 한우를 전문적으로 판매하는 정육점에서는 좋은 한우 고기를 적절한 가격에 확보하는 것이 판매 못지않게 중요한 일이다. 따라서 해당 정육점의 구입 활동은 여간 조심스럽고 까다로운 게 아니다. 그도 그럴 것이 정육점 수익이 어떤 한우를 어느 정도의 가격에 매입하느냐에 따라 판가름나기 때문이다.

• 공급자를 교체하는 비용이 적게 든다

냉장고 필터가 비싸다 해서 냉장고를 바꾸는 사람은 드물다. 냉장고와 같이 교체비용이 많이 드는 경우 필터가 비싸더라도 그 제품을 사용할 수밖에 없다. 하지만 더 맛있는 아이스크림, 더 감칠맛 나는 라면은 신제품이 나오기 무섭게 기존 제품은 순식간에 헌신짝처럼 버려진다. 다른 제품으로 바꾸는 데 드는 비용은 없거나 있어도 무시할 만한 수준이기 때문이다.

• 공급자의 제품이 구매자의 제품이나 서비스 품질에 거의 영향을 미치지 않는다

음식 맛의 기본은 재료가 분명하다. 하지만 떡볶이나 잡채의 경우 재료가 어떤 것이냐 못지않게 누가 요리하느냐도 중요하지 않을까. 물론 쌀과 밀가루 등 떡 만드는 원재료가 무엇이냐에 따라 맛이 달라지겠지만 그럼에도 불구하고 요리하는 사람의 실력이 가장 큰 영향을 미칠 것이다. 이런 경우에 떡볶이와 당면 제조업체들은 소비자들의 선택을 받기 위해 치열한 경쟁을 벌일 수밖에 없다.

• 구매자가 충분한 정보를 갖고 있다(구매자가 구매 결정에 영향력을 행사할 수 있다)

마트에서는 다양한 제품을 소비자가 직접 비교해 가며 원하는 물건을 구할 수 있는 반면, 병원에서는 시키는 대로 하라는 대로 할 수밖에 없다. 소비자들이 충분한 정보를 가지고 있는 대형 마트가 치열한 경쟁 속에 놓여 있는 것과 달리 의료정보가 부족한 환자들을 상대로 하는 병원들의 경쟁수위가 상대적으로 낮은 이유가 바로 여기에 있다.

마. 공급자(공급자의 교섭력)

공급자란 해당 산업에 제품이나 서비스를 제공하는 사람들로 기업이나 의료기관이 여기에 속한다. 소수의 몇몇 기업에 의해 해당 산업분야가 좌지우지되고 있다면 공급자의 힘, 즉 공급자의 교섭력이 큰 것이다. 의료기관이 한두 개밖에 없는 나라와 수백 개가 넘는 나라를 비교해 보라.

한두 개의 의료기관이 의료 서비스를 쥐락펴락하는 곳에서 소비자인 환자들은 입원할 수 있음에 감사하고 치료에 그저 고마워할 뿐이다. 하지만 수백 개가 넘는 곳이라면 상황은 달라진다. 의료기관들이 저마다 자기 병원을 이용해 달라며 소비자들의 선택을 받고자 기를 쓰고 노력하지 않을까.

대중 매체를 통한 의료기관들의 광고가 늘어나고 있다. 예전에 비해 내용과 디자인 수준도 무척 세련되어졌다. 이런 현상은 우리나라 의료시장 혹은 병원시장의 경쟁강도가 전보다 더 치열해졌음을 보여주는 것이다.

조별 과제

① 제2장에 수록된 내용 중 가장 공감하는 부분은 무엇이며, 그렇게 생각하는 이유를 설명하시오.
② 제2장에 추가할 내용으로 딱 좋은 사례를 찾아보고, 해당 사례를 선정한 이유에 대해 설명하시오.
③ 향후 의료경영에 가장 큰 영향을 미칠 요인으로 거시환경과 미시환경 요인별로 하나씩 고른 후, 그 이유를 설명하시오.

개인 과제

CHAPTER 2. 마케팅 환경과 시장

학번		성명		제출일	

① 이번 장을 한 문장으로 표현해 보자.

② 이번 장과 관련해 스스로 찾아본 것에 대해 자세히 적어 보자. 책은 50쪽 이상 읽은 것만 적을 수 있으며, 영상 자료와 신문 및 기타 내용은 출처나 연도 표기를 정확히 적어 보자.

책	
영상 자료	
신문	
기타	

③ 이번 장에 관해 200자 이상의 에세이를 손으로 직접 써 보자.

* 이 페이지는 절취하여 다음 시간에 제출할 것

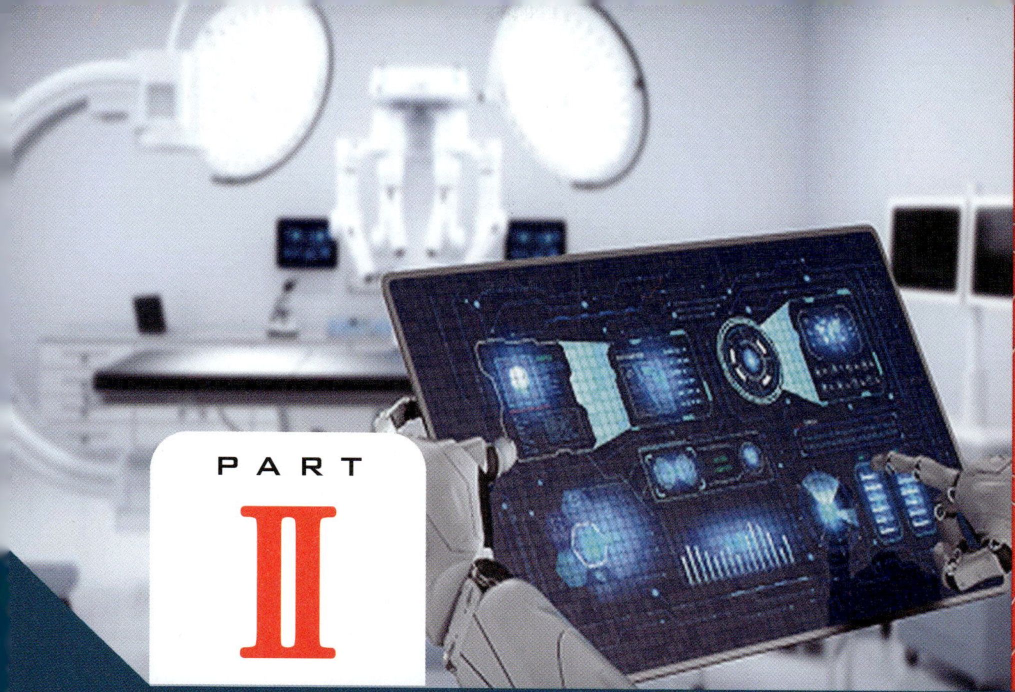

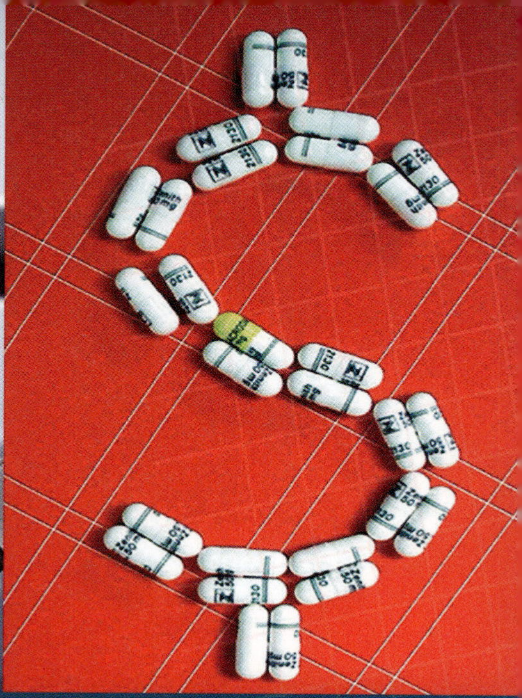

PART Ⅱ

4P와 4C 및 마케팅 믹스

노인을 포함한 나 홀로 가구와 직장 일에 바빠 밥하기 귀찮거나 힘든 사람들을 염두에 두고 만든 CJ의 '비비고'는 햇반에 이어 회사의 대표 브랜드 등극을 앞두고 있다. 비비고와 햇반 모두 '제품Product'이라는 관점에서 기존에 없던 것을 통해 새로운 시장을 개척했다.

햇반이나 커피믹스는 등산객이나 캠핑족 등 야외활동을 하는 사람들의 편의를 도모하고자 기획된 제품이었다. 데우기만 하면 되는 신속성에다 커피·프림·설탕을 한꺼번에 담아낸 편의성 등은 기존 제품이 갖지 못한 새로움 그 자체였다.

기획 의도에 맞게 출시 당시 두 제품은 집이라는 기존의 공간을 벗어나 야외라는 새로운 장소에서 애용되어왔다. 햇반과 커피믹스는 기본적으로 Product(제품)와 Place(장소)라는 두 가지 관점에서 마케팅 믹스marketing mix된 것이라 할 수 있다. 아울러 좀 더 들여다보면 그리 비싸지 않은 Price(가격)에 간편함과 신속성을 내세운 Promotion(촉진) 덕분에 당초의 제품 기획 의도를 훨씬 뛰어넘은 대중적 지지를 확보하며 온 국민들로부터 큰 사랑을 받고 있다.

햇반과 커피믹스의 4P

제품명	제공물Product	제공형태Place	가격Price	촉진Promotion 대상과 방법
햇반	밥	포장된 밥	비싸지 않음	야외활동 인구 및 나 홀로 족의 자취방 등에서 손쉽고 간편하게 활용하도록 함
커피믹스	커피	커피·프림·설탕을 하나로 엮음 막대봉투에 담음	저렴함	

• 차움CHAUM

라이프센터LIFE CENTER 차움CHAUM

차병원 그룹의 차움은 특이한 존재다. 기존 의료기관에서는 찾아볼 수 없는 '건강한 사람에게 더 건강함을 제공하는' 것을 서비스의 최우선으로 두고 있기 때문이다. 그러니 의료가 아닌 건강과 관련된 새로운 제품(혹은 서비스)Product을 내놓은 것이다. 당연히 세상에 없던 서비스를 제공하는 것이니만큼 제공되는 공간Place도 남달랐다. 가격Price은 가격대로 유별났으며 이 모든 것이 믹스mix되어 보다 더 특별하게 느껴지도록Promotion 만들었다.

> *** 차움CHAUM**
> 보다 나은 건강과 아름다움Better Health, Better Beauty을 내세우며 프리미엄 건강검진, 외래진료, 파워에이징 특화센터, 레스토랑, 맞춤형 차茶 서비스를 제공한다. 치료를 넘어 예방을 향한 차움은 서양의학, 동양의학, 통합의학뿐만 아니라 운동처방, 식품 치료 등을 통한 미래형 라이프센터를 지향하고 있다. 지금까지 병원을 찾게 되는 때는 주로 질병이 드러날 때였으나, 대부분의 사람들은 건강하지도 그렇다고 병들고 아픈 상태도 아닌 회색 지대grey zone에 있는 경우가 많다. 차움에서는 바로 이 회색 지대를 찾아내 부족한 부분을 보완해주는 건강 센터를 꿈꾼다.[1)]

1) KIMA(Korea International Medical Association) 참고

1. 4P의 개념

일반적으로 마케팅 활동은 Product(제품, 서비스), Price(가격), Place(유통경로, 장소), Promotion(촉진) 등의 4P의 활용으로 요약할 수 있는데, 이는 의료분야에서도 마찬가지다. 의료기관의 마케팅 활동을 요약하면 어떤 서비스를 어떤 가격에 어떤 경로로 제공하며 이를 어떻게 활성화할 것인지 촉진 방안을 모색하는 과정이라 할 수 있다.

4P는 1960년대, 마케팅이라는 개념 자체가 생소했던 시기에 제롬 맥카시Jerome McCarthy가 내놓은 전략 모델로 마케팅 부문의 발전에 지대한 영향을 끼쳐왔다. 4P란 제품·가격·유통·판촉의 영어 첫 글자를 딴 것으로 구체적인 내용은 다음과 같다.

• 제품 Product

기업이 시장에 내놓는 유형의 제품과 무형의 서비스를 모두 포함하는 개념으로, 적정한 품질과 환불 등 여러 내용이 이에 포함된다.

• 가격 Price

가격은 고객들이 이해하고 구매 여부를 판단하는 데 가장 직접적인 기준이 된다. 이는 다시 말해 가격 수준이나 할인 정도 및 신용판매를 포함한 다양한 지불 방법 여부가 소비자들의 구매에 큰 영향을 미친다는 뜻이다. 따라서 가격 수준에 따른 수요를 예측하고, 고객이 납득할 만한 합리적인 가격을 정하는 것은 매우 중요한 일이다.

• 유통 Place

제품이나 서비스를 시장에 소개하고 제공하기 위한 조직과 해당 조직의 관련 활동을 모두 포함하는 개념으로, 경로·단계·장소·저장·운송 등을 예로 들 수 있다.

• 판촉 Promotion

제품이나 서비스를 시장에 소개하고 제공하는 과정에서 고객을 설득하고 이들의 구매활동을 활성화시키기 위해 벌이는 다양한 활동으로, 광고·선전·할인 등과 같은 것들이 여기에 포함되며, 그 범위나 내용은 점차 다양해지고 있다.

2. 4P와 4C

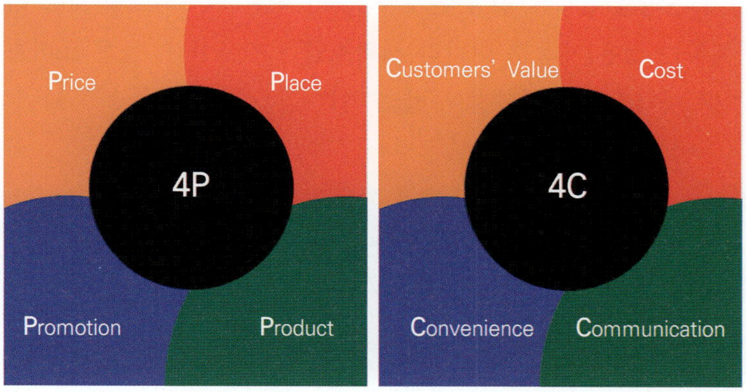

4P는 기업이 마케팅 과정 중에 제어할 수 있는 요소로 대부분의 마케팅 서적이 4P 이론을 기초로 삼았다고 해도 과언이 아니다. 따라서 4P를 어떻게 운용할 것인가는 기업이 마케팅 전략을 확정할 때 가장 먼저 던져야 하는 질문이다. 하지만 시장 환경의 변화에 따라 4P를 대체할 새로운 이론의 필요성이 대두되었다. 이런 와중에 로버트 로터본Robert Lauterborn이 4P를 대체할 4C 이론을 제시했다. 로터본은 고객 만족을 최우선으로 추구하는 동시에 고객의 구매 비용을 낮춰야 한다고 주장했다. 이에 의하면 제품과 서비스를 연구 개발할 때 고객의 구매력까지 충분히 고려해야 한다는 것이다. 더불어 구매 과정 중의 편의성에 주목하고, 고객을 둘러싸고 효과적인 마케팅 소통을 진행할 것을 강조했다. 1990년에 로터본은 이러한 개념을 4C라는 이름으로 세상에 내놓았다. 최근 들어 의료분야에서도 4P와 함께 4C라 하여 고객Customers, 비용Cost, 편의성Convenience, 소통Communication 등 4C를 강조하고 있다. 4C의 구체적인 내용은 다음과 같다.

• 소비자Customers

4C는 소비자를 경영활동의 핵심으로 보고, 제일 먼저 주목해야 할 대상으로 고객을 꼽고 있다. 이는 소비자야말로 제품이나 서비스의 최종 도달처이자 최종 목적지이기 때문이다. 따라서 4C 개념에서 봤을 때 어떤 업종의 기업이든 간에, 혹은 소비자에게 직접 서비스하든 하지 않든 상관없이 모든 조직은 반드시 소비자를 중심에 놓고 이들에 관해 끊임없이 주목하고 연구해야 한다.

• 비용Cost

비용에는 기업의 생산 및 경영 과정 전체에 들어가는 비용과 같은 기존의 4P 중 가격에서 다루는 기업 측 비용과 더불어 새롭게 소비자들의 구매 비용이 추가되었다. 따라서 가격이란 소비자들이 받아들일 만한 적절한 가격이어야 하는 새로운 전제가 생기게 되었다. 그러다 보니 적정 이윤을 추구하기 위해 비용을 낮추려는 노력을 끊임없이 강구해야만 한다.

• 편의성Convenience

전체 마케팅 과정 중에 편의성 원칙은 항상 존재한다. 4C 이론은 서비스 단계를 더 중시하며 기업이 판매하는 것은 제품뿐 아니라 서비스임을 강조한다. 물론 소비자 역시 제품을 구매할 뿐 아니라 편의성까지 누릴 수 있다.[2)]

• 소통Communication

4C는 판촉 대신 소통할 것을 강조한다. 고객과의 소통을 통해서 기업은 더 깊이 고객을 이해하며 더 나은 서비스를 제공할 수 있다. 기업은 고객과의 양방향 소통에 집중하고, 공동 이익을 추구하면서 건전한 기업-고객 관계를 구축해야 한다.

4P와 4C는 몇 가지 차원에서 차이가 있다.
첫째, 4P는 기업 중심이다 보니 소비자보다는 제품을 중시한다. 하지만 4C는 그 반대다. 4P는 기업이 제품을 생산하면 벌이게 되는 일련의 활동이다. 가격 전략을 세우고, 판촉 수단을 활용하고, 어떠한 경로를 통해서 소비자의 손안에 제품이 들어갈 수 있도록 최선을 다한다. 이런 활동들은 모두 제품을 위한 일이지 소비자를 위한 일이 아니다.
둘째, 4C는 소비자를 마케팅 중심에 두고, 모든 활동에 소비자를 출발점으로 삼는다. 고객의 총가치(제품, 서비스, 이미지 가치 등)를 상승시키고, 고객의 총비용(금전, 시간, 정신과 체력적 비용 등)을 낮춤으로써 고객에게 전하는 가치를 최대한 키운다.

4P와 4C가 완전히 다르다고 말할 수는 없다. 4P는 수요의 관점에서 제품을 어떻게 디자인하고 개발할지 고민하고, 4C는 고객이 지불하는 비용의 차원에서 어떻게 하면 가장 합리적인 가격을 책정할지를 생각한다. 물론 고객 수요도 제품 가격에 직접적인 영향을 미친다. 고객과 어떻게 소통할 것인가를 통해 기업의 판매 및 판촉 방식에 대해 생각해 볼 수 있고, 고객의 편의성을 고민하면서 기업이 나아갈 방향을 정할 수도 있다. 따라서 4P와 4C는 서로 보완적이라 두 이론을 모두 이해해야 한다.

4P와 4C

4P	4C
Product	Consumers
Price	Cost
Place	Convenience
Promotion	Communication

2) 하버드 공개 강의 연구회. 하버드 마케팅강의. 북아지트, 2019 참고

3. 4P와 마케팅 믹스

필립 코틀러는 판매 지향 기업은 제품을 만들고 난 후 판매활동과 광고를 통해 고객을 찾는 반면에 마케팅 지향 기업은 고객의 욕구를 찾아낸 후 마케팅 믹스를 이용해서 고객들을 만족시키는 접근법을 사용한다고 말한 바 있다.[3)]

마케팅 믹스란 마케팅 목표를 달성하기 위하여 앞서 언급한 네 가지 'P', 즉 제품$_{\text{Product}}$(의료기관의 경우 서비스), 가격$_{\text{Price}}$, 경로$_{\text{Place}}$(유통), 촉진$_{\text{Promotion}}$ 등을 적절히 조합하여 활용하는 것을 말한다.

수능시험이 끝나면 수험생들을 대상으로 평소보다 저렴한 가격을 내세우며 수술을 부추기는 성형외과 의원의 광고가 부쩍 성행한다. 이 경우는 저렴한 가격을 무기로 촉진활동을 하는 것이니 가격$_{\text{Price}}$과 촉진활동$_{\text{Promotion}}$ 등 두 가지 'P'를 활용한 마케팅 믹스 활동의 한 예라 할 수 있다.

그런가 하면 대형 양판점에 입점한 의원이나 24시간 진료하는 의원 등은 새로운 장소(할인점) 또는 일반적인 진료 시간을 지나 늦은 시간까지라는 새로운 유통 경로$_{\text{Place}}$에 착안한 것이다. 이처럼 마케팅 믹스 전략은 4P의 개별적 활용 혹은 4P의 복합적 활용을 바탕으로 다양한 조합을 만들어 낼 수 있다.

3) Philip Kotler. "From Sales Obsession to Marketing Effectiveness." *Harvard Business Review*, November-December 1977 : 67～75

CHAPTER

3

PRODUCT

1. 차원 높은 품질
2. 아이디어의 기발함
3. 역발상 : 상식이나 고정관념 벗어나기
4. 편의성
5. 통증 없는 주삿바늘이 아쉬운 이유

당뇨병 환자에게 채혈은 피할 수 없는 일상사다. 하지만 바늘을 찔러 피를 뽑는 과정은 좀처럼 익숙해지지 않는다. 할 때마다 두렵고 번거롭기만 하다. 지금까지는 바늘을 보다 가늘게 함으로써 환자들이 겪는 고통을 줄여주는 쪽으로 방향이 맞춰져 왔다. 하지만 이 방식은 근원적인 해결책이 되지는 못했다.

구글Google에서 당뇨병 환자를 위해 스마트 콘택트렌즈를 개발 중이다. 눈물 속에 녹아 있는 글루코오스라는 당분 수치를 통해 손쉽게 혈당을 체크하는 방식이라 많은 당뇨병 환자들에게 희망을 주고 있다. 다만, 아직까지 상용화된 것이 아니다 보니 최종 제품으로 세상에 나올지는 여전히 미지수다.

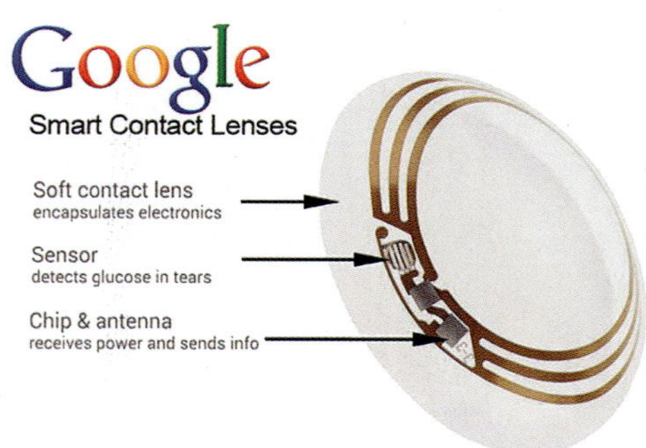

구글의 스마트 콘택트렌즈

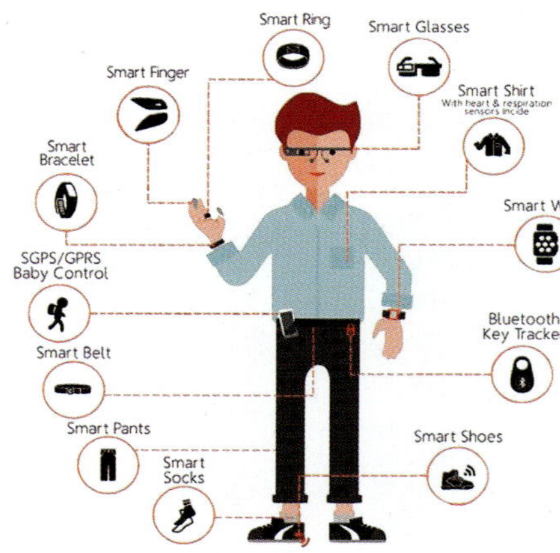

늘어나는 착용형 장비들과 이를 가능케 하는 스마트 기술
(출처 : Manasi Mishra, Rise of Wearables and future of Wearable technology, Medium, 2018.8.22)

혈당 측정은 물론 당뇨 치료까지 가능한 '스마트 콘택트렌즈'가 포스텍 교수들에 의해 개발되었다.
전기 신호로 약물 방출을 조절해 당뇨병을 진단하고, 치료할 수 있는 무선 구동 스마트 렌즈가 바로 그것이다.
렌즈에 부착된 바이오센서가 눈물에 포함된 포도당 농도를 측정하고 그 수치를 컴퓨터로 보낸다. 수치가 높으면 컴퓨터가 약물 방출 신호를 렌즈로 보내고, 이 신호를 받으면 렌즈에 미리 넣어둔 약물이 방출된다.
연구진은 이 기술을 활용해 당뇨병 진단 · 치료뿐 아니라 알츠하이머, 파킨슨병과 같은 뇌질환이나 우울증과 같은 정신질환을 치료하는 연구도 수행 중인데, 환자들의 편의성이 증대될 것으로 기대된다.
(조선일보, 2020.4.27)

포스텍 연구진이 개발한 당뇨 진단 · 치료용 스마트 콘택트렌즈

2014년에 스마트렌즈 프로젝트를 시작한 구글이 지금까지 별다른 언급이 없는 걸 보면 해당 프로젝트가 난항 중임을 미루어 짐작할 수 있지 않을까. 그럼에도 불구하고 최근 들어 착용형 장비wearable devices를 포함한 다양한 시도가 늘어나고 있어 이에 대한 기대 또한 커지는 것도 사실이다.

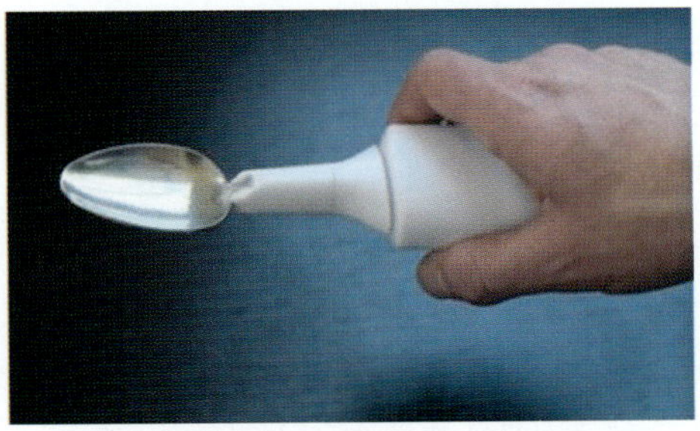
손 떨림의 70%까지 잡아주는 '리프트웨어 스테디'

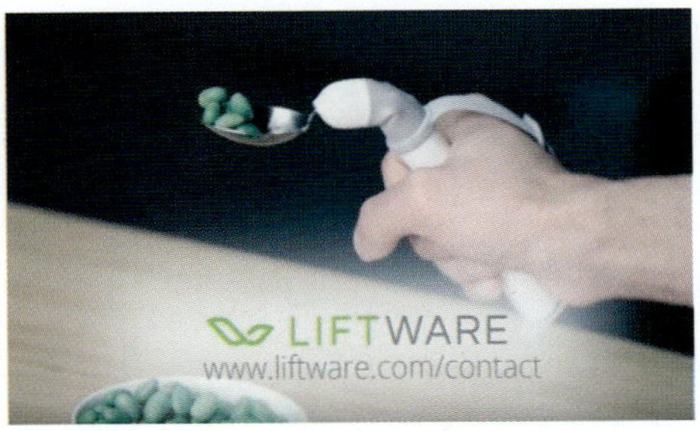

숟가락의 방향이 어디든 상관없이 머리 부분이 구부려지면서 수평을 잡는 '리프트웨어 레벨'

구글의 또 다른 제품도 눈여겨볼 만하다. 리프트웨어Liftware라 불리는 숟가락인데, 이는 수전증手顫症이 있는 사람들을 위한 제품으로 손이 떨려도 숟가락이 스스로 평형을 유지하는 조정 기능이 있다. 당초 리프트 랩스Lift Labs라는 기업이 개발한 것인데, 2014년 9월 구글이 이 회사를 인수했다. 아직도 연구 단계인 구글의 스마트 콘택트렌즈와 달리 파킨슨병 등으로 인한 수전증 환자를 위한 '스테디' 제품과 심혈관 질환이나 척수마비로 인해 손가락이나 관절이 불편한 사람들을 위한 '레벨' 등 스마트 숟가락 관련 제품이 20만 원대 가격에 이미 시중에 나와 있다.

스마트 콘택트렌즈가 당뇨병 환자들에게 큰 위안이 될 제품이라면, 리프트웨어 제품은 극심한 손 떨림증으로 고통받는 사람들과 이들을 돌보는 가족들에게 반가운 소식이라 할 수 있을 것이다. 건강분야 진출을 염두에 두고 있는 구글이다 보니, 향후 다양한 제품의 출시가 기대된다.[1]

1) 유튜브 'Introducing Liftware' 참고

이번 장에서 다룰 내용은 마케팅의 네 가지 'P' 중 하나인 Production, 즉 제품에 관한 것이다. 남다른 서비스(혹은 제품)는 어떻게 만들어지며, 어떤 제품(혹은 서비스)들이 사람들로부터 지속적인 사랑을 받는 것인지 살펴보자.

1. 차원 높은 품질

소비자들이 인지하는 품질을 높이기 위한 방법[2]

- 소비자의 오감에 호소한다.
- 브랜드의 힘을 기른다.
- 상품에 관한 정보를 제공한다.
- 상품에 스토리성을 부여한다.
- 상품의 독창성을 높인다.
- 상품의 희소성을 높인다.
- 대체품이 적은 상품을 취급한다.

품질이란 고객이 느끼는 종합적인 그 무엇이다. 품질을 정하는 쪽은 판매자가 아니라 고객이기에 품질이란 소비자가 지각하는 것(지각 품질)이어야 한다. 고객이 종합적으로 무언가를 느끼는 데는 직접적인 의미의 '품질', 즉 물리적인 측면 못지않게 보다 넓은 차원의 그 무엇이 모두 충족되어야 한다.

가. 하루 150개만 만드는 오자사小ざさ

판매하는 상품은 양갱과 모나카最中 두 가지뿐이었다. 양갱은 하루에 150개만 팔았기 때문에 손님들은 번호표를 받기 위해 이른 아침부터 가게 앞에 줄을 섰다. 연말에는 새벽 한 시부터 행렬을 이루었다. 이런 풍경이 40년 이상 계속 이어지고 있다. 손님들은 전국 각지에서 찾아왔고, 남들보다 일찍 나와 줄을 서기 위해 일부러 근처 호텔에서 잠을 자는 사람들도 있었다.[3]

7kg짜리 작은 가마솥 3개에 팥소를 넣어 숯불에 40~50분간 졸이다보면 아주 짧은 순간 팥소에서 보라색 빛이 나는데, 실수로 땀방울 하나라도 떨어뜨리면 그 색이 나오지 않으며, 그런 팥소는 전량 폐기한다. 양갱을 만드는 과정은 온도, 숯의 화력, 습도, 기온 등 조건이 완벽해야 해 '종교의식'처럼 엄숙하다. 이런 과정을 통해 보들보들하고 쫀득하며 탱글하면서 입안에서 사르르 녹는 식감의 양갱이 나오는데, 하루 생산량은 150개에 불과해 1인당 3개씩 한정판매를 하고 있다. 그렇다 해도 양이 워

2) 이와사키 구니히코. 마케팅 전략. 시그마북스, 2013
3) 이나가키 아츠코. 1평의 기적. 서돌, 2012

오자사 전경(출처 : foodnjoy@foodnjoy)과 그 내용을 담은 책 〈1평의 기적〉 표지

낙 적다 보니 하루 50명의 손님들만이 그 행운을 차지하게 된다. 당연히 새벽 4~5시부터 양갱을 사려고 줄을 서는 풍경이 반백 년 넘게 계속되고 있다.

1951년에 창업한 오자사가 바로 그 주인공인데, 이 가게는 일본 도쿄 기치조지吉祥寺 역 부근에 있으며 매장 면적은 한 평에 불과하다. 하지만 바로 이곳에서 우리 돈으로 한 해 매출 42억 원을 기록하고 있다. 일본 호세이대학 사카모토 고지 교수는 일본 내 6,500개 중소기업을 탐방한 후에 쓴 '작지만 세계에 자랑하고 싶은 회사'란 책에서 오자사를 1등으로 소개하며 '진짜 중의 진짜'라고 평가했다.

나. 일 년 중 절반을 쉬는 식당, 엘 불리El Bulli

스페인의 레스토랑 엘 불리는 50여 명의 요리사가 하루 한 번, 예약 손님만 받아 미리 준비한 저녁 식사를 내놓는 곳이다. 손님이 메뉴를 고르는 것이 아니라 식당 측에서 그날그날의 메뉴를 정하는 것이라 그냥 주는 대로 먹어야 한다.
엘 불리의 별난 점은 이것 말고도 또 있다. 지난 30여 년 동안 일 년 중 6개월만 문을 열었다. 4월부터 9월까지 문을 열고, 나머지 6개월은 문을 닫는다. 이유는 딱 하나, 새로운 메뉴 개발을 위한 시간이 필요하다는 것이다.

세계 최고의 식당 안내서인 〈미슐랭 가이드〉가 부여하는 최

*** 미슐랭 가이드Michelin Guide**

1889년에 세워진 프랑스의 타이어 회사 미슐랭(영어식 발음은 미쉐린)이 1900년에 만든, 역사만도 120여 년이 된 책이다. 처음에는 운전자의 편의를 위해 차를 수리할 곳을 안내하는 소책자로 만들어 무료로 배포했다.
초기의 〈미슐랭 가이드〉는 타이어 정보, 도로 법규, 자동차 정비 요령, 주유소 위치 등을 주로 다루었고, 식당 정보는 그저 운전자의 허기를 달래 주는 수준의 식당을 수록했을 뿐이었다. 그러다가 1926년부터 맛있는 음식을 먹을 수 있는 곳을 별(★)로 표시하기 시작했으며 1930년에는 별 두 개와 별 세 개의 등급이 추가됐다. 지금은 매년 50만 부 이상 팔리고 있는, 미식가들의 성서나 다름없는 권위 있는 책이다. 여기서 별을 받은, 소위 '미슐랭 스타 레스토랑'이 되면 요리사의 몸값이 폭등하고 레스토랑의 음식 값도 올라간다. 반대로 별을 받았다가 탈락되거나 받은 별의 개수가 줄어든 레스토랑의 요리사가 충격에 자살하는 일도 간혹 벌어지곤 한다.

엘 불리를 대표하는 12가지 요리(출처 : theworlds50best.com/stories/News/12-iconic-dishes-el-bulli-ferran-adria.html)

고의 등급은 별이 셋인데, 엘 불리는 별 세 개를 받는 레스토랑이다. 참고로 별 두 개가 되면 식당의 매출이 최소한 20% 이상 늘고, 세 개를 받은 곳이라면 적어도 3개월 전에 예약해야 할 정도다.

이제 엘 불리는 더 이상 존재하지 않는다. 그동안 주방을 지휘했던 요리사 페란 아드리아가 식당을 접고 요리 연구소를 열기로 결정하고 예전에 식당이었던 곳을 연구소 겸 전시관 '엘 불리 1846'으로 바꿔놓았기 때문이다. '1846'이란 1983년에서 2011년까지 엘 불리에서 그가 개발한 요리의 숫자로, 이곳에서는 더 이상 음식을 제공하지 않는다. 대신에 15유로(약 2만 원)의 입장료를 내고 그동안의 역사를 둘러보는 전시 공간으로 방문객들에게 열려 있다.

우리나라에도 이에 버금가는 식당이 있다. 대구에 있는 상주식당이 바로 그곳이다. 예전부터, 고랭지 배추가 나오지 않고 미꾸라지를 잡을 수 없던 동절기에 가게를 닫고 이듬해 3월에 다시 문을 열었던 것인데 지금은 이를 정례화하여 매년 12월 15일에 폐장하고 이듬해 3월에 다시 문을 열면서 두 달 보름 동안 문을 닫는다.

상주식당을 찾은 작가 출신의 요리사 박찬일은 〈백년 식당〉이란 책에서 대기업에서 상주식당 주인을 불러 강연을 청해 들으면 좋을 것 같다는 얘기를 했다. 열 명가량 되는 직원들의 동선과 손길에 버릴 것이 없는 데다, 압축적으로 일하고 맛을 내는

식자재가 정갈하게 정리된 상주식당과 주인장(출처 : 강경원의 여행만들기, 매일신문, 2018.11.27)

것이 매우 인상적이기 때문이다. 그는 또 식당을 꿈꾸는 사람이라면 상주식당을 꼭 한 번 들러보길 강력 추천한다며 이곳을 마케팅의 교과서이자 살아 있는 경영 교재라고 말했다.

> 상주식당은 오직 추어탕 하나만 취급한다. 추어탕 집에서 흔히 내는 튀김이나 전골도 없다. 술도 안 판다. 잘 지은 밥이 윤기가 자르르하다. 이런 밥, 쉽게 볼 수 없다. 반찬도 정갈하게 차리는데, 백김치가 압권이다. 사이다 타고 사카린 넣어서 대충 만드는 물김치를 먹고 사는 요즘 이런 김치는 희귀종일밖에.[4)]

다. 수십 년의 신뢰로 빚은 초밥

〈미슐랭 가이드〉에서 최고 등급인 별 세 개를 받은 스시 요리사가 있다. 초밥왕이라 불리는 미즈타니 하치로水谷八郎가 운영하는 초밥 집 '스키야바시지로'가 바로 그곳이다. 미슐랭 가이드 도쿄 판이 처음 나온 2008년부터 별 세 개를 받은 후 지금까지 계속 그 영광을 이어오고 있다.

초밥은 생선과 밥, 적당량의 식초와 설탕으로 만드는 간단한 음식처럼 보이지만 어떻게 만드느냐에 따라 최고의 음식이 되기도 하고, 최악의 음식이 되기도 한다. 미즈타니 하치로에게 초밥은 요리사 혼자 만드는 것이 아니라 여러 사람의 정성으로 만

4) 박찬일. 백년 식당. 중앙M&B, 2014

두 초밥왕 비교

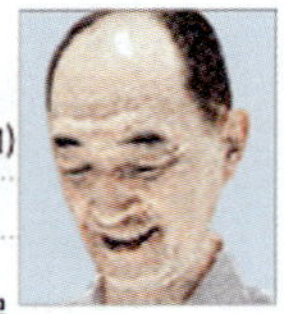

오노 지로(83)	이름(나이)	미즈타니 하치로(61)
약 75년	요리 경력	약 47년
요시노	초밥 수업을 받은 곳	요시노, 스키야바시지로
2008, 2009년연속 최고등급 (초밥집은 두곳뿐)	미슐랭가이드 평가	2008, 2009년 연속 최고등급
스키야바시지로	점포 이름	스시미즈타니
도쿄 긴자	점포 위치	도쿄 긴자
카운터 10자리, 테이블 13자리	점포 규모	카운터 10자리, 테이블 4자리
3만 엔 안팎	1인분 가격대(저녁)	2만 엔 이상

출처 : 동아일보, 2009.9.23

들어지는 것이다. 그는 초밥의 재료를 직접 고르지 않는다. 생선과 쌀을 수십 년째 같은 가게에서 납품받고 있다. 단골 어물전 주인이 최고의 생선을 골라 주고, 단골 싸전 주인이 정성을 다해 쌀을 가져다준다. 더 놀라운 것은 싸전 주인이 초밥 요리사의 성향을 감안하여 여러 지역의 쌀을 일정 비율로 섞어 준다는 것이다. 뛰어난 초밥 요리사의 손동작(니기리握り) 이전에 생선을 고르는 어물전 주인의 놀라운 안목과 싸전 주인의 뛰어난 쌀 블랜딩이 있었기에 별 세 개를 받는 뛰어난 초밥이 완성되는 것이다.

수십 년 단골 고객을 놓치지 않으려는 어물전과 싸전 주인의 노력을 생각해 보라. 수십 년 동안 거래해 왔을 고객에게 어물전 주인이 어찌 아무 생선이나 납품하겠는가. 최선을 다해 최고를 골라 제공하려는 노력은 싸전 주인 역시 다르지 않을 것이다. 수십 년간 쌓아올린 신뢰를 무너뜨리지 않기 위해 혼신의 힘을 다하는 어물전과 싸전 주인의 모습이 눈에 선하다. 몇 대째인지 모를 오랜 기간 동안 그 일에 종사했을 전문가들이 매번 긴장하며 힘을 쏟는 이런 치열한 과정을 통해 세계 최고의 초밥이 비로소 완성되는 것이다.

라. 마니マニー 주식회사MANI INC.

2019년 기준 직원 수 315명 규모인 이 회사는 1956년 스테인리스 의료용 봉합바늘 제조를 시작으로 1959년에 마쓰타니 제작소松谷製作所로 이름을 바꾼 뒤 본격적으로 의료기구 사업에 뛰어들었다.

수술용 봉합바늘로 일본 국내시장의 90%, 치과용 의료기기 90%, 안과용 나이프 60%라는 높은 시장점유율을 유지하고 있고 경영실적도 좋아 17년 연속 수익 증가에 영업이익률은 30%가 넘는다.

세계 최고의 품질이 아니면 시장에 내놓지 않는다는 남다른 방침을 내건 이 회사의 제품 중 치아 신경 치료에 사용하는 의료기구인 라마와 백내장 수술에 사용하는 안

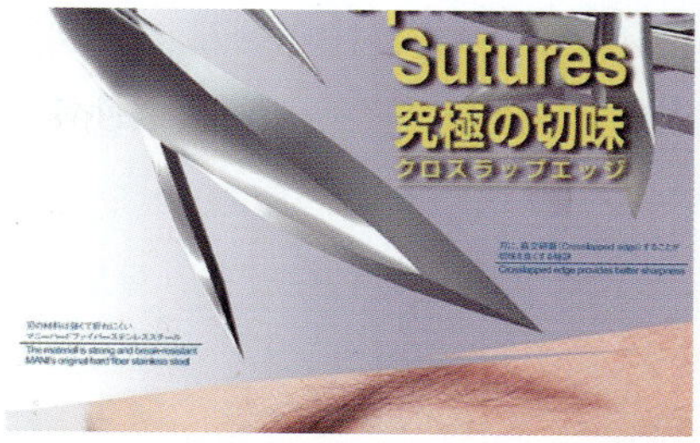

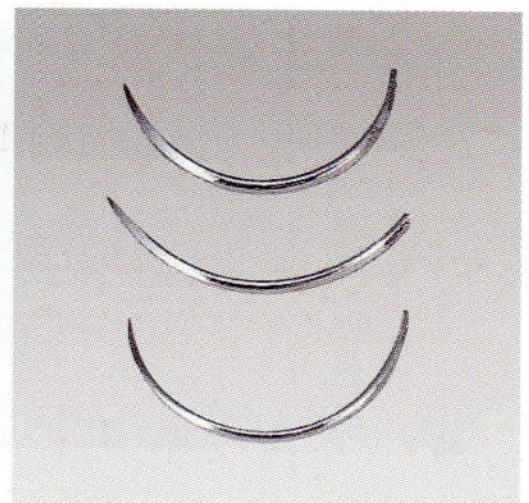

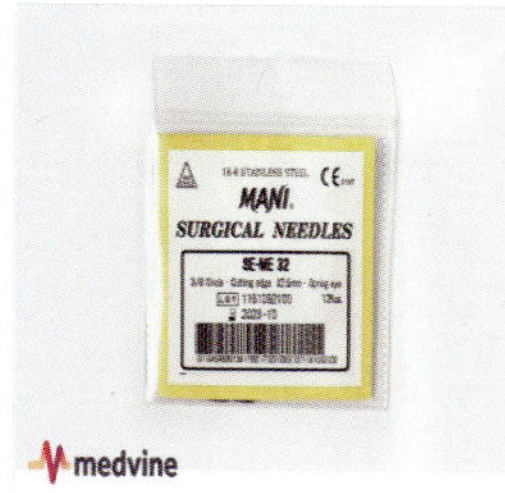

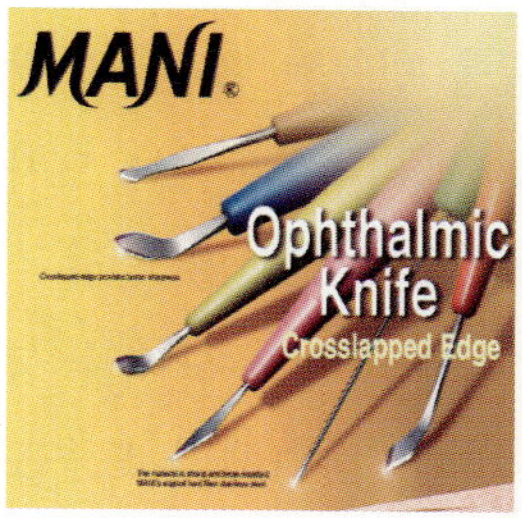

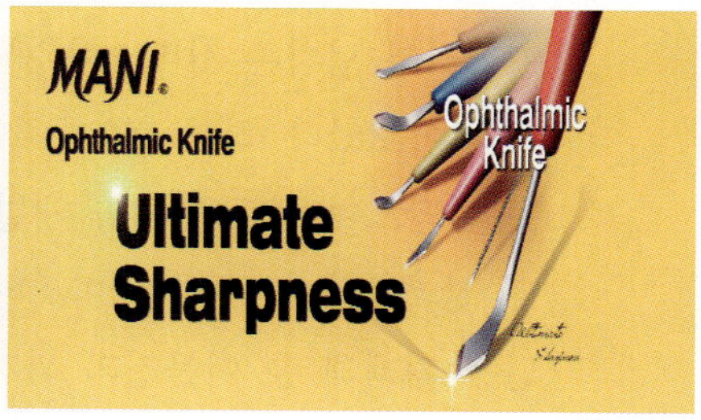

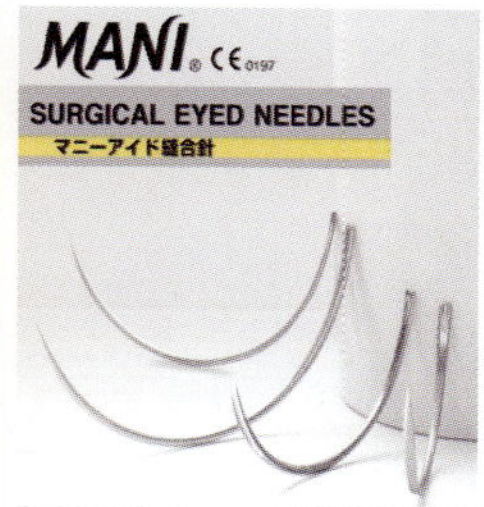

과 나이프가 특히 유명하다. 0.14밀리미터 이하의 초미세 수술 바늘은 전 세계를 통틀어 오직 이곳에서만 생산하다 보니 이 회사의 제품을 사용하고 있는 나라는 120개국이 넘고, 생산 제품의 70% 이상을 해외로 수출하고 있다(mani.co.jp/product).

품질에 대한 추구는 심하다 싶을 정도다. 수술용 바늘은 부러질 경우 인체에 상처를 입히고 체내에 잔존할 위험이 있다. 다른 회사라면 40분 정도 가공하고 끝낼 것을 3개월 동안이나 가공한다니 놀랍기만 하다. 이뿐만이 아니다. 가공 기계도 자체 개발하여 사용 중이며, 최종 제품은 수작업으로 직접 확인한다.
한때 수술 바늘과 유통 경로가 같은 의료용 메스도 제조했으나 전혀 다른 분야임을 깨닫고 철수했다. 이 실패를 바탕으로 극세極細 의료기구 외에는 손을 대지 않는다는 방침을 굳혔다.

1986년에 사훈과 경영 기본 방침을 정하고, 1996년에 사명을 마니로 바꾼 이 회사는 다음과 같이 해야 할 사업분야와 절대 하지 않을 사업분야를 정해놓고 있다.

마니의 비즈니스 원칙

- 의료기기 분야 외에는 진출하지 않는다.
- 세계 최고의 품질이 아니면 만들지 않는다.
- 수명이 짧은 제품은 취급하지 않는다.
- 니치 시장(연간 세계시장 5,000억 엔 이하) 외에는 진출하지 않는다.

마니는 대기업과의 경쟁을 피하기 위해 세계 최고의 제품만을 내놓겠다는 원칙을 세웠다. 이를 위해 자사의 제품이 현재 세계 최고인지 아닌지를 평가하는 회의를 정기적으로 개최한다. 아울러 시장 규모가 5,000억 엔 이하인 분야에만 진출한다는 것도 인상적이다. 세계 최고의 기술을 갖고 있으면서도 대기업의 진출을 우려해 제품 구성과 시장 규모를 늘 의식하고 있다.

지금까지 남다른 서비스와 제품을 만드는 첫 번째 방안으로 '차원 높은 품질'에 대해 알아보았다. 하루 150개로 생산량을 제한하는 오자사의 사례부터 일 년의 절반을 문을 닫으며 새로운 메뉴 개발에 노력했던 엘 불리 식당과 그에 버금가는 상주식당도 살펴보았다. 초밥왕 미즈타니 하치로의 사례를 통해서는 최고의 스시에는 수십년간 거래해 온 어물전과 싸전 등 협력업체의 도움도 매우 중요하다는 것을 알 수 있었다. 그렇다면 의료서비스 영역에서 '차원 높은 품질'은 어떻게 완성되는 것일까.

병원이 환자들을 염려하고 있다는 점을 보여줄 수 있는 방법은 실제로 많지 않다. 그렇다고 실망할 필요는 없다. 환자들이 볼 수 없다고 해서 느끼지도 못하는 것은 아니다. 로렌스 사벳의 〈차가운 의학, 따뜻한 의사〉에 나오는 내용을 잠시 살펴보자.

> "내가 환자를 진료하면서 받았던 많은 감사 편지들 중에 '훌륭한 CT 촬영'이나 '멋진 혈액검사'나 '적절한 수술 의뢰'에 대해 고맙다고 하는 경우는 단 하나도 없었다. 그들이 고맙게 생각한 것은 잘 들어준 점, 그들의 곁에 있어준 점, 힘든 시기를 잘 견딜 수 있도록 도와준 점, 심리적 지지를 보내준 점, 그들이 어떤 처지에 처해 있으며 어떻게 대처해야 하는지를 설명해 준 점 등이며, 그런 것들이 바로 의학의 인간적 측면인 것이다. 환자들이 의사에게 기대하는 것은 그런 것이다."[5]

환자들이 '훌륭한 CT 촬영'보다 '곁에 있어준 것'을 더 중요하게 여기는 이유는 왜일까? 큰 질병 앞에선 누구나 나약한 존재가 되기 마련이다. 환자가 되면 마음이 약해지기 쉽고, 그래서 타인의 배려를 더 많이 필요로 한다. 그렇기 때문에 힘든 시기를 잘 견딜 수 있도록 심리적 지지를 보내주고, 잘 들어주고 곁에 있어주는 세심한 배려가 소중하게 와 닿는 것이다.

그렇다. 병원은 '세심한 배려'를 더하고 인간적 측면을 강화함으로써 한 차원 더 높은 서비스를 제공할 수 있다.

---

5) 로렌스 A. 사벳. 차가운 의학, 따뜻한 의사. 청년의사, 2008

2. 아이디어의 기발함

가. 점심 식사권이라는 상품

세계 최고의 투자자로 일컬어지는 워런 버핏은 자신과 점심 한 끼를 먹을 수 있는 기회를 상품으로 내놓았다Lunch Auction. 최고 금액을 써낸 사람이 선정되는 이른바 재능 기부인 셈인데, 입찰액 전액은 자선단체인 '글라이드 재단GLIDE Foundation'으로 기부된다. 이 재단은 빈곤층에게 의료 서비스와 매년 80만 명분이 넘는 음식을 제공하고 있다. 버핏은 아내가 세상을 떠난 2000년 이후 점심 경매를 통해 이 재단을 지원해 왔다.

세상에서 제일 비싼 점심 이야기에다 경매 방식으로 낙찰자가 정해지는 독특한 방식이다 보니 선정 결과는 뉴스를 통해 전 세계에 전해진다.
2000년 당시 2만 5천 달러였던 낙찰가는 이후 2019년, 456만 달러까지 치솟았다. 규정에 따라 맨해튼 소재 '스미스 앤드 월렌스키Smith & Wollensky' 스테이크하우스에서 점심을 먹게 되는데, 낙찰자는 본인 외에 6명까지 데려올 수 있다.

위대한 사람과의 한 끼 점심식사는 그 사람에게 어떤 영향을 미칠까.
펀드 매니저인 가이 스파이어는 17년 동안 아쿠아마린 펀드를 운용하여 탁월한 실적을 기록했다. 워런 버핏을 열렬히 추종했던 그는 몇 번의 시도 끝에 2008년에 마침내 그와의 점심 기회를 얻게 되었다.

2008년 6월 25일, 워런 버핏과 함께한 점심 식사는 그의 인생을 완전히 바꿔놓았다. 버핏과 만나고 1년이 채 지나지 않아 그는 뉴욕 사무실을 접고 온 가족과 함께 스위스 취리히로 이사했다. 펀드에 가입한 고객들에게 요구해오던 운용보수 청구도 그만뒀고, 분 단위로 수시로 쳐다보던 블룸버그의 주식시장 시황市況 모니터도 꺼버렸다.[6] 일과 삶의 적절한 균형을 찾은 그는 〈워런 버핏과의 점심식사〉란 책을 통해 그 내용을 소상하게 밝힌 바 있다.

6) 가이 스파이어. 워런 버핏과의 점심식사. 이레미디어, 2016 참고

참고로 지금까지 워런 버핏과의 점심 식사 경매 낙찰 가격을 보면 다음과 같다.

2000~2004년	2005~2009년	2010~2014년	2015~2019년
2000. $25,000	2005. $351,100	2010. $2,626,311	2015. $2,345,678
2001. $18,000	2006. $620,100	2011. $2,626,411	2016. $3,456,789
2002. $25,000	2007. $650,100	2012. $3,456,789	2017. $2,679,001
2003. $250,100	2008. $2,110,100	2013. $1,000,100	2018. $3,300,100
2004. $202,100	2009. $1,680,300	2014. $2,166,766	2019. $4,567,888

나. 굴러다니는 시계 클러키

'클러키'는 잠이 깰 때까지 소리를 내며 움직이는 탁상시계다. 클러키를 멈추기 위해선 결국 침대에서 일어날 수밖에 없도록 만든 게 바로 이 시계의 핵심이다. 그렇다. 이 시계의 핵심은 확실히 깨워주는 것이다.

핸드폰에 덧붙여진 시계 탓에 시계 수요는 점점 줄어들고 있다. 하지만 확실하게 깨워주는 또 다른 기능을 강조하면서 새로운 시장이 열렸다. 시계의 의미를 '단 1초도 틀리지 않는 정확성'으로만 한정할 경우 결코 생각해 낼 수 없는 신개념의 제품이다. 이 제품에 대해 제조사 측에서 적어 놓은 제품 설명은 다음과 같다.

> "클러키는 당신이 제시간에 침대에서 나오지 않으면 도망 다니며 숨는 자명종 시계입니다. 자명종이 울리고 당신이 선잠 버튼을 누르면, 클러키는 침대 옆에서 바닥으로 뛰어내려 닥치는 대로 여기저기 부딪히고 굴러다니면서 숨을 곳을 찾습니다. 자명종이 다시 울리면 당신은 일어나서 시계를 찾아야 합니다. 클러키는 마치 숨바꼭질하듯 매일 새로운 장소를 찾아 숨습니다. 자명종 시계를 강압적이고 짜증나는 대상이 아닌, 인간과 기술의 조화를 돕는 재미있는 물건으로 재해석하도록 만들었습니다."[7)]

다. 아이디어는 가장 큰 자산

2008년 10월 15일, 대만 최고 기업 포모사 그룹의 창업자인 왕융칭 회장이 92세를

7) 리처드 탈러, 캐스 선스타인. 넛지Nudge. 리더스북, 2009

故 왕융칭(1917~2008)

일기로 세상을 떠났다. 30개 계열사에 9만여 명의 임직원을 두고 연매출 617억 달러(2007년 기준)를 올리며 경영의 신神으로 추앙받았던 그의 첫 시작은 맨손과 맨발 그 자체였다.

집안이 어려워 일찍부터 돈을 벌어야만 했던 그는 16살에 고향을 떠나 자이嘉義라는 곳에 쌀가게를 열었다. 작은 도시였던 그곳엔 이미 30여 곳의 쌀가게가 있어 경쟁이 매우 치열했다. 밑천이 별로 없었던 탓에 그의 점포는 인적이 드문 외진 골목이라, 단골 확보는커녕 가게가 있다는 사실조차 알리기 어려운 곳이었다. 규모도 작고 자금도 부족해 다른 가게보다 싸게 파는 건 애초부터 불가능했고, 외진 골목에 있는 그의 가게엔 손님이 오지 않았다.

고민 끝에 품질과 서비스에서 살길을 찾기로 했다. 당시에는 길가에서 수확한 벼를 말려 도정을 했으므로 모래나 잔돌이 꽤 많았다. 이는 어느 쌀집이나 마찬가지였는데, 손님들도 당연하게 여겼다. 그러다 보니 밥을 짓기 전에 쌀을 일어 돌을 골라내는 게 큰일이었다. 왕융칭은 너무나 당연해 보이는 이 점에 주목했다. 그러고는 동생들을 동원해 쌀에 섞인 이물질을 모두 골라낸 뒤 판매하기 시작했다. 이전보다 훨씬 더 많은 수고는 물론, 이물질이 줄어드는 만큼 쌀을 더 줘야 하기에 손해가 컸다. 하지만 이 전략은 머지않아 큰 반향을 일으켰다. 왕씨네 가게 쌀은 따로 일 필요가 없다는 소문이 퍼지면서 손님이 늘기 시작했고, 가게도 조금씩 나아지게 된 것이다.

그는 쌀의 품질을 높임과 동시에 서비스의 질도 개선했다.
당시에는 쌀을 구입한 사람이 직접 쌀을 가져가야 했다. 젊은이라면 몰라도 나이든 노인에게는 매우 힘든 일이었다. 게다가 젊은 사람들은 생계를 위해 바쁘게 뛰어다녀야 했으므로 쌀을 사는 일은 대부분 노인들의 몫이었다. 왕융칭은 이 점에 착안하여 쌀을 배달해 주기 시작했다. 좋은 쌀을 편하게 살 수 있으니 손님들로서는 크게 반길 일이었다.

그는 손님의 집에 쌀을 배달해 줄 때 그 집 쌀독의 크기가 어느 정도인지, 식구는 몇 명인지, 어른이 몇 명이고 아이가 몇 명인지, 그리고 식사량이 얼마나 되는지 등을 세세히 기록했다. 이 기록을 토대로 손님의 집에 언제쯤 쌀이 떨어질지를 예측해 손님이 찾아오기도 전에 미리 알아서 배달해 주었다. 그뿐만이 아니었다. 손님이 쌀독에 쌀을 부어 달라고 할 경우, 쌀독에 남아 있던 쌀을 모두 퍼내고 나서 쌀독을 깨끗이 닦고 새 쌀을 먼저 담은 후에 남은 쌀을 위에 부었다. 오래된 쌀로 인해 새 쌀이 변질되는 것을 막기 위해서였다. 손님들은 그의 사려 깊은 배려에 감동했고 시키지도 않았는데 스스로 다른 손님들을 데려왔다.[8]

라. 휴대형 인큐베이터[9]

출처 : extreme.stanford.edu/

스탠퍼드 대학 경영대학원이 개설한 강좌 〈극단적으로 사용 가능한 디자인Design for Extreme Affordability〉. 이 과목 수강생들이 개발도상국에 꼭 맞는 저비용 인큐베이터를 개발하는 놀라운 일을 해냈다.

전 세계적으로 매년 약 1,500만 명의 조산아와 저체중아가 태어나는데, 이들 중 100만여 명이 태어난 지 하루가 채 지나기도 전에 목숨을 잃는다고 한다. 원인은 저체온 증 때문인데 인큐베이터가 유일한 해결책이었다. 하지만 대당 2만 달러 정도하는 인큐베이터는 그야말로 그림의 떡이었다. 학생들이 시도한 게 바로 형편이 어려운 나라에서도 구입 가능한 저렴한 인큐베이터였다.

새로운 제품 구상에 앞서 사용자의 입장을 이해하기 위해 네팔을 방문한 이들은 그곳에서 이상한 점을 발견했다. 병원에 있는 인큐베이터가 텅텅 비어 있는 것이었다. 그 이유를 알아보니 산모들이 사는 동네가 병원에서 50km 정도 떨어져 있어 정작 문제가 생긴 신생아들이 병원까지 올 수가 없었던 것이다. 병원이 아니라 산모의 집에서 문제가 생기는 것이니 이런 상황이라면 아무리 저렴한 인큐베이터를 병원에 설치해도 신생아 사망을 막을 수는 없어 보였다.

이들은 병원용 인큐베이터 대신 병원에서 멀리 떨어진 외딴 지역에서 태어난 신생아의 생명을 지키는 방법에 초점을 맞추었다. 그리고 간단하지만 강력한 해결책을 찾아

8) 왕중추. 디테일의 힘. 올림, 2005 참고
9) 톰 켈리. 데이비드 켈리. 유쾌한 크리에이티브. 청림출판, 2014 참고

냈다.
작은 침낭 모양으로 내부에 파라핀을 주재료로 넣어, 히터로 한 번 온도를 올려놓으면 네 시간 동안 유지되게끔 한 것이다.

이들은 시제품을 가지고 인도로 갔다. 그리고 산모들에게 섭씨 37도로 데워놓으면 아기의 체온 조절에 도움이 된다고 말했다. 그런데 산모들 중 한 사람이 자기 동네 사람들은 외국 약품이 너무 세다고 생각해, 안전을 위해 의사가 한 스푼을 처방하면 알아서 반쯤 덜어낸 후 나머지 반만 먹인다고 하는 것이 아닌가.

만약 그런 식이라면 37도에 맞춰야 할 인큐베이터는 30도쯤으로 해놓을 것이 분명했다. 그렇게 될 경우 신생아의 체온 유지는 실패할 것이 불을 보듯 뻔했다. 이런 판단에 따라 이들은 숫자로 표기되던 온도 표시 대신 부모들이 임의로 조정하지 못하도록 적정 온도가 되면 'OK' 글자만 뜨도록 했다.

최종 결과물인 임브레이스 인펀트 워머Embrace Infant Warmer는 사용이 간편한 의료기기로, 기존의 신생아용 인큐베이터보다 99%나 저렴하여 수백만 신생아들의 목숨을 구할 것으로 기대되고 있다. 이 제품은 GE 헬스케어와 전 세계적 유통 계약을 체결했으며 최근에는 전기 대신 뜨거운 물로 온도를 높일 수 있는 제품도 내놨다.

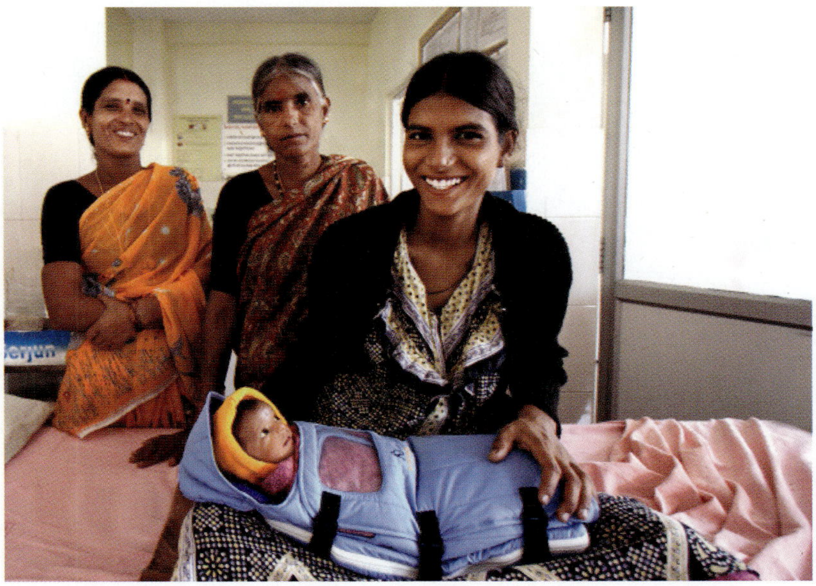

관련 동영상(https://extreme.stanford.edu/) 참조(4분 37초)

3. 역발상 : 상식이나 고정관념 벗어나기

가. 조금 느린 패스트푸드, 모스 버거[10)]

맥도날드에 비하면 모스 버거는 시작이 좀 늦었다. Mountain, Ocean, Sun에서 첫 글자를 가져와 만든 모스MOS라는 이름으로 1972년에 회사가 세워졌으니 1955년에 설립된 맥도날드에 비하면 늦어도 한참 늦은 셈이다. 그럼에도 불구하고 맥도날드에 맞서 나름 색깔 있는 브랜드로 자리 잡았다.

모스 버거에서는 장갑을 끼지 않고 맨손으로 요리한다. 청결을 위해 장갑을 끼는 게 일반적인데, 이곳에서는 바로 그 청결을 위해 장갑을 끼지 않는 것이다. 장갑을 사용하지 않음으로써 손의 청결에 항상 신경을 쓰게 된다는 것이 이들의 주장이다. 장갑을 끼지 않는 맨손이 더 위생적이라는 그들의 발상이 기발하다. 게다가 재료를 촉감으로 느끼면서 조리하게 되어 더 맛있게 만들 수 있다고 말한다.

모스 버거의 또 다른 특징은 패스트푸드 음식임에도 불구하고 미리 만들어 놓는 대신, 주문 후 제작 방식을 고수하고 있는 점이다. 빠르게 만들어 많이 파는 게 아니라 주문 후 조리를 시작해 매장을 찾아온 고객들이 좋은 음식을 대접받았다는 느낌이 들도록 애쓴다는 것도 그렇다.

일반적으로 패스트푸드 매장은 손님들을 느긋하게 오래 있게 두질 않는다. 편한 듯 보이지만 금세 불편해지는 의자하며 밝다 못해 차갑기까지 한 조명 그리고 테이블이나 바닥을 치운답시고 걸레나 빗자루를 들고 수시로 오가는 직원들의 눈치가 보여 맘 편히 오래 있기 힘들다. 물론, 이 모든 것은 매장 측에 의해 철저히 의도된 것이다.

패스트푸드점의 성패는 빠른 회전률 여부에 달려 있다. 그렇다 보니 손님들이 빨리 먹고 얼른 가도록 만드는 것이 중요하다. 다음 손님이 앉을 자리가 있어야 하므로

10) 삼성경제연구소. 리더의 경영수업. 삼성경제연구소, 2015 참고

먼저 온 손님이 너무 오래 머무르지 않도록 적당히 불편한 의자와 밝은 조명 등의 공간 구성은 필수다. 거기에 덧붙여 직원을 통해 오래 머무는 고객에 대해 청소를 빌미로 은근한 압박을 가하는 것이다. 그런 면에서 봤을 때 모스버거는 모든 것이 정반대다.

남들과 똑같이 해서는 절대 남들을 이길 수 없다. 하물며 상대가 맥도날드라면 상황은 더 그렇다. 모두가 더 빠르고 더 간편한 것을 찾을 때, 모스 버거는 '느리게, 좀 더 천천히'라는 정반대의 길을 선택함으로써 확실한 입지를 다질 수 있었다.

양질의 저가 버거

가족과 함께 캘리포니아를 방문했다. 그때 가장 평범한 미국 음식을 특이한 방식으로 먹은 적이 있다. 냉동육을 사용하지 않고 식품첨가물과 혼합물, 방부재가 들어가지 않은 버거를 먹었다. 직접 손으로 딴 양상추는 아삭아삭 신선했다. 매장에서는 양파를 직접 썰고, 갓 만든 빵을 살짝 노르스름하게 구웠다. 감자튀김은 통감자를 그 자리에서 바로 썰어서 트랜스 지방이 없는 식물성 기름에 튀겼다. 281개의 매장을 둔 인앤아웃In-N-Out 버거가 패스트푸드 체인에서 줄곧 높은 고객 만족도를 보인 이유도 이해했다.[11]

햄버거는 불과 1.9불이었다. 맥도날드의 빅맥이나 버거킹의 와퍼보다 저렴했다. 인앤아웃은 훌륭한 질과 낮은 가격, 그리고 다른 패스트푸드 체인보다 더 나은 일자리를 제공한다.[12]

그런데 인앤아웃은 어떻게 그렇게 낮은 가격에 훌륭한 버거를 제공할 수 있을까?

한 가지 이유를 꼽자면 메뉴가 여섯 가지밖에 없다는 점이다. 바로 햄버거, 치즈버거, 더블더블(더블 치즈버거), 감자튀김, 셰이크, 탄산음료다. 이게 전부다. 샐러드와 치킨, 디저트 모두 없다. 경쟁업체들보다 폐기가 더 적은 운영 방식은 비용 면에서 큰 장점이 있다. 이런 단순한 메뉴 덕분에 인앤아웃은 재료에 대한 수요를 쉽게 예측하고 폐기를 줄이며, 모든 공급 면에서 비용을 줄일 수 있다. 또한 메뉴가 단순하면 노동생산성을 개선하고 오류를 줄이며, 지속해서 높은 품질을 유지할 수 있다.

(제이넵 톤. 좋은 일자리의 힘. 행복한북클럽, 2019)

11) 샌들만 앤 어소시에이츠Sandelman & Associates는 패스트푸드 부문에서 시종일관 인앤아웃을 우수한 업체로 선정한다.

12) 인앤아웃의 시간당 임금은 해당 업계에서 가장 높은 편에 속한다. 정규직 및 파트타임 직원에게 복지 혜택과 폭넓은 교육을 제공하며 모든 매장 관리자들은 내부에서 승진한 사람들이다.

나. 의수義手에 대한 다른 생각, 오픈 바이오닉스Open Bionics[13)]

의수분야는 전자 센서, 로보틱스robotics 등의 기술 발전에 힘입어, 절단 장애인들의 삶을 획기적으로 개선해 왔다. 다만 그 가격이 무척 부담스럽다는 점(5~7만 달러)에서 혜택을 받을 수 있는 사람들이 제한적이란 점만 빼고는 말이다.

오픈 바이오닉스는 로봇 의수를 만드는 스타트업 기업으로, 비싼 가격 문제를 해결하고자 시작된 곳이다.
이 회사의 창업자 겸 CEO인 조엘 기버드Joel Gibbard는 대학교 졸업 작품으로 로봇 의수를 제작했다. 처음 만들어 본 것이라 기능은 보잘것없었지만, 비용은 무척 저렴해 원가가 260파운드로 우리 돈 40만 원이 채 안 되었다. 이에 용기를 얻은 그는 2013년 3월 1,000달러(약 630파운드)짜리 의수 개발을 목표로 크라우드 펀딩 플랫폼 인디고고Indiegogo를 통해 초기 자금(4만 4천 파운드)을 확보해 회사를 세웠다.

현재 오픈 바이오닉스가 판매 중인 로봇 의수의 가격은 500파운드 정도로, 당초 계획했던 1,000달러를 밑돌고 있다. 3D 프린팅 기술이 보편화되면서 전 세계적으로 이

오픈 바이오닉스 의수 제품(출처 : 3Dnatives, 2019.4.8)

13) 모두를 위한 기술연구모임. 빅 프라블럼에 도전하는 작은 아이디어. 삼성경제연구소, 2017 참고

를 활용해 로봇 의수를 제작하는 스타트업 기업이 여럿 되지만, 그중에서도 단연 발군의 기량을 발휘하고 있는 곳이 오픈 바이오닉스다.

인공 의수의 기술적 한계나 이용상 불편함 못지않게 의수 착용자들을 불편하게 하는 것은 주위 사람들의 시선이다. 기존의 비싼 의수는 실리콘 등 고급 재료를 사용해 가급적이면 사람의 손과 비슷한 촉감을 갖추고 모양 또한 비슷해 보이도록 만든다. 하지만 제아무리 잘 만든다 해도 차이가 날 수밖에 없고 혹시나 의수인 것이 드러나면 어쩌나 싶은 마음에 착용한 사람은 언제나 불안하기만 하다. 그러다 보면 신경은 온통 그곳에 가게 되고 그러다 보니 더더욱 위축되곤 한다.

그런데 오픈 바이오닉스는 역발상을 시도했다. 신체적 장애를 가리는 대신 멋진 패션 아이템으로 돋보이게 하는 방식으로 의수임을 더 적극적이고 분명하게 드러내도록 제품을 제작한 것이다.

2015년 10월, 〈스타워즈〉, 〈아이언맨〉, 〈겨울왕국〉 등 디즈니 캐릭터 테마[14]를 이용한 어린이용 의수 3종을 발표하며 아이들로 하여금 영화 속 주인공이 된 느낌으로 자신감을 가지고 보다 적극적으로 의수를 받아들이도록 했다. 오픈 바이오닉스는 강력한 '바이오닉 암bionic arm'을 장착한 영웅 캐릭터 개념을 덧붙인 SFSci-Fi 게임, 영화 프로젝트를 추진해 가며 수요층을 확대해 가고 있다.

4. 편의성便宜性

고객은 언제 만족할까? 하기 싫어하는 것을 대신해 줄 때가 아닐까. 그렇다면 고객이 하기 싫어하는 것 중에서 누가 좀 대신해 줬으면 하는 일에는 어떤 것들이 있을까?

14) 2015년 디즈니의 스타트업 지원 프로그램 '2015 디즈니 액셀러레이터Disney Accelerator'에 선정되어 디즈니 캐릭터를 무상으로 사용할 수 있게 되었다(www.openbionics.com).

- 힘들거나 위험해서 혹은 기타의 사유로 도무지 할 수 없는 일
- 시간이 많이 걸리거나 귀찮아서 혹은 기타 사정으로 하고 싶지 않은 일
- 기타 다양한 이유로 할 엄두가 나지 않는 일

하긴 해야 하지만 하기 힘든 일, 하긴 해야 하는데 하기 싫은 일은 곳곳에 널려 있다. 이런 일들을 대신해 줌으로써 확실한 사업 기회를 포착할 수 있다. 고객의 불편함이나 아쉬움이 있는 곳에 또 다른 사업 기회가 열리는 법이다.

가. 소비자를 편하게 하기

(1) CJ와 아리아케 재팬

CJ의 〈비비고bibigo〉 브랜드가 눈에 띈다. 특히 관심이 가는 부분은 탕과 찌개류 제품이다. 나 홀로 가구를 포함해 식구가 단출해지고 있는 데다 어르신 가구가 늘다 보니 요리하기가 힘들고, 다 먹지도 못하고 버리는 경우도 많다. 이런 시대에 간단히 데워 편하게 먹을 수 있도록 국물 요리를 소포장 제품으로 내놓았으니 참으로 적절한 타이밍이 아닐 수 없다.

한국인의 밥상에서 빠질 수 없는 국과 탕, 그리고 찌개지만, 국물의 기본이 되는 육수를 만드는 데는 꽤나 손이 간다. 어디 그뿐인가. 오래 끓일수록 깊은 맛을 내는 것이라 상당한 시간과 노력이 필요한 게 우리 음식의 특징이다. 여기에 착안해 비비고는 소비자들을 대신해 사골을 8시간 동안 고아 곰탕 제품을 만든다. 장장 8시간이다. 이런 식으로 육개장과 된장찌개, 김치찌개를 만들어 시장에 내놓았으니 어찌 호응이 없

으랴. 소비자들은 자신들의 고됨과 괴로움을 대신해 주는 제품을 반길 수밖에 없다.

일본에도 이런 기업이 있다. 1966년에 설립되었으니 2010년에 나온 비비고에 비하면 한참 앞선 셈인데, 아리아케 재팬ARIAKE Japan이란 회사다. 수프가 주력인 이 회사의 제품들은 저렴한 체인 식당부터 고급식당에 이르기까지 다양한 곳에 들어가고 있다. 또 하나 더 눈여겨볼 점은 주로 농축액 형태로 공급하고 있다는 점이다. 농축액이다 보니 물류 배송이 쉽고 식당 입장에서도 받을 때 부피가 작을뿐더러, 희석한 후 데워서 내놓기만 하면 되니 이만저만 편한 것이 아니다.

우리나라 포털 사이트에도 아리아케 재팬의 제품인 '돈코츠 라면 스프', '오뎅 다시', '나가사키 짬뽕 소스' 등 몇몇 액상 소스 제품이 올라와 있다. 현재 이 회사가 취급하는 제품은 2,500가지가 넘으며, 일본에서 판매되는 컵라면 수프의 50%, 카레의 30%, 냉동식품의 30%가 여기서 만들어진다고 한다. 고객의 불편함을 대신해 주는 시장의 규모가 상당하지 않은가.

(2) 호기ホギ메디컬[15)]

호기메디컬은 1961년에 의료용 기록지 판매 회사로 출발해 1964년에는 멸균용 포장지인 매킨백メッキンバッグ을 출시해 병원 내 감염 예방에 기여했다. 1972년에는 의료용 부직포를 출시했다. 수술복을 세탁해 재사용하던 당시로서는 세탁의 수고로움을 없애고 감염 위험도 대폭 낮춰주는 부직포의 인기가 매우 높았다. 이 회사는 더 나아가 수술 가운과 모자 등 일회용 제품들을 속속 개발해 왔다.

15) 야마다 히데오山田英夫. 그들은 왜 싸우지 않는가. 청림출판, 2016 참고

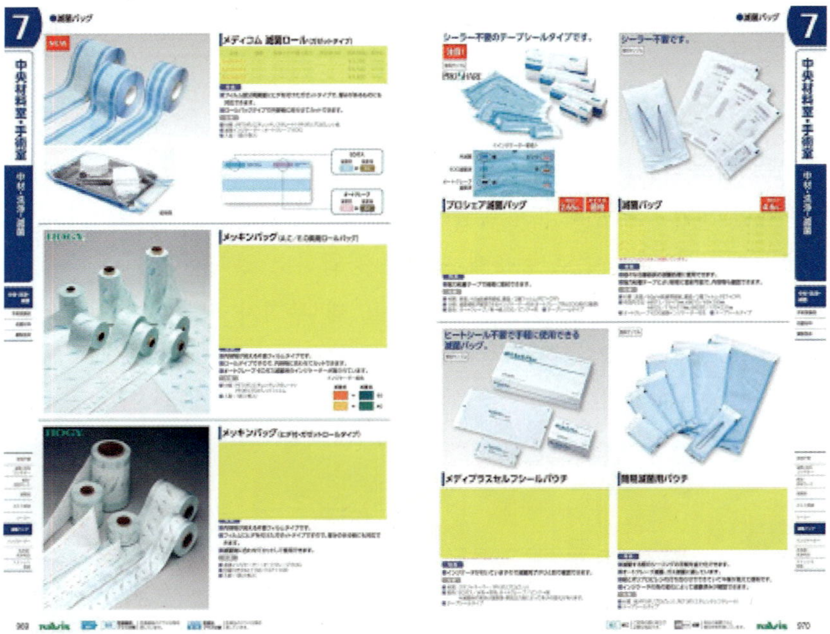

치과에서 사용하는 호기 매킨백에 들어 있는 품목

1994년, 호기메디컬은 수술 키트 제품을 출시했는데, 수술 키트란 수술에 사용되는 일회용 의료용품을 한데 모아놓은 것이다. 이 제품은 수술 준비에 들이는 노고를 크게 줄여줄 뿐만 아니라, 준비 부족으로 수술이 지연되거나 또는 수술 용품의 오염에 따른 감염 사고 등을 원천적으로 막아줌으로써 수술의 성공에도 크게 기여했다.

일반적으로 수술 준비는 수술방 간호사가 담당해 왔는데, 담당 간호사의 경험과 감에 크게 의존할 수밖에 없었다. 문제는 수술 준비가 베테랑 간호사가 하기에도 몇 시간은 족히 걸리는 만만치 않은 일이었던 것인데, 호기메디컬이 이런 고민을 한방에 해결한 것이다.

참고로 이 회사의 수술 키트에는 호기메디컬이 제작하는 부직포뿐 아니라 테르모의 주사기, 화이자의 칼, 존슨앤존슨의 봉합실 등 경쟁사의 제품들도 함께 들어 있어 키트 하나만으로 수술 준비가 충분하다. 병원 입장에서도 수술 준비가 한결 손쉬워짐은 물론, 관리해야 하는 재고도 크게 줄어들어 이만저만 편한 게 아니다.

낮 시간에 주부들로 북적대던 생선가게는 저녁식사시간이 지나면 다른 모습으로 변한다.
"우럭회하고 탕 주세요. 소주도 한 병."
"삼치구이 하나 주시고요. 맥주 두 병 주세요."
한 잔 하러 온 주변 직장인들과 동네 주민들로 테이블이 다 찼다. 똑같은 가게 똑같은 직원. 그러나 저녁 시간의 가게는 생선가게라기보다는 포장마차나 이자카야의 모습에 가깝다.
오전에 생선을 팔고, 점심에는 식사를 팔며, 저녁 전 오후시간까지 또 다시 생선 판매, 이후 저녁에는 포장마차로 바뀐다. 아침 10시부터 밤 1시까지 하나의 가게가 네 번 변신하는 셈이다.
"집에서 끓이려면 손이 많이 가잖아요. 집에서 구우면 냄새도 배고 귀찮죠. 저희 가게에서는 귀찮은 일들을 대신해 드립니다."
고객들은 의외의 서비스에 놀라워했다. 생선구이는 500원, 탕은 5,000원만 더 지불하면 된다. 그래서 다른 곳에서 장을 보는 고객들도 생선만큼은 일부러 이곳에서 사가는 사람이 많다.

(임나경, 김민정, 유형경. 우리동네 대박집 사장님의 비밀. 미다스북스, 2012)

나. 환자를 편하게 하기 : 서비스 제공 방식의 변화, 암 병원 디자인

암 치료 전문병원인 뉴욕 메모리얼 슬로언 케이터링Memorial Sloan Kettering(이하 MSK)은 디자인 분야에서 명성이 자자한 파슨스대 학생들에게 '환자들이 화학요법을 받는 방법을 다시 디자인해 달라'고 요청했다. 환자들은 운전을 하거나 대중교통을 이용해 병원까지 와 처음 보는 사람과 함께 방을 쓰며 1시간가량의 고통스러운 항암치료를 받고 다시 집에 돌아갔다. 돌아가는 길에 구토를 하거나 메스꺼움을 느끼는 경우도 많아 환자들의 괴로움은 더했다.

파슨스 학생들은 이들의 생활을 관찰하고 인터뷰해 문제 해결에 필요한 '지식을 발굴'했고 치료 과정에 변화를 줬다. 거대한 병원에서 위압적 치료를 받기보다는, 병원을 소규모 지역병원으로 분할해 가까운 곳에서 치료를 받는 방식으로 전환하길 권했고, 치료 환경도 마치 스타벅스와 같이 편안하고 안락한 분위기로 바꾸는 것이 낫다고 조언했다. MSK는 조언에 따라 도시 전역에 소규모의 '지역화학요법병원'을 설립했다.

West Harrison 소재 MSK 암센터

Bergen 소재 MSK 암센터

Westchester 소재 MSK 암센터

다. 사용자를 편하게 하기

16세 때 사지마비가 된 퀴샬 라이너는 1978년, '퀴샬'이라는 장애인 용품회사를 설립했다. 그는 그래핀Graphene 소재를 이용해 세상에서 가장 가벼운 휠체어의 시제품 제작에 성공했다. 프레임 무게는 1.5kg에 불과해 기존의 탄소섬유 제품보다도 30% 정도 가벼운 반면, 강도는 오히려 20%나 더 높다. 강철보다 200배 강하며 다이아몬드보다 10배 강하다는 것이 업체의 주장이다.

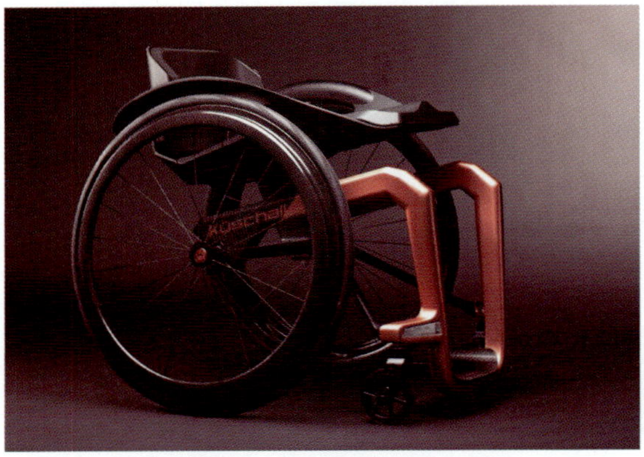
그래핀 소재를 활용한 퀴샬의 휠체어 제품 '슈퍼스타'

가볍기 때문에 팔의 피로도가 훨씬 적어 기존 휠체어 사용자의 50~70%가 앓는다는 손목 부상은 물론 팔뚝 질환도 막을 수 있다. 바퀴를 돌리는 손과 팔의 부담이 현저히 낮기 때문이다. 아울러 바퀴를 사용자의 몸 쪽으로 최대한 가까이 배치함으로써 바퀴를 굴릴 때 추진력 또한 한결 나아졌다고 한다. 비싼 가격이 문제이긴 하지만, 탁월한 제품임이 분명한 이런 제품들을 의료 현장에서 흔히 보게 될 날이 멀지 않았다.

이번 장에서는 Product와 관련하여 '차원 높은 품질', '아이디어의 기발함', '역발상 : 상식이나 고정관념 벗어나기', '편의성' 등을 중심으로 살펴보았다. 의료기관에서도 남다른 의료 서비스를 제공하기 위해서는 이 같은 조건을 충족해야만 한다. 의료기관이 이들 여건을 충분히 갖추기란 결코 쉬운 일이 아니지만 불가능한 것만은 아니다. 싱가포르의 응텡퐁Ng Teng Fong 병원이 그러한 병원 중 하나가 아닐까 싶다.

좋은 디자인은 세상을 변화시킨다. 물론 그 반대의 경우도 있다. 나쁜 디자인도 세상을 바꿔놓기 때문이다. 유명 관광지나 놀이공원에서 경험하게 되는 즐거움처럼 병원에서도 두고두고 기억되는 아름다운 추억을 기대하는 것은 무리일까. 의료기관이란 곳이 늘 그렇듯 촌각을 다투는 응급 상황과 그 밖에 다양한 위급 상황에 놓여 있다 보니 디자인에 대한 관심과 노력은 상대적으로 떨어질 수밖에 없었다.

의료 환경, 구체적으로 병원 디자인을 개선할 경우 환자들의 회복이 빨라진다는 증거들이 속속 나타나고 있다. 자연채광(햇볕)이 많은 병실에 입원한 환자들이 그렇지 않은 병실 환자에 비해 수술 후 진통제 사용량이 더 적게 들고 약품 비용도 줄어드는 것으로 알려져 있다. 그런가 하면 동일한 질환을 앓고 있는 환자들의 입원실을 달리 배정한 결과 햇볕이 잘 들고 시각적으로 매력적인 병동에 있던 환자들의 진통제 사용량은 물론, 퇴원날짜도 이틀 정도 더 빠른 것으로 나타난 것이다.

이후 많은 병원들이 병실에 햇볕을 좀 더 끌어들이는 구조로 병원 설계를 시도하는가 하면, 병원 내부에 정원과 온실을 배치하여 환자들의 휴식은 물론 정신적인 안정도 꾀하는 등 병원 건축에 디자인적 고민을 더 많이 반영하려 하고 있다.

출처 : 조선일보, 2015.10.27

출처 : 조선일보, 2015.10.27

고급 리조트 시설을 떠올리게 하는 독특한 건물 모습의 응텡퐁 병원도 그중 한 곳이다. 지하 2층, 지상 8~16층 건물로 1,100병상 규모인 이곳을 돋보이게 하는 것은 일 년 내내 무더운 싱가포르의 열대성 기후를 감안해 최적의 병실 환경을 구현했다는 점이다. 외부로 돌출된 유선형 발코니가 일차적인 가림막 역할을 하며 건물 외벽에 설치된 세로 막대 모양의 차양遮陽이 각도를 바꿔가며 태양열을 막는 한편, 더운 공기가 신속하게 외부로 빠져나가 쾌적한 실내가 유지되도록 공학적 설계를 가미했다.

병원의 역할이 치료Cure를 넘어 케어Care 중심으로 옮겨가고 있는 지금, 헬스케어Healthcare를 넘어 휴먼케어Humancare를 지향하는 시대가 되었다. 응텡퐁 병원은 모든 환자의 침상마다 개인 창문과 외부 조경 공간이 제공되는데, 이를 위해 병실을 기존의 사각형 구조 대신 중앙의 한 점에서 바퀴살 모양으로 내뻗치는 방사형放射形으로 설계했고 그 결과 건물의 외관은 바라보는 방향에 따라 다양한 모습을 띠게 되었다. 건물 옥상과 2개 층마다 배치된 총면적 4,300m²에 이르는 외부 정원의 녹지 공간과 이를 통한 적절한 태양광 유입을 통해 환자들은 햇볕을 쬐고 식물을 바라보며 심리적 안정을 얻는다. 이와 더불어 외부로부터의 소음을 줄이기 위해 건물 하단부에 40m 높이의 튼튼한 기단基壇(포디엄podium)을 만들고 그 위에 건물을 올린 것 하며, 바람이 들어가는 쪽의 면적보다 나가는 쪽을 좁게 만들어 더 많은 환기 유입을 고려한 것도 독특한 발상이다.

싱가포르 건설청으로부터 최고 등급의 친환경 건물로 인증받은 이 건물은 공사비 6,138억 원에 우리나라 GS건설이 3년여간(2012.6~2015.10)의 노력으로 지은 것이란 점도 눈여겨볼 점이다.

5. 통증 없는 주삿바늘이 아쉬운 이유

오카노 마사유키란 사람이 있다. 그는 일본에서 금형분야의 일인자로 통하는 장인으로 본인의 이름을 내세운 오카노 공업사 사장이다.

직원이라 해봤자 본인과 집사람을 포함해 모두 6명에 불과한 보잘것없어 보이는 이곳에서 세계 최고 수준의 정밀 금형 기술을 자랑하며 최첨단 제품을 쏟아내고 있다. 〈타임〉지는 그를 “현대 과학기술을 능가하는 최고의 센서를 지닌 인간”이라 평가를 할 정도로 자타가 공인하는 세계 최고의 프레스-금형 기술자다.

그야말로 초일류 장인이라 손꼽히는 그는 ‘같은 일은 절대로 3년 이상 하지 않는 것’으로도 유명하다.

히트한 제품에 기대어 5년이고 10년이고 우려먹는 일을 하는 대신 자신이 개발한 히트 상품을 더 나은 제품으로 스스로 대체해가며 선두 자리를 꿋꿋하게 지켜나가고 있다. 이런 그이기에 가격을 낮추거나 생산량을 높여 원가를 줄이는 등은 그의 관심사가 아니다.

> “대박을 터트릴 때가 많다. 하지만 프레스 제품의 경우 같은 일을 절대로 3년 이상 하지 않는다. 처음에는 우리밖에 할 수 없었지만 그 사이에 연구가 진행되어 다른 곳에서도 만들 수 있게 된다. 생산 경쟁이 이루어져 가격 인하 경쟁이 시작될 쯤 나는 그 일을 외주로 내보내고 다음 일에 착수한다. 물건에 따라 다르겠지만 대개 3년 정도가 상황이 좋고, 3년이 지나면 1개당 가격은 절반으로 떨어진다. 3년, 딱 3년 만에 소프트웨어까지 몽땅 팔아치우고 다음 제품 개발에 몰두한다. 그걸로 다른 업체가 재미를 본다고 배 아파할 이유도 없다. 이것이 신진대사를 원활히 하는 것, 즉 과거로부터 탈피하는 나만의 성공 노하우인 것이다.”[16]

그런 그가 통증 없는 주삿바늘 개발에 돌입했다. 주삿바늘의 따끔함에 시달리는 수많은 사람들을 위해서 발 벗고 나선 것인데, 개발 원리는 단순했다. 모기에 물릴 때 아프다고 느끼지 않는 것은 모기의 침이 워낙 가늘기 때문인데, 주삿바늘을 모기 침마냥 얇고 가늘게 만들면 되지 않을까 하는 생각이 들었다. 문제는 그렇게 얇고 가느다란 바늘을 만드는 것도 쉽지 않지만, 그 바늘 속으로 주사액이 흐를 수 있도록 또

16) 오카노 마사유키. 목숨걸고 일한다. 세종서적, 2003

구멍을 내야 하는 불가능에 가까운 과제에 있었다. 하지만 수년간의 연구를 통해 마침내 통증 없는 주삿바늘 개발에 성공했고 양산단계에까지 이르렀다.17)

이 소식을 들은 나는 쾌재를 올렸다. 이 주삿바늘이 한방 의료 서비스 이용에 큰 전기를 마련할 것으로 생각했기 때문이다. 이 제품을 통해 한방 의료수요가 장기적으로 크게 증가할 것으로 생각한 것인데, 그 이유는 다음과 같다.

대를 이어가며 꿋꿋하게 남아 있는 유명한 음식점들이 있다. 이른바 '백년식당'이라 칭하기도 하는 이런 식당의 공통점은 손님도 마찬가지로 대가 이어지고 있다는 것이다. 아버지와 함께 온 아들 손님이 있는가 하면 할아버지를 따라온 손자들도 있다. 처음엔 맛도 모르고 호기심에 끌려 왔던 이들은 여러 번의 방문을 통해 그 음식의 남다른 맛을 느끼게 되고 이러한 경험은 마음속에 두고두고 자리 잡게 된다. 이런 과정을 통해 대를 이어갈 평생 고객이 만들어지는 것이다.

이런 맥락에서 볼 때 한방 의료의 가장 큰 취약점은 해당 서비스 수요가 대물림되지 않는다는 것이다. 일례로 한방 의료는 연세 지긋한 어르신들이 찾는 서비스로 인식되어 있다. 그러다 보니 노인을 제외한 다른 연령층에서 몸이 아파 병원을 찾는다고 할 때 그 '병원'의 범주 안에 한의원이나 한방 병원이 포함되어 있기란 좀처럼 쉽지 않다. 어릴 때부터 부모님 손에 이끌려 양방 의료기관을 찾았던 경험은 자주 있었지만, 한방 의료기관을 가본 경험은 별로 없는 것이 대부분이다. 한방 하면 떠오르는 것 중 하나가 '침'인데 바로 그 침은 통증과 연관된다. 통증은 또 무서움이나 두려움과 무관하지 않다. 그러다 보니 이러한 두려움은 확산되어 한방 의료기관에 가보지도 않은 사람에게까지 무섭게 작용한다. 부모님을 따라 자주 가본 사람이라면 '침이 뭐 대수라고~' 하겠지만 가보지 않은 사람, 맞아보지 않은 사람에게 한방 침의 두려움은 꽤 크다. 그러다 보니 더더욱 한방을 찾는 사람이 줄어드는 것이다.

오카노 마사유키가 만든 주삿바늘을 침으로 활용하면 어떨까? 통증 없는 주삿바늘을 한방 침으로 활용하면 참 좋겠다 싶었고, 그럴 경우 장기적으로 한방 의료수요

---

17) 뛰는 놈 위에 나는 놈이라던가, 파마젯Pharmajet은 주삿바늘 없이 주사를 놓는 기술을 개발했다. 〈목숨걸고 일한다〉던 장인은 얼마나 얇고 가늘게 만들 수 있을까를 고민했다. 기존의 주삿바늘보다 더 가늘고 더 얇아야 하는 통증 없는 바늘 만들기 방식은 지극히 아날로그적이다. 그에 비해 파마젯은 주사기에 바늘이 꼭 필요할까를 생각해 본 것이다. 바늘을 통해 주사용액을 신체에 주입한다는 생각에 의문을 제기한 파마젯은 주삿바늘 대신 공기나 가스를 활용한 강한 압력을 통해 인체에 주사액을 주입하는 방식을 개발했다. 바늘이 없으니 아프지 않은 건 물론이다.

확산에 큰 계기가 마련될 것으로 보았던 것이다.

하지만 이 기대는 수포로 돌아가고 말았다. 침구학을 전공으로 하는 한의대 교수의 말로는 한방에서 침이 효능을 갖기 위해서는 동반되는 '따끔함'이 반드시 필요하다는 것이었다. 적절한 통증이 우리의 신경을 자극하고 그러한 자극이 전제될 때 한방 침의 효과가 극대화된다는 것이다. 하여 통증 없는 주삿바늘을 침 대신 사용할 수는 있겠지만, 의학적인 효과를 기대하기란 힘들다는 것이었다.

한방 의료분야의 일대 전기가 마련될 수도 있겠다 싶었던 기대가 한순간의 물거품으로 사라지고 말았다. 하지만 여기서 실망할 필요는 없다. 통증 없는 주삿바늘이 한방 의료분야를 위해 개발된 것은 아니었지만, 끌어다 쓰려는 시도는 의외로 큰 결과를 만들어내기에 이러한 생각과 시도를 멈출 이유는 없다. 바퀴 달린 시계 '클러키' 사례도 그렇지 않은가. 클러키는 새로운 것을 개발한 것도, 세상에 없던 것을 창조해낸 것도 아니다. 다만 기존에 있던 이것과 저것을 단지 섞고 붙여봤을 뿐이다. 하지만 그 결과는 그 어떤 개발과 창조 못지않은 인상적인 것이었다.

조별 과제

① 제3장에 수록된 내용 중 가장 공감하는 부분은 무엇이며, 그렇게 생각하는 이유를 설명하시오.
② 제3장에 추가할 내용으로 딱 좋은 사례를 찾아보고, 해당 사례를 선정한 이유에 대해 설명하시오.
③ 향후 의료시장에 시급하게 출시되어야 할 새로운 Product는 무엇이며, 그렇게 생각하는 이유를 설명하시오.

개인 과제

CHAPTER 3. PRODUCT

학번		성명		제출일	

① 이번 장을 한 문장으로 표현해 보자.

② 이번 장과 관련해 스스로 찾아본 것에 대해 자세히 적어 보자. 책은 50쪽 이상 읽은 것만 적을 수 있으며, 영상 자료와 신문 및 기타 내용은 출처나 연도 표기를 정확히 적어 보자.

책	
영상 자료	
신문	
기타	

③ 이번 장에 관해 200자 이상의 에세이를 손으로 직접 써 보자.

* 이 페이지는 절취하여 다음 시간에 제출할 것

CHAPTER

4

PRICE

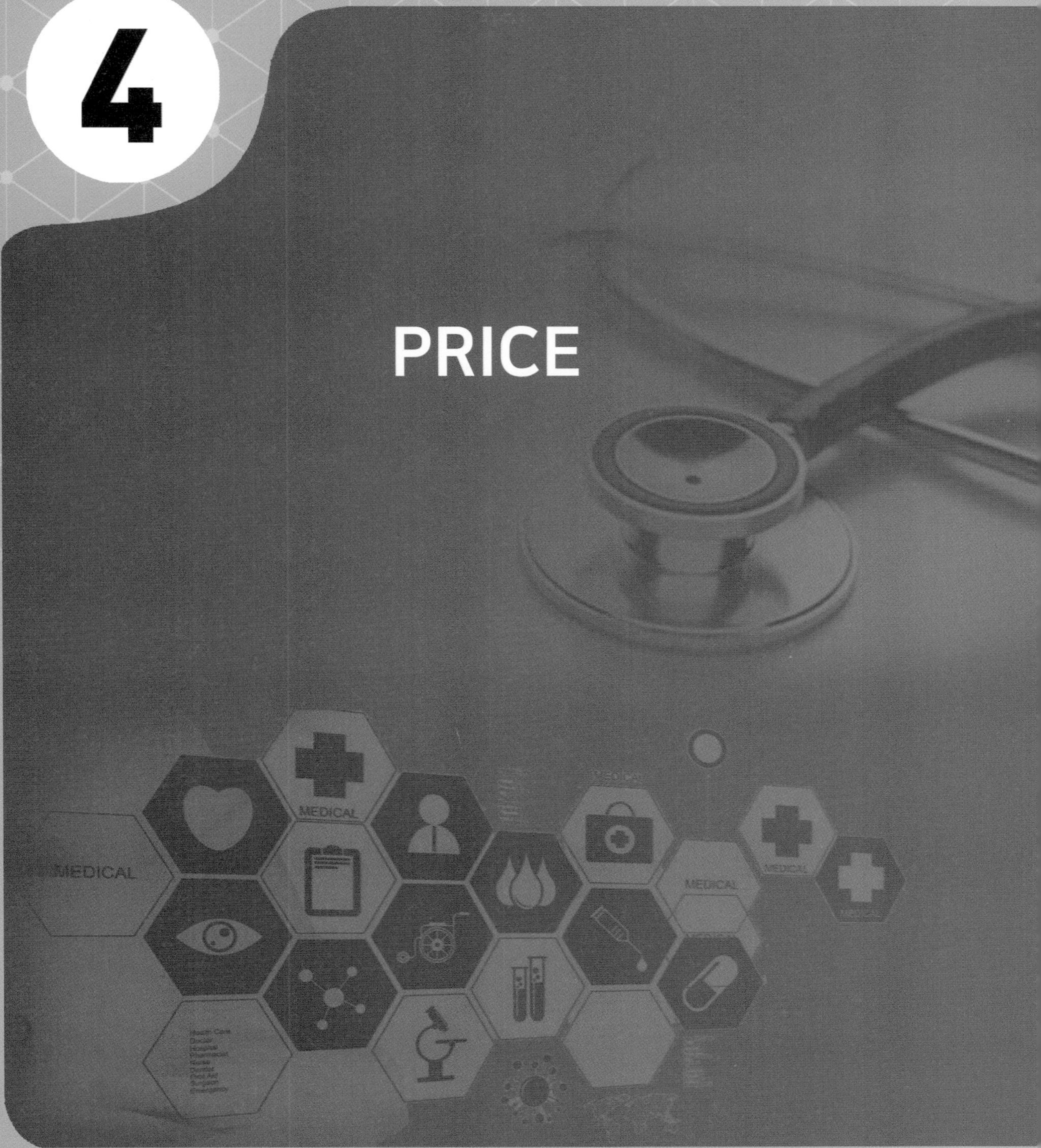

카페 손님들에게 새로 만든 케이크라며 값은 얼마가 적당하고, 맛은 또 어떤지 물었다. 케이크를 담는 용기容器만 달리해 냅킨, 종이 접시, 하얀 도자기 등에 내놓았는데, 용기에 따라 맛에 대한 반응은 '괜찮았다', '좋았다', '훌륭했다'는 평가였다. 지불 의사를 물어본 결과 냅킨, 종이 접시, 하얀 도자기 등의 순서에 따라 53센트, 76센트, 1불 27센트로 큰 차이를 보였다. 용기만 바꿨을 뿐인데 가격 차이가 2배 이상 난 것이다.[1)]

왜 이런 차이가 생겨난 것일까.

동일한 케이크였음에도 담는 용기가 고급스러워짐에 따라 고객이 느끼는 가치도 올라갔다. 케이크의 맛과는 별 상관이 없어 보이는 듯싶었지만, 어떤 그릇에 담아내느냐에 따라 고객들이 느끼는 케이크의 맛이 달라졌고 지불하겠다는 금액도 서로 달라졌다. 고객이 느끼는 가치가 케이크를 담아낸 용기에 따라 달라진다는 건 어떤 의미일까.

1) 리처드 쇼튼. 어떻게 팔지 답답할 때 읽는 마케팅 책. 비즈니스북스, 2019 참고

1. 가격의 이해

가. 가격이란 무엇인가

가격은 서비스나 상품이 지닌 가치의 총합이다. 제품이나 서비스의 품질을 파악하기란 쉽지 않지만 가격은 한눈에 보인다. 가격이 가지고 있는 이와 같은 일관되고 단순 명료한 특성 탓에 소비자들이 가장 손쉽게 서비스나 제품을 이해하고 판단하는 수단으로 활용된다.

다이아 반지가 100만 원이면 저렴한 것이고, 자전거가 100만 원이면 괜찮은 축에 속하는 것이다. 하지만 다이아 반지가 10만 원이라면 진품 여부를 확인할 것도 없다. 가짜가 분명하다. 그런가 하면 자전거가 10만 원이라면, 잃어버려도 아깝지 않을 그런 수준이란 걸 알 수 있다. 이처럼 가격만으로도 상품에 대해 많은 부분을 짐작할 수 있다.

가격은 판매는 물론 이익에 결정적인 영향을 미친다. 가격이 저렴하면 잘 팔리기야 하겠지만 남는 것이 없다. 원가 혹은 원가에 가까운 판매는 득 될 것이 없다. 반대로 가격이 비싸면 이익은 많겠지만, 잘 팔릴 때 얘기다. 팔지 못한 건 재고로 남아 결국에는 손실 처리된다. 가격 전략은 단순한 듯 보이지만 쉽지 않은 의사결정 과정을 동반한다.

나. 판단의 기준이 되는 가격

가격은 누구나 쉽게 이해한다. 소비자는 가격을 보고 쉽게 판단한다. 예를 들어 사람들은 싼 제품은 그만큼 열등하다고 생각한다. 심지어 가격을 품질 평가의 기준으로 삼기도 한다.

펜실베이니아 교외에 위치한 예술대학 우르시누스Ursinus 칼리지는 입학생이 줄어드는 문제에 직면해 이와 같은 소비자들의 심리를 신입생 모집에 이용하기로 했다. 등

록금을 20% 가까이 인상한 것이다. 결과는 놀라웠다. 신입생이 35%나 늘어났다.[2] 비싼 등록금이 학생들과 부모들에게 '좋은 예술대학'이자 명문대학이라는 이미지를 심어준 것이다.

제약회사 글락소Glaxo도 가격을 품질의 척도로 삼는 소비자들의 성향을 이용해 고가전략을 펼쳐 후발주자의 불리함을 딛고 선두자리에 올랐다.
글락소가 잔탁Zantac을 출시할 때 일이다. 시장에는 이미 스미스클라인에서 만든 타가메트Tagamet가 인기리에 판매되고 있었다. 이 제품은 제약회사 최초의 블록버스터blockbuster급 약품으로 많은 이익을 안겨주던 제품이었다. 그에 비하면 잔탁은 엄청나게 커진 위장약 시장의 일부라도 차지할 생각에 뒤늦게 따라 만든 제품이었다. 문제는 저렴한 가격의 유사제품이 시중에 이미 여럿 있었다는 것과 그 어느 제품도 성공적이지 못했다는 점이었다. 후발주자임에도 불구하고 글락소는 타가메트보다 30% 더 비싼 가격으로 시장에 내놓았다.
결과는 대성공이었다.
타가메트가 열어놓은 위장약 시장에서 잔탁은 빠른 속도로 시장을 잠식하며 1위 자리에 올랐고, 출시된 지 10년이 되던 해에는 기저귀, 화장지와 더불어 미국에서 가장 많이 팔리는 10대 상품의 하나가 될 정도로 엄청난 성공을 거뒀다. 30% 더 비싸다는 것을 더 나은 '품질'로 여긴 소비자들의 믿음이 없었다면 결코 불가능했을 것이다.

미국식품의약국FDA이 '잔탁Zantac'으로 대표되는 일부 라니티딘 의약품에서 발암물질로 추정되는 미량의 N-니트로소디메틸아민NDMA이 검출됨에 따라 안전성에 대한 검증을 진행한다고 밝혔다. 잔탁 제조사(현재는 사노피) 측은 성명서를 통해 잔탁이 전 세계적으로 판매됐으며 OTC 제품으로서 FDA의 모든 세부적인 허가사항을 충족했다고 발표했다. 다만 회사 측은 이번 사태를 심각하게 받아들이고 있으며 FDA의 안전성 검증에 최대한 협조할 것이라고 밝혔다. 2020년 2월 6일, 미국 연방법원은 잔탁과 관련된 15건의 소송을 플로리다 법원에 배정했다.

다. 가격의 경직성

가격은 한번 정하면 바꾸기가 쉽지 않다. 1886년, 코카콜라가 처음 출시되던 당시 6.5온스(약 200ml) 콜라의 가격은 5센트였다. 놀라운 사실은 70여 년간 이 가격이 한 번도 바뀌지 않았다는 것이다.

2) J. D. Glater, A. Finder, "In New Twist on Tuition Game, Popularity Ries with the Price," New York Times, December 12, 2006

제조원가가 인상되었음에도 불구하고 5센트라는 가격을 고수할 수밖에 없었던 이유 중 하나는, 당시 5센트 동전만 넣을 수 있던 코카콜라 자판기 때문이었다고 한다. 가격을 올리려면 1센트짜리 동전을 인식하는 새 자판기로 대체해야 하는데 그 비용이 엄청났던 것이다. 기존 자판기를 그대로 사용하기 위해서는 콜라 가격을 배로 인상해 10센트를 받는 것이 좋겠지만, 그럴 경우 가격이 배로 뛰는 것이라 실행에 옮길 수는 없었다.
콜라 값 인상이 절박해진 코카콜라 사장은 친구였던 아이젠하워 대통령에게 7.5센트짜리 동전을 발행해 달라는 편지를 보내기도 했다. 1953년에 실제로 있었던 일이다.

가격은 올릴 때와 마찬가지로 내리는 것도 쉽지 않다. 당연히 내릴 때도 부작용이 있을 수 있다. 비싼 값에 팔리는 명품을 생각해 보면 금방 이해할 수 있을 것이다. 비싸게 주고 산 물건이 어느 날 갑자기 가격이 뚝 떨어지거나 할인 행사를 한다는 소식을 들으면 큰돈 들여 애써 구입했던 소비자들의 원성은 물론, 브랜드 이미지도 온전할 수 없을 것이다.

고치고 지우고 다시 또 고친 가격표. 하지만 사진과 달리 가격은 좀처럼 쉽게 바꿀 수 있는 게 아니다.

사람들마다 기준과 선호하는 가격대가 있어 좀처럼 그 범위를 벗어나지 않으려 하는 습성 또한 가격 조정에 부담으로 작용한다. 식당마다 점심 특선이란 게 있다. 평소에는 비싸게 받는 메뉴를 간략화하여 제공하는 것인데, 소비자들의 반응도 좋은 편이다. 이는 무엇보다 정상가격에 비해 훨씬 저렴해 가격 대비 만족도가 높기 때문이다. 그럼에도 불구하고 이런 특선 메뉴에도 눈 하나 꿈쩍 않는 사람들이 있다. 몇 천 원만 더 내면 되는데도 전혀 흔들리지 않는 것은 이들의 마음속에 점심 값으로 지출하려는 허용 한도가 이미 정해져 있기 때문이다. 따라서 이 금액을 넘어갈 경우라면 제아무리 좋은 것이라 해도 좀처럼 움직이지 않는 것이다.

라. 적정가격

적정가격에 대한 기준은 공급자냐 수요자냐에 따라 다를 수 있다.

공급자 입장에서 볼 때 적정가격이란 재료비와 공임 등의 원가와 수고한 데 따른 적절한 이익이 포함되어야 할 것이다. 반면에 수요자 측면에서는 가격이란 물건이 지니고 있는 가치를 돈으로 나타낸 것이기에 제품이나 서비스가 담고 있는 가치를 넘지 않는 수준이어야 한다.

관점에 따른 적정가격의 기준

관점	적정가격
공급자	원가와 적정 이윤이 보장되는 수준
소비자	내재된 가치를 넘지 않는 수준

그렇다면 병원에서 적정가격 여부는 어떻게 판단할 수 있을까.

정기적으로(예를 들면 1년마다) 진료 동의율 동향을 봐가며 이를 기준으로 적정가격 여부를 판단할 수 있다. 예를 들어 진료 동의율 80%를 기준으로 하여 이 수치의 변동에 따라 가격을 조정하는 것도 한 방법이다. 고객들의 80% 이상이 가격에 대해 이의 제기를 하지 않는다면 적정가격으로 보아도 무방無妨할 것이다. 80% 정도의 동의율 수준이라면 고객들의 80%가 기존의 가격을 별문제 없이 받아들인다는 의미이므로, 이는 다시 말해 기존의 가격을 상향 조정할 시점으로 봐도 될 것이다. 하지만 이와 달리 진료 동의율이 80%를 밑돌 경우에는 가격에 문제가 있는 것이니 이 또한 가격을 다시 조정할 필요가 있다.

2. 가격 vs 가치

경쟁이 치열해지다 보니, 의료기관끼리 혹은 특정 의료 서비스를 놓고 가격 경쟁을 벌이는 경우를 자주 보게 된다. 하지만 가격 경쟁은 함부로 시작해서도 안 되며, 상대측에서 한다고 마냥 따라가야 하는 것은 더더욱 아니다.
가격 경쟁은 일단은 매력적이다. 신설 병원들이 낮은 지명도를 단기간에 극복하고자 저가 경쟁에 불을 지핀다. 가격 할인도 있고 여러 가지 서비스를 패키지로 묶어 파격적인 금액에 내놓기도 한다.

그러나 가격 할인은 경쟁 기관을 자극하는 매우 강력한 신호다. 따라서 상대의 반격은 당연한 수순이며, 작심하고 더 세게 나올 수도 있다. 이런 경우 가격 경쟁을 시작했던 쪽에서 받게 될 충격은 더 커질 수밖에 없다. 더구나 자금력 등이 열악해 저가 전략을 계속해 가는 데 취약한 경우라면 결과는 더 볼 것도 없다.

무작정 할인 경쟁에 빠져들다 보면 경영에 큰 부담이 되기도 한다. 어떤 의도에서 시작하든 가격 경쟁을 벌이는 동안 안정된 수익은 물 건너 간 셈이기 때문이다. 수익이 불안정하다 보면 여기저기서 문제가 터져 나온다. 이 과정에서 의료 서비스의 품질이 위협받는가 하면, 지속적인 성장은 꿈꾸기도 어렵다.
공산품의 경우라면 가격이 떨어졌을 때 미리 사뒀다가 필요할 때 쓸 수도 있겠지만, 의료 서비스 중에 가격이 저렴하다고 소비자들이 미리 구매해 둘 만한 것이 별로 없어 수요는 제한적일 수밖에 없다. 일시적이라면 몰라도 지속적인 수요를 이끌어내기에는 한계가 있다.

문제는 그 다음부터다. 낮은 가격으로 시장에 파고들었던 만큼 대중들의 기억 속에 저가 병원으로 인식되어 두고두고 영향을 미친다. 이런 이미지는 좀처럼 회복이 어렵다. 향후 해당 병원에서 고품격 서비스를 출시한다 한들 제대로 먹혀들 리 없다. 낮은 가격이 유일한 매력이라 생각하던 곳에서 비용도 꽤 나가는 고급 서비스를 출시한다면 이를 어떻게 받아들이겠는가.

무엇보다 큰 문제는 저렴함이 가장 큰 매력이라 생각했던 병원에 자신의 중대한 의학적 고민을 해결해 달라며 찾아올 환자들이 얼마나 되겠는가.
아울러 어떤 이유에서든 한 번 내린 가격을 다시 올리기도 쉽지 않다. 할인 기간이 끝나 원래의 가격으로 되돌린 것일지라도 서운해하고 심지어 씁쓸해하기까지 한다. 의료기관에 대한 신뢰도는 떨어지고 가격 저항도 일어날 수 있다.

가격 경쟁은 피할 수만 있다면 반드시 피해야 한다. 가격 경쟁은 치열한 싸움 끝에 승자나 패자 모두에게 상처뿐인 진흙탕 싸움이 될 가능성이 크다. 이는 가격 경쟁이 다음과 같은 특징을 갖기 때문이다.

- 가격에 끌린 고객은 가격 때문에 떠난다. 저렴한 가격은 일시적으로는 효과가 있겠지만 그런 고객들은 다른 곳의 더 낮은 가격을 좇아 사라지기 마련이다.
- 가격 경쟁은 그 자체만으로도 고통스럽다. 일단은 자원이 풍부한 쪽이 유리하겠지만, 시간이 지나면 결국 모두가 기진해 쓰러지는 소모전이다.
- 저가 전략은 차원이 낮은 전략이다. 경쟁 상대가 따라 하는 데 큰 어려움이 없기 때문에 지속적이지도 못하다. 더구나 상대의 훨씬 더 낮은 가격에 의해 순식간에 반격당할 수 있다.
- 저가의 효과는 오래가지 못한다. 얼마 못 가 익숙해지고, 머지않아 조금이라도 가격을 다시 올리면 만족도는 크게 떨어지기 때문이다.

왼쪽부터 커피 열매와 커피콩(생두) 그리고 원두(배전焙煎)

원두 혹은 배전두라고 부르는 볶은 커피의 재료가 되는 것은 그린 빈green bean 혹은 생두라 불리는 커피콩이다. 생두 1파운드(약 0.45kg)로 만들 수 있는 커피는 45잔 정도로, 스타벅스나 투섬플레이스 커피 한 잔 가격을 4,000~5,000원 정도로 치면 20만 원 내외의 매출이 가능하다. 하지만 정작 생산지의 현지 수매가는 파운드당 60센트(약 580원) 정도에 불과하다.

이러한 현상은 비단 농작물에 국한된 것만은 아니다. 첨단 산업분야에서도 이와 유사한 일이 벌어진다. 혼하이鴻海 정밀공업은 아이폰과 아이패드 등을 생산하는 중국 폭스콘의 모회사로, 이 회사가 '아이폰6'를 조립하고 받았던 가공비는 대당 4달러였다. 참고로 당시 아이폰6의 가격은 649달러였으니 혼하이 정밀공업의 몫은 판매액 대비 0.6%에 지나지 않았다.

물론, 커피 한 잔의 원가에는 원두가격만 있는 것은 아니다. 커피 제조 및 판매와 관련된 인건비, 건물 임대료, 홍보비 등도 모두 포함된다. 게다가 팔지 못하고 남은 것은 모두 재고(재고자산)로 남고 이는 결국 손실로 처리되어 원가인 비용에 포함되어야만 한다.

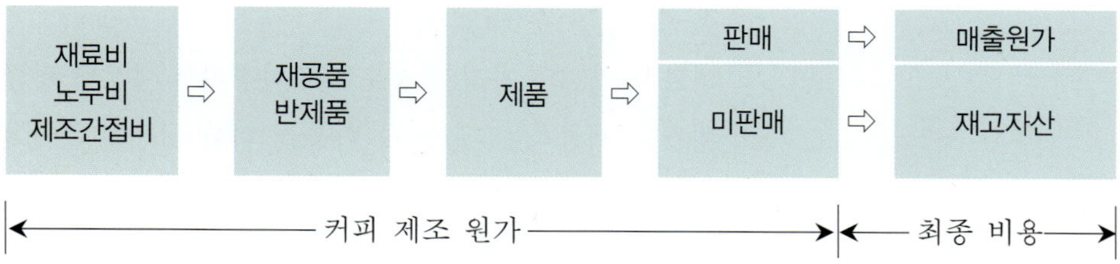

주도적으로 가치를 창조하고 정당한 가격을 요구할 것인가 아니면 숨죽이며 주는 대로 받고 살 것인가. 관건은 가치 창조자냐 아니면 가치 수용자냐에 달려 있다.

나이키는 제조 공장을 전혀 갖고 있지 않다. 따라서 나이키 제품은 모두 외부에서 생산한 것이다. 만일 나이키에 납품하던 신발이 비정상적인 경로를 통해 시장에 빼돌려졌다면 어느 정도의 값을 받을 수 있을까. 단, 승리의 여신 니케Nike의 날개를 형상화한 나이키 로고가 없는 경우라면 말이다.
로고가 달린 물건이라면 매장에서는 20만 원에서 몇 만 원 빠지는 가격이 아닐까. 하지만 나이키 로고가 붙어 있지 않은 제품이라면 2~3만 원 받기도 힘들다. 정품이라면 나이키 브랜드의 가치가 가격의 기준이 되겠지만, 상표가 없는 신발은 만드는 데 들어간 재료비가 판단 기준이 될 뿐이다.

가. 가격보다는 가치

구매 결정은 가격이 아니라 가치에 의해 이뤄지는 것이다. "얼마가 싸다"가 아니라 "무엇을 더 얻을 수 있다"에 대해 설득하자. 가격만 어필하는 경쟁군에 비해 우리 병원의 차별적 가치와 신뢰를 소비자에게 설득하고 그 과정에서 우리 병원의 차별적 인식을 형성할 수 있어야 가격 마케팅은 효과를 거둘 수 있다.[3]

3) 정혜연. 다시! 알아야 할 병원 마케팅. 21세기북스, 2011

한 다이어트 전문 한의원에서 요요방지 보장 서비스를 도입했다. 일정 기간 안에 어느 수준 이상의 체중 증가가 있을 경우 무료로 다시 치료해 주고, 더 심한 경우에는 늘어난 체중에 따라 일정 금액을 환불해 주는 것이다. 이곳에서는 본격적인 시술에 앞서 명시적으로 AS 계약서를 작성함으로써 사후관리 부분에 대해 확실한 보장을 덧붙였다. 덕분에 다른 곳에 비해 고가였음에도 불구하고 다이어트를 하려는 환자들을 꽉 잡을 수 있었다.
의료 서비스의 가격 책정은 의료시장에서 형성된 평균가에 경쟁 병의원보다 나은 서비스를 제공하는 데 드는 비용을 더한 금액으로 정하는 것이 좋다.

나. 만들어가는 가치

어떤 제품이나 서비스에 대한 가치가 높다면 가격도 높게 형성되는 반면, 거저 줘도 가지려는 사람이 별로 없는 정도라면 가격 또한 바닥을 기게 된다.
어떤 제품은 달라는 대로 지불할 뿐, 단 한 푼도 깎을 수 없을뿐더러, 그마저도 수량이 한정되어 살 수 있는 것만으로도 감지덕지한 경우가 있다. 흔히 말하는 명품이 이에 해당한다. 반면에 무더기로 쌓아놓고 파는 농산물에는 덤으로 더 달라고 하기도 하고, 100원 단위의 우수리는 깎아달라며 싫으면 관두라는 식으로 사는 사람의 위세를 한껏 내세우기도 한다.

명품 가방의 가치가 사람들의 생존에 꼭 필요한 농산물에 비해 압도적으로 높은 것, 그리고 두 제품군을 대하는 소비자들의 상반된 태도는 무엇 때문일까?
누구나 명품 제조업자가 되어 제품을 만들어 낼 수 있는 것은 아니다. 명품에는 짧게는 수십 년에서 길면 수백 년에 이르는, 쉽게 따라잡을 수 없는 전통이 켜켜이 쌓여 있다. 그런가 하면 오랫동안 검증되어온 신뢰도 무시할 수 없다. 주목할 것은 전통과 신뢰 두 가지 모두 시간이라는 토대 위에 이루어지는 것이라 단기간에 쉽게 만들어 낼 수 있는 것이 아니라는 점이다.

그에 비하면 시장에 나온 농산물은 생산자가 다양하고 누구나 쉽게 이 대열에 뛰어들 수 있다. 최종 산출물 또한 명품과 달리 차별성을 강조하기 어렵다. 이 동네 오이와 저 마을에서 출하된 오이에 별 차이가 없다.

드문 경우긴 하나 예외가 없는 것은 아니다. 일본 유바리 시에서 생산되는 '유바리 킹'이란 멜론이 그것이다. 한 통에 보통 100만 원 정도하는데, 2012년 경매에서는 3,000만 원에 낙찰된 멜론도 있었으니 그저 놀라울 따름이다. 멜론 한 통 가격이 그렇다는 얘기다. 이쯤 되면 한 통에 만 원 내외인 그냥 멜론과는 달라도 아주 다르다.

다. 가치를 높이는 방법

경제학자 조엘 왈드포겔Joel Waldfogel은 대학생을 상대로 현금(100달러)과 물건(100달러짜리)의 가치 차이를 조사했다. 100달러를 같은 가격의 물건과 비교해 본 것인데, 대부분의 학생들이 물건의 가치를 현금보다 10~33% 정도 낮게 보았다. 다시 말해 100달러짜리 물건을 선물하면 받는 쪽에서는 67~90달러 정도로 여긴다는 것이다. 큰맘 먹고 100만 원짜리 선물을 했는데, 정작 받는 쪽에서는 67~90만 원 정도로 느낀다면 중간에 사라져버린 10~33만 원이 너무 아깝다. 이런 문제를 예방하려면 어떻게 하는 것이 좋을까.
그냥 돈을 주면 된다. 10만 원을 주면 10만 원이 그대로 전해진다. 중간에 사라지는 손실이 없다. 그럼에도 불구하고 굳이 돈 대신 선물을 고집하는 것은 또 왜일까.

선물은 마음을 전달하는 데 가장 효과적인 수단이다. 현금이 선물로 변하면서 중간에 사라지는 부분이 분명히 존재하지만, 선물에는 현금에 없는 다른 의미가 있다. 선물에 들어 있는 신호란 게 있다. 선물이 무엇이냐에 따라 그 의미가 달라진다. 돈은 지갑에서 그냥 꺼내면 되지만, 선물은 선택에 고민이 따르고, 결정한 후에는 또 그것을 구하기 위해 여기저기 다녀야 한다. 희귀한 물건이라 구하는 데 오랜 시간이 걸리는 경우라면 훨씬 더하다. 이런 경우 가격 그 이상의 의미와 가치를 지니기도 한다.

잘 아는 사람들 간에는 현금이 수월하고 낫다. 굳이 애써 신호를 보낼 필요가 없다. 복잡하게 선물에 여러 의미를 담아내지 않더라도 서로를 잘 안다. 하지만 잘 모르는 사이라거나 지속적으로 공을 들여야 하는 사이라면 더더욱 가격 그 이상의 가치와 의미를 담을 수 있는 선물이 더 낫다.[4)]

---

4) 박정호. 아주 경제적인 하루. 웨일북whalebooks, 2017 참고

3. 가격 정책

대학을 갓 졸업한 줄리앙Julian은 런던에서 사회생활을 시작했다. 하지만 높은 임대료와 생활비 탓에 도시락을 싸거나 상대적으로 저렴하고 간편한 음식을 찾아 나설 때가 많았다. 그때마다 자신이 좋아하는 샌드위치를 제대로 만들어 팔면 어떨까 하는 생각이 들었다.

줄리앙은 회사를 그만두고 사무실 근처 뒷골목에 식당을 열었다. 유기농 재료까지는 아니지만 화학첨가물이 없는 신선한 재료를 사용해 원하던 샌드위치를 만들었다. 원가 부담이 다소 높은 것이 마음에 걸렸지만, 맛 좋은 샌드위치 덕분에 단골도 많이 생겼다. 하지만 가게를 유지할 정도로 충분한 수익이 나지는 않았다. 그즈음, 대학 시절 룸메이트였던 친구가 찾아왔다. 줄리앙의 고민을 듣고 난 그는 양을 좀 조절해 재료비를 줄이든가 아니면 가격을 좀 더 올리는 방안을 제안했다. 하지만 어느 쪽도 받아들일 수 없었다. 두 사람이 좀 더 생각해 보기로 하고 헤어진 지 일주일이 채 되지 않아 그 친구가 숨을 헐떡이며 가게로 찾아왔다.

"테이블을 없애면 어떨까. 탁자를 없애면 종업원이 필요 없을 테고, 직원이 없으면 그만큼 비용이 줄잖아. 손님들도 팁을 안 줘도 되고."

좋은 샌드위치 만드는 일을 계속 할 수만 있다면 그 방식도 나쁘지 않겠다는 생각이 들었다. 이후 두 사람은 'ready to eat(바로 먹는)'라는 프랑스어 표현인 'Pret A Manger', 간단히 '프렛'이라고 부르는 샌드위치 가게를 열었고, 2020년 현재 9개 나라에 450개 이상의 매장을 가진 글로벌 샌드위치 브랜드로 성장했다. 테이블을 없애 매장 유지 및 관리비를 줄였고, 직원을 따로 두지 않아 인건비도 줄였다. 안 써도 되는 공간, 없애도 되는 것을 줄이거나 없애는 것만으로도 새로운 기회가 찾아온 것이다.

수익을 높이려면 가장 효과적인 방법은 가격을 인상하는 것이다. 하지만 가격 인상에 대한 소비자의 저항 또한 만만치 않아 함부로 쓸 수는 없다. 그렇다면 이러한 저항을 최소화하면서 가격을 올릴 수 있는 다른 방안은 없을까. 소비자들의 심기를 건드리지 않으면서도 적절한 수준의 인상을 시도할 수는 없는 것인가.

가격이란 제품이나 서비스가 담고 있는 가치를 금액으로 표현한 것이다. 가격 저항이 있다는 것은 담고 있는 가치가 가격에 못 미친다는 것이다. 따라서 가격 인상에도 불구하고 느낄 수 있는 가치의 상승 폭이 더 크다면, 소비자들은 기꺼이 지갑을 열 것이다. 그렇다면 소비자가 느끼는 가치를 어떻게 하면 높일 수 있을까. 장소나 공간을 적절히 활용하는 것도 한 방법이 될 수 있다.

> 한 카페는 실내 좌석보다 바깥 테라스 좌석을 이용할 때 20% 더 높은 가격을 내도록 했다. 이는 따사로운 햇살을 즐기는 소비자의 니즈에 가치를 부여했기 때문인데, 고객들은 더 높은 가격임에도 이를 지불하는 데 전혀 주저하지 않았다.[5)]

만일, 가치를 높일 만한 방법이 없을 때는 어떻게 해야 할까. 이런 경우에는 제품이나 서비스 중 본질적 요소가 아닌 부분을 줄이거나 제거하고 가격을 낮추는 것도 한 방법이다. 비본질적인 요소가 사라져 생긴 가치 감소분보다 가격 인하로 인한 금전적 이익이 더 크다면 이를 거부할 소비자는 없을 것이다.

가. 고정 가격제와 변동 가격제

(1) 고정 가격제 : 아메요코アメ横 시장의 명물, 시무라 상점志村商店[6)]

아메요코 시장은 '일본의 남대문시장'에 해당하는 재래시장이다. 이 시장의 가게 중 단연 돋보이는 곳은 시무라 상점이란 곳이다. 이 가게는 초콜릿을 파는 곳으로, 날마다 손님들과 구경꾼들로 장사진을 이룬다.

상점에서 파는 초콜릿은 우리나라 마트에서도 쉽게 구할 수 있는 초콜릿들이다. 하지만 판매 방법이 기발해, 한 봉지당 무조건 1,000엔에 판다. 초콜릿을 봉지 안에 마

5) IGM세계경영연구원. 세상 모든 CEO가 묻고 싶은 질문들. 위즈덤하우스, 2012
6) 삼성경제연구소. SERICO 실천경영 2. 2011 참고

구 퍼 넣는 장면 또한 볼 만하다. 이 과정에서 비싼 초콜릿과 저렴한 초콜릿이 뒤섞여 들어가는데, 어떤 초콜릿이 얼마나 들어갈지는 운에 달렸다. 물가가 높기로 유명한 대도시 도쿄에서 좀처럼 느끼기 어려운 후한 인심을 경험하는 순간이기도 하다.

이 같은 방식의 판매 전략이 가진 이점은 무엇일까? 우선 가격을 고정함으로써 손님과 흥정하느라 힘 뺄 일이 없다. 이뿐만이 아니다. 낱개로 판매하지 않기 때문에 가격을 셈하는 데 드는 시간과 노력도 줄어든다. 거스름돈을 주고받을 필요도 없다. 초콜릿 한 봉지와 손님이 내미는 1,000엔짜리를 교환하면 끝이다. 떠들썩하고 활력 넘치는 분위기 덕분에 초콜릿을 1,000엔어치나 살 필요가 없는 사람들은 물론, 초콜릿을 살 생각이 없었던 사람들까지 마법에 걸린 듯 지갑을 연다.

<table>
<tr><th>현실</th><th>예외적 현실</th></tr>
<tr><td rowspan="2">어디서나 흔한 보통 초콜릿
재래시장과는 어울리는 않는 품목
일반적인 초콜릿 구입액을 넘어선 금액</td><td>소비 확대 조장
• 구입액(매출액) ⇒ 1,000엔
• 분위기 업 ⇒ 충동구매</td></tr>
<tr><td>단순화로 거래비용 절감
• 청구액(지불액) ⇒ 1,000엔
• 포장 ⇒ 한 봉지</td></tr>
</table>

(2) 변동 가격제 : 안신야安信屋의 다양한 가격 정책

과일채소 가게 안신야는 100여 평방미터(30여 평)에 불과한 공간에 하루 2,000여 명의 손님이 드나들며 연간 4억 5,000만 엔, 우리 돈으로 50억 원 넘는 매출을 올린다.

'안신야安信屋'라는 말은 '손님이 믿고 저렴하게 상품을 구입할 수 있는 가게'라는 뜻이다. 안신야의 독특한 가격 정책을 살펴보자.

상품의 20%	원가 이하 판매
상품의 20%	원가 판매
상품의 40%	25% 마진 붙여 판매
상품의 20%	40% 마진 붙여 판매

첫째, 상품의 20%는 원가 이하로, 20%는 원가로, 40%는 25%의 마진을, 나머지 20%는 40%의 마진을 붙여서 판매한다. 일부 상품을 원가 이하로 팔아서 전체 상품이 저렴하게 보이도록 하는 판매 전략이다. 마진율은 낮아졌지만 손님이 늘어 매출과 이익은 늘어난다.

둘째, 다른 가게와 달리 이른바 '떨이판매'를 물건이 가장 싱싱할 때 진행한다. 농수산물의 떨이판매는 상품의 가치가 떨어진 오후 늦은 시각에 하는 게 일반적이다. 그런데 안신야는 오전에 실시한다. 도매시장의 경매가 보통 오전 7시다 보니 경매 후 제품이 소매점에 도착하는 시간은 빨라도 오전 11시다. 그런데 안신야는 직접 산지 상인과 중도매인들을 통해 상급 상품들을 경매 시간이 되기도 전에 가게로 가져와 오전 9시부터 판매하기 시작한다. 오후 1~2시면 당일 들어온 상품 중 90%가 팔려 나간다.

나. 저가 전략과 고가 전략

(1) 저가 전략 : 가격을 뛰어넘는 가치 전략

일반적으로 매장의 영업 이익률은 30% 정도 된다. 판매 가격이 100원이라면 원가는 70원쯤 된다는 뜻이다. 따라서 가게 주인은 원가율 70% 수준에서 제품을 구입한다. 그런데 만약 구입원가를 99%까지 올리면 어떨까. 99원에 구입해 100원에 파는 것이다. 이익은 1%에 불과하다.

고객의 입장에서 보면 원가가 99원짜리 물건이라면 다른 곳에선 140원 정도에 팔리는 물건이다. 그런데 이를 100원에 사는 셈이니 먼저 집는 사람이 땡이다. 가게로 달려가지 않을 수 없다.

다이소가 1% 이익을 추구하는 것은 아니지만, 어찌됐든 이익을 최소화하는 대신 많이 파는 박리다매薄利多賣 원칙을 고수하고 있는 것은 분명하다. 보다 저렴하게 물건을 공급받기 위해 제품당 발주 단위가 100만 개는 기본이다. 이 정도 수량이어야 납품업체에도 제조원가를 낮출 수 있기 때문이다.

1977년에 설립된 다이소는 30여 개 국가에 4,000여 곳의 매장을 운영하고 있다. 다이소의 100엔 판매 방식은 원래부터 의도했던 것은 아니다. 오시타 에이지가 쓴 〈다이소가 돈 버는 비밀〉에는 트럭에 상품을 가득 싣고 다니다 적당한 장소를 찾아 합판을 깔고 그 위에다 물건을 내놓고 팔았던 다이소의 창업자가 어느 날 100엔 판매 방식을 생각해 내게 된 얘기가 나온다.

날씨가 흐려 장사를 하루 쉴까 하다가 뒤늦게 장사에 나섰고, 그러다 보니 평소와 달리 물건에 가격표를 붙이기도 전에 손님들을 맞이하게 된 그는 가격을 묻는 손님의 물음에 무심결에 100엔만 달라고 했고, 다른 손님의 질문에도 마찬가지로 그것도 100엔만 달라고 대답했다. 공교롭게도 그날은 가격표를 붙일 새도 없이 순식간에 팔려고 내놓은 물건이 모두 동이 났다. 그때부터 그가 취급하는 상품은 전부 100엔이 되었다.

이후, 손님들이 몰려왔고 얼마 지나지 않아 납품업체에서도 자신들의 물건을 100엔에 팔아달라며 제품을 가져왔다. 이런 식으로 100엔에 파는 제품이 추가되자 또다시 고객이 밀어닥쳤다. 100엔이라는 가격이 싼 것은 분명했지만, 고객들이 몰려든 이유는 따로 있었다. 싸기만 해서 온 것이 아니라 가격을 뛰어넘는 높은 가치에 반해서 찾아온 것이다. 가격보다 높은 가치의 구현이야말로 가격 전략의 핵심이다. 결국 다이소는 가격 전략이 아니라 가격을 뛰어넘는 가치 전략을 추구한 것이다. 1997년, 우리나라에도 들어온 다이소의 국내 매장이 급격하게 늘어가는 것을 보면 이들의 전략이 맞아떨어진 셈이다.

* 다이소아성산업

박정부 회장은 우리나라에서 다이소 매장을 운영하고 있는 다이소아성산업 실소유주다. 그는 44살이던 1988년에 '한일맨파워'라는 회사를 차렸다. 한국기업 임직원들의 일본 연수와 세미나를 지원하는 회사였다. 이후 일본에서 인기를 끌던 100엔 숍에 관심을 갖게 되었고, 다이소를 비롯한 50여 개의 100엔 숍 회사에 제품을 공급하기에 이르렀다.

그러던 중, 2001년에 일본 다이소 측에서 모든 거래선과 관계를 끊고 다이소에만 독점 납품해 달라는 제안을 해왔다.

독점거래라는 점이 고민스러웠다. 관계가 좋을 때야 상관없지만, 어느 순간 다이소가 발주를 끊으면 날벼락이 따로 없기 때문이었다. 이에 다이소의 제안을 받아들이는 대신 일본 다이소의 투자를 요청했다. 아성산업의 지분 일부를 공유하게 하여 공동운명체를 만드는 썩 괜찮은 방법이었다. 일본 다이소는 아성산업의 제안을 받아들여 34%의 지분을 가지게 되었고, 회사 이름은 다이소아성산업, 브랜드명은 다이소가 되었다.

다이소아성산업은 일본 다이소가 일정 지분을 소유하고 있지만, 우리나라 기업이 분명하다. 삼성전자 주식의 절반 이상을 외국인들이 소유하고 있지만, 국내 기업이 분명한 것처럼 말이다. 무엇보다 다이소아성산업은 중국에 '하오스터'란 이름의 130여 개 매장을 운영하며, 다이소란 이름으로 중국에 진출한 일본 다이소와도 치열한 경쟁을 벌이고 있다.

(정창원, 1조원의 사나이들, 매일경제신문사, 2017)

(2) 고가 전략 : 명품 업체

에르메스Hermès의 '켈리35'와 '버킨30'은 전 세계적으로 귀하신 몸이 되어버린 존재다. 가격은 웬만한 중형 승용차와 맞먹는다. 그래도 없어서 못 팔 정도다. 신세계 본점 에르메스 매장 측에 의하면, 두 제품의 대기자가 2,000명 이상임에도 불구하고 연간 국내에 들여오는 수량이 20개 내외라 이들이 원하는 가방을 손에 넣기까지는 상당한 시간이 걸릴 전망이라고 한다.

이탈리아 밀라노의 에르메스 매장(출처 : AFP연합뉴스)

루이비통 파리 본점에서는 고객의 제품 구입 한도를 1년에 한 품목으로 제한하고 있다. 실제로 구입 고객의 여권번호를 입력해 구매제한 원칙을 철저하게 지키고 있다. 이들이 개인별 구입량을 철저하게 제한하는 것은 보다 많은 사람들에게 자사 제품의 구입 기회를 제공하기 위한 것이기도 하거니와, 공급량을 적절히 조절함으로써 상품의 가치를 지속적으로 유지하기 위해서다.

버킨백이 처음 나온 건 1981년이다. 회사의 최고경영자가 비행기 안에서 영국 출신의 프랑스 여배우 제인 버킨을 만나 이름을 사용해도 되겠냐고 물은 게 시초다. 2019년 당시 한 해 매출은 68.8억 유로(약 9조 원)인데, 버킨백은 전체 매출의 절반을 차지할 만큼 에르메스를 먹여 살리는 효자 상품이다.

2020년 런던 경매에서 23만 파운드(3억 5,600만 원)에 낙찰된 에르메스의 '히말라야 버킨백'. 18캐럿짜리 백금과 다이아몬드가 자물쇠에 박혀 있고, 눈으로 뒤덮인 히말라야의 색깔과 비슷한 나일로디커스 악어가죽을 사용했다.

수요에 비해 물량이 턱없이 부족해 몇 년씩 기다려야 하는 건 어느 나라나 다 마찬가지다. 그러다 보니 중고시장에서 찾는 사람도 많다.

에르메스 제품 중에서도 최고가 라인인 버킨백은 10년 이상 경력을 쌓은 장인들에게만 제작 자격을 준다. 그러니 생산량이 매우 적다.

모든 공정을 한 사람이 도맡는다. 장인 한 명이 가방 하나를 만드는 데 걸리는 시간은 평균 48시간이다. 그러다 보니 일주일에 만드는 버킨백은 2개에 불과하다. 완성된 가방에는 이를 만든 장인의 책상 번호와 제작연도가 찍혀 있다. 나중에 가방을 수선할 일이 생기면 매장은 이를 프랑스 공장으로 보내 그 가방을 만든 장인에게 수선을 맡긴다.

(김정은의 명품이야기, 한국경제, 2020.5.19)

잘 알려진 명품 브랜드 로고

액세서리 전문 브랜드 크롬하츠

1988년 리처드 스타크에 의해 미국에서 설립된 액세서리 전문 브랜드 크롬하츠CHROME HEARTS는 국내에서도 빅뱅BIGBANG의 지드래곤G. dragon을 비롯한 블락비Block B의 지코ZICO, 2NE1 등이 애장하는 소품으로도 제법 알려져 있다. 현재는 의류를 비롯한 가죽점퍼, 가방 등 다양한 품목으로 취급 제품을 확대한 상태다.

무엇보다 놀라운 것은, 이 브랜드에서는 평범한 은반지 하나도 보통 100만 원선에서 팔린다는 사실이다. 은 한 돈(3.75g) 시세가 3천 원도 안 된다는 점을 감안하면 은을 소재로 만든 반지를 100만 원에 팔 수 있는 크롬하츠의 저력이 놀랍기만 하다.

(3) 고가 전략 : 파워에이징 라이프센터 차움

미래 학자이자 〈드림 소사이어티〉의 저자인 롤프 옌센은 '미래의 기업은 소비자에게 차별화된 감성적 경험을 제공함으로써 가치를 창출한다'고 말한 바 있다. 그가 말하는 '드림 소사이어티'란 한마디로 하자면 '머리brain 못지않게 가슴heart이 중요한 시대'라는 것이다.

> 새로운 의약이나 진료법이 대체의학으로 인정받으려면 특정 분야의 전문가들에 의해 검증되어야 한다. 의학계의 저항이 있었음에도 새로운 대체의학이 시장 진출을 서두르고 있다. 환자들이 새로운 방법을 선호하기 때문이다. 대체의학에는 관심과 동정의 요소가 강하게 배어 있다. 동시에 그것은 육체뿐만 아니라 마음도 치유과정에 적극적으로 도입되어야 한다고 강조한다. 향후 10~15년 사이에 거의 모든 질병치료에서 마음의 상태에 더 많은 관심이 쏠릴 것이다.[7)]

---

7) 롤프 옌센. 드림 소사이어티. 리드리드출판, 2008

차움 전경(맨 위)과 독특한 인테리어(가운데) 및 프리미엄 검진센터(아래)

산부인과 의원을 모태로 시작한 차병원이 〈차움〉이라는 기관을 개설했다. 병원이긴 하지만 병원이라고만 보기에는 다소 모호하고도 복합적인 개념을 녹여 낸 곳이다. 차병원 그룹이 이처럼 이상한(?) 기관을 개설한 이유는 무엇이며, 실제로 그러한 공간으로서의 차움 개설이 가능했던 이유는 무엇이었을까?

차병원 그룹은 기존의 의료기관의 입장에서 지녔던 고정관념을 모두 내려놓고 원점에서 다시 한 번 고민해 보았을지도 모른다. 의료기관의 본질적인 역할에 대해, 예를 들면 '업業의 본질'에 대해 생각해 보았기 때문일 수도 있고, 더 나아가 미래의 의료기관이 수행해야 할 역할에 대해 고민한 결과일 수도 있다.

19세기 중반까지만 해도 달래고 위로하며 치유하는 것은 가족의 역할이자 관심사였다. 하지만 핵가족이 일반화된 요즈음, 예전과 같은 가족의 지지를 기대하기란 어렵

차움의 프로그램

<table>
<tr><th colspan="2">구분</th><th colspan="3">주요 내용</th></tr>
<tr><td colspan="2">검진</td><td colspan="3">• 기본형 프로그램 • 정밀형 프로그램 • 프리미엄 프로그램
• 유전체특화 프로그램 • 생애주기별 프로그램 • 특화검진 프로그램
• 오후 분야별 특화검진 프로그램 • 숙박검진 프로그램 • 유학생 프로그램</td></tr>
<tr><td rowspan="14">특화 센터</td><td rowspan="5">헬스라이프센터</td><td rowspan="3">파워에이징클리닉</td><td>항노화 프로그램</td><td>만성피로(누적피로, 수면장애로 인한 3040)
스트레스(스트레스와 신경 예민을 호소하는 3040)
갱년기(호르몬 문제를 겪는 중년층)
항노화(젊음을 유지하고 싶은 중장년층)</td></tr>
<tr><td>뇌건강 프로그램</td><td>뇌 건강 프로그램(기억력 감퇴로 고민하는 중장년층)
기억력 향상 훈련(만 8세~중학생)</td></tr>
<tr><td>맞춤유전체 프로그램</td><td>주요 질환 예측 서비스
맞춤형 영양, 운동, 약물관리</td></tr>
<tr><td>디톡스클리닉</td><td colspan="2">DS 검진</td></tr>
<tr><td>푸드테라피클리닉</td><td colspan="2">식품면역반응 검사 등 각종 검사 프로그램, 맞춤영양 푸드테라피 프로그램</td></tr>
<tr><td rowspan="4">뷰티라이프센터</td><td>피부성형클리닉</td><td colspan="2">미백/트러블 관리 프로그램, 차셀온 프로그램, 쁘띠성형 프로그램</td></tr>
<tr><td>슬리밍클리닉</td><td colspan="2">맞춤형 비만관리</td></tr>
<tr><td>헤어스파</td><td colspan="2">두피 릴렉스 복원 프로그램</td></tr>
<tr><td>면역증강클리닉</td><td colspan="2">항산화 치료, NK세포 활성도 검사</td></tr>
<tr><td>신경근골격센터</td><td colspan="3">바디 밸런스 검진 프로그램</td></tr>
<tr><td>국제진료센터</td><td colspan="3">외국인 고객을 위한 전용 진료실과 전문 의료진
다국어 통역 서비스(영어, 러시아어, 중국어, 몽골어 등)
글로벌 의료진 연계 시스템</td></tr>
<tr><td>에버셀스킨케어</td><td colspan="3">• 주름 개선, 리프팅 탄력 케어 • 안면 비대칭 교정, V라인 윤곽관리
• 안티에이징, 피부 면역기능 강화, 콜라겐 생성 • 각질 관리, 모공관리, 수분 공급, 쿨링 케어</td></tr>
<tr><td>대사증후군센터</td><td colspan="3"></td></tr>
<tr><td>산전산후클리닉</td><td colspan="3">• 산부인과 • 영양관리 • 뷰티케어 : 페이스, 바디, 헤어 두피
• 산후 바디 슬리밍 • 산후 기미 · 탄력 • 한방침구 · 8체질
• 산후 운동 프로그램</td></tr>
</table>

다. 기대와 현실 사이에 생겨나는 박탈감은 새로운 비즈니스의 기회로 작용한다. 감성적 요소를 포함한, 정성을 다하는 보살핌이라는 새로운 시장이 출현하게 된 것이다. 이른바 건강 시장이라고나 할까.

'생명과 사람을 소중히 여기는 기관'으로서의 의료기관의 새로운 역할을 발견한 데는 이러한 건강 시장의 존재를 인식했기 때문일 것이다. 채워지지 못한 수요(미충족 수요)가 존재하고 그 수요가 날로 커져 갈 것으로 생각하고 있는 차병원 그룹의 입장에서 볼 때 차움의 개원은 당연한 수순이었을지도 모른다.
앞으로 더 많은 곳에서 더 많은 형태의 차움이 생겨날지 여부는 전적으로 미래 병원의 역할과 기능에 대한 고민, 예를 들면 '의료기관의 근본적 역할이 무엇일까'에 대한 끝없는 고민에 달려 있을 것이다. 더 건강하고 아름다운 나를 만들어 가는 데 도움을 준다는 차움이다.

4. 가격 차별화價格差別化, price differentiation

가. 가격 차별화의 이해

신문・잡지는 물론, 건강 전문 케이블을 포함해 TV나 라디오 등 각종 매스컴에서 건강은 물론 다양한 의학정보를 쏟아내지만 그런 정보를 많이 접했다고 의사가 되는 건 아니다. 그런 매체를 통해 얻을 수 있는 정보의 질과 양에는 한계가 있다. 결국 그 어떤 노력을 한다 해도 의사들이 가진 정보량에 비할 수가 없다.

변호사들의 의뢰인에 대한 정보 비대칭성도 심각하다. 법조문이나 판결 내용을 보면 무슨 뜻인지 무척 혼란스럽다. 하지만 의사들이 쓰는 용어에 비하면 훨씬 나은 편이다. 의료진들이 하는 말은 도무지 알아들을 수가 없다. 그러니 환자는 의사의 결정에 따를 수밖에 없다.

정보가 우세한 의사들은 환자에 대해 독점력을 가지게 되고, 이를 바탕으로 가격 차별화를 통해 이윤을 극대화할 수 있다. 의료에서 가격 차별화란 내용상 비슷한 서비스임에도 불구하고, 환자의 경제수준에 따라 공급자가 상이한 가격을 제시하면서 수익을 높이는 것이라고나 할까.

의사들의 이와 같은 가격 책정 전략은 일반 사회에서도 이미 오래전부터 사용해 오던 것이다. 보관이 쉽지 않은 신선 식품류 등의 경우 동일한 제품임에도 오전 가격과 오후 및 마감 직전 떨이에 이르기까지 가격이 다양하지 않은가.

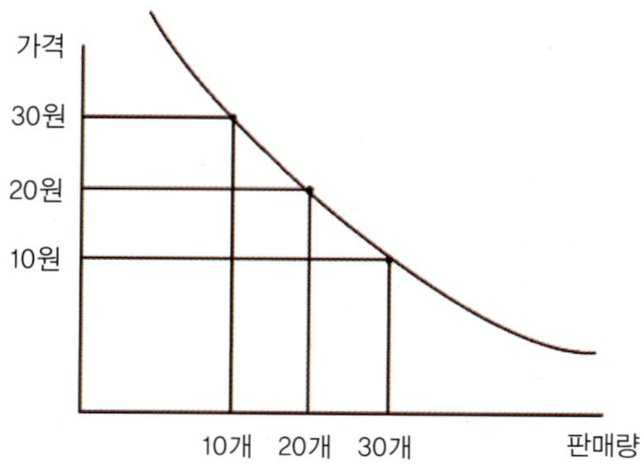

수요곡선

어떤 상품 가격이 20원일 때 20개가 팔린다. 30원으로 가격을 올리면 10개로 판매량이 줄어든다. 하지만 가격을 10원으로 내리면 수요는 30개로 늘어난다. 가격에 따른 수요 변화의 특성을 보여주는 그림이 바로 수요곡선이다.

가격은 얼마로 하는 게 좋을까. 비싸게(30원) 팔면 사는 사람이 별로 없고(10개) 싸게 팔면(10원) 판매량은 늘어나는데(30개) 대신 남는 건 별로 없으니 고민이다.

30원에도 팔리는 게 10개나 있다. 하지만 그 가격에는 팔리지 않는 것도 '20개+30개=50개'나 있다. 10원에 가격을 맞출 경우 30원이나 20원에 팔 수도 있었을 기회를 포기하는 것과 같다. 그러면 어쩌란 말인가. 30원, 20원, 10원 중 얼마에 팔아야 한다는 말인가.

이때 활용해 볼 수 있는 방법이 가격 차별화 전략이다. 소득계층에 따라 혹은 소비자들의 특성에 따라 지불용의(또는 지불능력)가 서로 다르다는 점을 활용해 수익을 극대화하는 것이다.

가격 차별화를 통한 가격 구성

아주 비싸게, 그러나 많이 팔지는 못하는	적당한 가격에, 적정량을 파는	아주 값싸게, 하지만 꽤 많이 팔리는

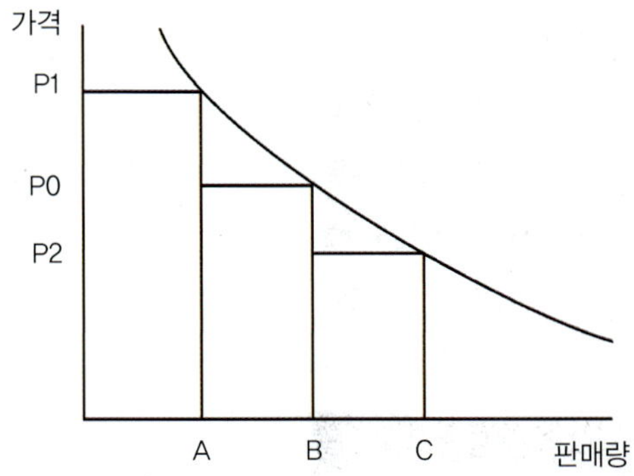

가격 차별화 정책

만일 A만큼은 P1을 받고, B만큼은 염가로 팔고 C만큼은 초저가로 팔면 어찌 될까. 그림에서 보는 바와 같이 모든 사람들에게 팔 수 있어 수익(사각형의 면적)은 더 넓어진다.

그렇다면 동일한 상품에 어떻게 서로 다른 가격을 매길 수 있는지 궁금할 것이다. 하지만 기본적으로 동일한 서비스라도 조금씩 더하고 빼면서 더 고급스럽거나 더 간소한 구성이 가능하다.

그렇게 되면 고소득층 사람들은 자신의 경제력에 맞는 훌륭하고 비싼 서비스를 구매할 수 있고, 저소득자들은 저렴한 서비스를 구매할 수 있어 좋다. 의료기관은 의료기관대로 동일한 서비스에 대해 각 구매자들의 구매 능력에 따라 상이한 가격을 제시함으로써 명분과 실리 두 가지를 모두 얻을 수 있다. 비슷한 기본구성에 여러 가지 옵션을 붙여 내는 다양한 가격대의 건강검진 상품이 가장 대표적인 예라 할 수 있다.

상품 유형	고급 건강검진	기본 건강검진	간략 건강검진
내용 구성	1박 2일 숙박검진 프리미엄 상세검진	일반 검진	일부 항목으로 구성된 약식 검진

나. 탄력성에 근거한 가격 전략

요실금尿失禁 수술이 갑자기 성행했던 때가 있었다. 사람들 사이에 요실금이라는 병이 갑자기 많아진 게 아니라 보험회사에서 요실금 실손보험을 만들어 많이 판 것이 발단이 된 것이다. 시술을 받지 않는 게 손해다 보니 보험에 가입했던 사람들은 너나 할 것 없이 요실금 수술을 받았다.

의료의 어떤 부분은 가격에 민감하다. 공돈으로 될 때는 소비가 왕창 늘고 자기 돈이 들어가야 하면 팍 준다. 이러한 '가격 민감성'은 경제학적으로 사치재의 한 특징이다. 즉, 있어도 그만, 없어도 그만인데 공돈이니까 한번 해보는 거다. 현장에서 볼 때, 의료의 많은 부분이 의외로 이러한 가격 민감성을 보인다.[8)]

8) 김현정. 의사는 수술받지 않는다. 느리게 읽기, 2012 참고

약은 종류에 따라 가격이 천차만별이다. 항암제의 가격은 1,000만 원이 넘기도 하는 고가인 반면, 혈압약이나 당뇨약 등은 한 알에 몇 백 원 수준으로 저렴하다. 항암제를 만드는 데 드는 원가가 혈압이나 당뇨약에 비해 훨씬 더 들기 때문에 비싼 것만은 아니다. 그보다는 약의 필요성이나 대체 가능성 또는 약이 없을 때 생기는 심각성이나 위험성 등이 다르기 때문에 나타나는 현상일 가능성이 크다.

생각해 보라. 항암제는 환자의 생사를 다루는 약이다. 최신 항암제를 비싸다는 이유로 가격이 더 떨어질 때까지 좀 더 구매를 미루겠다는 암환자는 없다. 그 약을 당장 쓰느냐 못 쓰느냐에 따라 목숨이 오락가락하는 상황에서 가격은 우선 고려대상이 아니다. 그러니 제약사에서 정한 가격으로, 달라는 대로 무조건 줄 수밖에 없다.

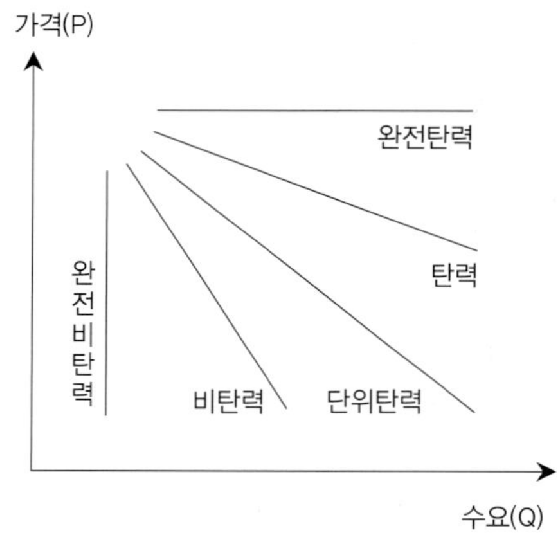

수요의 가격 탄력성

하지만 혈압약이나 당뇨약이라면 상황은 다르다. 성능이나 성분이 비슷한 유사 제품들이 여럿 나와 있는 데다, 민간요법으로 돼지감자, 노니 등 다양한 대안도 존재한다. 게다가 약품에 대한 시급성이나 절박함 또는 간절함이 항암제와는 달라도 많이 다르다. 며칠 동안 복용을 깜박하는 경우도 있으며, 이런저런 이유로 한두 번씩 제시간을 넘긴 경우는 수두룩하다.

항암제는 제아무리 비싸도 울며 겨자 먹기 식으로 구매할 수밖에 없다. 가격을 올려도 수요가 줄지 않는다. 가격 탄력성이 낮은 것이다. 그러다 보니 제약사에서는 가격을 높게 책정해 수익을 최대화하려고 한다.

그에 비해 혈압약이나 당뇨약은 당장 생명이 위태롭지는 않다. 그러다 보니 비싸다고 생각되면 냉큼 구입하기가 머뭇거려진다. 이와 같은 상황이라면 이는 상대적으로 가격 탄력성이 높은 경우로, 가격 변화에 따라 판매량 변화가 심하다. 이 경우 판매자인 제약사 입장에서 볼 때 가격을 낮춰서라도 판매량을 늘리는 것이 수익을 최대화하는 방법이다.

가격 차별화 전략을 적용하기 위해서는 몇 가지 조건이 필요한데, 구체적으로 다음과 같다.[9]

9) 배지수. MBA 의사가 말하는 잘 되는 병원의 30가지 비밀. 매일경제신문사, 2015 참고

먼저, 고객의 지불용의가 높은지 낮은지 알 수 있어야 한다. 고객의 직업이나 주거지 등 경제력을 가늠할 수 있는 지표를 통해 이들의 지불 용의가 어느 정도인지를 가늠할 수 있다.

다음으로 낮은 가격을 원하는 고객에게 그에 상응한 대가를 치르도록 해야 한다. 동일한 비행기라도 이코노미석이 더 비좁고 불편하기에 항공사는 1등석을 훨씬 더 비싸게 팔 수 있다.

* 가격 탄력성
- 가격 변화율로 공급이나 수요의 변화율을 나눈 수치
- 가격이 1만 원에서 1만 1천 원으로 10% 올라 수요가 100개에서 95개로 5% 줄었다면 가격 탄력성은 5%/10%=0.5
- 탄력성이 1보다 크면 탄력적, 1보다 작으면 비탄력적. 생필품은 가격 탄력성이 낮고, 사치품은 높음
- 비탄력적인 물건에 대해 가격을 높이면 수입이 느는 반면, 탄력적인 상품의 경우는 오히려 수입이 줄어들 수 있음

세 번째로 제품에 차이를 두어야 한다. 동일 제품이라 하더라도 약간의 흠집이나 재봉 불량이 있어 정상가에 판매되는 제품과 차이를 둬야 한다. 아울렛 등 할인매장에 내놓는 제품은 일부러라도 이러한 흔적을 남기는 것도 모두 제값을 다 주고 산 고객들이 불만이 없도록 하기 위해서이다.

5. 가격 전략 사례

가. 비교 · 경쟁 대상 바꾸기 : 에너지 드링크 브랜드 레드불

코카콜라 가격에 비해 에너지 드링크 레드불Red Bull의 가격은 두 배가 넘는다. 레드불은 어떻게 해서 코카콜라보다 더 비싼 가격에 팔리게 되었을까.
적당히 두툼한 것이 안정적인 느낌을 주는 코카콜라 용기에 비해 가늘고 길쭉한 게 삐쩍 말라 보이기까지 하는 레드불의 깡통 모양에는 어떤 의도와 전략이 담긴 것일까.

레드불은 의도적으로 용량을 달리해 355ml가 일반적인 음료시장에 255ml 제품으로 첫 선을 보였으며, 포장용기도 다르게 했다. 이유는 단 한 가지. 그것은 사람들의 마음속에 코카콜라와 같은 음료수군으로 분류되기를 원치 않았던 것이다. 코카콜라와 같은 계열의 상품군으로 기억되는 순간, 천하무적 코카콜라를 이기기는커녕, 살아남는 것조차 장담할 수 없다는 것을 잘 알고 있었기 때문이다.

레드불은 에너지 드링크라는 새로운 영역을 표방하며 코카콜라와 비교되는 것을 피했다. 금액도 앞서 본 것처럼 코카콜라의 배로 정했다. 원가가 더 많이 들어서가 아니다. 가격 차이를 통해서라도 코카콜라와는 장르가 전혀 다르다는 것을 드러내고 싶었기 때문이다. 바로 그 길만이 레드불이 살아남을 유일한 것임을 알았고 그 덕분에 사람들은 코카콜라와 레드불은 전혀 다른 제품으로 받아들였다. 에너지 드링크이기에 콜라보다 비싼 걸 당연하게 여기게 된 것이다.

레드불 에어 레이스Red Bull Air Race 월드 챔피언십은 세계 최고의 비행 기술을 가진 레이스 조종사들이 최고 시속 370km, 최대 중력 가속도 12G의 환경에서 조종 기술의 정확성, 지력, 체력, 그리고 정신력의 한계를 다해 기록을 겨루는 대회로, FAI(국제항공연맹)가 공인하는 궁극의 삼차원 모터스포츠다. 레드불은 아무 데나 후원하지 않는다. 원칙이 있다면 가장 레드불스러운 곳에만 후원하는 것이라고나 할까. 슈퍼 울트라 극한을 지향하며 코카콜라와 비교되길 거부하는 레드불은 광고 후원 영역에서도 남다르다.

레드불 측이 수년간의 준비 끝에 우주에서 지구로 뛰어내리는 위험천만해 보이는 퍼포먼스를 굳이 강행한 것이나, 극한 스포츠 종목의 후원자로 애써 나서는 이유도 다 이 때문이다.

나. 비교 · 경쟁 대상 바꾸기 : 스타벅스와 비교되길 바라는 네스프레소

네스프레소Nespresso는 스위스 네슬레 그룹 계열로 커피사업을 맡고 있는 기업으로 2019년 현재 전 세계 60여 개국에 12,000여 명의 직원이 몸담고 있다. 기나긴 커피의 역사에 비하면 1986년에 설립된 네스프레소의 역사는 짧아도 많이 짧다. 하지만 커피시장에서 이 회사가 차지하는 비중은 그 누구보다 대단하다.

네스프레소는 원두커피의 맛을 가정에서 즐길 수 있도록 한 컵이 나올 분량의 커피를 담은 파드pad라는 티백tea bag 제품도 팔고 있다. 낱개 가격으로 치면 500원 정도 하는데, 소비자들은 이를 무척 저렴하다며 흔쾌히 구입하고 있다. 왜냐하면 사람들은 이를 원두커피라 생각하여, 비교 대상으로 스타벅스나 투섬플레이스를 염두에 두기 때문이다. 이들 커피전문점의 아메리카노 가격이 4,000~5,000원 내외인 것을 감안하면 소비자 입장에서 볼 때 500원 내외인 파드는 싸도 너무 싼 셈이다.

시중에는 1kg 내외로 포장된 커피원두 제품이 수두룩하다. 가격은 2~3만 원 정도 되니 100g당 가격은 2~3천 원이란 얘기가 된다. 네스프레소는 바로 이 커피원두를 재료로 티백 제품화함으로써 1kg씩 담아 파는 다른 회사들과 차별화를 시도한 것이다. 스타벅스와 투섬플레이스의 아메리카노와 비교되고자 노력한 덕분에 커피원두를 1g당 103원에 판매하고 있다. 이를 kg으로 환산하면 10만 3천 원이나 된다.

3파운드(1.36kg)짜리 원두커피Ground Coffee 제품을 9달러에 파는 Folgers가 있는 반면 네스프레소는 10만 원이 넘는 매출을 올린다.

네스프레소는 소비자들이 자신을 스타벅스와 비교해 주길 바라고 이를 위해 끊임없이 노력하고 있다. 스타벅스가 아닌 또 하나의 'Folgers'로 여겨지는 순간 굳건했던 아성은 한순간에 무너질 수 있기 때문이다.

다. 아마존닷컴의 배송 차별

일반 배송Standard Shipping
빠른 배송Two-Day Shipping
당일 배송One-Day Shipping

아마존닷컴의 배송 차별

아마존닷컴은 일반 배송, 빠른 배송, 당일 배송이라는 세 가지 배송 옵션을 제안한다. 일반 배송은 일주일 이상 시간이 걸리고, 빠른 배송은 2~3일, 그리고 당일 배송은 다음 날이면 주문 상품을 받을 수 있다. 일반 배송은 오프라인 매장보다 저렴하다. 반면 당일 배송은 오프라인 매장보다 훨씬 비싸, 최소 4달러에서 6달러의 추가 비용이 든다.

상품이 속히 필요한 사람들에게는 빠른 배송을 미끼로 더 많이 받고, 가격만 저렴하다면 늦게 받아도 별문제가 안 되는 사람에게는 싸게 판다. 대신에 일주일 이상 걸리도록 함으로써 당일 배송으로 비싸게 구입하는 사람들이 불만을 갖지 않도록 한다.

소비자 입장에서야 일반 배송과 특급 배송이 하늘과 땅만큼 차이가 있을지 몰라도 아마존 입장에서는 배송 방법에 따른 비용 차이가 거의 없다. 빨리 보내는 특급 배송이 늘어나더라도 추가 비용이 크게 늘지 않기 때문이다.

아마존닷컴은 상품 배송을 위해 전용 항공기나 트럭을 직접 운용하는 한편 부족한 부분은 타 항공사나 물류회사와 장기 계약을 맺고 있다. 현재 아마존은 총 40편의 보잉 767-300 화물 비행기를 보유하고 있으니, 보유 대수로 치면 미국에서 15번째로 큰 여객 운송사와 맞먹는다. 게다가 켄터키 주에 하루 200회 운항이 가능한 전용 공항도 보유하고 있다.

그동안 아마존은 오늘 주문받은 상품이나 일주일 전에 주문된 상품 모두 배송할 물건이란 측면에서 똑같다는 입장을 갖고 있었다. 따라서 일반 배송을 신청한 사람이나 특급 배송을 신청한 사람 등 모든 고객을 동일시했다. 당연히 먼저 주문한 고객에게 먼저 물건을 보냈다.

그러던 아마존이 새로운 금맥을 발견했다. 같은 물건을 주문하더라도 받아보는 시간에 대한 고객의 시간 가치가 서로 다르다는 것을 인식한 것이다. 동일한 물건이라도 좀 더 빨리 배송할 경우 기꺼이 더 지불할 생각을 가진 고객이 있다는 것을 깨달은 아마존은 모든 고객이 동일하다는 기존 입장을 버리고 이를 적극 활용하기 시작했다.

같은 영화를 보는데도 조조할인, 학생할인, 심야할인 등 가격은 제각각이다. 아침에 영화를 보겠다고 생각하는 사람들은 아침 일찍 일어나 영화관에 가는 수고로움을 마다하지 않는 사람들이다. 이들은 아침 일찍 극장에 가는 수고로움보다 관람료 할인의 가치를 더 크게 느끼는 사람들이다. 돈이 별로 없는 학생들이나 수입이 없는 무직자를 포함해 지갑이 가벼운 사람들이 바로 이들이다. 이들의 공통적인 특징은 시간의 가치가 상대적으로 적은 사람들이다. 달리 말하면 시간이 많은 사람들이라는 것이다.

같은 상품이라도 소비자마다 상품에 대한 필요성 정도가 다르다는 점을 인식하면서 배송 방식의 차별화를 통해 수익 확대가 가능하다는 판단을 하게 된 아마존은 일반 배송을 신청한 소비자와 달리 당일 배송을 선택한 고객에게는 더 빨리 실어 보내고 그에 상응하는 더 비싼 가격을 청구하는 식으로 새로운 수익 모델을 만들어 냈다.

라. 뉴욕 필하모닉의 특별한 리허설

미국에서 가장 권위 있는 오케스트라 중 한 곳인 뉴욕 필하모닉(이하 뉴욕 필)은 그 저변을 넓히기 위해 특별한 노력을 기울이고 있다. 바로 매주 수요일 오전에 열리는 리허설New York Phil Wednesday Rehearsal이 그것이다.

뉴욕 필의 리허설 광경

리허설은 실제 공연과 거의 유사하게 진행된다. 다른 점은 단원들의 복장이 상대적으로 간편하다는 점뿐이다. 형형색색의 자유복에 편안해 보이는 청바지도 있다. 하지만 팽팽한 긴장감과 연주 실력 등에서는 실제 공연과 똑같다. 100달러 이상 하는 정식 공연과 달리 리허설 공연 관람료는 20달러를 넘지 않는다. 누구나 볼 수 있는 20달러짜리 특별 공연은 뉴욕 필의 예비 고객을 양성하는 중요한 수단이 되고 있다.

음악에 관심이 많은 가난한 학생이나 형편이 넉넉지 않은 음악 애호가들이 주로 공연을 보러 오지만, 리허설 공연을 통해 생애 최초로 클래식 공연을 접하게 된 일반인들도 적지 않다. 결국 이들 모두는 뉴욕 필을 사랑하고 지원하는 서포터즈가 된다. 시에서 뉴욕 필의 예산을 삭감하려 할 때, 혹은 뉴욕 필이 활동 영역을 넓히기 위해 여론의 도움이 필요할 때 앞장서서 돕는 사람들이 바로 이들이다. 최고 수준의 연주를 뉴욕 필은 리허설 공연이라는 이름으로 저렴하게 선사하면서 스스로의 미래를 만들어가는 마케팅을 하고 있는 것이다.

조별 과제

① 제4장에 수록된 내용 중 가장 공감하는 부분은 무엇이며, 그렇게 생각하는 이유를 설명하시오.
② 제4장에 추가할 내용으로 딱 좋은 가격 전략 사례를 찾아보고, 해당 사례를 선정한 이유에 대해 설명하시오.

개인 과제

CHAPTER 4. PRICE

학번		성명		제출일	

① 이번 장을 한 문장으로 표현해 보자.

② 이번 장과 관련해 스스로 찾아본 것에 대해 자세히 적어 보자. 책은 50쪽 이상 읽은 것만 적을 수 있으며, 영상 자료와 신문 및 기타 내용은 출처나 연도 표기를 정확히 적어 보자.

책	
영상 자료	
신문	
기타	

③ 이번 장에 관해 200자 이상의 에세이를 손으로 직접 써 보자.

* 이 페이지는 절취하여 다음 시간에 제출할 것

CHAPTER

5

PLACE

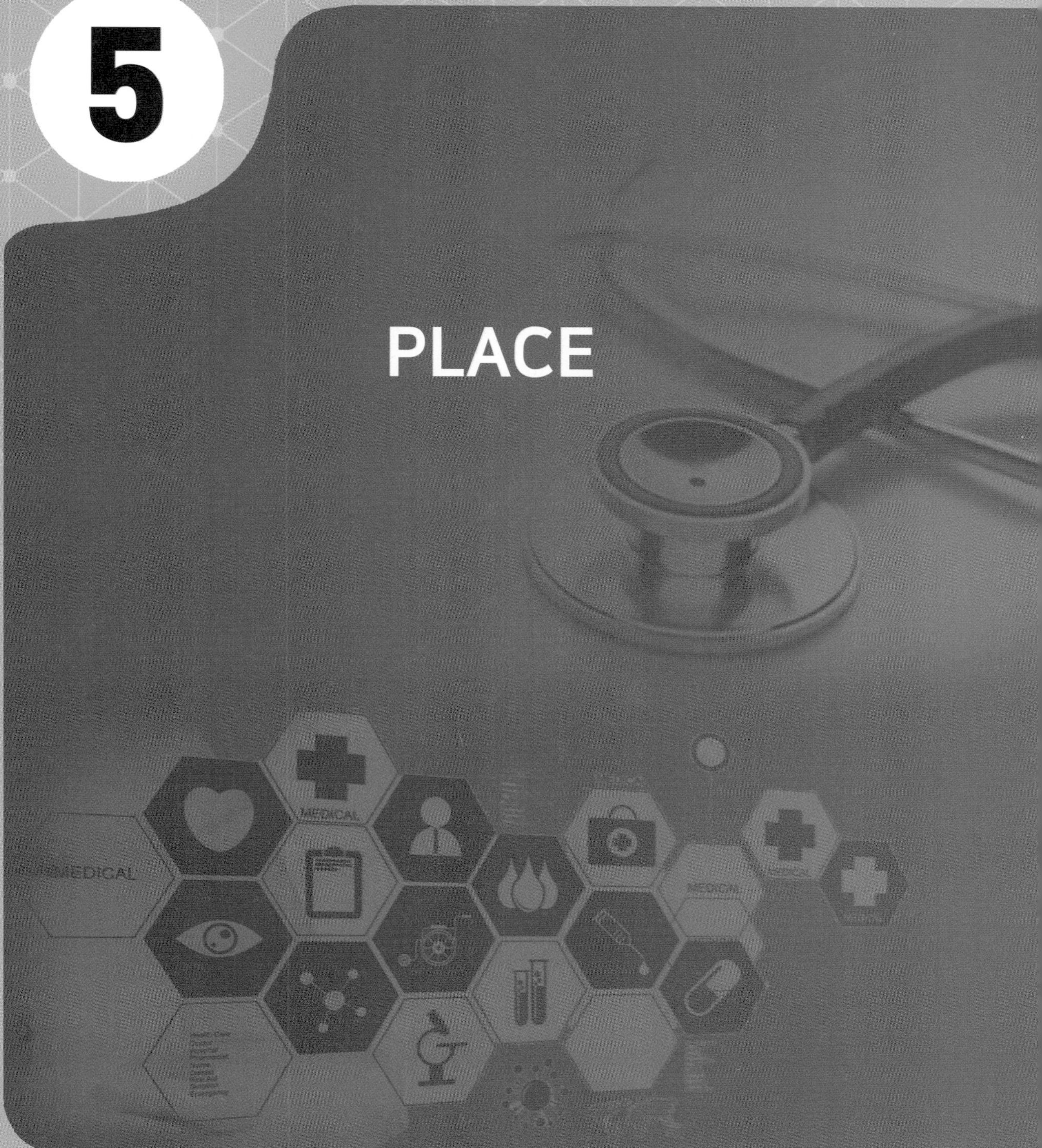

1. 물리적 공간과 장소
2. 영역, 니치
3. 유통
4. 물리적 공간과 사이버 유통의 접목
5. 의료영역에서 'Place'는 어떻게 변해갈까

마케팅의 4P 중 Place에는 '장소'라는 의미와 '유통'이라는 개념이 모두 포함되어 있다. 하지만 이 책에서는 기존의 개념과 함께 몇 가지 새로운 개념을 덧붙이고자 한다.

기존의 물리적 공간 개념인 '장소'에 덧붙여 특정 공간이나 영역에서 남다른 경쟁력을 갖게 해주는 '니치nitch'와 인터넷과 같은 사이버 공간을 활용한 '아웃소싱'을 새롭게 추가하였다.

Place의 기존 개념	물리적 공간과 장소	유통
Place에 관한 이 책에서의 개념	물리적 공간과 장소 영역(니치)	유통 사이버 유통
	인터넷 및 사이버공간을 활용한 아웃소싱	

• 물리적 공간과 장소

기업의 입장이 아닌 소비자의 입장에서 Place를 생각해 볼 수 있다. 이 경우 Place란 '장소'의 개념을 포함한 다양한 의미를 내포한다. 스타벅스나 맥도날드 매장은 일반적으로 유동인구가 많은 곳에 위치해 사람들이 이곳을 약속 장소로 활용하는 경우가 많다. 이들 매장의 경우 커피나 햄버거와 더불어 '약속 장소'라는 공간을 제공함으로써 소비자들에게 꾸준히 사랑받고 있는 것이다.

맥도날드의 실질적 창업자인 레이 크록Ray Kroc이 MBA과정 학생들과 가진 간담회에서 맥도날드는 무엇을 파는 회사냐는 질문에 맥도날드가 진짜로 파는 것은 햄버거가

목 좋은 자리를 선점한 맥도날드

아니라 입지라고 말한 것은 널리 알려진 사실이다. 그렇다. 맥도날드는 남다른 패스트푸드를 만들어 성공한 게 아니다. 맥도날드는 오래전부터 좋은 땅, 좋은 위치를 선점함으로써 경쟁우위를 키워온 것이다. 언제 어디서든 쉽게 찾아갈 수 있는 편안한 장소야말로 맥도날드의 진짜 경쟁력인 것이다.

• 영역, 니치nitch

1998년 은마아파트 후문 부근에 열었던 총각네 야채가게는 이영석 신화의 출발점이었다. 역시 강남이었다. 돈을 벌기 위해서는 돈이 몰리는 곳이어야 했다. 가격이 비싸더라도 품질을 우선하는 사람들이 모인 곳이어야 했다. 소득수준이 높고 교육열이 높은 대치동이라는 장소가 딱이었다. 그가 강남의 대치동이라는 공간을 선점할 수 있었던 것은 6년간의 트럭 행상을 하면서 서울 전역을 샅샅이 꿰차고 있었기에 가능했던 것이다.

• 유통

샤프란은 섬유유연제 시장의 1등 제품이었지만 P&G가 들여온 다우니의 거센 공세에 애를 먹었다. 일반 제품 일색이었던 시장에 고농축 제품을 선보이며 화제를 모은 다우니는 향도 오래가는 등 전반적으로 품질이 뛰어났다.

다우니를 능가하는 제품 개선이 시급했다. 하지만 시간이 걸리는 일이라 당장 가능한 것이 아니었다. 일단은 공세를 잠재울 필요가 있었고, 무엇보다 새로운 대책을 마련하기 위해 시간을 벌어야 했다. LG생활건강은 그동안 공들여 키워온 막강한 유통망 장악력을 이용해 소비자들이 다우니로 넘어가지 않도록 샤프란의 판촉행사를 대폭 늘렸다. 아울러 매장의 행사 매대를 다우니가 차지하지 못하도록 행사점유율도 높였다. 비용이 많이 들었지만 비용이 문제가 아니었다. LG생활건강의 총공세에 다우니의 성장세는 주춤했고, 머뭇거리는 사이에 획기적으로 개선한 새로운 샤프란을 선보임으로써 1등자리를 계속 유지할 수 있었다.[1)]

힘든 싸움이 될 듯싶었던 샤프란과 다우니의 경쟁은 싱거운 싸움이 되고 말았다. 다우니의 성장세를 잠재운 것은 그동안 구축하고 장악해온 유통망 덕분이었다. LG생활건강이 각종 매장의 행사 매대를 독차지함으로써 P&G의 다우니는 소비자들은 물론 시장에 다가갈 기회마저 제대로 얻지 못했기 때문이다.

Place란 유통 또는 유통 구조를 의미하기도 한다. 예를 들어 유통 경비를 절감하기 위해 시스템을 개선하거나 단순화하는 등의 유통 혁신 전략을 들 수 있다. 인터넷을 기반으로 하는 쇼핑몰(인터넷 쇼핑몰)은 별도의 점포가 필요 없기에 오프라인 매장을 운영하는 것보다 유통 비용이 절감되고 더 저렴한 가격에 판매할 수 있다는 차원에서 유통 혁신이라 할 수 있다.

• 인터넷 및 사이버 공간 : 아웃소싱

> 단추는 중국, 지퍼는 일본, 실은 파키스탄에 주문한다. 파키스탄에서 받은 실은 중국에 보내 직물로 짜서 염색하게 한다. 꿰매는 일은 방글라데시의 공장에 맡긴다. 고객이 빠른 배달을 원하기 때문에 3개의 공장에서 나누어 작업한다. 리앤펑은 이런 방식으로 전 세계 40개국에 퍼져 있는 3만 개의 공급업체와 200만 명 이상의 공급업체 직원들을 움직인다. 이 회사가 직접 월급을 주는 종업원은 그 1%도 안 된다.[2)]

1) 홍성태. 그로잉업Growing Up. 북스톤, 2019 참고
2) 이지훈. 혼창통魂創通. 쌤앤파커스, 2010

1. 물리적 공간과 장소

가. 오티스의 거울

세계 최초로 엘리베이터를 만든 오티스OTIS도 사업 초기엔 느려 터진 속도 때문에 어려움을 겪었다. 하지만 속도 향상을 위한 개선 작업이 더디다 보니 기술진은 물론 경영진도 골머리를 앓았다. 그러던 중 의외의 방법으로 이 같은 고민을 한 방에 날려버릴 수 있었다.

엘리베이터 안에 거울을 단 것이다. 사람들은 거울을 보느라 엘리베이터가 느리다는 사실을 느끼지 못했다. 오티스는 엘리베이터 성능을 단기간에 개선하지는 못했지만 이용자들이 엘리베이터 안에서 할 수 있는 새로운 소일거리를 제공함으로써 느린 속도에 대한 불만을 잠재울 수 있었던 것이다.

출처 : dreamstime.com/stock-photo-elevator-woman-looking-herself-reflected-mirror-inside-image49191064

느린 엘리베이터의 문제점이 '속도'가 아니라 지루함에 있음을 발견하고 이를 '볼거리'와 '시간 때울 거리'를 통해 해결한 것이다. 속도가 문제라고 생각하고 이를 개선하려고 매달리던 와중에, 정작 그 속도라는 것이 주관적 인식에 따른 것이라는 것과 이는 공간의 재구성을 통해 조정할 수 있다는 깨달음을 얻게 된 것이다.

오래 기다리는 환자들을 위한 기존의 해법은 예약 제도를 통해 대기 시간을 줄이는 것이었다. 아울러 의료진을 포함한 직원들의 점심시간을 줄이거나 건너뛰면서 밀린 환자를 조금 더 보는 것이 또 다른 해결책이랄까. 하지만 엘리베이터 내부 공간을 거울을 통해 재구성함으로써 지루함을 없앤 것처럼 환자들이 기다리는 동안 덜 지루하도록 대기 공간을 구성할 여지도 있지 않을까.

나. 검사 공간을 재창조한 제너럴 일렉트릭General Electric, GE

더그 디츠Doug Dirtz는 GE 헬스케어 팀에서 영상 의료 시스템의 설계와 개발을 도맡아 왔다. 자신이 개발에 관여한 자기공명영상MRI 스캐너 제품이 자랑스럽기만 했던 그는 의외의 장면을 목격하게 되었다. 근심에 찬 부모의 손에 이끌려 오며 겁에 질려 있는 한 소녀를 보게 된 것이다.

예전 모습Before과는 전혀 달라진 영상 진단 장비 Coral City와 Jungle adventure

그가 자랑스럽게 여겼던 진단 장비를 소녀는 매우 무서워했다. 정말 놀랐던 것은 담당 기사가 마취의사를 호출하려 전화를 걸 때였다. 아이들의 경우 지레 겁을 먹어 검사가 여의치 않다는 것도, 그러다 보니 마취를 하지 않고서는 검사가 어렵다는 것도 처음 알게 되었다.

그는 보육 센터에서 아이들을 관찰하고, 전문가들과 대화를 통해 소아 환자들의 심리에 대해서도 이해하게 됐다. 아울러 어린이 박물관의 전문가들과 몇 군데 병원 의료진의 도움을 받아 새로운 시제품을 만들었고, 이를 피츠버그대학 소아병원에 설치했다. 이후 시제품은 좀 더 개선되었고 검사 과정은 흥미로운 모험으로 바뀌었다. 이제 어린 환자들은 검사를 받는 것이 아니라 모험에 나서 용감하게 활약하는 주인공 역할을 맡게 되었다.

장비뿐 아니라 장비가 놓인 공간까지 모두 바꿨다. 기계 외부는 물론 검사실 벽과 바닥 및 천장까지 형형색색의 장식물로 가렸다. 아울러 촬영기사용 대본을 만들어 어린 환자들의 모험 여정을 돕도록 하였다.

놀이공원의 해적선과 우주선 모양의 MRI가 제

작되었다. 해적선으로 꾸며진 검사실에서는 담당 기사가 곧 모험이 시작되니 움직이지 말고 조용히 있어야 한다고 말한다. 항해를 마치면 검사실 한쪽 벽에 있는 해적의 가슴에서 작은 보물을 하나 꺼내 가지도록 했다. 우주선으로 꾸며진 제품에서는 기계가 작동하며 소음이 커지면 우주 공간으로 초고속 운항을 하려 하니 그 소리를 잘 들어보라는 안내가 이어진다. 이쯤 되면 공포스럽던 소리가 더 이상 무섭지 않다. 우주 대모험 과정에서 생기는 당연한 소리에 불과할 뿐이다.

GE는 해적선과 우주선을 포함해 아홉 가지의 '모험' 시리즈를 제작했다. 덕분에 소아 환자에 대한 마취제 투여가 급격히 줄었다. 검사 과정에서 마취 시술 건수가 줄다 보니 검사 건수도 늘어났고, 무엇보다 아이들의 만족도가 크게 올라갔다.[3)]

다. 인간적인 CT, 보이는 X-ray

진단방사선과(혹은 영상의학) 전문의는 기초의학을 전문으로 하는 의사는 아니지만 그렇다고 임상의사라고 딱 꼬집어 말하기가 애매하다. 환자를 보긴 하지만, 주로 사진을 통해 이들과 대면하고 있기 때문이다. 여기서 사진이라 함은 컴퓨터 단층촬영$_{CT}$이나 자기공명영상$_{MRI}$ 등을 말한다. 물론, 병원을 찾는 환자들의 상당수가 이와 같은 영상장비를 통한 검사를 하고 있기에 영상을 통해 질병 여부를 판독하는 진단방사선과 의사들은 그 누구보다도 많은 환자를 보는 편이라 할 수 있다.

문제는 환자들을 직접 만나지 않는다는 데 있다. 수많은 사진을 판독하지만 많은 시간을 홀로 보낸다. 좀 더 정확한 판별을 위해 의도적으로 조명은 낮춰 둔다. 어두컴컴한 방에서 커다란 모니터 앞에 앉아 있는 시간이 대부분이다. 그러다 보니 업무의 활기도 떨어져, 예민하고 날카로운 감각과 판단력을 유지하기보다는 무심해지고 의욕도 줄어 판독의 정확성에도 영향을 미치게 된다. 양성인 환자를 음성으로 판정하거나(그 반대도 있을 것이다), 사진 속에 여러 개의 병변이 있음에도 이 중 몇 가지를 놓쳐 병을 키우게 만들 수도 있다. 과연 어떻게 하면 이들의 감각을 지속적으로 고조시켜서 판독 능력을 향상시킬 수 있을까.

3) 톰 켈리, 데이비드 켈리. 유쾌한 크리에이티브. 청림출판, 2014 참고

영상의학 전문의인 예호나탄 터너Yehonatan N. Turner는 이와 관련하여 특별한 연구를 수행했다. 예루살렘에 위치한 샤레 제데크Shaare Zedek 메디컬센터에서 일하던 그는 CT 촬영을 하러 온 환자들의 동의를 구해 300여 명의 환자 얼굴 사진을 찍었다.

영상의학 전문의들이 판독용 사진을 컴퓨터 모니터에 띄우면 이와 동시에 해당 환자들의 얼굴 사진이 같이 뜨도록 했다. 그러자 판독하는 의사들은 해당 환자들의 실제 사진을 보면서 이들과 더 많이 공감하게 되었고 그 결과, 판독 과정은 더욱더 꼼꼼하게 되었다. 하지만 터너의 아이디어가 가진 진짜 효과는 3개월 후에 나타났다.

영상의학 전문의의 역량은 소위 '부수적인 발견'을 얼마나 잘하느냐에 달려 있다. 다시 말해 치료받고 있는 질병과 관련이 없고, 담당의사도 예상하지 못했던 이상 부위를 찾아내는 능력이다. 터너는 환자의 사진을 함께 제공했던 방사선 영상들 가운데 부수적 발견이 있었던 81장을 골랐다. 그리고 3개월 후에 영상의학 전문의들에게 다시 진단을 의뢰했는데, 이번에는 환자의 사진을 제공하지 않았다. 놀랍게도 환자의 사진이 빠지자, 부수적 발견이 80퍼센트로 줄어들었다. 그 의사들은 90일 전에 똑같은 사진을 세심하게 판독했었지만, 이번에는 세심함과 정확도가 훨씬 떨어진 것이다.[4) 5)]

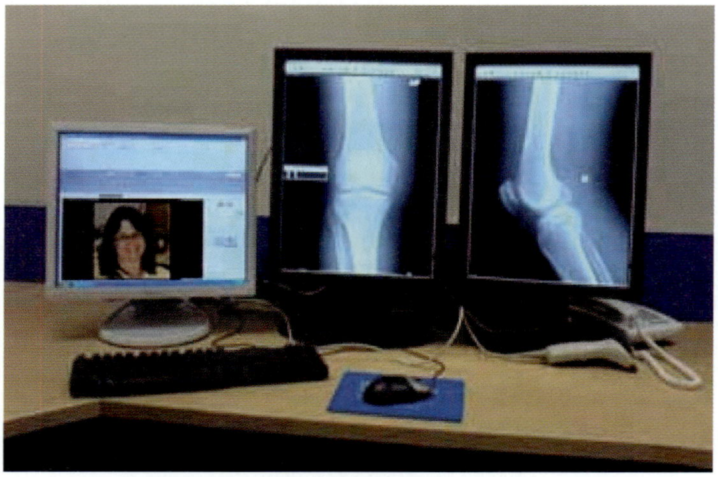

영상 자료와 해당 환자가 함께 보이는 모습

익명의 조사대상이 아니라 한 명의 인간으로 접근하는 것이 중요했다. 환자들의 실제 사진이 함께 뜨면서 개별 환자 한 사람 한 사람의 존재감이 되살아났다. 의사들은 비록 눈치 채지는 못했지만, 사진을 함께 띄워 줌으로써 검사용 영상에 대한 의사들의 집중도가 훨씬 더 높아진 것이다. '정확히 좀 보라'든가 '판독의 정확성을 높이라'고 말하기 앞서 잘 보고 자세히 볼 수 있도록 시스템을 갖추는 게 더 효과적이다. 환자의 실제 사진을 한쪽에 띄워주는 별로 어렵지도 않은 방법이었지만 그 효과는 참으로 놀라웠다.

---

4) Yehonatan Turner and Irith Hadas-Halpern, "The Effects of Including a Patient's Photograph to the Radiographic Eazmination," paper presented at Radiological Society on North America Ninety-fourth Scientific Assembly and Annual Meeting, December 3, 2008. See also "Patient Photos Spur Radiologist Empathy and Eye for Detail," RSNA Press Release, December 2, 2008; Dina Kraft, "Radiologist Adds a Human Touch; Photos," New York Times, April 7, 2009

5) 다니엘 핑크. 파는 것이 인간이다. 청림출판, 2013

라. 물리적 장소와 공간의 소멸

우리나라의 인천공항에 해당하는 인도의 간디 국제공항 인근 정보기술 단지에는 GE 캐피털의 콜센터가 있다. 미국과 인도 간에는 정확히 12시간의 시차가 있다. 다시 말해 미국 사람들이 일어나는 시간에 인도 사람들은 잠자리에 들어야 하는 그런 관계다. 바로 그곳에 미국 고객들을 위한 콜센터가 있다는 건 어찌 보면 난센스다.

컴퓨터공학을 전공한 Kalyan Sivasailam은 2016년에 영상진단 기업 '5C Network'을 세웠으며, 현재 100여 명의 방사선 전문의를 보유하고 200여 곳 넘는 병원들을 대상으로 X-ray, CT, MRI 등에 관한 실시간 자문 서비스를 제공하고 있다.(출처 : Forbes, 2019.2.8)

그럼에도 불구하고 영어를 공용어로 쓰고 있는 인도, 인건비가 미국의 5분의 1도 안 되는 인도는 무척 매력적이다. 이미 GE의 소프트웨어 중 절반 정도가 인도에서 개발되고 있다. 모건스탠리, JP 모건 체이스JP Morgan Chase 등은 회계와 재무 분석 등의 업무를 인도에 맡기고 있다. 미국 병원에서 찍은 영상 자료를 인도에 있는 방사선 전문의가 판독하고 있다. 상황이 이러하니 GE 캐피털이 미국 고객들의 신용카드 체납 통보, 대출 및 보험 관련 민원을 인도 현지의 콜센터 직원에게 맡기지 못할 이유는 없다. 이들의 연봉은 3,000달러 내외로 미국의 6분의 1 수준에 불과하니 더더욱 그렇다.

공간이라는 물리적 제약이 사라지면서 전 지구적인 경쟁이 가속화되고 있다. 그러다 보니 미국의 법률 온라인 서비스 회사들은 예전이라면 변호사나 법무사를 직접 찾아가야만 했던 일들을 아주 싼 가격에 처리해 주고 있다. 미국의 〈Lawvantage.com〉 같은 회사는 법률 서류 등의 작성을 대신해 주는 업무를 불과 15달러만 받고 해주고 있다. 24시간 법률 서비스를 제공하는 로펌도 있다. 전에는 상상하기 힘든 일이다. 이러한 변화는 미국 회사들이 인도 소재 법률자문 서비스 회사들을 경쟁자로 인식하면서부터 생겨난 것이라 볼 수 있다.

그런가 하면 새로운 기술의 채택으로 사라지는 것도 있다. 인터넷 서점의 대표 주자 아마존이 장기적으로 주문형 인쇄 방식print-on-demand을 계획하고 있기 때문이다. 주문형 인쇄 방식이란 고객이 최종적으로 구매를 확정하기 전까지, 즉 구매 시점까지 책을 디지털 파일 형태로 두다가 구매를 결정하면 고객의 집에서 이를 다운로드받아 프린트로 출력해 무선제본 형태로 제작하는 방식이다.

이 방식에 의하면 아마존이 보유한 디지털 제품(파일 형태의 원고)은 고객이 원할 때만 물질에 기반을 둔 제품(종이에 인쇄된 책)으로 형태를 바꾸어 고객에게 전달된다. 파일 형태로 보관하는 것이라 아마존이 부담해야 할 재고관리 비용은 거의 제로에 가깝다. 이것은 매우 효율적인 생산 방식이어서 언젠가는 지금까지 제작된 모든 책에 적용될 가능성이 있다. 이런 방식이 확대될 경우 서적 창고와 같은 물리적인 공간의 필요성은 한층 더 줄어들게 될 것이다.

2. 영역, 니치Niche

니치라는 말의 어원은 라틴어로 둥지라는 뜻의 'nidus'이다. 옛날에는 꽃병이나 우산을 놓기 위해 마련한, 벽의 움푹 팬 곳이라는 의미로 사용되었다. 그것을 생태학 용어로 처음 사용한 사람이 그린넬Grinnell이다. 그는 니치를 "어떤 종 또는 그 하위 종이 점유하는 생식지의 최종 단위"라고 정의했고, 이후 생태학에서 니치라는 용어가 널리 사용되기 시작했다. 또 다른 생태학 연구자인 허친슨Hutchinson은 "어떤 종이 이용하는 생활 자원이나 환경 요인으로 둘러싸인 영역"으로 정의하여 니치를 양적으로 측정하는 연구에 단서를 제공했다.

18개의 틈새 소셜 미디어를 통해 니치의 개념에 대해 좀 더 상세히 알아보자.
(출처 : medium.com/@JBBC/going-beyond-facebook-niche-social-media-sites-you-should-explore-89d4e1b4077c)

니치의 개념을 개체군 생태학(특정 지역의 개체 전체를 대상으로 하는 생태학)으로 넓힌 이들이 하난과 프리먼이다. 그들은 한정된 공간 안에 존재하는 특정 영역을 니치라고 정의하고, 그 영역 안에서는 다른 어떤 개체군과 경쟁해도 이길 수 있다고 말했다.

이러한 개념이 마케팅 분야로 흘러들었다. 이렇게 니치라는 말은 생태학에서 출발해 기업의 전략을 표현하는 말로 발전했다.[6]

6) 야마다 히데오. 그들은 왜 싸우지 않는가. 청림출판, 2016

가. 슈베칭겐 페스티벌Schwetzinger SWR Festspiele[7]

1952년부터 슈베칭겐 성Schwetzingen Castle에서 이어져온 국제 클래식 음악 축제로 다른 페스티벌들과 차별화하기 위해 공연 시기를 달리 잡았다. 공연은 봄에서 초여름 사이, 즉 4월에서 6월 사이에 열린다.

이 축제의 레퍼토리로는 주최 측에서 작곡 의뢰한 작품(커미셔닝 작품)과 클래식 작품의 초연이 포함되어 있으며, 최근 수십 년 동안 바로크와 클래식 시대의 잘 알려지지 않은 오페라 발굴에 힘써왔다. 덕분에 잘 알려지지 않았거나 잊혀진 바로크 오페라 작품들이 이 페스티벌을 통해 새롭게 다시 살아났다. 슈베칭겐 페스티벌의 성공에는 4월에서 6월이라는 계절적 차별성과 함께 다른 곳에서 올리지 않는 작품이라는 특이성이 한몫했다.

첫째, 아직까지 단 한 번도 공연된 적이 없는 새 오페라를 찾아서 세계 초연하거나, 둘째, 오페라 계에서 완전히 잊힌 과거의 오페라들을 발굴해서 다시 무대에 올리거나, 셋째, 로코코 시대 이전의 오페라들을 당시의 공연 방식과 연주 형태로, 즉 시대 공연period performance으로 올리는 것이다.

현재는 '세계 초연 작품'과 '드문 시대 작품'이라는 두 부분으로 나눠서, 시즌마다 각 영역당 한 작품씩만 올린다.
아무도 한 적 없는 처음의 것, 지금은 잊혀 모두의 기억 속에서 사라진 것들만으로 남들이 안 하는 4~6월 사이에 공연함으로써 자신만의 니치를 더욱더 탄탄히 쌓아가고 있다.

나. 압구정동에 알맞은 진료과

강남 아파트 신화의 시작이자 고가 아파트의 대표 격인 압구정동 현대아파트. 이곳에 의원을 개설하려 한다면 최소한 다음 사항은 피해야 한다.

7) 박종호. 유럽 음악축제 순례기. 시공사, 2012 참고

- 소아과
- 성장 클리닉
- 24시간 진료

소아과 간판을 내걸고 성장 클리닉을 표방하며 밤늦게까지 진료를 할 생각으로 개원을 준비 중이라면 한마디로 말해 가장 최악의 시나리오를 쓰는 것이나 다름없다. 왜 그럴까?

압구정 현대아파트의 평당 거래 가격은 7,000만 원 정도 된다. 30평이면 20억 원이요 50평이라면 35억 원이다. 그러니 이곳에 거주하려면 주택 구입에 30억 원 정도를 부담할 자금력이 있는 사람들이어야 한다. 부모의 도움을 받거나 일부 예외적인 경우를 제외하면 20~30대 연령층은 드물다. 40~50대 또는 그 이상이 되어야 이 정도의 자금 동원이 가능하지 않을까. 그것도 일부에 국한된 것이다. 그러니 주민은 중장년층 또는 노령층 인구가 훨씬 많을 것이다.

그렇다. 압구정동은 어린이가 아니라 고령의 소비층이 주도하는 노인시장이다. 그렇다면 이런 시장에 진입하려는 병원은 진료과가 무엇이든 주 고객이 될 이들의 요구를 반영한 진료계획을 준비해야 한다. 예를 들면 다음과 같은 식이다.

- 내과 : 고혈압, 당뇨, 류머티스 등 성인질환, 퇴행성 질환
- 마취통증의학과 : 만성 통증관리
- 신경정신과 : 나 홀로 사는 가구주의 고독과 상실감 상담이나 배우자를 잃고 혼자 남은 세대주를 감안한 서비스
- 재활의학과 : 퇴행성 질환에 따른 신체 재활
- 치과 : 당뇨 환자에 맞춘 임플란트, 고령 환자의 약한 잇몸(치주)에도 적용 가능한 특별 임플란트

이와 같은 분석에도 불구하고 현지 소아과 의원이 절대적으로 부족하고 성장클리닉을 개설한 곳이 없다면 '소아과 성장 클리닉으로 자정 혹은 온종일 진료'하는 것도 나쁜 선택은 아니다. 하지만 시장 규모는 아주 제한적임을 염두에 둬야 한다. 혹시라도 같은 진료 분야를 표방하는 의원이 한두 곳만 더 들어와도 시장상황은 돌변한다. 환자는 급격하게 줄 것이고, 경쟁은 무척 치열해질 것이다.

주 진료층이 누군가에 따라 피해야 할 진료과(예를 들어 소아과) 혹은 적극적으로 개설해야 할 진료 분야(고령층 대상 임플란트)가 정해진다. 주 진료층인 인구를 내 마음대로 조절할 수 있는 것은 아니지만, 인구특성을 파악하여 이에 맞춘 진료 구상을 하는 것은 가능하기도 하거니와 반드시 고려해야 할 것들이다.

3. 유통

가. 새로운 유통경로, 임대

(1) 코웨이 정수기

코웨이는 2020년 7월 기준 시가총액이 대략 5조 7,000억 원에 이르는 우량 기업이다. 1989년에 설립된 이곳은, 당초 정수기를 수입해 판매하는 회사였다. IMF 경제위기 당시 재고가 계속 쌓여가는 상황이다 보니 판매 대신 임대를 통해 창고 유지비용이라도 줄일 수 없을까 하는 생각까지 하게 되었다. 회사의 운명을 바꾼 '임대 방식'이라는 사업 아이디어가 떠오른 것이다.

당시 정수기 가격은 110만 원 정도로, 냉온 기능이 있는 정수기는 250만 원이나 하는 비싼 물건이었다. 소비자 조사 결과 임대 방식으로 월 2만 7,000원 정도면 써보겠다는 의견이 나왔다. 빌려주게 될 경우 지속적인 관리가 필요한데, 인건비와 부대비용을 감안해 볼 때 그 금액으로는 도저히 불가능하다는 것이 회사 내부의 판단이었다.

설계를 다시 하면 모를까 기존 제품으로는 불가능하다는 직원의 얘기가 계기가 되어 정말 설계부터 다시 했다. 2만 7,000원을 받아도 이익이 나는 제품을 만드는 데 총력을 기울인 것이다. 꼭 필요한 기능만 남기고, 디자인도 단순하게 바꿨다. 마침내 불가능할 것만 같았던 임대 전용 정수기 개발에 성공했다. 2만 7,000원에 맞게 처음부터 다시 시작했기에 임대 방식이라는 새로운 사업 모델을 화려하게 꽃을 피울 수 있었다.[8)]

8) 윤석금. 사람의 힘. 리더스북, 2018 참고

(2) 바디프랜드

안마의자 시장은 1,000만 원에 달하는 고가의 일본 제품과 100만 원대의 중국산 저가 제품으로 양분돼 있었다. 이 시장에 비교적 저렴한 가격의 우수 제품으로 승부수를 띄운 곳이 바디프랜드라는 국내 기업이다. 하지만 저렴한 가격이라고는 하나 제품당 가격이 100만 원이 넘다 보니 수요는 매우 한정적이었다. 1,000만 원대 일본 제품에 버금갈 정도의 디자인이라는 자부심에도 불구하고 안마의자 시장은 한계가 있었다. 새롭고 남다른 비즈니스 모델이 필요했다.

어떻게 하면 더 많이 팔 수 있을까라는 질문 대신 어떻게 하면 수요를 늘릴 수 있을까, 부담 없이 살 수 있는 방법은 무엇일까를 고민했다. 시장을 키우는 게 더 시급한 과제였기 때문이다. 이 과정에서 다른 업종에서 사용하는 할부 제도를 눈여겨봤다. 휴대전화의 경우도 할부 방식으로 일정 기간 조금씩 납부하다가 나중에 소유권을 이전받지 않는가.

목돈을 한꺼번에 내는 대신, 할부 방식으로 매달 일정 금액을 내며 이용하다 일정 기간이 지나면 소유권도 넘어가는 방식을 접목하기로 했다.

문제는 자금이었다. 자금 흐름을 어떻게 안정적으로 유지할 것인가가 관건이었다. 할부판매를 할 경우 짧게 잡아도 3년 정도에 걸쳐 수익이 나눠 들어오기에 유동자금 마련이 시급했다. 이런 점에 대비하기 위해 초기 자본을 확충하고 협력업체에 대금 지급일정을 조정하는 등의 방법으로 대책을 마련했다.

매월 얼마씩 내도록 할 것인가도 고민이었는데, 시중의 안마 비용이 5만 원이라는 점에 착안해 4만 9,000원으로 정했다. 이로써 '매달 안마 한 번 받을 가격에 전용 안마의자를 가질 수 있다'는 스토리를 완성했다. 이후 회사는 급성장했다.

바디프랜드 주요 경영 지표

연도	매출액	영업이익	영업이익률(%)
2007	27억 원	2,000만 원	0.7
2008	41억 원	2억 원	4.9
2009	50억 원	2억 원	4.0
2010	189억 원	27억 원	14.3
2011	341억 원	61억 원	17.9
2012	420억 원	52억 원	12.4
2013	785억 원	181억 원	23.1
2014	1,438억 원	284억 원	19.7
2015	2,636억 원	652억 원	24.7
2016	3,665억 원	933억 원	25.5
2017	4,130억 원	825억 원	20.0
2018	4,505억 원	509억 원	11.3
2019	4,802억 원	412억 원	8.6

왼쪽 표는 금융감독원 전자공시시스템(dart.fss.or.kr)에 올라와 있는 영업 실적 자료다.

바디프랜드는 2007년 3월, 3명의 직원으로 창립한 뒤 그해 27억 원의 매출을 기록했다. 매출은 2010년 100억 원대를 넘어섰고 2014년에는 1,000억 원대로 커졌다. 바디프랜드가 나오기 전 우리나라의 안마의자 시장은 200억 원 정도였으나, 할부 모델 방식이 도입된 이후 3,500억 원대로 커졌다.

바디프랜드는 2014년부터 2017년까지 비약적인 성장을 이어가 4년 동안 연평균 매출 증가율 45%라는 경이적인 기록을 세우며, 국내 안마의자 시장의 약 65%를 차지했다(2019년 기준). 한마디로 말해 지난 10여 년간 회사가 무섭게 성장해 왔다. 그리고 그 성장의 바탕에는 할부 판매라는 발상의 전환이 있었다.

나. 새로운 유통 채널, 사이버

1883년에 창설되어 140여 년의 역사를 지닌 미국의 메트로폴리탄 오페라단(이하 메트)은 세계적인 명성에도 불구하고 심각한 정체를 맞이했다. 더 이상 매출은 늘지 않았고 오페라 관객의 평균 연령이 점차 고령화되고 있었으며, 공연장을 찾는 젊은이는 급격하게 줄어들었다.

2006년, 메트의 단장이 교체됐다. 소니클래식레코드 사장 시절 첼리스트 요요마에게 대중음악 앨범을 내게 했고 팝 가수 샬럿 처치를 클래식 가수로 데뷔시키기도 했던 피터 갤브가 신임 단장으로 부임했다. 그는 예술의 가치가 특정 계층을 위한 전유물이 아니라 더 많은 사람들이 향유하고 즐길 때 더 빛난다고 믿는 사람이었다.

부임 당시 메트의 매출은 6년 연속 제자리에 머무르고 있었다. 그가 보기에 일부 계층의 독점과 향유에서 벗어나 오페라를 대중화하는 것이 메트가 다시 살아날 유일한 활로였다. 고심 끝에 최신 공연을 고화질 영상으로 제작해 전 세계 영화관(혹은 공연장)에서 동시 상영하는 '라이브 뷰잉Live Viewing'이라는 프로젝트를 시작했다.

개막 공연을 타임스퀘어 광장 전광판에서 수천 명의 관광객을 대상으로 무료로 생중계했고, 전 세계 영화관과 인터넷을 통해 오페라를 싼값에 배급하기 시작했다. 공간의 한계를 뛰어넘어 전 세계인들이 메트의 공연을 즐길 수 있게 된 것이다.

전 세계 1,200여 개 극장에서 공연 영상이 상영되면서, 그동안 공연장에 오지 못했던 사람들이 부담 없는 가격에 수준 높은 공연을 관람할 수 있게 되었다. 메트는 매출의 절반 정도를 이와 같은 영상중계를 통해 거둬들임으로써 새로운 수익모델을 하나 더 갖게 되었다.

메트의 또 다른 시도

	기존 방식	새로운 방식
공연 제공방식	뉴욕 소재 공연장 한 곳 	전 세계 극장가 중계 
복장 규정	엄격한 드레스코드 	복장 제한 없음 
입장료	매우 비쌈 	저렴함 
공연 중 휴식시간 (인터미션)	20분 정도 	중간휴식 없음 
운영 및 프로그램 개발	전공자 및 전문연주자의 독점  Classic	다양한 외부인력 활용  Pop

거기서 끝이 아니었다. 오페라와 무관한 새로운 시각을 가진 외부 인사들을 과감히 끌어들였다. 중국의 장이머우張藝謀 감독에게 〈진시황제〉를, 영화 〈잉글리시 페이션트〉의 앤서니 밍겔라 감독에게 〈나비부인〉의 연출을 맡기는 식이었다.

메트 오페라를 영화관에서 관람한 전 세계 관객 수가 2007년 32만 명을 시작으로 2013년에는 270만 명까지 늘어났으며, 경쟁관계에 있던 다른 곳들도 뒤따르기 시작했다. 빈 필하모닉 오케스트라는 해마다 열리는 신년음악회 행사를 2013년부터 전 세계 극장에 라이브로 중계하기 시작했다.

오페라 영역에 메트가 있다면 클래식 연주 분야로는 베를린 필하모닉(이하 베를린 필)이 있다. 디지털 콘서트라 하여 클래식 음악 공연 실황을 온라인으로 중계하거나 녹화해 언제 어디서든 감상할 수 있도록 만든 온라인 공연 감상 시스템을 최초로 도입한 곳이 바로 베를린 필이다.

베를린 필은 2008년, 세계 최초로 오케스트라 공연 실황을 인터넷으로 중계하는 디지털 콘서트홀을 도입했다. 회원으로 가입하면 매년 40회 이상 열리는 정기 공연을 라이브 스트림으로 감상할 수 있는데, 2008년 이후에 제작된 클래식 공연 아카이브와 다큐멘터리도 덤으로 제공된다. 연간 이용료는 149유로(약 20만 원)이며, 베를린 필 연주회 1회 티켓 비용 또는 그 이하로 1년간 수십, 수백 개의 공연을 즐길 수 있는 셈이다(한글 사이트 digitalconcerthall.com/ko/news).

다. 새로운 유통 품목

(1) 인도로 간 치클렛 껌

워너 램버트Warner Lambert사가 생산하는 제품 가운데 바둑돌처럼 생겼다 해서 '바둑껌'으로 알려진 치클렛Chiclets 껌은 미국 시장에서 제법 성공을 거둔 제품이다. 회사는 외국에서도 성공할 수 있겠다는 생각에 인도로 진출했다. 그러나 예상과 달리 치클렛 껌은 크게 고전했다. 원인은 날씨와 가격 때문이었다.

가벼운 종이 곽에 열두 개의 껌이 반듯하고 촘촘하게 포장된 치클렛. 필요할 때마다 한두 개씩 꺼내고서 나머지는 다시 주머니나 핸드백에 넣어 둔다. 그러나 1년 내내 덥고 습한 인도에서는 남은 껌들이 서로 달라붙거나 때로는 상자에 눌어붙기도 했다.

가장 큰 문제는 낮은 구매력이었다. 껌 값이라는 것이 미국인들에게는 작은 푼돈에 불과했지만, 인도 사람들에게는 결코 만만한 금액이 아니었던 것이다. 그러다 보니 낱개로 팔리는 사탕과 같은 현지의 다른 기호식품들과도 경쟁하기가 힘들었다.

이후 램버트 사는 한 번에 소비할 수 있도록 두 개씩 담은 소포장 제품을 다시 내놨다. 두 개만 들어 있기 때문에 남은 껌들이 달라붙는 일이 없을뿐더러 구입 가격도 훨씬 내려갔다. 포장을 달리한 덕분에 치클렛 껌은 인도에서 가장 인기 있는 츄잉껌 중 하나가 되었다.

(2) 일회용 포장

전 세계적으로 하루에 2달러 미만으로 생활하는 저소득층 인구가 상당하다. 그 수는 40~50억 명 정도로 세계 인구의 80%를 차지하는 규모다. 그러나 하루 2달러도 안 되는 수입으로 생활하는 이들에게 구매력이 있을 리 만무하다. 한마디로 빛 좋은 개살구. 하지만 이곳에서 블루오션을 발견한 기업이 있다. 바로 P&G다.

P&G가 발견한 블루오션은 인도의 샴푸 시장이었다. 그날 벌어 그날 사는 생활이라 꼭 필요한 만큼만 구입하는 소비 습관에 착안하여, 병째 사다 쓸 형편이 안 되는 이들에게 샴푸를 작은 일회용 팩의 형태로 내놓았다. 일회용이다 보니 한 번에 구입하는 양은 보잘것없었지만, 연간 총 누적 판매량은 상당했다.

그 결과 P&G가 인도에서 판매하는 샴푸의 총량은 미국에서와 비슷한 규모일 정도였다. 일회용 샴푸는 인도 시장에서 큰 선풍을 불러일으켰다. 단순히 포장 단위를 줄이는 생각의 전환만으로 구매력이 낮은 시장에서 블루오션을 개척한 것이다.

P&G의 Place 제안

기존의 전통적인 샴푸 포장 용기 (한 통형)	▶	낱개 형태의 새로운 포장 방식 (한 포형)

라. 새로운 공급 채널, 사이버 아웃소싱

(1) 스레드리스Threadless

2000년, 드림리스Dreamless라는 디자인 포럼의 회원으로 만난 제이크 니켈Jake Nickell과 제이콥 데하트Jacob DeHart 두 사람의 취미로 시작된 이 회사는 창업 당시 각자 500달러씩 투자하여 마련한 1,000달러가 전부였다. 하지만 2012년 기준 연매출 5천만 달러 규모의 프린팅 티셔츠 업체로 성장했다.

스레드리스는 의류 회사라면 당연히 있어야 할 디자인실도 없고 생산 시설은 더더욱 없다. 대신 이 회사의 비즈니스는 인터넷 커뮤니티를 중심으로 이루어진다. 예를 들어 커뮤니티 회원들이 자신의 디자인을 홈페이지에 올리면 회원들이 투표해 평가하

GAP과 함께한 컬래버레이션 제품 및 Threadless 당선작 티셔츠 중 하나

는 식이다. 일주일에 평균 1,000개 정도 올라오는데 이 중 10개 정도를 선정해 옷을 만든다. 물론 옷 제작은 외부에 맡긴다.

채택된 디자인에 대해서는 제안자에게 2,500달러의 현금을 지급하며, 특정 디자인 제품이 잘 팔려 재판매에 들어갈 경우 회당 500달러의 보너스가 추가로 지급되는데, 제안자들이 평균적으로 받아가는 돈은 3,000~5,000달러 정도 된다.

현재 커뮤니티 가입자가 300만 명 가까이 되는데, 이 회사의 독특한 운영 방식이 네티즌들의 관심을 끌면서 회원 수는 계속 증가하고 있다. 회원 수와 회원들의 제안이 늘어날수록 스레드리스의 디자인 경쟁은 한층 더 높아질 것이고, 이는 뛰어난 디자인과 더 많은 고객으로 이어지게 될 것이다.

스레드리스 직원들의 역할은 사이트 관리와 채택된 디자인을 생산하는 것일 뿐 실질적인 업무는 회원들이 꾸려간다. 직원이 아님에도 불구하고 회원들은 열심히 디자인도 하고 품평도 하며 제품도 구매한다. 스레드리스가 돋보이는 또 다른 특징은 소비자들의 노력으로 탄생한 제품이 낳은 이익을 회사가 독점하는 것이 아니라 소비자들과 함께 나눈다는 점이다.[9]

9) 이장우, 황성욱. 마케팅 빅뱅. 위즈덤하우스, 2009 참고

(2) 리앤펑Li & Fung

홍콩에 있는 리앤펑이란 회사는 의류와 장난감, 액세서리 등 소비재 생산을 대행해 주는 회사다. 흥미로운 것은 이 회사가 디자인실이나 생산 시설을 갖고 있지 않으면서도 의류 생산 등을 통해 연간 19조 원이나 되는 어마어마한 매출을 올리고 있다는 점이다(2008년 기준).

연간 20억 벌 이상의 의류를 생산하면서 단 한 명의 생산직원도 없는 리앤펑의 비즈니스 구조는 혁신적이다. 2008년 〈비즈니스위크〉는 이 회사를 '세계에서 가장 영향력 있는 회사 29개' 중 하나로 선정했고, 〈포브스〉는 '아시아에서 가장 놀랄 만한 50개 기업' 중 하나로 꼽았다. 비결은 아웃소싱에 있다.

거래를 맺고 있는 브랜드만도 900개가 넘는다는 리앤펑의 모토는 "원하는 것이 무엇이든 말씀만 하십시오. 그러면 당신에게 맞는 '가상의 공장'을 만들어드리겠습니다"이다.

4. 물리적 공간과 사이버 유통의 접목

가. 온라인에서 다시 오프라인으로 향하는 아마존[10)]

아마존은 언젠가부터 이커머스e-commerce 세상을 호령하며 오프라인 유통 강자들의 문을 하나둘씩 닫게 만들었다. 서점, CD 유통업, 의류업부터 백화점, 자동차 매장까지 '소매업의 종말retail apocalypse'이라 불릴 정도로 구조 조정 바람이 거세게 불고 있다.

실제 미국 의류업체 갭GAP은 2019년 3월, 향후 2년간 매장 230여 개를 폐업할 계획이라고 발표했다. 갭은 오프라인 매장을 줄이는 대신 인터넷 판매에 주력해 매출 중 40% 이상을 인터넷을 통해 올릴 계획임을 밝혔다. 백화점 JC 페니J.C. Penney도 스토어

10) 강정우. 아마존 vs. 구글 미래전쟁. 시크릿하우스, 2019 참고

15개와 가구 매장 9개 등 24곳을 폐점할 것이라고 발표했다. 유명 란제리 브랜드 빅토리아 시크릿Bictoria's Secret 역시 북미 지역에서 53개 점포를 폐점하기로 했고(2019년), 테슬라도 오프라인 매장을 없애고 모든 전기차를 온라인으로만 판매한다고 발표했다. 이에 앞서 신발 유통업체 페이리스 슈소스Payless ShoeSource는 2019년 2월 파산을 신청하면서 미국 전역에 있는 2,500여 개에 달하는 오프라인 매장을 폐쇄한다고 발표했다.

이러한 움직임과 달리 2017년, 홀푸드를 인수한 아마존은 로스앤젤레스를 시작으로 샌프란시스코, 시애틀, 시카고, 워싱턴 DC, 필라델피아 등에 식료품 매장을 열었다. 기존의 홀푸드가 유기농 프리미엄급 식품 매장이었다면, 아마존이 인수한 후 매장은 미국 중산층을 겨냥한 중저가 식료품 체인을 지향하고 있다. 아마존은 무인 슈퍼마켓인 '아마존고Amazon Go' 점포를 운영하고 있는데, 향후 무인 점포, 식료품 매장, 서점 등 다양한 형태의 오프라인 매장을 약 2,000개 정도 보유할 계획이다.
아마존은 온라인 세상에서 출발해 오프라인의 강자들을 차례로 허물었고destroy, 이제는 되레 오프라인에서 매장을 다시 내고redesign 있다.

아마존 사무실이 있는 시애틀 메이시Macy 빌딩 6층에 개설된 직원 전용 아마존고Amazon Go 모습. 기존 규모의 1/4로 아담하지만 운영방식은 똑같아 가볍게 드나드는 'Just Walk Out' 기술을 사용한다. 오버 헤드 카메라, 무게 센서 및 딥 러닝 기술은 쇼핑객이 선반에서 집는 제품을 감지하고 선택된 품목을 추적한다. 쇼핑객은 아마존고 모바일 앱을 사용하여 개찰구를 통해 매장에 입장하고, 나갈 때에는 아마존 계정에서 고객이 가져간 품목에 따라 비용이 자동으로 인출되고 영수증이 앱으로 전송된다.(출처 : Supermarket News, 2018.12.13)

〈월 스트리트 저널〉은 아마존이 오프라인 스토어를 공략하는 이유로 소매업은 고객 경험을 관찰하고 창의적으로 반응할 수 있는 거울과 같은 가치를 갖기 때문이라고 설명한다.

아마존은 새롭게 디자인한 '아마존고' 매장을 통해 그들이 가진 '거울'에 비친 소비자의 애로점을 들여다보고 이를 문제 풀이의 시험장으로 삼는지도 모른다. 예를 들어 줄을 서면서 생기는 피로감은 소비자들에게 과잉 소비를 부추긴다. 한편으로 줄을 길게 늘어선 사람들을 보면, 다른 고객들에게 무엇인가 좋은 일이 있나 하는 마케팅 환기 효과도 어렴풋이 떠올리게 된다.

그러나 이제껏 누구도 소비자를 길게 줄 세운 것과 그렇지 않을 때의 효익을 면밀히 분석해 본 적은 없다. 그 누구도 고객이 긴 줄을 서는 것에서 해방됐을 때 어떻게 행동하는지 진정으로 살펴본 적이 없는 것이다. 아마존은 아마존고 매장을 통해 이 모든 작업을 진행하고 있다. 온라인 사업의 절대 강자인 아마존이 오프라인 매장 아마존고를 만든 가장 큰 이유가 바로 여기에 있다.

> 분명한 것은 아마존이 본인들이 무너뜨린 전통적 오프라인 상점을 새로운 형태로 부활시키고 있다는 점이다. 그것은 소비자의 애로점을 정면으로 응시하고 기술을 통해 확고한 대안을 제시함으로써 누군가의 효익이 증대되리라는 확신을 쌓고 또 검증하는 과정이다. 그리고 그들은 늘 그랬듯이 기술 위험technology risk보다는 시장 위험market risk에 대항해 견고하게 버틸 만한 사업 모델을 꿈꾸고 있을 것이다. 전쟁은 이미 시작됐다. 유통 라이벌 월마트도 마이크로소프트와 파트너십을 맺고 미래 첨단 스토어 포맷 개발에 뛰어들었다.[11)]

나. 헬스케어 비용을 혁신적으로 줄이려는 아마존

1995년에 시작된 아마존의 놀라운 성장세는 아직도 계속되고 있다. 인터넷 서점으로 시작한 아마존은 2007년 '킨들'이라는 제품으로 e북 시장을 선점했는가 하면 신선식품부터 패션 제품은 물론 세상에 존재하는 모든 제품을 전부 취급하는 블랙홀이 되고 있다. 하지만 정작 아마존의 주력 분야이자 가장 큰 수익모델이 클라우드 서비스란 사실은 그리 잘 알려지지 않았다. 아마존 웹 서비스Amazon Web Services, AWS라 불리는

11) 강정우. 아마존 vs. 구글 미래전쟁. 시크릿하우스, 2019

이 서비스는 IT 업체를 상대로 관련 인프라를 제공하는 것이다.

이런 아마존이 최근 들어 새롭게 공을 들이고 있는 부분이 있다. 바로 헬스케어 분야다. 아마존을 비롯해 세계 유수의 기업들이 이 분야에 관심을 가져온 것은 어제오늘의 일은 아니다. 무엇보다도 이 분야가 차지하는 비중이 큰 데다 그 비중 또한 나날이 커지고 있기 때문이다.

그동안 아마존은 비효율성을 개선함으로써 수익을 만들어왔다. 인터넷을 통한 서적 판매가 가장 대표적인 것으로, 아마존은 출판사를 비롯해 서적 유통상과 지역 총판 그리고 동네 책방에 이르는 복잡한 공급라인을 단순하고 간단하게 만들어 놓음으로써 이 분야의 실질적인 지배자가 된 것은 모두가 다 아는 사실이다. 아마존이 헬스케어 분야에 관심을 갖고 있다는 소식이 두렵기도 하고 궁금하기도 한 이유가 바로 여기 있다. 비효율을 제거함으로써 성공 신화를 써온 아마존이니만큼 이들이 헬스케어 분야에서 어떤 비효율성을 개선하고, 그 과정에서 어떤 전략들을 취해갈지 그 과정이 궁금하고 그 결과가 주목되는 것이다.

헬스케어 분야의 비효율성이 상당함에도 불구하고 그 누구도 감히 시도하지 못했던 일에 아마존이 발 벗고 나선 것만으로도 흥미가 진진하다. 중간 유통을 생략하고 소비자에게 직접 다가갔던 바로 그 방식이 헬스케어 분야에서도 다시 또 접목될 것이다.

불필요한 유통 비용 삭감을 통해 혁신과 함께 새로운 사업기회를 노리고 있는 아마존의 행보에 대하여 강정우의 〈아마존 vs. 구글 미래전쟁〉에 언급된 주요 내용을 정리해 보았다.

아마존 헬스케어 사업의 핵심

어떤 산업이건 고객이 값을 지불하고 사용하기까지의 일련의 과정을 몇 개의 부분으로 나눠보면 크게 두 가지를 발견할 수 있다. 첫째, 어떤 영역의 사업이 가장 크고 이익을 많이 가져가는가? 둘째, 그중에서도 고객에게 실제 효익을 창출하는 영역은 무엇인가? 여기에서 흔히 '가치 없는 미들맨middlemen'이 모습을 드러낸다. 고객이 큰 가치를 부여하지 않는 사업군이 등장하는 것이다. 이들은 대부분 새로이 대체 가능한 과거의 유물, 레거시legacy다. 아마존은 오프라인 서점을 레거시라고 생각했다.

아마존이 투자한 작닥Zocdoc[12)]은 환자가 바로 의사와 병원에 예약할 수 있도록 도와주는 앱이다. 서비스 공급자와 소비자를 바로 연결해 비용을 낮추고 서비스 만족도를 높이는 것은 아마존의 일관된 비즈니스 모델이다.

아마존은 2018년 6월 온라인 약국 필팩 인수를 선언했다. 필팩은 미국 50개 주 의약품 유통 면허를 가진 온라인 약국으로, 배송 서비스도 겸하고 있다. 아마존은 헬스케어 스타트업 젤스Xealth와 함께 환자의 집으로 의료품을 배달해 주는 프로그램을 개발하고 있다.
퇴원하는 환자는 자신이 주기적으로 복용해야 할 비처방전 의약품 정보를 받을 수 있다. 그리고 퇴원 후에는 병원 홈페이지에서 의약품 정기 배송 주문을 할 수 있게 된다. 특히 당뇨나 고혈압 등 만성질환에 시달리는 환자들을 타깃으로 서비스를 확대할 것으로 보인다.
헬스케어에서 핵심적 가치 창출자는 역시 병원과 의사다. 2018년 12월 아마존은 아마존 웹 서비스AWS의 일환으로 환자들의 진료 기록을 쉽게 분석할 수 있는 소프트웨어를 염가로 공급하겠다는 계획을 발표했다.
병원과 의사는 이 소프트웨어를 통해 치료법을 개선하고 비용을 절감할 수 있는 방안을 찾아내기 시작할 것이다. 환자들의 기록, 진료 차트 등 텍스트 분석text analysis 기능으로 의미 있는 데이터를 검색, 분석, 가공할 수 있게 된다. 이는 궁극적으로는 환자와 의사를 곧바로 이어주는 플랫폼 형태로 진화할 전초기지라고 보는 것이 타당하다. 고객은 원 클릭one-click으로 의사의 복약 지도에 맞는 모든 물품을 집 앞까지 배달해 받아 볼 수 있을 것이다. 중간에 있는 보험사, 약국 등과 같은 어쩌면 비본질적인 미들맨들이 이 과정에서 소외되기 시작하면서 이들의 존재는 점점 미약해질 것이다. 아니면 의료 가치 사슬 내 핵심적 가치 창출자인 병원과 의사 그리고 비용을 지불하는 고객들이 앞장서 이들을 외면하게 될지도 모른다.
가치 사슬의 비효율을 읽는 힘, 그리고 그 비효율을 깰 수 있는 동력을 찾는 힘, 이 두 가지가 아마존의 헬스케어 사업을 움직이는 핵심 메커니즘이 될 것이다. (강정우. 아마존 vs. 구글 미래전쟁. 시크릿하우스, 2019)

5. 의료영역에서 'Place'는 어떻게 변해갈까

'Place'는 장소나 공간이란 말인데, 마케팅에서는 여기에 '유통'이라는 개념을 덧붙여 사용하고 있다. 유통이란 공기나 액체 따위가 흐르고 통하듯이 화폐나 물품 등이 세상에 널리 쓰임을 의미하는 것으로, 좀 더 구체적으로 말하자면 제품이 생산자 · 상인 · 소비자 사이에 거래되는 것을 말한다. 다시 말해 마케팅에서는 유통과 거래의 개념에 덧붙여 사전적 뜻인 장소나 공간이라는 의미가 필요에 따라 적절하게 활용되기도 한다.

12) 미국에서 의사에게 진료를 받으려면 예약하는 것이 필수다. 그런데 증상에 따라 어떤 의사에게 가야 하는지, 누가 이 분야의 전문가인지는 업계 사람이 아니고서는 잘 알지 못한다. 게다가 예약을 하려면 일일이 전화를 해서 약속을 잡아야 한다. 반면에 의사 입장에서는 환자를 유치하기 위해 광고도 해야 하고, 진료 예약을 받으려면 누군가를 고용해야 한다. 이러한 양쪽의 고민을 한 번에 해결해 주는 사이트가 작닥Zocdoc이다. 작닥을 이용하는 환자는 의사의 진료과목, 경력, 진료실 사진 등에 관한 정보를 무료로 알 수 있고, 또 예약도 가능하다. 반면에 의사들이 작닥의 서비스를 이용하려면 연 3천 달러의 회비를 내야 한다. 작닥은 2007년 뉴욕 맨해튼에서 서비스를 개시했는데, 지금은 미국 전역에서 월 600만 명 이상이 이용하고 있다.

국내 최초로 멀티플렉스Multiplex 상영관을 소개한 CGV는 기존의 단관 영화관과 달리 여러 편의 영화를 동시에 상영하는 복합관이라는 개념의 새로운 장소 혹은 공간 구성을 통해 후발주자의 불리함을 딛고 시장의 선두자리를 차지할 수 있었다. 차병원 그룹의 〈차움CHAUM〉 역시 기존 의료기관과는 전혀 다른 '예방과 미용을 통한 건강과 웰빙'을 추구하는 신개념의 공간을 선보였다. 이 두 사례에서 보듯이 공간의 재구성은 마케팅 관점에서 매우 유용하게 활용할 수 있음을 알 수 있다.

가. Place는 왜 중요한가

피터 드러커는 측정할 수 없으면 관리할 수 없고, 관리할 수 없으면 개선할 수 없다고 한 바 있다. 하지만 의료 서비스가 가진 특징 중 하나가 바로 무형성인데, 보이지도 않고 보여줄 수도 없는 의료 서비스를 어떻게 보여주고 드러낼 것인가.

병원 외벽에 걸어놓은 플래카드에 적힌 '최첨단 장비 도입'이니 '○○수술 1,000례 달성'이니 하는 것 모두 뭔가 보여주려 애쓴 노력의 결과다. 심지어 '○○대학병원 ○○○교수 본원 부임'이라며 능력 있는 대학병원 의사를 공들여 영입했다는 내용 또한 모두 마찬가지다. 이처럼 의료기관들은 보이지 않는 것을 보여주고자 애를 쓰고 있다. 그런 면에서 볼 때, 뭔가 보여줄 수 있는 방안으로 'Place'를 활용하려는 시도는 매우 바람직하다.

메이요클리닉의 '잭앤질 진료실Jack & Jill Rooms' 역시 이 같은 노력의 일환에서 나온 것이다. 잭앤질 진료실이란 백여 년 넘도록 크게 변하지 않은 곳 중 하나인 진료실이라는 공간을 의사 중심에서 환자와 의사가 함께하는 공간으로 재구성한 메이요 클리닉이 새로 붙인 진료실 이름이다.

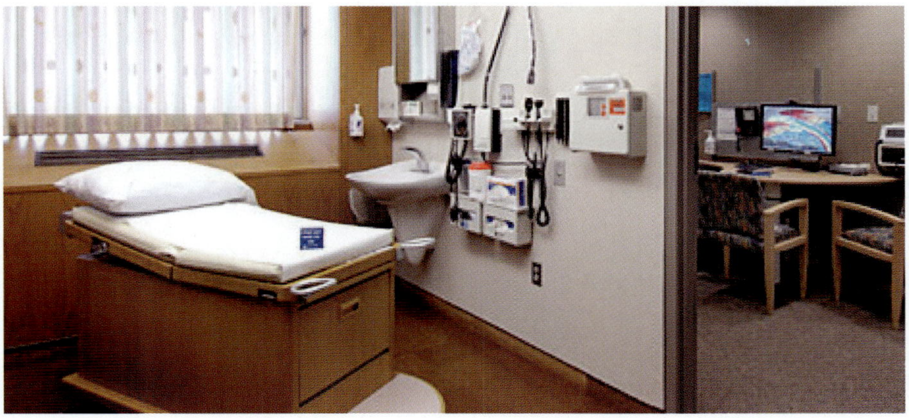
잭앤질 진료실Jack & Jill Exam Room and Conversation Room

환자 만족이나 각별한 환자 경험을 구현하려는 병원의 '순수하고 아름다운 의도'는 좀처럼 내보이기가 쉽지 않을지 몰라도, 새롭게 리모델링한 진료실을 통해 환자들은 병원의 변화된 모습과 진심을 대번에 알아챌 수 있을 것이다.

나. Place는 어떻게 변해갈까

현행 의료법에서는 '의료기관 종별 분류'라 하여 병상 수와 진료과 구성 및 인력과 자격 등의 기준에 따라 의료기관을 구분하고 있다. 그런가 하면 일선 의료기관에서는 진료과를 중심으로 영역별 구분이 엄격하다. 편의상 메이저와 마이너 진료과 혹은 기초와 임상으로 구분하지만 이것은 어디까지나 개념적인 분류일 뿐, 거의 모든 진료과는 타 진료과와 엄격하게 분리되어 있다. 메이저는 메이저 안에서, 마이너는 또 마이너 안에서 서로 구분되어, 심하게 말하면 넘어가서도 안 되지만 넘어와서도 안 되는 보이지 않는 장벽이 존재해 왔다.

이러한 형태는 해당 진료과의 독립성을 보장하고, 경영 차원에서도 관리와 통제가 편리할지도 모른다. 그러나 환자를 위한 것은 아니다. 진료과별로 엄격한 구분 방식에 대한 문제 제기가 없었던 것은 아니지만, 오랫동안 유지되어 온 진료과 중심의 체제가 갖는 장점과 더불어 기존 체제하에 누려왔던 기득권 등으로 인해 변화의 바람은 매우 더뎠던 것 또한 사실이다.

그런 진료과 구분이 조금씩 변하고 있다. 협진이나 공동 진료가 새삼스러운 것은 아니지만, 기존의 수준을 훨씬 뛰어넘는 새로운 형태의 조직이 생겨나고 있다. 대표적인 곳 중 하나가 바로 클리블랜드 클리닉이다. 이곳에서는 전통적인 분류 방식인 진료과별 구분이 아니라 환자의 질환에 따라 해당 질환 치료에 필요하거나 관계되는 의료진들을 모두 하나로 묶어 '인스티튜트Institute'란 통합 조직을 만들었다. 예를 들어 '비뇨콩팥 인스티튜트'를 보자.

비뇨기과는 비뇨기계와 생식기관을 다루는 외과적 분야로, 이와 대응관계에 있는 분야가 신장내과다. 신장내과는 신장 부위의 질환이나 이상(고혈압을 포함해 콩팥 이상에 기인한 질환 등)에 대해 비수술적 치료를 제공한다. 진료과는 외과와 내과로 영역이 아주 다르지만 사람의 몸에서는 방광, 콩팥, 비뇨기, 생식기관이 긴밀하게 연결되어 있다. 따라서 환자 입장에서는 비뇨기과와 신장내과는 하나로 합쳐야 한다. 클리블랜드 클리닉은 비뇨콩팥 인스티튜트라 해서 두 과를 합쳐놓았다. 형식적인 합병이 아니라 화학적이고 물리적으로 아주 완전히 섞어버린 것이다.

이러한 방향은 환자의 입장에서 지극히 당연한 것이다. 콩팥 기능이 저하되면 방광에 영향을 미치고 더 나아가 비뇨기계 전반의 문제로 진행된다. 지금까지는 환자는 동일한데 발병 부위가 서로 다르다 보니 진료과를 여기저기 찾아다녀야 했다. 하지만 클리블랜드 클리닉에서는 환자의 입장에서 질환을 다시 정의하면서 상황을 아주 바꿔 놓았다.
이러한 변화는 이제부터 시작으로, 변화의 바람은 두 곳에서 불어오고 있다. 하나는 의료기관의 내부에서 불어오는 바람이다.

2004년, 코니 컬프라는 여성이 얼굴에 산탄총알을 맞았다. 목숨은 건졌지만 오른쪽 눈, 양쪽 볼, 코 그리고 입의 일부 등 얼굴이 심하게 망가졌다. 그녀는 웃을 수도 입을 벌릴 수도 없었고 호흡 기능까지 잃어버렸다. 30회에 걸친 수술을 통해 대강을 수습했던 그녀는 4년 후인 2008년, 뇌사 판정이 난 장기 기증자의 안면조직을 이용한 안면 전체 이식수술을 받았다. 얼굴의 80%를 교체하는 수술은 오후 5시 30분에 시작해 다음날 아침 8시까지 이어졌다.

코니 컬프가 받은 수술은 여러 팀들의 합작품이었다. 클리블랜드 클리닉의 피부 성형Dermatology & Plastic Surgery 인스티튜트와 두경부Head & Neck 인스티튜트 외에도, 신경과와 정신과, 의료윤리, 사회복지, 마취, 이식, 간호, 감염 질환, 치과, 안과, 약국, 환경 서비스 및 보안 분야 팀원들 등 수많은 사람들의 팀워크가 바탕이 되었다.

위와 같은 사례는 단지 하나의 예에 불과할 뿐이다. 질병이 점차 다양해지고 복잡해지다 보니, 치료나 시술의 어려움이 커 특정 진료과만으로는 적절한 서비스를 제공하기 힘든 경우도 많아 자연스럽게 여러 진료과의 협력으로 이어지기도 한다. 이러한 경험을 통해 다양한 진료과의 연계를 통해 더 많은 것들을 이루어낼 수 있다는 의료진 스스로의 자각도 커져갈 것이다.

또 다른 바람은 의료계 외부에서 불어오는 것이다. 가장 대표적인 것이 환자 경험인데, 그 중요성이 점차 고조되고 있다는 점이다. 환자 경험의 가치와 중요성에 대한 새로운 인식으로 이를 강화해 나가려는 과정에서 기존의 구조나 형식은 바뀔 수밖에 없을 것이다. 이 부분은 이 책에서 별도의 장(환자 경험)에서 다시 언급되기에 여기서는 자세한 설명은 생략하기로 한다.

Place는 어떻게 변해갈 것인가

- 병원에서 병원 밖 & 가정으로
- 진료시간 혹은 면담 일에 한정되는 방식에서 평상시 에브리데이 애플워치 실시간 방식으로
- 대면접촉에서 첨단 IT기기를 활용한 리모드
- 가끔에서 실시간 온디맨드 방식으로

조별 과제

① 제5장에 수록된 내용 중 가장 공감하는 부분은 무엇이며, 그렇게 생각하는 이유를 설명하시오.
② 제5장에 추가할 내용으로 딱 좋은 Place 사례를 찾아보고, 해당 사례를 선정한 이유에 대해 설명하시오.

개인 과제

CHAPTER 5. PLACE

학번		성명		제출일	

① 이번 장을 한 문장으로 표현해 보자.

② 이번 장과 관련해 스스로 찾아본 것에 대해 자세히 적어 보자. 책은 50쪽 이상 읽은 것만 적을 수 있으며, 영상 자료와 신문 및 기타 내용은 출처나 연도 표기를 정확히 적어 보자.

책	
영상 자료	
신문	
기타	

③ 이번 장에 관해 200자 이상의 에세이를 손으로 직접 써 보자.

* 이 페이지는 절취하여 다음 시간에 제출할 것

CHAPTER

6

PROMOTION

1995년에는 TV광고를 3번만 해도 18세부터 49세의 여성고객 중 80%가 해당 광고에 노출되었다고 한다. 5년 후인 2000년에는 같은 비율로 노출시키기 위해 무려 47번의 광고를 해야 한다는 통계가 나왔다.[1)]

이러한 상황이다 보니 광고에 들이는 돈도 어마어마하다. 국내 포털 1위인 네이버NAVER의 광고수입은 6조 5,934억 원이었으며(2019년 기준), 같은 기간 유튜브YouTube의 매출은 18조 원을 넘어섰다.

촉진 혹은 판촉이라는 표현으로도 사용되는 Promotion은 두 가지 관점에서 볼 필요가 있다. 먼저 공급자 입장에서 서비스(혹은 제품)를 사람들에게 알리고 구매를 자극해 수익을 높이는 것이다. 다음으로 소비자들의 입장에서 보는 것으로, 제품과 서비스에 관한 정보를 얻는 수단으로서 소통이란 관점에서 볼 수 있다.

이번 장에서는 공급자의 입장에서 수익을 높이기 위한 다양한 활동에 대해 살펴보려 한다. 구체적으로 기업들이 활용하고 있는 다양한 프로모션 전략 중에서 다음과 같은 세 가지 형태에 대해 살펴보고자 한다.

확장하기 매스컴 활용하기 기본으로 돌아가기

1) 브랜드 살인자들Brand Killers, 〈Fortune〉, 2003.8.11

1. 확장하기

확장하기는 사용 빈도 확대와 같이 기존 사용자를 대상으로 제품이나 서비스의 소비를 늘리는 것은 물론, 또 다른 용도 개발을 통해 한층 더 소비를 늘리는 것도 포함된다. 아울러 시장 확대를 통한 새로운 사용자의 창출이나 지금까지 그 어느 곳에도 없었던 전혀 새로운 활용법을 통해 또 다른 수요를 만들어가는 것 등도 모두 포함한다.

1939년 최초의 나일론 샘플(출처 : http://commons.wikimedia.org/wiki/File:Sample_of_first_DuPont_nylon,_December_1939_-_Heritage_Exhibit_-_Longwood_Gardens_-_DSC00947.JP)과 이를 활용한 스타킹 제품 광고(출처 : www.chm.bris.ac.uk)

가. 3M의 확장

당초 나일론이 처음 출시되었을 때만 하더라도 용도는 주로 군대의 낙하산이나 로프 제작 등에 한정되었다. 그러던 나일론이 뜨개질(니트knit) 소재로 시장에 출시되었고, 이어 스타킹의 소재로 활용되면서 양말류 산업에서도 일대 혁신을 가져왔다. 나일론의 사용 분야가 확대될수록 이를 개발한 듀폰사의 매출과 이익은 꾸준한 증가세를 보여 왔다.

시간이 지나자 나일론의 성장세가 한계를 드러내면서 매출과 수익도 주춤거리기 시작했다. 하지만 듀폰 측은 이미 이에 대한 대비를 단단히 해놓았다. 회사가 준비한 대처방안은 다음과 같은 것들이었다.

- 사용 빈도 확장
- 기존의 제품을 변형한 다양한 제품의 출시
- 새로운 사용자의 창출
- 새로운 용도의 적극 모색

3M에서도 듀폰이 나일론에 취했던 방안들을 스카치Scotch테이프 제품에 적용했고, 그 결과 제품의 생명을 연장할 수 있었다.

첫째, 기존 사용자들의 사용 빈도를 늘리기 위해 보다 편하게 사용할 수 있도록 스카치테이프 디스펜서를 출시했다.

디스펜서(출처 : http://aliciabruxvoort.net/tag/pinterest/)

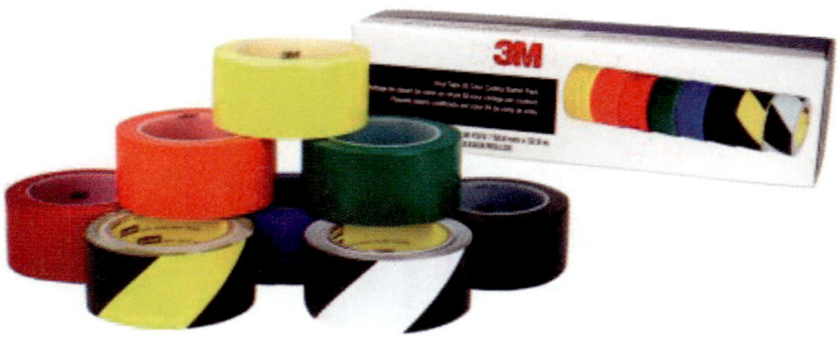

둘째, 기존의 제품을 변형한 다양한 제품을 출시했다. 예를 들면, 기존 소비자들이 보다 다양하게 사용하도록 컬러 테이프, 무늬가 들어간 테이프, 방수 테이프, 투명 테이프, 라이트온 테이프(글씨를 써 넣을 수 있게 만든 것), 선물 포장 및 장식에 사용하는 테이프 등을 개발했다.

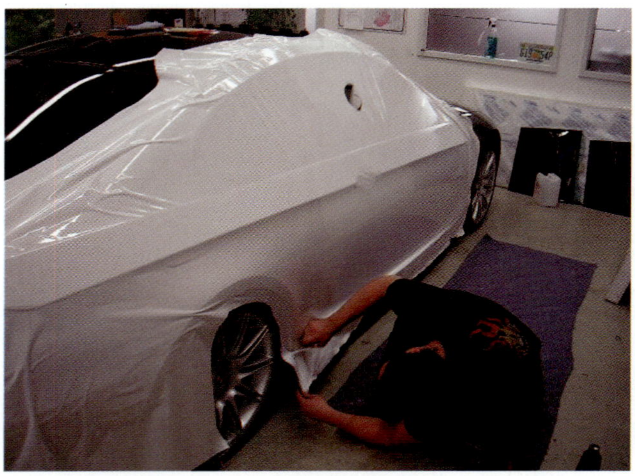

차량 도색을 대신하는 3M 테이프(출처 : http://www.bmwblog.com/2008/08/06/how-to-change-your-bmws-color-by-using-3m-tape)

셋째, 새로운 사용자 창출을 위해 제품을 사용하지 않는 사람들을 공략 대상으로 삼아 제품의 또 다른 용도를 만들어 냈다. 스카치테이프와 흡사하지만 가격대는 보다 저렴한 '로켓' 테이프를 출시하는 한편 폭과 길이, 강도를 다양화한 일반용 셀로판테이프 제품을 개발함으로써 일반 시장과 산업용 테이프 시장에서 제품 사용을 확대했다.

넷째, 새로운 용도를 적극적으로 찾는 것으로 액체형 접착제와 경쟁할 수 있는 양면 테이프, 자동차 범퍼의 장식용으로 사용할 수 있는 반사 테이프, 페인트 대신 사용하는 마커 테이프 등을 개발해 테이프의 새로운 용도를 창출했다.

나. 월마트Walmart의 확장

월마트가 광고 사업을 추진한다. 그동안 P&G나 유니레버 등이 매장 안에 광고판과 부착물 등을 게시하는 조건으로 월마트에 광고료를 지불해 왔다. 하지만 이러한 광고 사업이 월마트의 주력 분야가 아니었던 관계로 그동안 외부의 광고 전문 에이전시에 맡겨왔는데, 이를 전담할 '월마트 미디어 그룹'이라는 자회사 설립까지 마쳤다. 5,000여 개에 달하는 매장에다 미국 가정의 99%가 일 년에 한 번 이상은 찾는다는 월마트 매장의 방문자 수는 연간 3억 명이 넘는다. 바로 이 점이 월마트의 광고 비즈니스 성공을 예상하게 하는 가장 큰 부분이다.

한 해 5천억 달러(600조 원)라는 엄청난 매출이 일어나는 곳이 월마트 매장이다. 수많은 방문객 등으로 충분한 트래픽traffic이 존재하는 데다, 매장을 찾는 사람들이 무엇인가를 사러 온 경우가 대부분이란 점도 아주 매력적이다. 월마트에서의 광고는 소비자들의 구매 욕구가 최고조로 달한 시점에, 다시 말해 매스컴이나 기타 광고와 달리 구매하려는 시점에 구입하려는 현장에서 제공되고 이루어진다는 것이다. 판매 시점Point of Sales, POS에 광고가 제공된다는 점에서 월마트 광고 사업은 나름 큰 매력을 가지고 있다.

월마트가 광고 사업을 또 다른 비즈니스 모델로 정했다.(출처 : Jeremy Bowman, Walmart Wants a Piece of Amazon's Blockbuster Advertising Growth, The Motley Fool, 2019.2.27)

의료기관의 경우도 이와 비슷하지 않을까. 예를 들어 유독 건강이 아쉬운 사람들이 집중적으로 모이는 곳이 병원이다. 게다가 이들은 의료진의 권유에 따라 건강 회복을 위해 뭐든 받아들일 준비가 되어 있는 시점이다. 따라서 의료기관도 다음과 같은 방법으로 월마트 사례를 접목해 볼 수 있을 것이다.

- 감기 환자에게 독감예방접종을 권유할 수 있다.
- 치석제거(스케일링)를 위해 찾아온 치과 환자에게 다양한 치과 서비스를 소개할 수 있다.
- 노인성질환 환자에게 '영양식'을 추천할 수 있다.
- 운동손상 환자에게 부상방지용 용품을 제안할 수 있다.
- 건강에 민감한 환자들을 대상으로 비타민을 비롯해 다양한 건강보조제를 권할 수 있다.

다. 도요타TOYOTA의 확장

어느 분야를 막론하고 물건이 팔리지 않고 재고로 남으면 엄청난 손해가 된다. 대당 가격이 큰 자동차라면 더 그렇다. 제조 과정에서 힘들게 달성한 원가 절감이 가랑비를 모은 정도라면 재고로 남은 자동차는 그야말로 집중폭우 수준인 것이다. 도요타는 이를 해결하기 위해 차량을 팔고 거래를 끝내는 방식에서 벗어나 차량 정비, 보험, 리스, 중고차 거래 등 고객이 차량을 소유하는 동안 일어나는 거의 모든 업무를 영업 담당자가 대신 처리하는 방식으로 바꿨다. 당연히 차량관리기록도 영업 담당자가 하고 엔진오일 교환 시점도 담당자가 고객에게 통보하며, 심지어 차량 사고 시에도 영업 담당자를 찾게 하는 시스템을 구축한 것이다.

새로운 시스템의 도입 덕분에 지속적으로 고객과 접촉하다 보니 고객들의 다음 차 구입 시점도 보다 명확하게 파악할 수 있게 되었다. 전체 고객들의 차량 구입 시점을 알 수 있기에 생산량도 이에 맞춰 조절할 수 있다. 도요타는 차량을 구입한 고객들을 잘 관리함으로써 수요 예측은 물론 수요 조정도 가능한 수준에 올라서게 되었다.

어느 시점에 고객들이 신차를 구매할 수 있는지 파악할 수 있게 되었고, 경우에 따라서는 특정한 달에 신차를 구매할 고객을 그다음 달에 구매하도록 유도할 수도 있다.

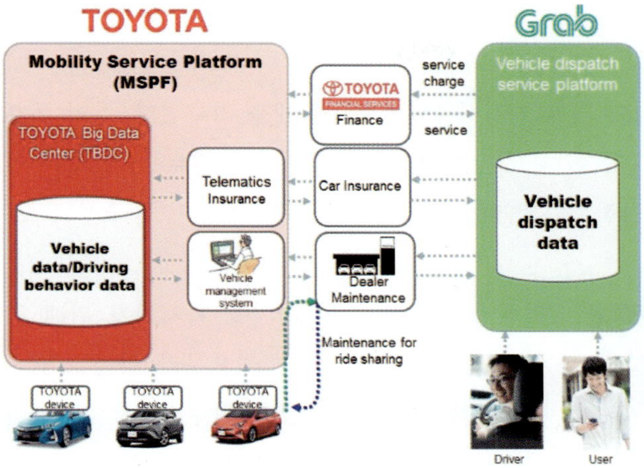

동남아의 우버Uber에 해당하는 Grab에 투자하며 협업 전략을 내놓은 도요타 (출처 : 도요타 홈페이지, 2018.6.13)

이렇게 되자 도요타는 재고 판매가 아니라 주문 판매로 비즈니스 흐름을 완전히 바꾸었다. 자동차가 얼마나 팔릴지 모르는 상태에서 생산하고 판매하는 종래의 시스템을 버리고 고객이 언제, 어떤 차종을 얼마나 살 것인지 예측하고 준비하고 있다가 주문을 받는 시점에 자동차를 조립해 전달하는 시스템으로 바꾼 것이다. 과거에는 자동차를 만든 뒤 재고 상태에서 판매하다 보니 불황 때가 되면 엄청난 원가손실을 입었다. 하지만 원가손실 없이 제품을 만들어 판매할 수 있다.[2]

의료기관 입장에서 도요타 사례에서 주목할 점은 '고객의 일거리 되가져오기'와 '지속적인 고객 관리'가 아닐까 싶다. 고객의 일거리를 되가져옴으로써 새로운 비즈니스를 만들어낸 것처럼, 환자들에게 떠넘겼던 것들 중에서 의료기관이 대신함으로써 새롭게 만들어 낼 수 있는 것들이 있을 수 있다.

산모의 친정어머니에게 떠넘겼던 산후관리가 '산후조리원'이란 형태로 되돌려졌고, 그 과정에서 수많은 산후조리원들이 생겨나 상당한 비즈니스가 된 것처럼 말이다. 노년인구가 많아지면서 덩달아 늘어나는 만성퇴행성 질환의 특성을 감안해 볼 때, 꾸준한 관리를 위해서라도 환자들에게만 맡겨두어서는 안 되는 것들이 상당하지 않을까. 따라서 이들 환자들에 대한 지속적인 접촉 관리를 통해 의료기관의 또 다른 사업 확장을 모색할 수 있을 것이다.

2. 매스컴 활용하기

의료기관들의 매스컴 활용은 여전히 소극적이다. 의료광고에 대한 제약도 있지만, 의료기관 종사자들의 매스컴 활용에 대한 관심이 많지 않은 탓도 있다. 여기서는 의도적으로 매스컴을 적극 활용한 몇 가지 사례를 통해 향후 의료기관의 매스컴 활용 방안에 대해 생각해 보자.

2) 김현철. 어떻게 돌파할 것인가. 다산북스, 2015 참고

가. 20억으로 200억 버는 스시잔마이

2020년 1월 5일, 참치 한 마리의 경매 가격이 1억 9,320만 엔을 기록했다. 우리 돈으로 20억 8천만 원 정도 되는 금액이다. 킬로그램당 754만 원에 달하는 이 참치는 일본열도 북단 오오마大間에서 잡힌 276킬로그램의 혼마구로[3](참다랑어)다.

참치왕이라 불리는 기무라 기요시는 2012년부터 단 한 번을 제외하고 모두 낙찰받을 정도로 새해 첫 경매에 대한 집요함을 보였다.

경매에 나온 최고의 참치를 차지하기 위해 엄청난 금액을 써낸 곳은 〈키요무라〉라는 기업이다. 1979년에 창립해 2001년부터는 〈스시잔마이〉라는 브랜드로 도쿄 시내 50여 곳에서 초밥 전문점을 운영하고 있는 이 회사는 매년 새해 첫 경매에서 제일 비싼 참치를 구입해 왔다. 고급 참치집도 아닌 이곳에서 해마다 그 비싼 참치를 애써 구하는 이유는 무엇일까.

이 회사는 비싼 참치를 구입한 후 TV를 통해서 대대적으로 선전한다. 아니, 그보다는 방송사에서 먼저 알고 달려온다. 화젯감으로 손색이 없기 때문이다. 21억 원에 달하는 참치 경매 소식은 그 자체만으로도 큰 뉴스거리가 된다. 회사는 언제 어느 매장에서 참치 해체 작업을 할지 미리 알린다. 사전에 공지된 참치 해체 매장에는 시작 전부터 구경꾼들로 인산인해를 이루고, TV에서는 이런 장면을 놓치지 않고 방송에 내보낸다.

행사 당일, 미리 공지한 시간에 사장이 하얀 작업복에 긴 장화를 신고 등장한다. 전통적으로 참치를 해체할 때 입는 복장 차림에, 한 손에는 긴 칼을 들고 있다. 이런 칼을 들고 20억 원이

3) ほんまぐろ(クロマグロ), 本鮪(다랑어유)

넘는 참치 앞에 당당하게 서서 자기네 가게가 일본 최고의 초밥 식당임을 연출한다.

이날, 현장을 찾은 손님들에게는 참치 초밥 두 개씩만 판매한다. 워낙 높은 가격에 따낸 참치라 다 팔아도 손해가 막심하다. 큰 적자를 본다. 하지만 해체 이벤트를 통해 얻는 광고 효과는 이런 적자를 메우고도 남는다. 도대체 광고 효과가 얼마나 되기에 적자를 메우고도 남는다는 걸까.

미국의 미식축구 결승전에 해당하는 슈퍼볼. 미국 역사상 가장 높은 시청률을 기록한 텔레비전 방송 15개 가운데 절반 이상이 슈퍼볼 중계일 정도로 최고의 인기를 구가해 왔다. 2020년 시청자 수는 1억 명이 넘었으며, 30초 기준 광고료는 66억 원이나 된다. 초당 광고료만 2억 원이 넘는다.

평소의 경기에서는 중간 휴식 시간이 15분이지만 슈퍼볼 경기에서만큼은 예외적으로 30분 동안 쉰다. 광고를 더 넣어 수익을 늘리려는 의도지만, 무엇보다도 광고를 넣으려는 업체들이 워낙 많다 보니 그 경쟁이 상상 이상으로 치열하기 때문이다. 하지만 그처럼 많은 공을 들이고 비용을 써서 내보낸 광고임에도 불구하고 그 광고의 2/3를 아무도 기억하지 못한다.

스시잔마이의 광고 효과

- 새해 첫 참치 경매 낙찰 소식과 낙찰 금액은 충분히 뉴스거리가 된다.
- 언제 어디서 참치 해체 작업을 하는지 궁금해한다.
- 200킬로그램 내외의 거대 참치 해체 작업은 그 자체만으로도 볼거리다.
- 방송사들이 이런 장면을 놓칠 리 없다. 리포터를 보낸다, 중계를 한다 하며 난리를 친다. 인터넷 포털은 물론 인스타그램도 가만있지 않는다.
- 사람들이 구경하러 가게로 구름처럼 몰려든다.
- 초밥 판매는 1인당 두 개 제한해 많은 사람들이 맛볼 수 있다. 20억 원이 넘는 비싼 참치로 만든 것이라 손님들은 그저 감개무량할 뿐이다.
- 사람들은 이곳에서 있었던 특별한 '횡재'에 대해 두고두고 주위에 퍼트릴 것이고, 이날의 진풍경은 한동안 얘깃거리가 된다.
- 이 모든 것들이 초밥 전문점 〈스시잔마이〉에 대한 관심과 매장 방문으로 이어진다.

그에 비하면 스시잔마이는 좀처럼 지워지지 않는 강한 인상을 남긴다. 20억 원밖에 안 되는 저렴한(?) 비용에 매우 높은 성과를 거두는 것이다.
30초 동안이 아니라 한동안 화제의 중심에 선다. 경매 낙찰 소식에 전국이 들썩거리는가 하면 그 비싼 참치 해체 소식에 또 며칠간 시끌벅적하지 않겠는가. 이보다 더 효과적이고 알찬 홍보가 또 어디 있겠는가.

이쯤 되면 키요무라의 투자는 세상물정 모르는 사장의 쓸데없는 돈 낭비 또는 무리한 쇼맨십이 아니다. 그보다는 정교하게 기획된 꿩 먹고 알 먹는 홍보 프로젝트 쪽일 가능성이 크다. 스시잔마이는 광고 효과만으로도 충분히 본전을 뽑는 남아도 한참 남는 장사를 한 셈이다.

나. 호주 관광청의 돈 안 드는 대박 광고

호주 퀸즈랜드Queensland 관광청이 세계 최고의 직업The Best Jobs in the World이라는 이름으로 해밀턴 아일랜드Hamilton Island의 섬지기caretaker를 공개 모집한 것은 2009년의 일이다. 조건은 파격적이어서 해변에 있는 저택을 제공하고, 수영장을 비롯해 골프 회원권에다가 월급은 자그마치 1,200만 원에 달했다. 연봉이 아니라 월급이다. 섬지기가 해야 할 일은 주로 노는 것이었다. 짬짬이 물고기 밥을 주고 우편물을 받아 놓고 일과를 블로그에 올리기만 하면 되는 그다지 어렵지 않은 일이 전부다. 이 정도면 일자리가 아니라 놀자리다. 누가 봐도 탐낼 만한 그런 제안이 분명했다.

6개월 계약직, 해밀턴 섬에 거주해야 한다는 내용을 담은 관광청이 제작한 홍보물 중 일부

구인 광고가 인터넷에 올랐고, 지원자는 3만 4,000명에 달했다. 1억 명이 넘는 사람들이 관광청 홈페이지에 접속했으며, 최종 후보 15명 가운데 선정된 사람은 영국 국적의 벤 사우스홀이라는 사람이었다.

최종 선정자가 나오기 전부터 전 세계의 수많은 매스컴들이 앞 다투어 이 소식을 전했다. 대부분은 관광청에서 배포한 자료를 인용했다. 사진들은 우리나라를 비롯해 프랑스와 영국 매스컴에 게재되었던 것들로, 퀸즈랜드 측에서 제공한 것이다.

별로 돈 들이지 않는 광고성 홍보사진. 하지만 각 신문은 호주 관광청이 제공하는 사진 게재에 열을 올렸다. 그 이유는 바로 기발한 아이디어 때문이다.
(왼쪽부터 한국, 프랑스, 영국 언론에 소개된 사진)

제대로 알려지지 않은 사실은 퀸즈랜드 관광청이 언급했던 대로 계약기간은 6개월로 끝이었다. 추가 연장도, 신규 모집도 없었다. 결국, 6개월짜리 한시적 일자리였던 까닭에 7,000만 원 정도의 아주 저렴한 비용을 들여 전 세계 언론을 통해 엄청난 광고 효과를 거둔 셈이다.

후일담이긴 하지만, 이곳에서 6개월간 섬지기로 근무했던 벤 사우스홀은 언론과의 인터뷰를 통해 6개월 내내, 일주일에 7일을 18~19시간씩 일했다고 한다. 관광청이 요구하는 행사와 기자회견에 참여하고, 공식 일정을 소화하느라 쉴 틈이 없었다는 것이다. 하지만 이런 사실은 묻혔고 사람들의 뇌리엔 환상적인 섬 퀸즈랜드만 남았다.

3. 기본으로 돌아가기

어찌 보면 광고란 게 별게 아니다. 심지어 기본에 충실한 곳이라면 광고가 따로 필요하지 않을 수도 있을 것이다. 유명 맛집이나 대박난 가게들을 보면 애써 광고를 하지도 않는다. 이런 곳에서는 오히려 손님들이 더 안달이다. 기를 쓰고 사진을 찍고 자신의 블로그는 물론 인터넷 곳곳에 게시하고 퍼 나르며 가게 홍보에 앞장선다. 직접 광고를 하지는 않지만, 충성고객들이 시키지도 않은 가게 홍보에 열을 올리도록 만드는 게 진짜 고수의 광고 방식인 것이다. 하지만 아무나 이런 반열에 오르는 것은 아니다. 그러기 위해서는 남다른 뭔가가 있어야 한다.

가. 존재의 이유 깨닫기[4]

예전에 이 교회는 마을 부유층이 가득한 상류층을 위한 곳이었다. 그런데 마을의 치안이 나빠지면서 상황이 달라졌다. 주민들이 교외로 거주지를 옮기면서 교회는 완전히 쇠락하고 말았다. 그러던 이곳에 작은 변화의 조짐이 나타났다.

---

4) 이노우에 다쓰히코. 왜 케이스 스터디인가. 어크로스, 2015 참고

그동안 교회는 노숙자가 드나드는 것을 그리 달가워하지 않았다. 심지어 교회 활동에 방해가 된다는 생각에 교회 앞을 지나다니지 못하게 했다. 이런 상황에서 기존의 베풀기식 무료 급식이 아니라 귀한 손님을 대접한다는 마음으로 노숙자들에게 아침 식사를 제공하자는 의견을 가진 신자들이 나타난 것이다.

일요일 아침, 식사를 제공받은 노숙자의 수는 75명이었다. 얼마 지나지 않아 일요일 아침에 교회를 찾는 노숙자의 수는 금세 2,000명을 넘어섰다. 이 활동을 제안한 이들은 일 년 동안 자신들의 힘으로 자금을 모아 아침 식사를 제공했다.

아침 식사 프로그램이 시작된 지 6개월이 지난 어느 일요일, 한 내과의사가 진료가방과 의약품을 챙겨 들고 교회를 찾았다. 노숙자를 진찰하기 위해서였다.
노숙자들이 진료를 받으러 몰려들자 동료 의사에게 도움을 청했고 얼마 지나지 않아 치과와 안과 진료도 더해졌다. 나중에 그 교회에 다니던 변호사가 시 당국에 보조금을 신청해 활동은 더 늘어났고 서비스의 질도 높아졌다.

5년 뒤 교회는 시의 보조금을 받아 2만 명분의 식사를 제공하는 노숙자 지원 센터를 설립했고, 더 나아가 세탁과 샤워 시설을 제공하고 법률 자문과 직업 훈련까지 제공하기에 이르렀다. 노숙자들도 적극적으로 교회 활동에 참여해, 예배에 참석하기 위해 교회를 찾는 이가 수백 명에 이르렀고, 교회의 변화된 모습에 크게 감명받은 사람들이 이 교회의 신자가 되기 위해 몰려들었다.

쇠락하던 교회가 기적처럼 다시 일어난 것은 교회의 마케팅 때문이 아니었다. 그보다는 교회가 자신의 역할과 사명이 무엇인지 깨닫고 이를 위해 한 발 더 다가섰고 그 모습에 많은 사람들의 마음이 움직였기 때문이었다.

나. 감자탕 교회

한국 교회는 그 어떤 조직보다도 왕성한 성장을 거듭해 왔지만 성장한 교회가 드리우는 그림자도 작지 않다는 것 또한 사실이다. 하지만 남다른 접근으로 새로운 희망을 제시하는 교회도 있다. 감자탕 교회라는 별칭을 가진 서울 광염교회가 그 주인공 중 하나인데, 교회 건물이 상가 건물 2층에 있다 보니 아래층 감자탕 간판에 가려

감자탕 교회라는 이름으로 불리게 되었다.

교회 간판보다 감자탕 간판이 더 커 보일 정도지만, 이 교회는 예산의 30%를 구제 · 장학 · 선교 사업에 쓰고 있다. 연간 5,000만 원이 넘는 장학금을 지급하며, 개척 교회에 1억 원이라는 거액을 지원하면서도 정작 자기 건물 없이 전세로 지낸다. 모든 재정을 100% 공개하고, 목적 헌금과 찬조금을 멀리하고 오직 십일조로만 구제하고 선교한다.

통장 잔고는 항상 100만 원만 남겨 놓는 것을 원칙으로 하며 중소 규모 교회들의 한결같은 꿈인 양적 성장을 거부하고 질적 성장을 추구하는 이 교회는 남다른 비전을 갖고 있다.[5]

- 세계에서 전도비를 가장 많이 지출하기
- 국내외에 100개 이상의 교회를 설립하기
- 100명 이상의 선교사를 지원하기
- 1,000만 장 이상의 전도지를 전하기
- 우리나라에서 구제비를 가장 많이 지출하기
- 100명 이상의 고아와 과부의 생활비를 지원하기
- 1만 가정 이상을 천국 모형으로 만들기
- 우리나라에서 예수님 닮은 인재를 가장 많이 양육하기
- 100명 이상의 목회자를 양성하기
- 100명 이상의 사회 각 분야 최고지도자를 양성하기

교회는 건물이 아니라 결국 사람이다. 교회의 목적은 교회가 아니다. 하지만 시간이 지나면서 어느 순간 교회를 위한 교회로 변질되곤 한다. 교인을 위하는 교회에서 교회를 위한 교인으로 바뀌는 바로 그 순간 주객이 전도된다. 숭고한 목적이 어느 순간 사라지고 조직이 목적의 전부가 되어 버리는 순간, 순수했던 의미도 퇴색되고 만다.

의료계에서도 이와 비슷한 일들이 벌어지곤 한다.
우리나라 곳곳에 선교사들에 의해 세워진 의료기관들이 여럿 있다. 100여 년 전후의

5) 양병무. 감자탕교회 이야기. 김영사, 2005 참고

오랜 전통을 지닌 이들 중에는 설립 당시의 순수한 취지를 꾸준히 지켜가는 곳이 있는가 하면, 당초의 설립 취지에서 벗어난 곳도 있다. 숭고한 목적이 사라지고 몸집 키우기와 같은 양적 성장이 유일한 목적이 되어버리는 위험에 빠지는 것은 교회만이 아니다.

다. 우리 회사 제품 사지 마세요, 파타고니아

직접 찾아가는 수선 서비스를 제공하기 위해 '원웨어' 차량을 특별 제작해 운영한 파타고니아(출처 : 파타고니아 페이스북을 캡처한 2020.2.19 그린포스트코리아 재인용)

파타고니아Patagonia는 뉴욕타임스에 자사 제품을 사지 말라며 '이 재킷을 사지 마라Don't buy this jacket'는 광고를 게재해 화제를 모았다. 도무지 이해가 되지 않는 이 광고 문구는 환경 피해를 줄이기 위해서는 불필요한 소비를 줄여야 한다는 이유에서 나온 것이었다. 파타고니아는 헌옷 수선 캠페인을 벌이기도 한다. 1973년에 설립된 이 회사는 '환경'을 최고의 기업 이념으로 내세운다. 모든 면직 의류는 100% 유기농법으로 재배한 면으로 만들고, 카탈로그는 재생용지로 만들며, 매장 공사에는 친환경 페인트와 재활용 소재를 사용하는 등 의류회사 치고는 지나치다 싶을 정도로 환경보호에 매달린다. 또 매출의 1%를 환경단체에 기부한다. 이익의 1%가 아니라 매출의 1%다.

한마디로 파타고니아는 양적 성장을 추구하는 일반 기업과는 달라도 아주 다른 회사다. 자사 제품을 사지 말라고 권하는 별난 회사인데도, 2013년 8월 미국 아웃도어 의류시장에서 노스페이스The North Face에 이어 점유율 2위(12.7%)를 기록했다. 창업자 이본 슈나르Yvon Chouinard는 뉴욕타임스 광고에 대해 다음과 같이 설명했다.

*** 파타고니아**

1957년에 설립된 아웃도어 회사로 사명은 남아메리카 대륙의 남쪽 끝에 있는 고원지대의 명칭에서 따왔다. 유기농 면화 등 친환경 소재를 선도적으로 사용하기 시작한 파타고니아는 꾸준한 기부 활동과 새 제품 구입보다는 재활용을 권하는 일관된 마케팅 캠페인을 통해 소비자들에게 친환경 철학을 가진 기업으로 인정받고 있다.

"따지고 보면 친환경적인 제품은 없다. 물건을 생산하고 소비하는 과정 자체가 지구에 나쁜 영향을 준다. 인간은 유한한 자원을 낭비하는, 지구상에서 가장 유해한 종種이다. 위험에 빠진 지구를 구하려면 어떻게 해야 할까. 제품 자체를 생산하지 말아야 한다. 그게 안 된다면, 적게 쓰는 것이 답이다."

4. 광고 문구

남들과 똑같이 '바나나 3,000원'이라고 하면 팔리겠는가? 사람들의 시선을 끌 수 있는 판촉 문구가 있어야 한다. '어머 쪽팔려-쪽파', '하늘에는 영광, 땅에는 굴비', '버섯 가족의 큰형님-표고버섯', '시간아 멈추어다오-석류', '어머님, 지나친 소비는 감사합니다' 같은 판촉 문구를 보면 어머님들이 무척 좋아하신다. 작은 의미의 이벤트다.[6)]

가. 작게 생각하라Think Small

아래 사진은 폭스바겐 비틀의 광고 캠페인 중에서 가장 유명한 작품이자 20세기 최고의 광고 중 하나로 뽑히는 작품이다. 이 광고는 1959년에 미국 뉴욕의 광고회사 DDBDoyle Dane Bernbach가 만든 것이다. 1934년, 히틀러는 자동차 기술자인 페르디난트 포르쉐Ferdinand Porsche 박사에게 국민차 개발을 지시했다. 온가족(부부와 자녀 등 5명)이 타고 연료 1리터로 14.5킬로미터 이상 달릴 수 있는 저렴하고 가벼우며(605킬로그램 이하) 정비가 쉽고 최고 시속 100킬로미터 정도를 달릴 수 있는 자동차라야 했다.

포르쉐 박사가 2년 만에 만들어낸 이 차는 국민차라는 뜻에 폭스바겐(Volk(국민)+s(합성어 결합요소)+wagen(차), Volkswagen)

6) 이영석. 인생에 변명하지 마라. 쌤앤파커스, 2012

으로 명명되었다. 사진 속에 나오는 자동차는 포르쉐 박사가 디자인한 것은 아니고 폭스바겐 자동차 회사를 대표하는 '비틀'이라는 애칭을 가진 차로, 아우토 우니온Auto Union의 수석 디자이너였던 엘빈 코멘다Erwin Komenda가 디자인한 것이다.

'작게 생각하라Think Small'는 1959년, 폭스바겐이 '비틀'을 미국 시장에 출시하면서 내놓은 광고 카피다.
요즘도 미국의 휘발유 가격은 다른 나라에 비하면 저렴한 편인데, 그 당시야 말해 무엇 하겠는가. 휘발유 걱정이 없던 미국의 소비자들이 즐겨 찾는 자동차는 튼튼하고 우람했다. 게다가 미국이라는 나라의 특성상 장거리 운전이 많다 보니 자동차를 구입할 때 운영비보다는 쾌적한 승차감과 안전성을 더 많이 고려하는 경향이 있었다. 그런 미국 시장에 우람하지도 않고, 멋져 보이지도 않는 작은 차를 출시하면서 폭스바겐이 내놓은 광고 문구가 바로 '작게 생각하라'였다.
이 광고 문구는 비틀의 치명적 약점이라 여겨지던 왜소함을 오히려 강점으로 바꿔 '작지만 강한 자동차'로 굳건히 자리 잡는 계기가 되었다.

"어디에나 편하게 주차할 수 있고, 일 년에 수백 불의 연료비를 아낄 수도 있다. 게다가 작은 차를 자신 있게 몰고 다님으로써 겉모습에 집착하지 않는 사람으로 인정받을 수도 있다. '작게 생각하라'에는 '당신은 다른 사람들보다 더 똑똑하다'는 핵심적인 메시지가 담겨 있다. 비틀은 단 두 단어를 통해 큰 인기를 얻었으며 지금도 유례없이 성공한 자동차 모델로 사랑을 받고 있다."[7)]

나. 어느 부동산 업자의 하이터치 마케팅

워싱턴 DC 서북부 지역의 한 동네는 편리한 교통과 조용한 주거 여건으로 아이들을 좋은 환경에서 키우려는 젊은 부부들이 특히 선호하는 지역이다. 이곳이 각광받는 지역으로 떠오른 데는 수십 년 전 이곳에 정착해 고풍스러운 집을 가꾸며 아이들을 길렀던 1세대 주민들의 노력이 컸다. 이제 그들은 나이가 들었고 하나둘씩 은퇴하기 시작했다.

7) 스티브 콘. 한줄의 힘Powerlines. 마젤란, 2009 참고

이곳에 이사 오길 원하는 사람들이 많다 보니 집값은 날로 치솟았지만, 정작 팔려고 내놓은 집이 턱없이 적다 보니 몇 안 되는 매물을 놓고 부동산 업자들 간의 경쟁은 엄청났다. 그들은 은퇴자들을 대상으로 집을 처분할 생각이 있다면 꼭 자신에게 맡겨 달라는 내용의 편지와 엽서를 수시로 보냈다. 하지만 발송자만 다를 뿐 내용은 거의 비슷해 '시세가 좋을 때 빨리 집을 처분할 것'과 '자신들이 얼마나 비싸게 집을 팔아 주었는지'에 대한 자화자찬이 전부였다. 결국 그 누구도 집을 내놓을 은퇴자들의 마음을 움직이지는 못했다. 단 한 업체 빼고는 말이다.

이 업체가 보낸 편지에는 빨리 팔고 이사 가라는 얘기는 물론, 집을 내놓을 사람들이 가장 궁금해할 '시세'에 대해서도 한 마디도 언급하지 않았다. 하지만 유독 그 업체가 보낸 엽서의 반향은 무척 컸다. 이들의 엽서는 다른 부동산 업자가 보낸 것과는 달라도 한참 달랐기 때문이다.

엽서 한 면에는 업자가 최근에 팔아준 주택의 사진이 있었지만 그 뒷면에는 커다란 글씨로 그 집의 가격 대신 집에 얽힌 다음과 같은 사연이 적혀 있었다.

"플로렌스 여사와 그녀의 부군께서는 1954년에 이 매혹적인 집으로 이사 오셨지요. 그들은 현금 2만 불을 치르고 장만한 이 집의 세세한 부분들, 즉 견고한 참나무 바닥, 커다란 유리 창문들, 박달나무 문틀, 영국식 벽난로, 그리고 정원에 판 연못 등을 사랑했습니다. 91세가 되자 플로렌스 여사는 은퇴 노인들의 보금자리인 브라이튼 가든으로 옮기셨습니다. 그리고 여사의 가족들은 저에게 이 보석 같은 집을 팔아 달라고 부탁하셨습니다. 제게는 큰 영광이었습니다. 우리는 여사의 지시에 따라 집을 깨끗이 청소하고, 집 안팎을 새로 단장했으며, 바닥 표면을 다시 손보고, 아름다운 창문을 정성스럽게 닦았습니다. 이제 새로운 주인이 되신 스코트 드레서 부부는 옛 주인들 못지않게 이 집을 사랑하며, 앞으로 영원히 이 집에서 살고자 하는 계획을 갖고 계십니다. 주민 여러분, 부디 잠시 짬을 내셔서 이 새로운 이웃을 환영해 주시기 바랍니다."[8)]

가격에 대한 언급은 전혀 없다. 하지만 이는 고도로 계산된 마케팅 전략이라 보는 편이 맞다. 한 동네 사람으로 그 집이 얼마에 팔렸는지 정말 궁금하다면 다른 방법을

8) 다니엘 핑크. 새로운 미래가 온다. 한국경제신문, 2006 참고

통해서라도 얼마든지 알아낼 수 있을 것이다. 게다가 한 동네 집들의 가격차이가 난다고 한들 얼마나 나겠는가. 그러니 잘 팔아 드리겠다는 얘기나 얼마에 팔았다는 매각 정보만 가득 담긴 엽서가 무슨 의미가 있겠는가.

그보다는 사람들의 마음을 움직일 수 있는 다른 전략이 더 낫다. 수십 년간 애지중지하며 집을 가꿔온 노부부에게 그들만큼이나 소중하게 그 집을 이어받아 잘 가꿔줄 사람을 연결시켜 주겠다는 부동산 업체. 수십 년간 지내온 정든 집을 떠나야 하는 이들의 섭섭한 마음을 다독이고, 그런 일을 도맡을 적임자가 바로 자기들임을 편지에 담아낸 부동산 업체의 방식은 꽤나 적절하고 수준 높은 마케팅이었다.

다. 스토리가 있는 와인, 빅타투 레드

수많은 브랜드들이 경쟁하는 와인 시장. 비슷비슷한 맛과 향을 갖고 있는 와인들 사이에서 빅타투 레드와인을 특별하게 만드는 것은 스토리 때문이다. 빅타투 레드와인에는 과장된 광고 대신 이런 문구가 적혀 있다.

"이 포도주를 세상에 내놓겠다고 결심한 사람은 에릭 바돌로메와 알렉스 바돌로메 형제였습니다. 훌륭한 포도주를 생산하기로 결심한 알렉스는 좋은 재료를 찾고, 에릭은 예술적인 라벨을 만들었습니다. 바돌로메 형제에게 포도주란, 생계 수단이라기보다는 암에 걸려 일찍 세상을 떠난 어머니를 기리고자 하는 깊은 목적이 있습니다. 알렉스와 에릭은 빅타투 레드가 팔릴 때마다 한 병에 50센트씩 릴리아나 바돌로메 여사의 이름으로 노던뉴저지 호스피스 및 여러 암 연구재단에 기부하고 있습니다. 여러분의 지원 덕분에 저희는 첫해 판매고에서 약 7만 5,000불을 기부할 수 있었으며 앞으로는 더 많은 돈을 기부할 수 있을 것으로 생각합니다. 알렉스와 에릭은 그들의 어머니 이름으로 빅타투 레드를 구매해 주신 당신께 감사의 말씀을 드립니다."[9]

스토리를 전하는 것이 판매 전략의 중요한 부분이 되고 있다. 소비자들은 단순히 와인을 사는 것이 아니라 그 와인에 담긴 이야기를 사는 것이다. 제품이 아니라 이야기를 산다는 것은 가장 멋진 이야기를 제공하는 자가 승자가 된다는 것을 의미한다.

9) 다니엘 핑크. 새로운 미래가 온다. 한국경제신문, 2006 참고

치료를 위한 스토리의 역할

20년 전 한 조사에 의하면, 환자가 이야기를 시작한 지 평균 21초 만에 의사가 그 말을 중단시키고 있음을 발견했다. 최근에 다시 해보았더니, 2초가 늘어 23초 만에 환자의 말을 가로막고 있다.
객관적인 '팩트'만 갖고 환자에게 접근하는 방식은 조금씩 변화하고 있다.
환자들은 자신의 병을 이야기로 설명한다. 질병은 그 자체가 하나의 이야기로 전개된다.
의학만으로는 병마와 힘든 싸움을 벌이고 있는 환자들을 돕거나, 그들이 고통 속에서 의미를 찾을 수 있도록 배려하기가 어렵다. 환자들의 이야기를 경청함으로써 그 의미를 잘 포착·존중하며, 환자를 대신해 필요한 조치를 할 수 있는 능력이 요구된다.
"어디가 아픈지 얘기해 보세요"라는 질문은 "당신의 삶에 대해 얘기해 보세요"라는 질문으로 바뀌게 된다. 이러한 질문의 목적은 환자들과의 공감대 형성에 있다. 좋은 의사가 되기 위해서는 "인간이 스토리를 수용·해석·반응하는 능력"인, 이른바 이야기 능력이 필요하다.
스토리만으로 환자들을 치료할 수 없다. 하지만 현대의학 기술과 결합된다면 스토리는 부정할 수 없는 치료효과를 보인다. 이는 미래의학의 모습일지도 모른다. 차가운 머리와 따뜻한 가슴을 가진 의사, 검사결과를 분석하고 스토리를 이해할 수 있는 의사, 다시 말해 양쪽 뇌를 모두 활용하는 새로운 사고를 가진 의사다. (다니엘 핑크. 새로운 미래가 온다. 한국경제신문사, 2006)

5. Promotion 기획 및 진행 사례

가. 드위트리 펜션[10)]

펜션은 확실히 여름에 잘됐다. 겨울에도 그나마 괜찮았다. 그런데 봄과 가을의 예약률이 떨어졌다. 그러다 보니 펜션들은 봄·가을 비수기에는 할인 이벤트를 해서라도 손님을 끌어들이려 애쓴다. 드위트리도 3월과 4월, 그리고 11월에 20% 정도 할인 이벤트를 열기로 하고 두 가지 방안을 놓고 고민했다.

1안	2안
원래의 가격(25만 원)에서 20%를 할인하기	25만 원에서 그냥 20만 원으로 내리기
1박 25만 원 ⇒ 20만 원(할인가)	1박 20만 원

최종적으로 20%를 할인하는 1안을 선택했다. 할인은 너무 자주 하면 소비자들이 체감하지 않게 되고 심지어 가게가 곧 망하겠다는 오해를 살 우려마저 있다. 이럴 경우

10) 하대석. 드위트리 스토리. 혜화동, 2018 참고

드위트리 펜션 모습

할인이 오히려 해가 될 수 있다. 따라서 할인도 정당성이 있어야 한다. 고객 '○○명 돌파' 기념 할인이니, 창립 '○○주년' 기념 할인 등 할인 이벤트를 할 때 이유를 꼭 다는 것도 그 때문이다.

할인의 정당성을 제시하기 위해 고민 끝에 나온 아이디어는 할인받을 자격이 있는 고객에게만 할인하기였다. 펜션 페이스북 페이지에 '5만 원'이라고 적은 공유 상품권 이미지를 올리고, 그 이미지를 친구들에게 퍼 나른 고객에게만 20% 할인 금액에 해당하는 상품권을 제공했다.

고객들의 공유 덕분에 널리 확산되며 적지 않은 홍보 효과를 거뒀다. 펜션을 홍보해 준 데 대한 감사의 뜻으로 따른 보상이었음에도 고객들의 표정은 밝았고 상품권 덕분인지 펜션에서의 씀씀이도 컸다.

일반적으로 더 많은 사람들이 콘텐츠를 보게 하려면 더 많은 광고비를 들여 광고를 집행해야 한다. 하지만 광고 대신 돈을 고객에게 직접 지급하고 이들이 스스로 공유하도록 유도해 홍보 효과를 봤다. 광고비를 쓰는 것 못지않게 직접적인 보상을 하며 더 나은 결과를 본 것이다.

나. 르네휘테르RENE FURTERER[11)]

100년 이상의 전통을 가진 프랑스 회사로 유럽에서는 로레알의 경쟁사로 유명한 르네휘테르. 하지만 우리나라 사람들에게는 낯선 회사였다.
시장은 이미 로레알이 장악한 상태라 브랜드 인지도를 높이는 것이 급선무였지만 유명 미용실의 장벽은 높기만 했다. 마침 프랑스 본사에서 헤어 전문가가 교육차 방한한다는 연락이 왔다. 홍보마케팅 담당자로 갓 부임한 책임자는 본사 전문가의 방한을 좋은 기회로 삼기로 하고 회의석상에서 다음과 같은 의견을 내놓았다.

RENE FURTERER PARIS

11) 임수열. 최고의 습관. 토네이도, 2014 참고

"세계 미용의 흐름에 대해 들어본다는 명분으로 담당 기자, 유명 헤어 디자이너, 헤어숍 원장들을 초청해 간담회를 개최하는 것이 어떨까요. 이 기회에 회사의 우수성까지 알린다면…."

하지만 르네휘테르 한국지사는 계속되는 사업부진에 직원들 모두가 패배의식과 무기력증에 빠져 있었다.

"그런 노력을 안 해봤겠습니까? 헤어숍 원장들을 수도 없이 찾아갔지만 만나주지도 않으니…. 그런 사람들을 한자리에 모으는 게 가능할까요?"

새로 들어온 홍보마케팅 담당자는 결국 지원 인력 없이 혼자 진행하기로 했다. 외부에서 영입된 사람이라며 자신을 삐딱하게 바라보고 있는 기존의 직원들에게도 실력을 인정받아야만 했다. 태평로 프레스센터에 20~30명 정도 들어가는 룸을 예약하고 신문사 담당 기자들에게 전화를 걸었다.

"프랑스 헤어 전문가가 한국을 방문할 예정인데, 기자 몇 분과 유명 헤어 디자이너 몇 분을 초대해 식사 자리를 만들까 합니다. 세계 미용계의 최신 유행, 기술 등에 대해 편하게 얘기 나누는 자리이지 취재 요청은 아닙니다. 시간이 안 되면 어쩔 수 없고요."
취재도 아니고 회사 인근 프레스센터에서 식사나 하고 얘기를 들으면 되는 자리인지라 전화를 받은 기자들도 마다할 이유가 없었다. 오히려 연락해 줘서 고맙다는 얘기까지 들으며 미용 담당 기자 세 사람이 참석을 약속했다.

다음은 유명 헤어 디자이너 차례였다. 방법은 비슷했지만 통화의 마지막에는 경쟁심을 유발하도록 한 마디를 덧붙였다. "언론사 기자들과 한국을 대표하는 헤어 디자이너 몇 분만 특별히 모시려 합니다. 그래서 원장님께 제일 먼저 전화를 드렸습니다. 그리고 아마 K원장님도 오실 것 같습니다"
"아, 그래요? 시간은 없지만 저희도 노력해 보겠습니다."
K, P원장에게도 전화를 돌려 다른 원장들도 참석하기로 했다는 얘기를 꺼냈다. 한국대표라는 찬사와 경쟁 디자이너가 참석한다는 얘기에 이들이 움직였다.

다음엔 미용인협회였다.

“미용업계 리더들이 모두 참석하는 행사가 있는데 알려드리지 않으면 결례인 것 같아서 전화를 드렸습니다.”
“그래요? 음, 연락 줘서 감사합니다. 꼭 참석하도록 하지요.”

행사 당일, 담당 기자들이 하나둘 얼굴을 보이기 시작했다. 뒤를 이어 유명 헤어숍 원장과 이들의 참모진, 미용인협회 회장과 부회장을 포함한 집행부 주요 인사까지 속속 들어왔다. 회사 대표와 직원들도 흥분을 감추지 못하고 손님들과 인사를 나누느라 정신이 없었다.

일부러 공식 기자간담회가 아니라 마치 사교파티처럼 보이게 했다. 요리를 먹으며 업계의 흐름 및 전망에 대해 대화를 나눴고 회사에 대한 홍보도 자연스레 덧붙여졌다. 로레알보다 먼저 생긴 회사로 100여 년 전 세계 최초로 헤어 케어 제품을 만든 회사이자 로레알이 인수하려다 뜻을 이루지 못한 회사라는 점. 그리고 무엇보다 프랑스 최고의 명품이라는 점도 언급했다.

다음날 당장 반응이 왔다. 참석했던 원장들이 운영하는 헤어숍에서 먼저 연락을 해와 매대 설치와 직원 교육을 요청했다. 이런 소문은 삽시간에 퍼져, 명품 대접을 받으며 유명 백화점에도 입점하게 되었다.

다. 자일리톨 껌

자일리톨 껌은 1997년, 롯데제과에서 처음 출시되었지만 지금은 제과 업체 중 관련 제품을 생산하지 않는 곳이 없을 정도로 큰 인기를 끌고 있다. 그러나 제품을 처음 출시할 당시 시장의 반응은 냉담했다. 판매 부진의 원인은 비싼 가격과 소비자의 인식부족 때문이었다.

저렴한 일반 껌들 사이에 비싼 자일리톨이 들어설 자리는 없었다. 제조사 입장에선 원료 가격이 설탕보다 13배가량 높았기 때문에 그리 비싼 것이 아니었지만, 자일리톨에 대해 잘 알지 못했던 소비자 입장에선 500원이라는 가격이 매우 부담스러웠던 것이다. 결국 회사는 제품 출시 6개월 만에 광고를 중단하고 매장의 제품도 모두 거둬들였다.

이후 개발진은 2000년 1월에 치과 병원에서만 판매하는 2만 원짜리 제품을 재출시했다. 의료기관 전용판매 방식을 택한 것은 소비자들의 인식을 새롭게 하기 위한 남다른 전략이었다. 치과 전용 제품으로 출시할 수 있었던 것은 충치를 예방하는 기능성 껌이었기에 가능했다. 운 좋게도 그해 4월, 한 공중파 방송에서 핀란드 특집을 다루면서 자일리톨의 충치 예방 효능을 소개했다. 일반 매장에서는 철수했지만 롯데의 자체 편의점 유통망에서는 계속 판매되고 있던 제품은 방송 이후 매출이 10배로 껑충 뛰었다.

이에 용기를 얻은 회사 측은 제품을 재출시하기로 했다. 이전의 실패를 다시 겪지 않기 위해 제품을 '의약품 같은 껌'으로 정하고 일반 껌과 달리 알약 모양으로 만들었다. 덧붙여 핀란드를 배경으로 '핀란드에서 아이들은 자기 전에 자일리톨을 씹는다'는 내용의 광고도 내보냈다. 소비자들은 의약품처럼 보이는 껌에 대해서 기꺼이 지갑을 열기 시작했다. 그 결과 2000년 1,800억 원대였던 껌 시장은 2002년 이후 3,500억 원대까지 규모가 커졌고, 그 시장의 70%를 자일리톨 제품이 차지했다.

6. 의료광고

의료광고를 제한하는 우리나라의 의료법은 과연 득일까 실일까. 득이라면 누구에게 득이며 실이라면 피해를 보는 쪽은 또 누구일까.

미국에는 안과의사 말고도 검안사optometrist라고 해서 자격증을 가지고 시력을 측정해 주는 사람들이 있다. 그런데 어떤 지역에서는 검안사들의 광고를 허용하고 어떤 지역에서는 금지하고 있다. 언뜻 생각하기에는 광고비용도 안 들고 해서 광고가 없는 지역의 검안 가격이 더 낮을 것으로 생각되지만, 광고를 금지한 지역의 평균 가격이 25불 정도인 것에 비해 광고를 허용한 지역은 평균 20불 정도로 무려 20%나 차이가 났다. 게다가 광고를 금한 지역의 검안사들은 눈 검사에 평균 24분을 사용한 반면, 광고가 허용된 지역에서는 35분의 시간을 들였다. 주류 가격에 대한 연구에서도 술 광고가 허용되는 지역의 가격이 저렴하다는 결과가 나와 있다. 한마디로 광고를 허용하면 경쟁이 촉진되어 가격이 내려가고, 광고를 금하면 경쟁이 저해되어서 가격이 높아진다는 것이다. 또한 광고를 할 경우 제품이나 서비스의 품질 또한 향상된다는 것이다. 우리나라의 변호사와 병원도 광고를 자유롭게 허용하면 가격은 내리고 서비스의 품질은 오르지 않을까?[12)]

현행 의료법을 살펴보면 우리나라의 의료광고는 매우 제한되어 있다. 의료법상 의료기관 개설자, 의료기관의 대표 또는 의료인이 아니면 의료에 관한 광고를 하지 못한다. 여기서 의료광고란 의료인등이 신문·잡지·음성·음향·영상·인터넷·인쇄물·간판, 그 밖의 방법에 의하여 의료행위, 의료기관 및 의료인등에 대한 정보를 소비자에게 나타내거나 알리는 행위를 말한다. 이와 더불어 의료법 시행령에 언급된 금지되는 의료광고의 구체적인 기준은 열네 가지나 있다(2018.9.28 개정 기준).

1. 신 의료기술평가를 받지 아니한 신 의료기술에 관하여 광고하는 것
2. 특정 의료기관·의료인의 기능 또는 진료 방법이 질병 치료에 반드시 효과가 있다고 표현하거나 환자의 치료경험담이나 6개월 이하의 임상경력을 광고하는 것
3. 의료인, 의료기관, 의료 서비스 및 의료 관련 각종 사항에 대하여 객관적인 사실과 다른 내용 등 거짓된 내용을 광고하는 것
4. 특정 의료기관 개설자, 의료기관의 장 또는 의료인(이하 "의료인등"이라 한다)이 수행하거나 광고하는 기능 또는 진료 방법이 다른 의료인등의 것과 비교하여 우수하거나 효과가 있다는 내용으로 광고하는 것
5. 다른 의료인등을 비방할 목적으로 해당 의료인등이 수행하거나 광고하는 기능 또는 진료 방법에 관하여 불리한 사실을 광고하는 것
6. 의료인이 환자를 수술하는 장면이나 환자의 환부患部 등을 촬영한 동영상·사진으로서 일반인에게 혐오감을 일으키는 것을 게재하여 광고하는 것
7. 의료인등의 의료행위나 진료 방법 등을 광고하면서 예견할 수 있는 환자의 안전에 심각한 위해危害를 끼칠 우려가 있는 부작용 등 중요 정보를 빠뜨리거나 글씨 크기를 작게 하는 등의 방법으로 눈에 잘 띄지 않게 광고하는 것
8. 의료인, 의료기관, 의료 서비스 및 의료 관련 각종 사항에 대하여 객관적인 사실을 과장하는 내용으로 광고하는 것
9. 법적 근거가 없는 자격이나 명칭을 표방하는 내용을 광고하는 것
10. 특정 의료기관·의료인의 기능 또는 진료 방법에 관한 기사나 의견을 신문에 싣거나 방송하면서 의료기관·의료인의 연락처나 약도 등의 정보도 함께 실어 광고하는 것
11. 심의 대상이 되는 의료광고를 심의를 받지 아니하고 광고하거나 심의받은 내용과 다르게 광고하는 것
12. 외국인환자를 유치할 목적으로 국내 광고하는 것
13. 비급여 진료비용의 할인·면제 금액, 대상, 기간이나 범위 또는 할인·면제 이전의 비급여 진료비용에 대하여 허위 또는 불명확한 내용이나 정보 등을 게재하여 광고하는 것
14. 각종 상장·감사장 등을 이용하여 광고하는 것 또는 인증·보증·추천을 받았다는 내용을 사용하거나 이와 유사한 내용을 표현하여 광고하는 것. 다만, 세계보건기구와 협력을 맺은 국제평가기구로부터 받은 인증을 표시한 광고 등에 해당하는 광고는 허용
    - 세계보건기구와 협력을 맺은 국제평가기구로부터 받은 인증을 표시한 광고
    - 국제의료질관리학회The International Society for Quality in Health Care로부터 인증을 받은 각국의 인증기구의 인증을 표시한 광고

12) 한순구. 경제학 비타민. 케이북스, 2014 참고

우리와 달리 미국에서는 벽을 전부 도배한 듯한 큼지막한 의료인 광고를 흔히 볼 수 있다.

2020년 가이드북

매년 최고병원Best Hospital을 선정하는 유명 언론사들도 여럿 있는데, 〈유에스뉴스앤월드리포트US News & World Report〉나 〈뉴스위크Newsweek〉도 그중 하나다.
〈US News & World Report〉에서는 선정된 병원들을 한곳에 모아 일련의 워크숍을 진행하기도 한다. 2020년의 주제는 '미래의 보건의료'란 내용으로 워싱턴 DC에서 3일짜리 프로그램으로 진행되었다.

이뿐만이 아니다. 최고병원Best Hospital 조사 결과는 가이드북Best Hospitals Guidebook 형태로 매년 발간되고 있고 이를 찾는 사람들도 상당하다.
의료광고를 제한함으로써 이득을 보는 쪽은 어디일까. 위에 언급한 미국의 검안사나 주류광고 사례가 시사하는 바를 감안한다면 적어도 환자나 일반 국민들이 혜택을 보는 것은 아닐지도 모른다.

종류가 너무 많으면 사람들은 오히려 마음이 끌리지 않는다.

콜럼비아 경영대학원의 시나 아이엔거Sheena Iyengar와 스탠퍼드 대학의 마크 레퍼Mark Lepper는 한 슈퍼마켓에서 시식 부스를 설치했다. 그리고 때로는 여섯 가지 종류의 잼을, 때로는 스물네 가지 종류의 잼을 시식하도록 했다.

연구자들은 잼의 종류가 많을수록 쇼핑객을 더 많이 유인한다는 사실을 발견했다. 시식 부스에 스물네 가지 종류의 잼을 진열했을 때는 지나가는 사람 중 60퍼센트가 시식을 했지만, 여섯 가지 종류의 잼만 진열했을 때는 지나가는 사람 중 40퍼센트만이 시식을 했다. 그러나 시식과 구매가 비례하지는 않았다. 여섯 가지의 잼 중에서 시식한 사람의 30퍼센트가 할인 쿠폰을 이용하여 잼을 구매했고 스물네 가지 잼 중에서 시식을 한 사람들은 겨우 3퍼센트만이 잼을 구입했다. 많은 선택지가 주어진 상황에서 대부분의 사람은 그 수에 지나치게 압도되고 혼란스러워져서 아예 아무것도 사지 않기로 결정한 것이다.

이러한 결과가 시사하는 바는 고객에게 더 적은 선택지를 제공하면서도 매출이 감소하지 않을 수 있다는 의미다.

유명한 소매유통업체들은 경쟁업체들보다 제공하는 제품 종류가 더 적다. 평균적인 슈퍼마켓이 대략 4만 개의 제품을 취급하는 반면 트레이더 조Trader Joe's나 코스트코Costco는 약 4,000개의 제품을 취급한다.

트레이더 조는 딱 세 가지 종류만 판매하기 때문에 구매에서 규모의 경제를 극대화할 수 있고, 복잡성으로 인해 발생하는 여러 가지 비용을 줄일 수 있다. 게다가 제품 종류가 적으면 재고생산성이 높아져서 업체가 부담하는 비용이 더 낮아지고, 궁극적으로 고객은 더 낮은 가격으로 구매할 수 있다. 일반적으로 식품 소매유통업체의 평균 재고회전율이 대략 11회인 반면 트레이더 조의 재고회전율은 38회다. 일반 슈퍼마켓에서는 제품이 진열대에서 평균 한 달이 살짝 넘는 기간 동안 머무르지만, 트레이더 조 매장에서는 불과 열흘 만에 팔려나간다는 의미다.

제품 종류가 적으면 빠르게 구매하고 매장을 나설 수 있다. 고객이 제품을 일일이 평가할 필요가 없고, 종종 너무나 방대한 선택지 때문에 혼란을 겪을 필요도 없다. 세 종류만 있을 뿐이니, 그중 하나만 고르면 끝이다.

(제이넵 톤. 좋은 일자리의 힘. 행복한북클럽, 2019 참고)

*** 재고회전율**inventory turnover

재고회전율이란 일정 기간의 제품, 재공품, 원재료, 저장품 등의 출고량과 재고량의 비율을 말한다. 예를 들어 1년에 몇 회 재고(제품)가 회전했는지의 속도를 나타내는 것으로 300%라고 한다면 1년간 재고가 3회전한 것을 의미한다.

재고회전율 공식은 [출고량(매출액)/평균재고량(평균재고 자산액)×100(%)]이지만 관행적으로 %로 표시하지 않고 '몇 회전'으로 표시하는 것이 일반적이다.

재고회전율이 높으면(즉, 창고의 재고이동이 많으면) 자본수익률이 높아지고, 매입채무가 감소하며, 제품의 재고손실을 막을 수 있고, 보험료와 보관료 등을 절약할 수 있다.

조별 과제

① 제6장에 수록된 내용 중 가장 공감하는 부분은 무엇이며, 그렇게 생각하는 이유를 설명하시오.

② 제6장에 추가할 내용으로 딱 좋은 Promotion 사례를 찾아보고, 해당 사례를 선정한 이유에 대해 설명하시오.

개인 과제

CHAPTER 6. PROMOTION

학번		성명		제출일	

① 이번 장을 한 문장으로 표현해 보자.

② 이번 장과 관련해 스스로 찾아본 것에 대해 자세히 적어 보자. 책은 50쪽 이상 읽은 것만 적을 수 있으며, 영상 자료와 신문 및 기타 내용은 출처나 연도 표기를 정확히 적어 보자.

책	
영상 자료	
신문	
기타	

③ 이번 장에 관해 200자 이상의 에세이를 손으로 직접 써 보자.

* 이 페이지는 절취하여 다음 시간에 제출할 것

CHAPTER

7

의료마케팅과 STP

뒷골목 건물 지하에서 시작한 주점의 놀라운 성공에는 목표 고객을 향한 끊임없는 집중의 힘이 컸다.
주점 측이 공략 대상으로 삼은 고객은 '27세 오피스 레이디'였다. 직장생활을 하는 27세 여성을 목표로 하여 메뉴 개발도 이 또래 젊은 여성들이 특별히 좋아할 만한 것에 주력했다. 3개월에 한 번씩 다섯 가지 신 메뉴를 개발하는 한편, 출시 전에는 이들 여성들을 초청, 품평회를 열고 이들의 반응을 직접 확인했다.

주 고객이 젊은 직장 여성이다 보니 짧은 치마 복장이 많았는데, 이들을 위해 무릎담요를 내놓았고, 머리가 긴 손님에게는 머리끈을 제공했다. 아울러 가게를 나설 때 냄새가 나지 않도록 탈취제를 준비했다. 모두가 27세 오피스 레이디를 염두에 두고 고민에 고민을 더한 결과였다.

흥미로운 것은 가게가 추구하는 핵심 고객이 27세였음에도 불구하고 손님의 절반 이상이 다른 연령대였으며 손님들 중 60~70%는 남성 고객이 차지했다는 점이다. 하지만 주점 측은 메뉴 개발에 이들을 전혀 고려하지 않았다. 가게의 정체성을 상실하는 순간 모든 것을 잃는 것이기에 '27세 오피스 레이디'를 놓지 않고 꽉 잡고 있는 것이야말로 가장 중요한 것임을 알았기 때문이다.

1. STP

동전 세는 기계를 만드는 회사였다. 동전 세는 기계라니, 이게 돈이 될까 싶어서 실례를 무릅쓰고 물어봤다. 그러자 사장이 웃으며 대답했다.

"무슨 말씀이세요? 세계 시장의 85%를 우리가 가지고 있습니다."

"대기업이 안 들어오나요?"

"대기업이 뭐 하러 코 묻은 돈 먹으러 들어옵니까."

어설프게 약점이겠거니 생각한 내가 미안할 지경이었다.

자기 시장을 레드오션이라 생각하는 사람들이 태반이지만, 사실은 그 안에 블루오션이 있음을 잊지 말자. 틈새에 깃발을 꽂을 수 있다고 생각하면 흔히 생각하는 약점도 누구도 범접 못할 강점이 될 수 있다.[1)]

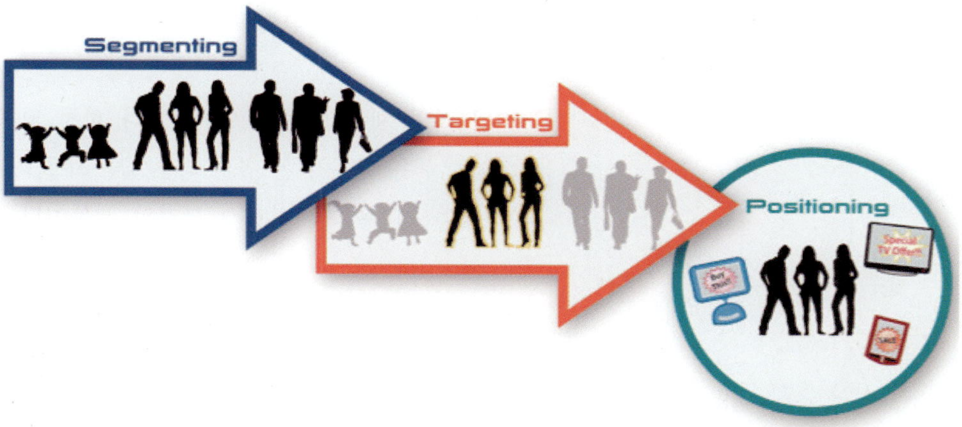

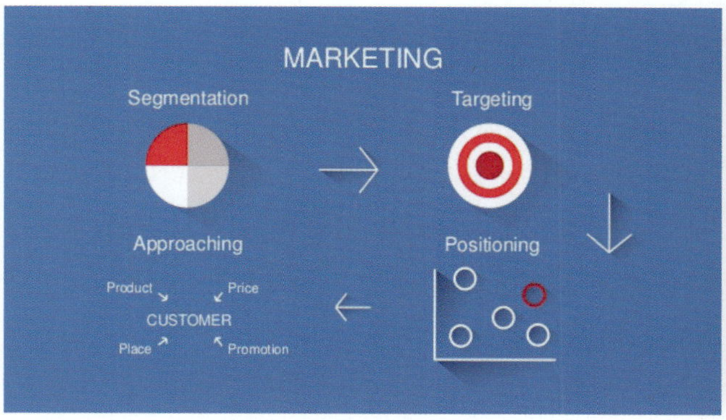

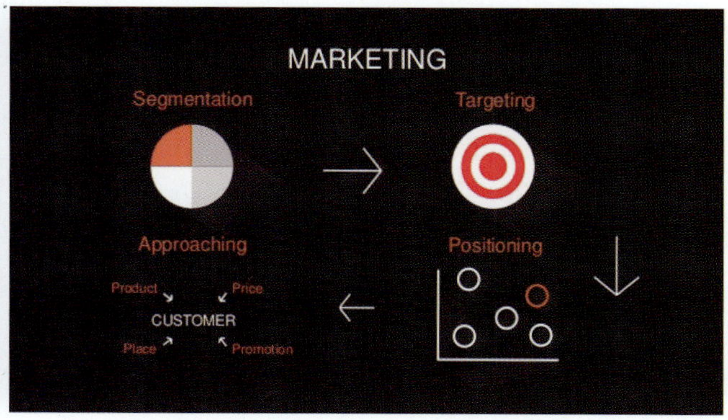

Segmentation → Target Market → Positioning

1) 조서환. 근성(같은 운명, 다른 태도). 쌤앤파커스, 2014 참고

가. STP란 무엇인가

STP란 시장 세분화Segmentation, 목표 시장Target Market, 포지셔닝Positioning의 첫 글자를 따온 말로, 시장을 여러 지역으로 세분화Segmentation한 후 어떤 한 곳을 목표Target Market로 정한 다음, 그곳에 안착하기 위해 자신만의 남다른 무엇인가를 추구해 그 결과 사람들의 마음속에 자리 잡는Positioning 것이 STP의 핵심이다.

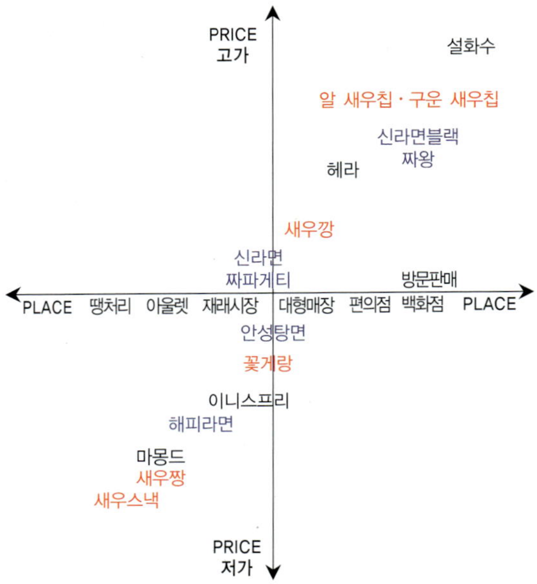

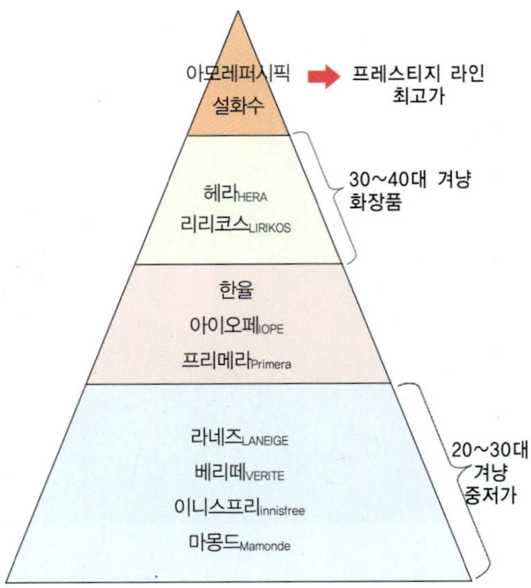

아모레퍼시픽 브랜드

시중에는 새우깡의 인기에 편승해 다양한 유사 제품들이 이미 나와 있다. 하지만 자세히 살펴보면 각각의 상품들이 지향하는 목표 시장은 저마다 다르다. '오리지널' 새우깡은 비교적 높은 가격에 일반 매장에 주로 출시되고 있는 반면 새우깡을 본 딴 유사Me too 제품인 새우짱, 새우스낵 등은 아울렛 혹은 땡 처리 시장에 해당하는 염가 시장에서 낮은 가격대 제품을 찾는 소비자들을 목표로 하고 있다.

그런가 하면 제품 출시는 새우깡보다 한참 뒤졌지만 '알 새우칩'이나 '구운 새우칩'은 훨씬 더 고급스러운 제품을 찾는 상위층 고객을 염두에 둔 비교적 고가의 제품이다.

새우를 소재로 만든 유사 제품임에도 불구하고 이들 상품이 지향하는 고객층이 서로 다른 것은 제품별 STP 전략이 서로 다르기 때문이다. 다시 말해 이들 제품이 공략하려 애쓰는 지향점이 상이하다는 것이다.

우리나라 화장품 업계의 선두를 차지하고 있는 아모레퍼시픽의 경우 다양한 화장품 브랜드를 보유하고 있다. 주머니가 비교적 가볍고 유행에 민감한 20~30대를 겨냥한 '마몽드'부터 초고가를 지향하는 슈퍼 프리미엄급 제품인 '아모레퍼시픽'이나 '설화수'와 같은 브랜드도 있다.

아모레퍼시픽이 여러 브랜드를 내걸고 다양한 제품을 출시하는 까닭은 시장 세분화Segmentation를 통해 소비자의 특성에 따라 시

독특한 아름다움으로 대한민국 건축상을 수상한 아모레퍼시픽 신사옥. 독일 측의 설계(David Chipperfield Architects Berlin)와 현대산업개발의 시공으로 총 공사비 5,706억 원에 2017년 완공된 이 건물은 보는 사람들의 마음속에 두고두고 남다른 느낌과 기억으로 남는다.

장을 여러 개로 구분하고 목표 시장$_{\text{Target Market}}$에 맞는 사업전략을 고민하고 추구하는 과정에서 특정 고객층을 집중공략$_{\text{Positioning}}$하려는 STP 전략의 과정에서 나온 것이다.

나. 의료분야의 STP

의료기관 중에는 유독 특정 분야만 고집하는 경우가 있다. 화상 전문 병원인 베스티안 병원과 항문질환을 다루는 대항 병원 및 한솔 병원 같은 곳이다. 이들의 특징은 한마디로 말해 성장은 하되, 확장은 전문분야 내로 한정한다는 것이다.
왜 이들 병원들은 특정 분야만을 고집하는 것일까?

화상치료와 같은 전문적이고 특수한 분야는 생각보다 진입이 쉽지 않다. 다시 말해 아무나 뛰어들 수 있는 영역이 아니다 보니 미리 해당 분야에 진입해 유리한 고지를 선점한 입장에서는 경쟁자가 없거나 생존 가능성이 한결 높아진다.

이런 영역은 환자가 많지도 않다. 화상 환자를 생각해 보라. 일 년에 환자가 얼마나 되겠는가. 혈압이나 당뇨와 같이 나이가 들면 많은 이들이 겪게 되는 질환과는 달라

'대한민국名병원 시리즈'에 소개된 베스티안 병원(조선비즈, 2017.6.3)과 대항병원 및 한솔 병원

도 많이 다르다. 시장 규모가 크지 않으니, 그 시장에서 뭔가 좀 해보겠다며 나서는 신규 진입자도 좀처럼 없다. 사정이 그러하다 보니 시장 규모가 크지는 않지만 의료기관도 많지 않아 상대적으로 차지할 몫이 제법 되는 것이다.

하지만 이들이 다른 영역으로 들어갈 경우(예를 들어 류머티스 질환과 같은), 기존 화상 환자 시장과는 전혀 다른 상황에 처하게 될 것이다. 일단은, 엄청난 경쟁이 기다리고 있다. 그동안 비축한 힘이 어느 정도일지 모르지만, 한바탕 싸움은 불가피하다. 경쟁자가 많으니 살아남기도 힘들다. 애는 많이 쓰겠지만 남는 건 별로 없고, 그러한 상황이 크게 개선되지 않을지도 모른다. 그러니 베스티안 병원이나 대항 병원, 한솔 병원 등은 싸움이 없거나 덜한 곳에 남기를 택한 것이다.

세상 모든 사람들을 고객으로 삼고 싶겠지만, 그럴 수는 없다. 세상에 병원이 한 군데뿐이라면 모를까, 수많은 의료기관들이 있다. 고수들이 한둘이 아니다 보니 경쟁도 치열하고 그 와중에 쓰러지고 사라지는 경우도 많다. 치열한 경쟁 속에서 살아남으려면 무엇보다 다음과 같은 원칙을 지켜야 한다.

- 잘하거나 잘할 수 있는 부분 찾기(Segmentation)
- 힘(에너지나 자원)을 분산하지 않고 집중할 곳 찾기(Target Market)
- 성공 가능성이 높은 구체적이고 확실한 곳을 선택해 자신만의 색깔을 드러내고 남다름을 인정받기(Positioning)

2. STP의 이해

온갖 제품을 모두 다 취급하는 만물상과 특정 제품만 취급하는 전문점은 나름 저마다의 장점이 있다. 어떤 제품이나 다 있다 보니 고객들은 일단 만물상부터 둘러본다. 하지만 모든 제품을 취급하는 전략은 아무나 쓸 수 있는 것이 아니다. 창고를 비롯해 널찍한 매장 공간과 넉넉한 자금이 뒷받침되지 않는다면 오래 버티기도 힘들다. 팔리지 않고 남는 것도 문제다. 재고 처리 비용도 꽤 된다.

모든 것을 잘할 수 있다면 그보다 더 좋을 수야 없겠지만 이는 현실적으로 불가능하다. 오히려 잘할 수 있는 분야에 초점을 맞춰 거기에 전력투구하는 편이 훨씬 더 유리하다.
전문점이다 보니 전문성을 키울 수 있고, 영역이 넓지 않으니 집중할 수 있다. 마케팅에서는 이를 시장 세분화 또는 마켓 세그먼테이션market segmentation이라고 하는데, 모든 것을 다 하는 종합병원과 달리 특정 질환을 중심으로 하는 전문 병원도 알고 보면 의료시장을 여러 구역으로 나눈 후 그중 특정 부분에 역량을 집중한 것이다.
예를 들어 성장 클리닉은 대부분의 발육이 이루어지는 10대 연령의 청소년만을 대상으로, 성장과 발육이라는 특정 분야에 초점을 맞춰 시장을 세분화한 것이다.

가. 시장 세분화Segmentation

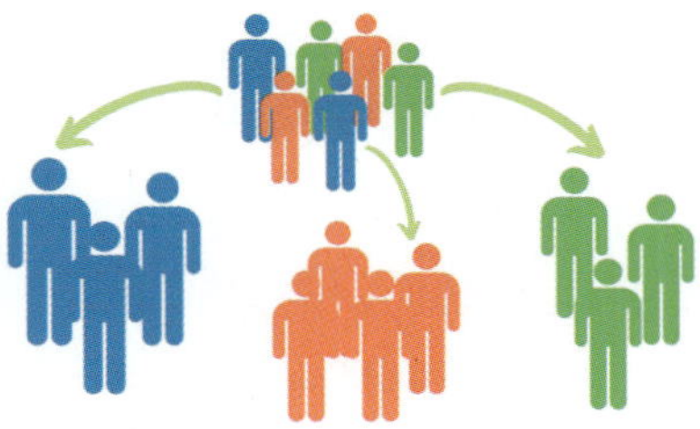

시장 세분화란 시장을 잘게 나누는 것으로, 이 과정에서 인구통계학적 특성(연령, 세대, 성별, 인종, 민족, 결혼 여부, 가족, 교육, 직업, 소득 등), 지리적 특성(국가, 도시, 지역 등), 심리학적 특성(성격, 가치, 신념, 태도, 관심사, 라이프 스타일 등), 행동적 특성(구매습관과 성향, 충성도 등) 등을 나누는 기준으로 활용한다.

(1) 시멘트 회사 라파즈의 시장 세분화

1위 기업의 시장점유율이 6%에 불과한 데다 나머지도 수많은 경쟁업체들이 서로 조금씩 나눠가지고 있는 상황을 가정해 보자. 이런 경우라면 보통은 기존의 시장 상황

(예를 들어 시장점유율이나 매출 등)을 그대로 유지하려는 것이 일반적일 것이다. 뭔가 도모하려는 과정에서 경쟁기업을 자극하게 되고 그러다 보면 치열하게 치고받는 상황이 전개되고 결국은 모두가 피해를 입게 되는 경우가 많기 때문이다.

시멘트 시장이 바로 그런 상황이었다. 세계 1위 기업 라파즈의 시장점유율은 6%에 불과했고, 나머지를 수많은 군소업체들이 조금씩 나눠먹고 있는 상황이었다. 바로 그곳에 마케팅 담당자로 부임한 사람이 '자크'였다.

마케팅 부서 책임자로 외부에서 영입된 그는 회사 사람들에게 뭔가 보여주어야 했지만, 시멘트 업계의 분위기가 마케팅의 기본이라 할 수 있는 4P 중 어느 것 하나 제대로 적용되지 않는 상황이라 난감할 뿐이었다. 광고Promotion는 고사하고 제품Product은 물론 시멘트 가격Price도 오직 한 가지뿐인 데다 다양한 유통 채널Place은 아예 없었으니 말이다.

그가 처음 마케팅 담당자로 부임하던 당시, 고객들과 골프를 치거나 낚시를 함께하며 유대관계를 쌓는 것이 회사가 하고 있는 마케팅 활동의 전부였다. 영업부 직원들이 살펴야 할 것은 골프와 낚시 중 해당 고객이 어느 쪽을 더 좋아하는지 고객의 취향을 알아내는 것뿐이었다. 시멘트라는 제품이 더 이상 차별화가 불가능한 제품(코모디티commodity)이다 보니 회사나 직원들 입장에서는 달리 할 일도 없었다.

코모디티화는 일반적인 현상으로, 그 어떤 제품도 이를 비켜갈 수 없다. 코모디티화가 진행되면 가격 경쟁 말고는 달리 할 게 없다. 시멘트 제품들이 제조사만 다를 뿐 내용이나 성능은 물론 포장도 비슷비슷해 소비자들의 입장에서는 어떤 제품을 사든 별 차이가 없다 보니 가격이 선택 기준이 되는 것이다. 그렇다고 가격을 내릴 수는 없었다. 섣불리 가격 경쟁을 시도하다 모두 공멸할 수는 없는 일이었다. 그러다 보니 서로서로 눈치 보는 분위기에다, 지나친 자극은 피하면서 기존의 시장점유율을 지켜가는 것이 업체들이 할 수 있는 유일한 선택이라고나 할까.

> *** 코모디티 혹은 코모디티화 제품**
> 일반적으로 어떤 제품이 출시되면 뒤이어 여러 업체에서 다양한 상품이 뒤따라 나오기 마련이다. 이쯤 되면, 초기에 나왔던 제품에 비해 훨씬 더 개선되거나 월등히 나아졌음에도 불구하고 가격은 오히려 더 떨어지는 현상이 벌어진다. 이를 제품의 코모디티화라고 한다.

자크는 가격 경쟁으로 타 업체를 자극하지 않으면서도 시장의 파이를 키우고 회사의 수익률을 높일 방법에 대해 고민했다. 이때 그가 선택한 접근법이 바로 시장 세분화 전략이었다.

먼저, 골프와 낚시로 분류해온 기존 방식이 아니라 고객이 구매하면서 중요하게 생각하는 기준(세 가지)과 구매 업체의 특성(두 가지) 등 새로운 기준으로 고객들을 재분류하여 다음과 같이 여섯 종류의 고객으로 세분화했다Segmentation.

세분화를 통한 고객의 재분류

구분		구매시 중요하게 생각하는 기준		
		가격	유대관계	품질
구매 업체 특성	품질관리부서가 있는 대형 업체	①	②	③
	집수리를 주로 하는 소형 업체	④	⑤	⑥
세분화 결론		가격 중시형	관계 중시형	품질 중시형

다음으로, 이러한 구분에 근거하여 가격 중시형에 대해서는 포장지의 재질까지 낮춰 가며 최소한의 품질을 반영한 제품으로 응대했으며 관계 중시형 고객에 대해서는 기존의 방식인 골프나 낚시로 관계를 이어가도록 했다. 시장 세분화를 통해 새롭게 파악한 품질 중시형에 대해서는 프리미엄급 시멘트를 별도로 제작해 기존 제품에 비해 더 많은 수익을 올릴 수 있었다.[2)]

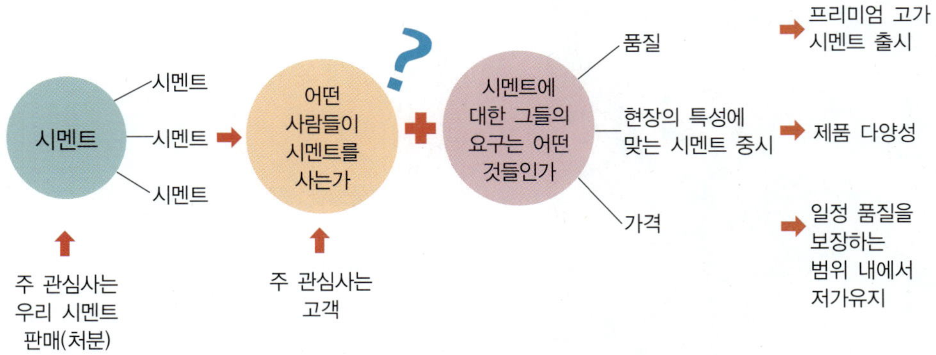

(2) 도미노 피자의 시장 세분화

도미노 피자는 시장을 세분화하고 구체화함으로써 '배달 시장'이란 영역을 발견할 수 있었다. 단순하게 '외식 시장 → 패스트푸드 시장 → 피자 시장'에 그치지 않고 '피자 시장 → 기존의 매장 시장과 배달 피자 시장'으로 세분화함으로써 배달 시장을 찾아낸 것이다. 비록 피자 시장에 뒤늦게 뛰어들어 지명도나 입지 등 모든 게 불

2) 이원재. 5분 경영학. 한겨레출판, 2009 참고

리한 후발 주자였음에도 불구하고 도미노 피자가 선점한 배달 시장이라는 새로운 영역은 기존의 선두 주자들이 쉽게 넘볼 수 없는 낯선 환경이었다. 그러다 보니 도미노 피자의 생존과 성장이 한결 수월했음은 물론이다.

배달을 지향하다 보니 도미노 피자는 매장 공간을 대폭 줄였고, 그 결과 다른 피자 전문점보다 훨씬 작은 공간에서도 매장 개설이 가능했다. 매장의 크기가 작다 보니 임대료와 부대비용도 덩달아 줄었다. 운영비와 같은 기본 경비의 절감은 도미노 피자의 경쟁력을 더욱더 높여 주었다. 이 모두가 배달 시장 영역을 발견해 이에 주력했기 때문에 가능한 일이었다.

나. 목표 시장Target Market

영화로도 제작된 〈뽀로로〉. 공룡섬에서 펼치는 스펙터클한 모험을 다룬 2019년 작품

외국산 일색인 캐릭터 시장의 판도를 뒤집어 놓은 〈뽀로로〉.
2005년 프랑스 공영 방송 TF1에서 방영될 당시 47%라는 놀라운 시청률을 기록한 뽀로로는 유아용 애니메이션이라는 새로운 시장을 열며 애니메이션뿐만 아니라 출판, 교육용 콘텐츠, 장난감 등 다양한 파생 상품이 출시되었고 지금도 그 품목 수가 꾸준히 늘고 있다.

> 수백 편의 작품들을 보면서 일본 애니메이션을 연구하기 시작했다. 그런데 이 대목에서 특이한 현상을 발견했다.
> '어, 유아용 애니메이션이 많지 않네?'
> 7세 이하 유아물이 별로 눈에 띄지 않았던 것이다.
> 하지만 유아용 콘텐츠 시장도 결코 작은 게 아니다. 일본 애니메이션과의 경쟁을 염두에 두고 역량을 검증해 본 결과 유아용 애니메이션으로 승부하는 것이 좋겠다는 최종 결심이 섰고, 구체적인 작품을 구상해 〈뽀로로〉를 기획하기에 이르렀다.
> (최종일, 김용섭. 집요한 상상 : 뽀로로 기획자 최종일의 크리에이티브. 쌤앤파커스, 2012)

(1) 비용과 시간을 중시하는 이들을 목표로 한 'QB 하우스'

QB 하우스는 의료기기 영업사원이던 고니시 구니요시小西國義가 1995년에 세운 체인 형태의 이발소로, 10분에 1,000엔이라는 파격적인 가격을 앞세워 유동 인구가 많은 곳을 중심으로 매장을 열며 급성장해 왔다. 흥미로운 것은 QB 하우스의 성장 비결이 뭔가를 '하지 않는 것'에 있었다는 점이다. QB 하우스는 이와 같은 독특한 전략을 바탕으로 일본 내 481개, 해외 94개의 프랜차이즈 매장을 열었다(2015년 1월 기준).

QB 하우스는 고객 가치를 높이기 위해 여러 가지 시도를 했다. 그중 하나가 바로 고객을 위한 시간 단축인데, 대기 시간과 커트 시간을 줄인 것이다. 지하철이나 오피스텔 밀집 지역, 번화가 등에 주로 진출한 것도 그 이유에서였다. 고객이 들르기 편한 곳에 매장을 냄으로써 고객 가치를 높인 것이다. 예전에는 '이발소' 하면 휴일에 마음먹고 가는 곳이라 생각하는 경우가 많았다. 그런데 주말에 가면 오래 기다려야 할 뿐만 아니라 커트에서 샴푸, 면도까지 받고 나면 거의 한 시간이 넘게 걸렸다. 여성들은 미용실에 가는 것이 즐거운 일일지 몰라도, 상당수 남성들에게는 휴일에 이발소 가는 것 자체가 번거로운 일이다. 더구나 비용도 3,000~5,000엔으로 비싼 편이다.

1,000엔에 커트가 가능하게 된 데는 다른 이발소에서 흔히 하는 것들을 하지 않았기 때문이다. 이발사가 고객과 애써 대화하려 하지도 않을뿐더러 고객 입장에서도 거기에 맞춰 맞장구를 쳐야 하는 수고로움도 없다. 이곳에서는 시간이 돈이라 불필요한 일은 제공하지도 기대하지도 않는다. 기존 이발소에서는 너무나 당연한 머리 감겨주기, 머리 말리기, 면도, 마사지 등을 하지 않으며 심지어 파마는 취급하지도 않는다. 그뿐만이 아니다. 음료와 잡지를 제공하지 않으며 심지어 화장실도 없다. 오로지 커트만 취급하며 번거롭게 거스름돈을 내주는 데 시간을 쓰지 않도록 비용도 1,000엔짜리 지폐 한 장으로 계산하도록 해 놓았다.

1,000엔에 10분 내외로 머리를 잘라주며 가게 간판에 대기 시간(소요 시간)을 표기하고 이발 요금은 선불제에다 티켓 자판기도 있다.

(2) 여행객 대신 일반인을 목표로 한 '엔터프라이즈'

일반적으로 렌터카 수요자는 여행객이다. 그럼에도 불구하고 여행객이 아닌 일반인을 주 고객으로 삼는 회사가 있다. 엔터프라이즈렌터카Enterprise rent-a-car가 바로 그 주인공.

렌터카 업계를 주도하던 허츠와 에이비스가 하나같이 자신들의 주 고객을 여행자로 정의하는 사이, 엔터프라이즈는 고장 난 차를 수리하거나 기타 사정이 생겨 임시로 차가 필요한 사람을 주 고객층으로 정하고 이 시장에 집중한 것이다. 회사는 렌터카 업계의 강자 허츠와 에이비스가 인지하지 못했던 새로운 시장을 공략함으로써 최후의 승자가 되었다.

다른 렌터카 업체들이 여행자를 주 고객으로 삼다 보니 대부분 공항에 사무실을 둔 반면 여행객이 아닌 보통 사람들의 렌터카 수요도 상당하다는 것을 누구보다 먼저 발견한 엔터프라이즈는 사무실을 임대료가 비싼 공항 대신 일반 주거지 부근에 저렴하게 마련할 수 있었다. 일반 주거지 부근에 사무실과 차고지를 둔 덕분에 고객의 접근성은 물론, 필요시 이들의 집까지 직접 차를 가져다주는 등 남다른 서비스가 가능했다. 그 결과 2020년 현재 엔터프라이즈는 허츠나 에이비스를 제치고 미국 최대의 렌터카 업체로 우뚝 서게 되었다.

다른 렌터카 업체와 달리 동네 인근에 주로 위치한 엔터프라이즈

트랜스퍼카Transfercar

일반적으로 렌터카는 차를 빌려간 고객을 통해 수익을 얻지만, 이 회사는 다른 렌터카 회사로부터 돈을 버는 특이한 비즈니스 모델을 생각해냈다.

렌터카가 필요한 사람들 중에서 날짜, 차량 인수 장소와 반납 장소, 차종 등의 조건이 맞을 경우 이 회사로부터 무료로 차량을 빌릴 수 있다. 무료 렌터카가 그것인데, 사실 이는 렌터카 회사의 회송回送 업무를 소비자가 대행하는 것이다. 회송이란 소비자가 대여한 차량을 다 이용한 뒤 당초 약속했던 곳이 아닌 다른 장소에 뒀을 경우 이를 해당 업체 영업소까지 운반하는 것으로, 전에는 렌터카 회사가 직접 했던 일이다.

트랜스퍼카는 이 회송 작업을 소비자에게 맡기고 회송 수수료를 다른 렌터카 회사로부터 받는다. 렌터카 회사로서도 직접 하는 것보다 수수료를 주고 일을 맡기는 편이 비용 면에서 이득이다.

트랜스퍼카는 많은 렌터카 회사로부터 차량 반납 장소를 파악해 최적의 회송 시스템을 구축한 뒤 소비자와 연결한다. 렌터카 회사가 해야 할 일을 소비자에게 맡겨 이익을 올리는 비즈니스 모델이라고 할 수 있다.

(야마다 히데오. 그들은 왜 싸우지 않는가. 청림출판, 2016)

(3) 신세대가 아닌 구세대를 목표로 한 다이신 백화점

일본의 다이신 백화점은 도쿄 오타구 상점가의 외진 곳에 위치해 있다. 이 지역은 대형 백화점과 8개의 마트가 치열하게 다투는 곳으로, 18만 명의 인구가 밀집한 생활경제 지역이다. 장기불황과 소비 감소 속에서도 다이신은 지역 내 매출 1위를 기록하고 있다.

6년 연속 지역 내 매출 1위를 지켜온 것은 30년 넘게 매장을 채워주는 단골 할머니들의 힘이 컸다. 다이신은 백화점이라면 거들떠보지 않을 할머니들을 집중 공략하는 전략을 구사해 왔다.

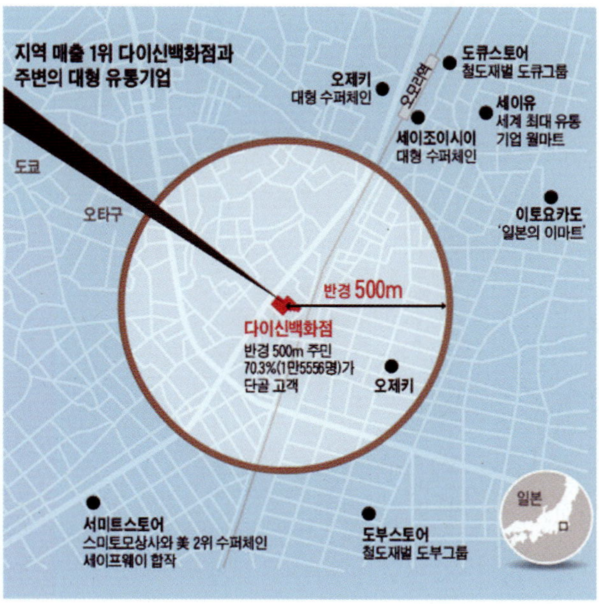

출처 : blog.naver.com/anackne/110116013779(MENAISSANCE MAN)

상품 전략도 이들의 눈높이와 입맛에 맞추었다. 이곳에서 판매하는 상품은 자그마치 18만 종으로, 구식 제품에서 최신 상품에 이르기까지 다양하게 구비되어 있다. 이곳에서는 김치와 된장도 쉽게 찾을 수 있고, 수세미와 칫솔 등 슈퍼마켓에서 취급하는 제품도 많다. 아울러 노인들의 식사량과 기호를 감안해 소량 팩 코너를 마련해두고 있는데, 이는 경쟁업체들의 대용량 저가 판매와 비교되는 전략이다.

다이신의 사장은 이 백화점의 서비스 정신을 이렇게 말한다.

"굳이 없어도 되는, 희한한 물건이 이곳에 있다면 그것은 고객들 중 누군가가 원해서 놓아둔 것이다. 그중에는 1년에 단 4개만 팔리는 것도 있다. 그 상품은 당연히 적자겠지만 그것을 사려고 오는 고객은 다른 것도 산다. 단 한 명이라도 늘 사용하던 것이 진열대에서 사라졌다면 얼마나 서운하겠는가?"

그는 효율적이고 좋은 서비스란 상품을 값싸게 조달하는 것이 아니라 고객이 원하는 상품을 제공하는 것이라고 얘기한다. 노인들에게 손자처럼 밀착해 영업하며, 지역 주민들과 친분을 유지하는 것도 이런 이유에서다. 그러다 보니 충성고객들도 자연스럽게 증가했다고 말한다.
일본의 경우 대형 슈퍼마켓에서 종업원을 찾아보기 힘들다. 그러나 다이신 백화점은 다르다. 백화점 입구부터 어느 곳에서나 쉽게 종업원을 만날 수 있으며, 언제든 도움을 요청할 수 있다. 고령자, 임산부, 장애인의 경우 쇼핑을 마치면 종업원이 물품을 집까지 배달해 주는 것도 다이신 백화점이 지역 내 1위를 지키는 요인 중 하나다.[3]

다. 포지셔닝Positioning

수많은 제품과 서비스들 사이에서 어떻게 우리 것을 소비자들의 기억 속에 자리 잡게 만들 것인가? 브랜드의 홍수 속에서 자사 브랜드를 '어떻게 포지셔닝할 것인가'는 기업의 사활이 걸린 화두이다. STP 전략 중 '포지셔닝이란 우리 병원, 우리 서비스, 우리 제품 등을 어떻게 보여지고 받아들이게 할 것인가에 대한 것이다.

크래프트 한 회사가 보유 중인 브랜드(출처 : http://kraftsupplierdiversity.com/overview)

다른 것과의 남다름을 드러내기 위한 것이니 포지셔닝을 '차별화'란 개념으로 이해해도 무방하다. 하지만 포지셔닝의 사전적 의미인 '위치 선정'이란 뜻처럼 사람들의 마음속에 지워지지 않을 적절한 자리를 찾아낸다는 것으로 이해하면 어떨까.

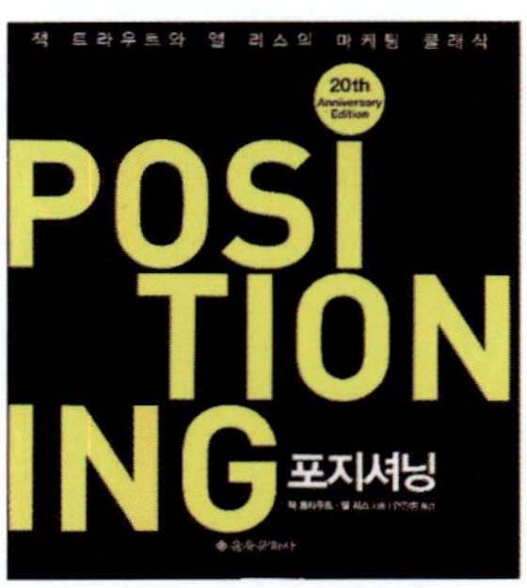

2002년에 나온 포지셔닝 출간 20주년 기념판20th Anniversary Edition 표지(출처 : 을유문화사)

잭 트라우트와 알 리스가 함께 쓴 〈포지셔닝〉[4]이란 책이 있는데, 출간된 지 20년이 되던 해에 이를 기념하는 '20주년 기념판'이 다시 나올 정도였다. 이런 것을 보면 이 책의 영향력은 20년이 지나도 여전히 계속되었던 셈인데, 여기서 언급하고 있는 핵심은 다음과 같다.

- 고객의 마음속에 파고들어 가라.
- 한 가지 간단한 메시지를 심어라.
- 그 메시지는 당신과 경쟁자를 뚜렷하게 구분 지을 수 있어야 한다.
- 한 가지에 초점을 맞추고 나머지는 과감하게 포기하라.

3) 맹명관. 이기는 기업은 무엇이 다른가. 책이 있는 풍경, 2012
4) 잭 트라우트, 알 리스. 포지셔닝. 을유문화사, 2002 참고

암 치료에 전념하겠다는 것은 암 쪽으로 포지셔닝하겠다는 뜻이고 여성 암에 집중하겠다는 말은 남성보다는 여성 암환자 쪽에 포지셔닝하겠다는 표현이다.

암 쪽으로 포지셔닝하겠다는 것은 다른 질환에 대해서는 더 이상 관심을 두지 않겠다는 뜻이고 여성 암환자에 포지셔닝하겠다는 것은 남성 암환자를 포기하겠다는 것이다. 이처럼 포지셔닝을 위해서는 과감하게 나머지를 포기해야 한다.

게토레이 브랜드의 반전

게토레이는 1960년대, 플로리다 대학교 연구자들이 학교 축구 선수들을 위해서 수화$_{\text{水和, hydration}}$ 보조 음료로 개발한 과학 그 자체였다. 이후 빠른 속도로 전국의 운동선수들이 즐겨 마시는 음료가 되었고, 1983년에는 내셔널풋볼리그$_{\text{NFL}}$ 공식 스포츠음료로 지정되었다. 2001년, 게토레이를 인수한 펩시코는 기존의 제품에 더해 새로운 향미를 가미한 다양한 제품들을 내놓았다. 덕분에 매출은 가파르게 올라 2007년에는 미국 내 스포츠 음료 시장의 80퍼센트를 점유할 정도였다. 하지만 2008년, 경기 대침체로 게토레이의 매출도 급격하게 줄어갔다.

2009년, 회사에서는 로고 및 포장 재디자인$_{\text{redesign}}$을 마치고 기존의 이름 대신 번개 모양의 디자인을 곁들인 '지$_{\text{G}}$'라는 상품명으로 시장에 다시 내놓았다. 시장의 반응이 예전만 못하자 다시 예전 디자인으로 되돌리고 코카콜라와 늘 경쟁해 왔던 바로 그 방식으로 파워에이드와 정면 대결하자는 목소리가 커져 갔다.

음료수 중 하나로 게토레이를 찾는 사람들이 떠나간 건 분명했지만, 운동선수들은 여전히 게토레이를 찾고 있었다는 점은 희망적이었다. 승리에 목마른 10대 선수들과, 마라톤이나 철인3종경기와 같은 종목의 나이가 좀 있는 선수들은 여전히 게토레이를 신봉하였다. 이들은 게토레이의 고객 가운데 22퍼센트 정도에 불과하지만, 이들이 올려주는 매상은 총 매출의 46퍼센트를 차지하고 있었다. 그럼에도 불구하고 당시 몇 해 동안 게토레이는 편의점이나 할인점과 같은 일반 시장을 통해서만 제품을 유통시켰을 뿐, 정작 운동선수들이 자주 가는 특화된 전문 매장에는 제품을 내놓지 않았다.

일반 소비자를 잡기 위해 파워에이드와 일전을 벌이는 대신 펩시코는 운동선수들에 집중하기로 하고 다음과 같이 원칙을 정했다.

첫째, 주요 고객층인 어린 선수와 그보다 나이가 많은 선수를 모두 포함하는 전문 운동선수들에 초점 맞추기
둘째, 운동선수들이 필요로 하는 모든 연료(즉, 수화와 영양)를 제공하도록 제품군 확장하기

이상의 원칙에 따라 다양하게 세분된 새로운 제품이 추가되었다. 예를 들면 운동 전후와 운동 중에 필요로 하는 성분이 담긴 기존의 G 1-2-3 시리즈에 운동을 하기 전에 먹을 젤리와 바, 그리고 운동을 마친 뒤에 피로회복을 위해서 마실 단백질 스무디나 셰이크 같은 것들이 덧붙여졌다.

제품의 가격은 올라갔다. 32온스(약 900그램) 게토레이 한 병은 0.99달러였지만, 운동하기 전에 마시는 새로 나온 12온스(약 340그램) 탄수화물 음료는 2.99달러였다.

운동선수에 특화함에 따라 G 시리즈는 전문 운동선수들이 가는 유통점에서만 구매할 수 있게 되었다. 사이클링 가게, 육상 전문점, 스포츠용품점, 심지어 GNC와 같은 비타민 매장에서도 이 음료가 유통되었다.

텔레비전에서 게토레이 광고도 예전처럼 많이 볼 수 없었다. 이제는 광고비의 30퍼센트가 온라인의 소셜미디어와 전문 운동선수들을 대상으로 한 여러 틈새시장들로 배정되었다. 이러한 노력 끝에 펩시코는 휘청거리던 브랜드를 되살릴 수 있었다. 2015년이 되면서 게토레이는 파워에이드에게 빼앗겼던 점유율을 회복하고 재도약을 시작했다.

(데이비드 로버트슨, 켄트 라인백. 사소한 아이디어의 힘. 세종연구원, 2019)

(1) 전업 선수에 포지셔닝한 버터플라이

탁구를 즐기는 사람치고 '버터플라이' 브랜드를 모르는 사람은 없다. 그러나 정작 이를 만드는 다마스라는 회사는 별로 알려져 있지 않다. 다마스는 1950년에 창업한 연간 매출액 50억 엔이 넘는 탁구용품 시장점유율 1위 기업이다. 2012년 국제탁구연맹이 주최한 세계탁구선수권대회에 출전한 선수의 절반 이상이 버터플라이 제품을 사용했다.

슈프림SUPREME과의 컬래버레이션으로 출시된 라켓(2020년 판매가격 422달러)

이 회사는 창업자도 탁구선수였을 뿐 아니라 전체 직원의 70%가 탁구선수 출신으로 구성된 독특한 기업이다. 다마스가 창업할 당시 시장에는 이미 10개 이상의 탁구용품 제조 기업이 있었다. 후발주자였음에도 다마스가 오늘날과 같은 자리에 올라선 데는 목표 고객을 일반인 탁구 애호가가 아니라 탁구선수로 설정했기 때문이다.

다마스는 '탁구 리포트'라는 잡지를 수익과 상관없이 꾸준히 발간하며 '탁구라는 작은 우물을 깊이 판다'는 기업의 모토를 잘 유지하고 있다.[5]

버터플라이의 선택

일반 아마추어 탁구 동호인	프로 탁구선수
	•

(2) 40~50대 여성에 포지셔닝한 두클라세DoCLASSE

여성 의류 업계에서 실제 나이보다 젊어 보이게 만들어주는 옷이 선호된다는 것은 상식에 속한다. 조금이라도 젊어 보이고 싶은 것이 인간의 욕망인 데다 여성들의 욕구는 더 강하기 때문이다.

2015년에 새로 결성된 제2기 'DoCLASSE 9인 위원회' 멤버들

하지만 이러한 상식을 깬 업체가 두클라세다. 2007년에 설립된 이 회사는 10여 년이 채 되지 않은 2014년에 매출액 120억 엔 규모의 기업으로 성장했다.

자신만의 길을 걷는 40~50대 여성들을 타깃으로

5) 야마다 히데오. 그들은 왜 싸우지 않는가. 청림출판, 2016 참고

옷 만들기를 시작한 두클라세는 2007년 창업 때부터 두클라세가 지향하고 주목하는 실제 소비자들로 구성된 '9인 위원회'를 꾸려왔다. 2기 위원회가 지향하는 방향은 '한 살 더 먹을 때마다 하나 더 깨끗한 사람 되기'다.

지금까지 두클라세가 빠르게 성장할 수 있었던 것은 다른 의류업체들이 경쟁적으로 젊은 여성들을 주 고객으로 삼으려 애써왔던 것과 달리 목표 고객을 40~50대 여성으로 잡고 이들에 맞는 상품들을 제안해 왔기 때문이다.

예를 들자면, 나이 들면서 목주름이 드러나는 것이 신경 쓰이는 40~50대 여성들을 위해 여름철에도 목이 긴 옷을 판매했으며, 갱년기로 체온 조절이 어려운 여성들을 위해 일 년 내내 걸칠 수 있는 상의도 내놓았다. 젊은 여성들에게는 필요하지도 관심 가질 이유도 없는 그런 제품들을 주로 출시해온 두클라세는 다른 의류업체들이 실제보다 더 젊어 보이는 옷에 올인할 때, 나이 듦을 인정하고 그들에게 가장 필요한 것이 무엇인지에 대해 집중함으로써 차별성을 확보할 수 있었다.

특정 연령층에 집중한 두클라세의 선택

30대 이하	40~50대	60대 이상
	•	

(3) 아침에 포지셔닝한 아사히 음료

일본의 캔 커피 시장은 코카콜라의 조지아가 1위, 산토리의 BOSS가 부동의 2위를 차지하고 그 외에 십여 개의 브랜드가 나머지 시장을 놓고 다투는 상황이었다. 이러한 시장 구도에 이변이 생긴 것은 아사히 음료가 아침용 제품을 내놓으면서부터다.

아사히 음료를 캔 커피 시장 1위에 올려놓은 제품 WONDA Morning Shot. 일본식 아침인사 오하요우 고자이마스おはようございます(잘 주무셨습니까!)가 보인다.

소비자의 40% 이상이 오전 시간대에 캔 커피를 찾는다는 사실에 착안한 아사히 음료는 아침 시간대에 특화된 상품으로 아침에 마시는 '원더 모닝 쇼트'를 출시했다. 광고에도 '아침 전용'이라는 문구를 특별히 강조하면서 시장에서 큰 호응을 얻어갔다.

아사히 음료의 공세에도 불구하고 코카콜라 측에서는 반격하기가 힘들었다. 지금까지 '언제 어디서나'란 문구로 조지아 커피 광고를 해왔기 때문에 이를 다시 아침용 상품으로 포지셔닝하기가 곤란했기 때문이다. 코카콜라 측이 '언제 어디서나'라는 광고에 눌려 이러지도 저러지도 못하는 사이, 아사히 음료의 원더 모닝 쇼트는 출시 7개월 만에 1,000만 개 판매를 돌파하여 히트 상품으로 자리매김하였고 소비자에게 아침 전용 캔 커피로 확실하게 인식되었다.6)

아사히 음료의 선택

언제 어디서나	아침 전용
	•

(4) 다큐멘터리 사진에 포지셔닝한 눈빛출판사

사진 전문 출판사를 차린 후 30년간 사진 책만 냈다. 편집을 돕는 딸과 직원 한 명이 전부인 이곳의 연 매출은 3억 원.

규모는 작아도 독보적인 영역을 개척했다. 한국 근·현대사를 사진으로 정리하는 '눈빛 아카이브' 시리즈는 식민지와 전쟁이라는 엄혹한 현실에서 당대 사람들이 어떻게 살았는지 생생하게 보여주는 사진집이다.

눈빛출판사의 대표작 '눈빛 아카이브 사진집 시리즈'

2010년 〈한국전쟁〉으로 첫 선을 보인 '눈빛 아카이브' 시리즈는 과거 우리나라에 사진술이 들어오면서 외국인 선교사나 학자들이 찍었던 사진, 우리나라 사람들이 세계 여러 나라로 이민을 가면서 흩어진 사진 등을 찾고 모으는 것으로 시작했다. 기록물보관소란 뜻의 아카이브archive라는 이름에 걸맞게 방대한 양에 놀란다. '눈빛 아카이브'는 과거의 사진과 현재의 사라져가는 것들이 모여 우리의 삶이 앞으로 어떤 방향으로 가야 할지를 제시하는 본보기가 되고 있다.

출판계는 '단군 이래 최대 불황'이라는데 눈빛출판사는 1988년 창업 이래 지금까지 600종을 냈다. 출판사의 꾸준한 성과에는 500~1,000명 정도 되는 마니아 독자가 큰 힘이 되었다. 이들을 믿고 출판사는 다품종 소량 생산 행진을 계속해 나가고 있다.

지금까지 몇 가지 포지셔닝 사례에 대해 살펴보았다. 사람들의 마음속에 남다른 그

6) 야마다 히데오. 그들은 왜 싸우지 않는가. 청림출판, 2016 참고

무엇으로 자리 잡는 것이 포지셔닝의 궁극적인 방향이자 목표인 것은 분명하다. 다만, 포지셔닝에는 많은 주의가 필요하다. 특히 잘못된 포지셔닝은 치명적이기까지 하다. 진짜 고객이 누구인지 제대로 알지 못하고 엉뚱한 데다 목표를 맞춰 큰 위험을 초래할 수 있음을 아래 예를 통해 살펴보자.

자동차 엔진오일의 교환 주기와 관련해서 정비업소에서 늘 하는 얘기가 있다. '신차는 5,000킬로미터마다, 일반 차는 1만 킬로미터마다 교체하면 된다'는 것이다. 간혹 교체 주기가 지나 정비소에 들르면 "이렇게 늦게 갈면 정비소를 운영하는 자신들은 뭘 먹고 사느냐?"는 핀잔을 듣기 십상이다. 하지만 깜빡하고 교환 주기를 놓쳐 버린 운전자 입장에서는 5,000킬로미터든 1만 킬로미터든 간에 여간 귀찮은 게 아니다. 그럴 때면 가끔씩, 한 번 넣으면 평생 가는 엔진오일이 없을까 하는 생각을 하기도 한다.

한 번 주유로 10만 킬로미터 이상 달릴 수 있는 반영구적인 엔진오일이 개발된 지 오래다. 그것도 국내 기술진에 의해 개발된 순수 국산 제품이다. 하지만 주위에서 그 제품을 사용하는 사람을 찾기란 그야말로 하늘의 별 따기다. 대중화되지 않았기 때문이다. 가히 혁명적이라 할 만한 제품이 대중화되지 않은 이유는 무엇일까?

기술적 결함이나 부품 교체가 어려워서가 아니다. 유통망의 판매 거부 때문이다. 엔진오일을 교체하는 카센터의 경우 주기적으로 엔진오일을 교체하러 온 손님들을 상대로 타이어도 갈고 배터리도 갈아준다. 휠 얼라인먼트를 하면서 차량 여기저기를 손본다. 당연히 상당한 비용이 추가된다. 다시 말해 엔진오일만 교체하러 왔던 고객을 상대로 또 다른 판매 기회를 갖는 것이다. 차 사고나 고장을 제외하고 주기적으로 카센터를 찾는 일은 엔진오일 교체가 유일하다. 그런데 세상의 모든 차들이 반영구적인 엔진오일을 넣게 되면 어떻게 될까.

의도하지는 않았지만 반영구적 엔진오일은 결국 고객과의 몇 안 되는 접점 기회를 카센터로부터 뺏으려 했던 셈이다. 그것도 아주 영구적으로 말이다. 결국 10만 킬로미터 엔진오일은 유통망인 카센터들에게 포지셔닝하기는커녕 도리어 이들을 경쟁자로 만들었기 때문에 시장에서 철저하게 배제당했다.[7]

---

7) 박항준, 민보연. The Market. 매일경제신문사, 2006 참고

3. 사례로 본 STP

가. 스와치SWATCH의 STP

스와치는 스내지snazzy라는 제품을 2년에 한 번씩 출시한다. 한정판 시계다 보니 마니아들은 이를 구하려고 온갖 노력을 기울인다. 높은 경쟁을 뚫고 시계를 구입한 '승리자'들이 자신의 스와치에 각별한 애정을 보이는 것은 너무나 당연하다.

세계적 명성을 지닌 스위스 시계는 언제나 최고였다. 그러던 것이 1970년대 후반 들어 10분의 1도 안 되는 가격의 홍콩과 일본제 시계가 물밀듯 쏟아지면서 상황은 돌변했다. 시계 좀 안다는 사람들은 싸구려 제품이라 폄하했지만 시장의 반응은 달랐다. 소비자들은 전자시계의 정확성에 놀랐고, 싼값에 다시 한 번 더 놀랐다. 가장 큰 타격을 입은 곳은 스위스였다. 수출량이 반 토막 났고, 시장점유율도 바닥을 기었다. 모두가 스위스 시계 산업의 종말을 얘기하던 바로 그즈음에 혜성처럼 나타난 기업이 바로 스와치다.

회사를 설립한 니콜라스 하이에크Nicholas G. Hayek가 제일 먼저 한 일은 기존의 스위스 시계 이미지를 완전히 바꾸는 것이었다. 1983년, 하이에크는 고가의 시계 대신 50달러짜리 저가 브랜드 제품을 내놓았다. 50달러라는 저렴한 가격에 제품을 출시할 수 있었던 것은 대대적인 공정 혁신 덕분이었다. 먼저, 시계의 외관에 해당하는 케이스를 금속에서 값싼 플라스틱으로 바꿨다. 부품을 줄이고 수작업 대신 기계로 만든 쿼츠 모듈을 넣었으며, 생산 시설을 자동화한 덕분에 원가를 80% 이상 줄여 저가 제품들과의 싸움에서도 경쟁력을 가질 수 있었다.

50달러짜리 스위스 시계의 출현에 대한 시장의 평가는 스위스 시계도 갈 데까지 갔다는 반응이었지만 그 평가가 섣부른 것이었음이 머지않아 드러났다. 스와치 브랜드가 출시된 지 40여 년이 지난 지금 크리스티 경매 같은 곳에서는 벌써부터 초기 모델을 놓고 경매가 벌어진다. 출시 당시 100달러를 밑돌던 제품이 6만 달러를 상회하기도 한다. 스와치가 그저 또 하나의 저가 브랜드 제품에 불과했다면 도저히 불가능했을 일이다. 무엇이 이토록 놀라운 성공을 가져온 것일까.

스와치의 성공 비결은 따로 있었다. 기존에 없었던 패션 기능으로의 시계 시장을 새롭게 파악했고 그 점을 중심으로 새로운 사업 기회를 열어갔던 것이다.
STP 관점에서 스와치의 전략을 살펴보자.

(1) 시장 세분화Segmentation와 목표 시장Target Market 설정

스와치가 새롭게 연 영역(세그먼트)

기존 세그먼트Segmentation		신 세그먼트New Segmentation	목표 시장Target Market
가격 위주 • 고가 제품 시장 • 중저가 제품 시장 • 싸구려 제품 시장	⇨	패션의 완성 자기표현의 도구	패션 시계라는 신기능

스와치는 시간을 알려주던 기존의 시계가 가진 기능을 넘어 패션의 완성은 물론, 자기 표현의 도구로서 시계의 기능을 새롭게 찾아냈다. 이를 통해 시간을 알기 위해 시계를 사던 기존의 구매 동기를 넘어 새롭고 고급스러운 패션 아이템으로 스와치라는 브랜드 이미지를 구입하도록 만든 것이다.

(2) 포지셔닝Positioning

시계가 지닌 패션 기능으로의 가치를 새롭게 깨달은 스와치는 패션 시계라는 새로운 목표를 정했다. 아울러 패션에 유달리 민감하지만 상대적으로 주머니가 가벼운 젊은 이들에게 포지셔닝하여 이들을 집중공략하기로 전략을 세웠다. 구체적으로 대담한 색상과 다양한 형태의 플라스틱으로 만든 캐주얼한 시계로 패션성을 강조하며 3개월마다 신 모델을 선보이는 한편, 제품마다 독특한 이름을 붙임으로써 수집가들의 필수 수집품목 반열에 올려놓았다.

기존 시계 vs. 스와치

기존 시계		스와치
시간을 알려주는 기능		패션의 완성
초저가에서 고가 및 초고가超高價까지	VS.	저렴한 가격
망가지면 버리는 시계에서 대물림하며 사용하는 영구불변까지		상황에 따라 다른 다양성 3개월마다 신 모델 출시

일부 유통상들의 저가 판매와 세계 경기 침체로 스와치 브랜드의 가치와 수익성이 위협받고 있다는 BBC 뉴스(출처 : bbc.com/news/business-49015111)

스와치는 차별화에 성공했다. 세계 1위의 시계 그룹으로 타의 추종을 불허하며, 무너질 뻔했던 스위스 시계 산업을 되살려 놓았다. 스와치 그룹의 시작은 시계를 달리 보는 데서 비롯되었다. 시장을 여러 조각으로 구분해 보면서 '시간'이 아니라 '패션의 완성'으로서 시계의 새로운 가능성을 발견하고 유달리 패션에 예민한 젊은이들을 대상으로 이들의 구매능력에 맞는 적절한 제품을 제시했기에 가능했던 일이었다.

나. 잉글우드 종합병원ENGLEWOOD HOSPITAL AND MEDICAL CENTER의 STP

잉글우드 병원은 1890년 개원 이래 북 뉴저지 지역 주민을 대상으로 의료 서비스를 펼쳐오고 있다.

잉글우드 종합병원 소식지. 우측 상단에 표기된 '무수혈 의료 및 무수혈 수술The Institute for Patient Blood Management & Bloodless Medicine and Surgery'이란 표현에서 잉글우드 병원의 자부심이 묻어난다.

뉴저지 주에 있는 이 병원은 뉴욕 주변 3개 지역에 위치해 자신들의 병원과 경쟁관계에 있는 82개의 종합병원 중에서 남다른 차별성을 확보했다. 이러한 성과의 중심에는 '무수혈 수술Bloodless Medicine and Surgery' 이라는 새로운 수술법 개발이 매우 큰 역할을 했다.

잉글우드 병원은 종교 교리상 가족 간 수혈마저 허용되지 않는 여호와의 증인 환자들을 대상으로 수술 과정에서 발생하는 '출혈과 수혈'에 대한 고민을 해결함으로써 새로운 블루오션을 열었다.

(1) 시장 세분화Segmentation

의료 서비스 영역을 자세히 살펴보면 건강을 유지하게끔 돕는 '건강관리' 서비스부터, 치료를 끝내고 예전과 같은 정상적인 상태로 다시 돌아갈 수 있도록 돕는 '재활' 서비스에 이르기까지 몇 개의 분야로 세분화할 수 있다. 다시 말해 의료 비즈니스는 '건강관리-조기발견-치료-재활'이라는 네 가지 영역으로 세분화Segmentation할 수 있다. 잉글우드 병원은 이 중 세 번째 항목인 '치료' 분야에 관심을 가지고, 특별히 '외과적 접근' 분야에 역량을 집중했다.

잉글우드 병원의 시장 세분화와 목표 시장

세분화Segmentation		목표 시장Target Market	포지셔닝Positioning
건강관리 조기발견 치료 재활	피트니스, 헬스, 웰빙	치료-외과적 접근-수술	수혈 않는 무수혈 수술 (자가 수혈)
	건강검진		
	내과적 접근		
	외과적 접근		
	물리치료, 작업치료		

(2) 목표 시장Target Market 설정 및 포지셔닝Positioning

목표 시장으로 수술 영역을 잡고 그중에서도 수술 중 수혈을 하지 않는 무수혈 수술로 포지셔닝하기로 결정했다. 병원이 무수혈 수술법을 개발하게 된 동기는 앞서 언급한 바와 같이 가족 간 수혈마저 금지된 여호와의 증인 환자라는 '특별하고도 확실한 시장'이 있었기에 이들을 주 고객으로 한 서비스가 승산이 있을 것으로 생각했기 때문이다.

잉글우드 병원의 포지셔닝

세분화Segmentation		목표 시장Target Market	포지셔닝Positioning
수술 방법	그냥 수술	무수혈 수술 · 자가 수혈 (수혈이 필요 없는 수술과 자신의 피를 활용하는 수술)	특정 종교인 (여호와의 증인)
	수혈 않는 수술		
	여러 가지 수술		
	온갖 수술		
	그 밖에 다양한 수술		

종교적인 이유로 '여호와의 증인' 신자들은 다른 사람들의 피를 수혈하지 않는다. 하지만 그들이라고 해서 질병이나 사고에서 예외일 수는 없었다. 그럼에도 불구하고 이들은 수혈이 필요한 순간에도 교리를 지키려 수혈을 거부하기 일쑤였다. 그래서 착안한 방법이 자가 수혈 방식, 즉 환자 자신의 피를 재이용하는 수술로 환자들이 교리와 현실 사이에서 고민하지 않도록 해 준 것이다.

무수혈 수술에 대한 기술이 제 궤도에 오르자 당초에 의도했던 여호와의 증인 신도뿐만 아니라 일반 환자들까지 몰리기 시작했다. 수혈 과정에서 생기는 또 다른 감염이 사회 문제가 되자 보다 안전한 수술을 원하는 환자들이 늘어났기 때문이다. 무수혈 수술의 장점은 또 있다. 이 수술법은 면역 체계에 부담이 덜해 환자들의 회복이 더 빨라진다. 그 결과 뉴저지뿐만 아니라 미국 내 다른 주에서는 물론 해외에서도 환자들이 몰려들었다. 잉글우드 병원은 '피가 나지 않는 치료와 수술'이라는 속성을 소유함으로써 엄청난 성과를 만들어 낼 수 있었다.[8]

- 무수혈 치료와 무수혈 수술에 대하여 전국의 의사들에게 가르치고 있다.
- 2만 명 넘는 환자에게 무수혈 수술을 시행해 이 분야에 관한 최고의 명성을 가진 병원이 되었다.
- 매년 미국 내 30여 개 주에서는 물론이며, 전 세계 20개국 이상에서 환자들이 무수혈 수술을 위해 병원을 찾고 있다.

무수혈Bloodless, No transfusions 수술에 대한 로고 및 잉글우드 시와 응급의료 서비스 계약을 체결한 잉글우드 병원

8) 잭 트라우트, 스티브 리브킨. 차별화 마케팅. 더난출판, 2012 참고

다. 숄다이스 병원Shouldice Hospital의 STP

의료기관들이 친절해지고 있다. 허리를 90도로 굽혀 인사하거나 감사하다고 외치는 모습은 어디서나 흔히 볼 수 있는 광경이다. 경쟁이 치열해지면서 나타나는 위기감의 표현이기도 하다. 하지만 탈장脫腸 수술 전문 병원으로 알려진 캐나다의 숄다이스 병원Shouldice Hernia Centre은 이와 정반대다. 친절함과는 거리가 먼 데다 환자를 거부하거나 골라 받기까지 한다.

이 병원에 예약하기 위해서는 병원 반경 75킬로미터 이내 지역에 살고 있는 사람이라면 병원에 직접 와서 필요한 검사를 받아야만 한다. 물론 멀리 떨어져 있는 환자들은 질문지와 보험관련 서식을 홈페이지에서 다운받아 신청할 수 있다.
숄다이스 병원은 탈장질환 전문 병원이라는 이름에 걸맞게 탈장 환자만 받는다. 동맥경화, 치질, 정맥류 환자들은 아예 받지 않으며, 탈장 환자라도 심장병이 있다든가 최근 일 년 이내에 수술을 받은 적이 있는 환자인 경우에는 접수를 거부한다. 심지어 다른 사람과 잘 사귀지 못하는 사람도 받아 주지 않는다.

캐나다 토론토 소재 숄다이스 병원은 100병상이 채 안 되는 작은 규모지만 의료진의 전문성과 환자 만족도는 세계 최고 수준으로 10명의 의사가 매년 7,500여 건의 탈장 수술을 하고 있다. 일반 종합병원 외과의들이 일 년에 25~50건 정도의 탈장 수술을 하는 반면 이곳 의료진들은 연간 750건의 수술을 집도하다 보니 전문성은 물론 효율성 또한 대단하다.

숄다이스 병원 전경

탈장 치료에만 집중해 높은 효율성을 보여주고 있는 숄다이스 병원이 탈장 치료에 집중하게 된 계기는 무엇일까.
병원의 설립자 에드워드 얼 숄다이스Edward Earle Shouldice(1890~1965)는 2차 세계대전 당시 징병검사부Medical Examining Board 군의관으로 복무했다. 그는 국가를 위해 복무를 희망하는 젊은이들 중 일부가 탈장으로 인해 꿈을 이루지 못한다는 사실을 알게 되었다. 이들이 군에 입대하려면 수술을 받고 이를 먼저 해결해야만 했기에 그의 주된 임무는 훈련병 중 탈장 환자들을 치료해 3~4주 이내에 조속히 복귀하도록 하는 것이었다.
당시는 전시 상황이라 의사와 간호사 등 의료진이 부족했고, 마취과 의사는 더더욱 드물었다. 사정이 이렇다 보니 환자들인 훈련병들은 부분 마취 상태에서 수술을 받은 후 진통제를 받고 제 발로 수술 방을 걸어 나와야만 했다.

적당한 운동과 움직임이 수술 후 회복에 더 낫다고 믿었던 숄다이스는 수술 환자들에게 식사도 직접 가져다 먹게 했다. 자꾸 움직여야 상처도 빨리 아물고 회복도 빠르다는 확신에다 환자들이 모두 젊은 훈련병들이라 상대적으로 활동성이 많은 이들의 신체적 특성이 긍정적으로 작용해 높은 완쾌율과 낮은 재발률로 이어졌다. 그런 기억은 숄다이스 박사의 마음속에 깊이 새겨졌다.

전역 후 병원을 개원한 숄다이스는 군에서 경험했던 방식을 그대로 옮겨왔다. 숄다이스 병원에서는 환자들을 부분 마취한 후 시술하고, 절개부위는 바늘 대신 철제 클립으로 신속하게 봉합한다. 회복을 촉진하기 위해 간호사의 부축을 받기는 하지만 직접 걸어 나온다.

수술 당일에 한해 침대에서 식사를 할 수 있지만, 다음 날부터는 식당에 직접 가야 하며 몸도 스스로 씻어야 한다. 이 모든 과정에서 환자들은 수술을 받은 상태임에도 불구하고 자신감을 가지고 좀 더 적극적으로 움직이도록 요구받는다. 하루에 두 번 의무적으로 참여해야 하는 체조시간과 수술 직후 단 한 번을 제외하고는 엘리베이터 사용을 금하기에 환자들의 활동량은 자연히 많아질 수밖에 없다.

아울러 병원 측은 환자들끼리 깊은 유대감을 조성해 간호 인력의 수요도 많이 줄였는데, 구체적인 방법은 다음과 같다.

- 병실당 2명의 환자를 두되, 칸막이를 없애고 보호자들 없이 지내도록 함으로써 환자 간 유대감을 높인다.
- 환자의 나이, 직업, 종교, 취향 등을 고려해 먼저 수술받은 환자와 갓 수술받은 환자를 함께 배정해, 동지애와 동병상련을 느끼는 가운데 선후임 간 자연스런 정보교류와 협력이 이루어지도록 한다.
- 전자기기(휴대전화, 노트북 등)를 소지하지 못하도록 함으로써 병실 동료와 잦은 대화를 통해 유대가 깊어지도록 한다.
- TV는 휴게실에서만 볼 수 있도록 하며 식사도 정해진 시간에 6인용 테이블에서 함께하도록 함으로써 환자들끼리 가급적 자주, 많이 접하도록 한다.

심지어 병원에서는 환자 스스로 자신을 돌보도록 장려하는데, 이는 매우 중요한 의미가 있다. 병원 입장에서는 비용 절감도 되지만, 그보다 더 중요한 것은 수술을 받은 후 누워 있는 것보다 몸을 계속 움직이는 게 회복에 더 낫기 때문이다. 탈장 이외의 다른 환자들을 받지 않으니 휠체어를 탄 환자를 위한 널찍한 복도나 큰 승강기도 없다. 대신에 빨리 회복할 수 있도록 움직이는 데 편안한 카펫이 깔린 복도와 경사가 완만한 계단, 산책할 수 있는 잔디밭이 전부다. 누구도 이를 두고 불편하다거나 잘못되었다고 얘기하지 않는다. 모두가 치료에 도움이 되기 때문이다.

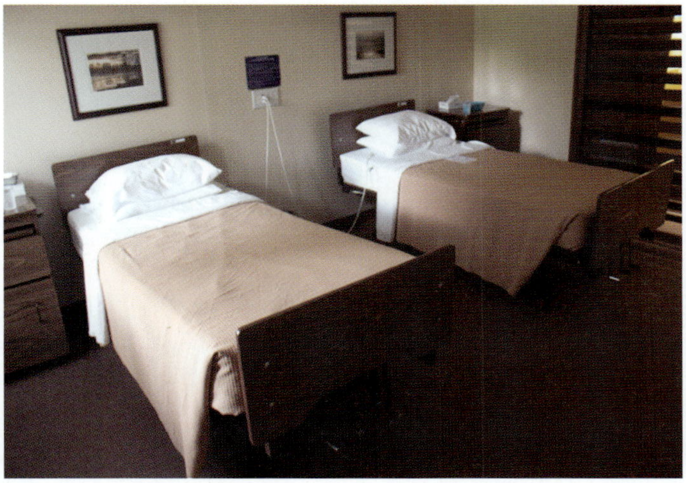
숄다이스 병원 입원실 전경

웬만한 일은 간호사의 도움 없이 환자들끼리 상부상조를 통해 해결된다. 힘들고 괴로운 입원기간이라 더더욱 깊어진 환자들 간의 유대관계는 환자들끼리 동문회를 만들어 정기적으로 만나는 단계로까지 발전했다. 해마다 1월이 되면 토론토 시내의 로얄요크 호텔에서는 숄다이스 동문회가 열리는데, 한때 1,500명까지 참석할 정도로 규모가 컸다. 이 행사는 1948년부터 1998년까지 이어졌다. 숄다이스 병원을 찾는 환자의 87%가 기존 숄다이스 동문(?)의 권유에 의한 것이란 집계가 있을 정도로 출신 환자들의 충성도는 매우 높다.

세분화Segmentation	목표 시장Target Market	포지셔닝Positioning
동맥경화 치질 탈장 정맥류 …	다른 질병이 있거나 있었던 환자라 치료 예후를 장담하기 어려운 탈장 환자 (×)	신체 건강하여 합병증 없이 빠른 회복이 기대되는 탈장 환자
	최근 일 년 이내 수술을 받은 적 있어 건강이 별로 좋지 않는 탈장 환자 (×)	
	다른 질병이나 수술 경험이 없는 깨끗하고 순순한(?) 환자로 금방 회복이 될 것으로 기대되는 탈장 환자 (○)	
	직접 와서 필요한 사전 검사를 받을 수 없는 것으로 보아 체력에 문제가 있어 보이는 탈장 환자 (×)	
	성격이 까칠하고 예민해 치료 후 회복이 순탄하지 않을 것 같은 탈장 환자 (×)	

상당수 환자가 직접 와서 접수를 해야 하고, 탈장 이외의 다른 환자들은 받지 않으며, 다른 사람과 잘 사귀지 못하는 사람은 받지 않는다는 숄다이스 병원은 탈장 환자를 여러 형태로 구분한 뒤 이 중에서 다른 질환이 중복되지 않는 사람, 합병증을 일으킬 만한 요인이 없는 사람 등 비교적 탈장 치료만 하면 되는 환자들을 중심으로 목표를 잡았고 좀 더 구체적으로 신체 건강하여 빠른 회복이 기대되는 탈장 환자에 승부를 건 것이다.

조별 과제

① 제7장에 수록된 내용 중 가장 공감하는 부분은 무엇이며, 그렇게 생각하는 이유를 설명하시오.
② 제7장에 추가할 내용으로 딱 좋은 STP 사례를 찾아보고, 해당 사례를 선정한 이유에 대해 설명하시오.

개인 과제

CHAPTER 7. 의료마케팅과 STP

학번		성명		제출일	

① 이번 장을 한 문장으로 표현해 보자.

② 이번 장과 관련해 스스로 찾아본 것에 대해 자세히 적어 보자. 책은 50쪽 이상 읽은 것만 적을 수 있으며, 영상 자료와 신문 및 기타 내용은 출처나 연도 표기를 정확히 적어 보자.

책	
영상 자료	
신문	
기타	

③ 이번 장에 관해 200자 이상의 에세이를 손으로 직접 써 보자.

＊ 이 페이지는 절취하여 다음 시간에 제출할 것

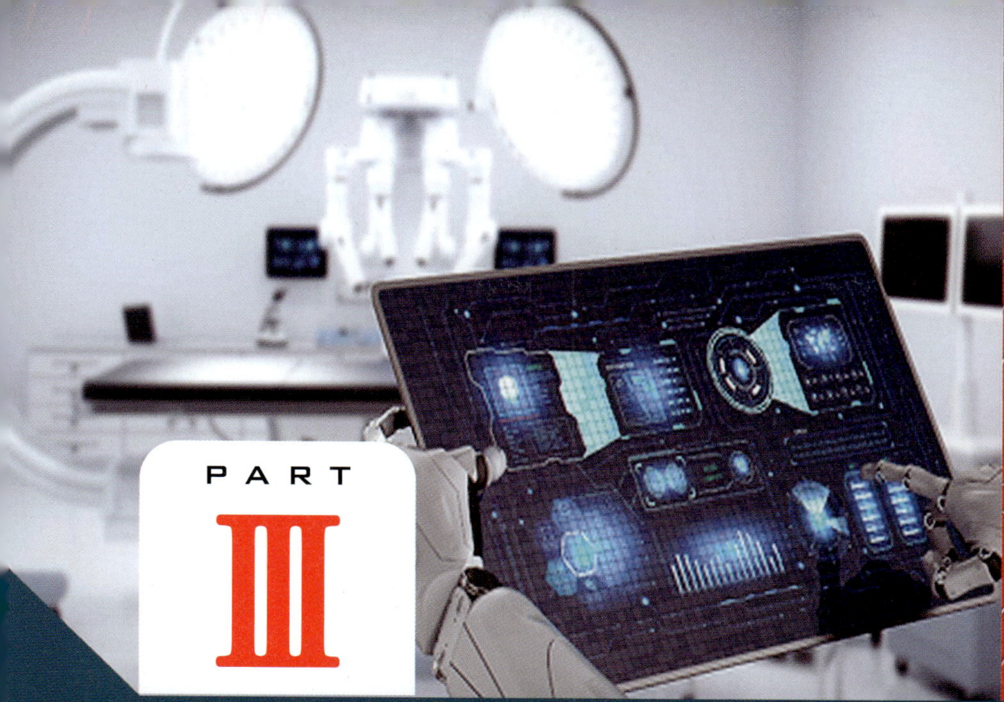

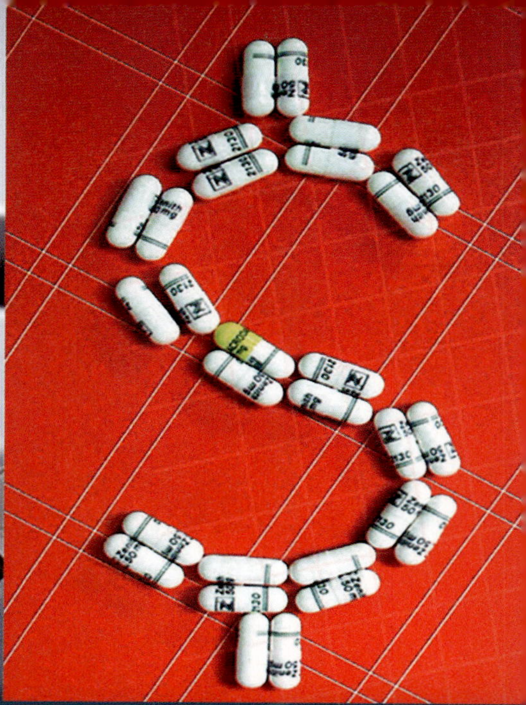

PART III

마케팅의 실제

마케터의 역할

역사적으로 최고의 기업들은 소비자들에게 언제나 얻기 힘든 가치를 제안했다. 시대를 막론하고 사람들은 모두 희귀한 것에 열광한다. 하지만 풍요와 과잉으로 넘쳐 나는 오늘날, 과연 어떠한 것이 아직까지 희귀한 상태로 남아 있단 말인가?
그것은 바로 '여백'이다. 온갖 소란, 흥분, 활동, 자극으로 가득찬 세상에서, 가장 희소성이 높은 가치는 '침묵'이 아닐까 한다. 내게 가장 필요한 것은 차분히 생각해 볼 수 있는 조금의 여유다.
미래의 아이디어 브랜드들의 두 번째 공통점은 '거대한 아이디어big idea'의 실천이 될 것이다. 이 말의 의미는, 사소한 부분에서가 아니라 전반적인 차원에서 차별화를 추구할 것이라는 뜻이다. 차별화란 일탈이자 변화다. 지금까지 세상에 없었던 새로운 가치를 보여주는 흥미진진한 모험이다.
세 번째는 '인간적인 숨결'이 될 것이다. 미래의 아이디어 브랜드들은 인간의 복잡하고 모순된 생각과 감정을 적극적으로 수용하고, 이를 활용할 줄 아는 브랜드가 될 것이다.
여기서 마케터들의 역할이 더욱 중요해진다. 마케터는 그가 속해 있는 조직을 끊임없이 인간적인 공간으로 만들어나가야 할 의무가 있다. 추상적인 차원의 소비자 군중이 아니라 현실에 존재하고 있는 실제의 소비자들과 관계를 형성해 나가야 한다는 뜻이다. 그러기 위해서 언제나 '세상 속'에 머물러 있어야 한다. 그리고 주변의 모든 사람들과 함께 호흡해야 한다. 클럽, 길거리, 식당, 학교에서 만나게 되는 모든 사람들 속으로 들어가야 한다. (문영미. 디퍼런트. 살림BIZ, 2010)

육일약국으로 잘 알려진 김성오는 약사라는 경력에는 다소 이색적인 엠베스트 교육의 CEO가 되었다. 중학교 학생들을 대상으로 교육 사업을 하는 곳으로, 쉽게 말하면 인터넷을 통한 학원 사업이라고나 할까.

학원 사업의 성패는 좋은 강사진에 달려 있음은 상식이다. 대한민국 최고의 스타 강사로 인천의 한 고등학교에서 근무하는 선생님이 있었는데, EBS 강의료와 성황리에 팔리고 있는 교재 인세를 합친 수입으로 경제적 어려움이 없었던 그 선생님은 직업관도 워낙 투철해 스카우트를 시도하다 고배를 마신 학원이 한두 곳이 아니었다.

회사에 꼭 필요한 사람이라고 생각한 김성오는 전화를 걸었다. 그 선생님은 정중하지만 확실하게 거절 의사를 표했다. 보기 좋게 거절당한 것이다. 하지만 그 후 시간이 날 때마다 전화를 걸어 안부를 물었다. 열다섯 번째 통화를 할 때쯤, 항상 예의를 갖춰 거절하던 때와 달리 그날은 '왜 자꾸 전화하느냐'며 화를 내기 시작했다. 그 후 8개월 동안 서른 번도 넘게 통화를 했고, 틈날 때마다 인천에 직접 찾아가 생각에 변화가 있는지 물어보곤 했다. 하지만 언제나 대답은 똑같았다.

인천까지 오가는 데 걸리는 시간은 대략 5~6시간! 지금까지 수많은 스카우트 제의를 거절했던 그 선생님도 서른 번 이상의 통화와 자신이 사는 곳까지 찾아오는 그의 열정에 마음이 흔들렸다.

"지금까지 부사장님께서 7번을 이곳으로 내려오셨으니, 다음에는 제가 서울로 가겠습니다."[1)]

그렇게 공을 들였던 EBS 스타 강사와의 여덟 번째 만남은 서울에서 이루어졌다. 그가 마침내 계약서에 사인을 한 것이다. 8개월의 노력 끝에 얻은 결과이자, 여섯 번만 찾아갔다면 결코 이루지 못했을 일이었다.

실행이 곧 전부다. 아이디어는 과제 극복의 5%에 불과하다. 아이디어의 좋고 나쁨은 어떻게 실행하느냐에 따라 결정된다. 그 선생님을 스카우트하기 위해 수많은 학원 관계자들이 그가 사는 인천까지 찾아갔지만 대부분 한두 번 혹은 서너 번에 그쳤다. 결국 그들은 스타 강사의 마음을 움직이지 못했다.

실패하는 리더의 70%는 실행력 부족이라는 치명적 약점을 갖고 있다. 오늘날 경영자의 95%가 옳은 말은 하지만 단 5%만이 옳은 일을 실행에 옮긴다는 포춘Fortune의 메시지는 많은 것을 시사한다.

요양병원은 무엇을 파는 곳인가.
수준 높은 의료 서비스를 팔 수도 있고, 치매 환자들을 안전하게 보호하는 서비스를 팔 수도 있다. 어떤 사람은 호텔 서비스를 판매하는 곳이라고도 한다. 하지만 좀 더 다른 관점에서 '효도한다는 명분'을 파는 곳이라면 어떨까.

부모님을 요양병원에 모시려는 자식들은 평생토록 자신들을 위해 희생해 오신 부모님을 집에서 모시지 못하는 데 대한 죄책감을 가지는 경우도 많다. 하지만 치매가 있는 경우, 집에서 모시다 보면 치료가 잘 안 되는 것은 물론, 증세가 심해지기도 하기에 집보다는 병원에 모셔 제대로 치료를 받으시도록 하는 게 치료에 더 큰 도움이 되기도 한다. 이런 경우, 자식들 편하자는 게 아니라 환자를 위해 병원에 모시는 셈이다.

이런 설명을 해주면 보호자들이 가졌던 죄책감도 줄어들고 가족들 사이의 불필요한 갈등도 해소된다. 따라서 치매 어르신을 입원시킬 때 가능하면 온 가족을 다 모이도

---

1) 김성오. 육일약국 갑시다. 21세기북스, 2007

록 해 알아듣도록 설명한다. 예를 들어, 자식들 편하자고 입원시키자는 게 아니라 의학적으로 입원 치료가 더 낫다는 점을 자세하게 설명해, 입원시키는 것이 불효가 아니라 진정한 효도라는 점을 강조하는 것이다.

효도한다는 명분을 파는 곳으로 업의 본질을 색다르게 정의해 보면 많은 마케팅 시사점을 얻을 수 있다. 공기 맑은 산속이나 한적한 시골보다는 자식들이 쉽게 자주 찾아뵐 수 있도록 도심 속 혹은 도심과 가까운 곳이 좋을 것이다.

업의 본질을 효도하는 느낌이 들게끔 하는 곳이라 정한 만큼, 환자와 가족들이 함께 하는 이벤트도 빠질 수 없다. 음악회도 좋고, 환자의 근황이나 상태를 보호자들이 좀 더 빨리, 좀 더 편하게 알 수 있도록 인터넷을 통해 사진이나 동영상 등을 올려줄 수도 있다. 이처럼, 그동안 생각했던 것과 조금 다른 방향으로 바라만 봐도 새롭고 중요한 통찰을 얻을 수 있다.[2)]

2) 배지수. MBA 의사가 말하는 잘 되는 병원의 30가지 비밀. 매일경제신문사, 2015 참고

CHAPTER

8

시장조사

뇌물 관행이 어느 정도인지 기업 관리자들을 대상으로 알아보았다. 하지만 뇌물을 준 적이 있으면 손을 들어보라는 말에 그 누구도 손을 들지 않았다. 그래서 이번에는 경쟁자가 뇌물을 주고 있다는 사실을 알고 있는 사람은 손을 들어보라며 질문 내용을 조금 바꿔 보았다. 그랬더니 거의 대부분의 사람들이 손을 번쩍 들었다. 질문 내용을 조금 바꾼 것뿐인데, 처음 조사 때와는 전혀 다른 결과가 나온 것이다.

메리어트 호텔은 예약 손님에 대한 처리 방식을 조금 바꾸면서 비용절감과 함께 고객 불만을 잠재우는 두 가지 토끼를 동시에 잡았다. 그 배경에는 정확한 고객 조사가 있었기에 가능했다.

당초, 이 호텔은 사정으로 인해 예약 손님에게 객실을 제공하지 못할 경우 다른 호텔의 더 비싼 객실을 무료로 제공해 왔다. 대략 1,000달러 정도의 비용이 소요되는 이 서비스에 대하여 정작, 손님들의 반응을 별로였는데 업무차 출장 온 비즈니스맨들의 불만이 특히 심했다.

출처 : pinterest.co.kr/pin/732397958129417289/

이를 기이하게 여긴 호텔 측은 조사를 통해 의외의 사실을 알게 되었다. 출장비는 회사에서 나오니 '객실 무료 제공'이 이들에게는 별 의미가 없었던 것이다. 하지만 예약이 차질을 빚어 숙소가 바뀌게 되면 교통편을 새로 알아보고 일정을 다시 조정하는 등 출장 나온 사람들이 온갖 불편을 고스란히 치러야 했는데, 이에 대한 보상이 없었던 것이다. 이후 호텔 측에서는 기존의 보상 방식에서 벗어나 사과의 표시로 출장자에게 200달러를 주고 숙소는 본인들이 알아서 편한 곳을 직접 찾아보게 했다. 이

출처 : earthbath.com/dog/five-ways-to-make-your-dog-smile-this-summer/

방법은 결과적으로 모두에게 유익했다. 호텔 측은 800달러를 줄였고, 출장자들은 예상치도 않았던 200달러가 생겼기 때문이다.

1,000달러나 되는 돈을 들이면서도 아무런 효과를 내지 못하는가 하면, 200달러만 지출하고도 더 큰 고객만족을 이끌어내는 방법이 있었던 것이다. 예약했던 방을 제공하지 못했기에 이에 대한 보상으로 더 좋은 방을 구해주는 것도 나쁜 것은 아니다. 하지만 그러한 조치가 회삿돈으로 출장 나온 사람들에게는 실질적인 보상이 되지 못한다는 사실까지는 알지 못했던 것이다. 사전에 출장자들의 입장을 좀 더 알아봤더라면 처음부터 200달러로도 충분한 효과를 거둘 수 있었을 것이다. 늦은 감이 없지는 않았지만, 메리어트 호텔 측은 비즈니스맨으로 구성된 포커스 그룹 조사를 통해 보다 개선된 해법을 마련할 수 있었다.

눈앞에 보이는 현상 못지않게 이면에 감춰진 내면을 밝혀내는 것도 매우 중요하다. 다만, 정확한 조사 설계를 통한 조사 못지않게 드러난 결과에 대한 올바른 해석을 위해서도 많은 노력을 기울여야 한다. 그렇지 않을 경우 위 사례와 같이 1,000달러나 쓰고도 효과는 영 딴판인 경우가 생겨나곤 하기 때문이다.

1. 시장조사가 필요한 이유

맥도날드, 리바이스 청바지, 말보로 담배처럼 일본에서 성공을 거둔 미국 업체와 달리 P&G는 진출 초기, 재앙에 가까운 실패를 맛보았다. 10년간 2억 달러의 손실을 입은 것만 본다면 일본 시장을 포기하는 게 맞지만, 세계에서 두 번째로 큰 시장을 포기할 수는 없었다. 게다가 향후 아시아 지역으로 진출을 확대하여 그곳에서 일본 기업들과 다시 만나게 될 경우까지 감안하면 절대로 물러설 수는 없었다.

P&G가 일본에서 죽을 쑨 것은 일본 시장에 대한 이해가 부족했기 때문이었다. 소비자들의 제품에 대한 요구와 기대가 남달랐던 것인데, 완벽한 무결점 수준의 제품을

요구하는 일본인들의 성향과 취향에 대한 사전 조사가 충분하지 않았던 것이다.

비좁은 주거 공간 때문인지 유난히 위생을 따지는 일본 여성들은 미국이나 유럽 여성에 비해 두 배나 자주 기저귀를 교체했고, 생리대도 마찬가지였다. P&G가 이러한 사실을 깨달은 것은 한참 후의 일이었다. 뒤늦긴 했지만 시장 철수까지 고려했던 P&G는 제대로 된 시장조사를 통해 일본 시장과 일본 소비자들을 이해하게 되면서 비로소 시장에 안착할 수 있었다. 이는 비단 P&G에만 국한된 것은 아니다. 부실하고 빈약한 시장조사로 큰 낭패를 보는 경우가 얼마나 많은가.

가. 동양매직과 비교되는 S사

가스오븐레인지가 있는 집이 많지는 않다. 한식 문화의 특성상 빵이나 케이크를 굽는 데 용이한 오븐oven 사용이 드문 데다 국이나 찌개를 끓이고 데우는 가스레인지만으로도 충분하기 때문이다. 사정이 이렇다 보니 한때 가스오븐레인지는 필요성이나 실제 사용 여부와 관계없이 그 집안의 경제적 윤택함을 드러내는 상징적 물건이었다.

절대 강자였던 동양매직을 상대로 후발주자로 나선 S사는 100만 원대 제품에 맞서기 위해 70만 원짜리 제품을 내놓았다. 후발주자의 불리함을 극복하기 위해 저가전략을 취한 것이다. 하지만 결과는 대참패였다. 절대 강자가 버티고 있는 가스오븐레인지 시장에 진입하기 위해 어쩔 수 없었던 선택이었건만 바로 그 저가전략 때문에 실패할 수밖에 없었다. S사의 전략에 무슨 문제가 있었던 것일까.

S사는 가스오븐레인지의 대외 전시용 기능, 즉 '자랑하고 뻐기는' 기능을 간과한 것이다. 가스오븐레인지는 사용 여부와 관계없이 다른 사람들에게 자랑하며 보여주는, 그래서 자녀들의 혼수 품목에도 당당하게 한 자리 차지하던 그런 제품이었던 것이다.

하지만 S사의 제품은 저가였던 탓에 결과적으로 30만 원 싼 싸구려 물건이란 이미지만 남아, 오히려 경쟁사 제품의 가치만 더 올려놓는 꼴이 되었다. 만일 S사가 해당 제품을 구입하는 이유가 무엇인지 좀 더 자세하게 알아봤더라면 절대로 낮은 가격을 내세우지는 않았을 것이다. 오히려 프리미엄 전략을 펼치며 훨씬 더 고급제품임을 강조하였을 것이고, 그 편이 더 나은 결과를 가져왔을지 모른다. 후발주자였기에 선두 업체의 제품 성능과 가격 정보를 충분히 알고 있었음에도 불구하고 잘못된 판단으로 오히려 일을 그르치고 만 것이다.

나. 전문가들만 모르는 화상전화가 안 되는 이유

미국의 AT&T는 성공을 낙관하며 화상전화 서비스 사업에 뛰어들었다. 지금으로부터 50년도 더 지난 1969년의 일이다. 이후에도 비슷한 시도가 여러 번 더 있었지만 번번이 고배를 마셨다. 핸드폰이 나온 뒤에도 화상전화에 대한 사업 시도가 이어졌다. 애플에서도 '페이스타임'이란 앱을 통해 관련 시장을 키우려 했으나 그 또한 오래가지 않았다. 50여 년 전부터 시작된 여러 차례의 사업 시도가 번번이 실패로 끝났음에도 불구하고 애플과 같은 기업들이 해당 서비스에 대한 미련을 버리지 못하는 것은 무엇 때문일까?

화상전화라는 아이디어가 반세기 넘도록 사라지지 않았다는 것은 사업 아이템으로 가치가 상당함을 의미한다. 하지만 그동안의 시도가 번번이 좌절되었다는 것 또한 아이디어나 사업 아이템만으로는 극복하기 어려운 또 다른 난관이 있음을 뜻하는 것은 아닐까.

전화에다 자신의 적나라한 모습이나 주변 상황을 그대로 드러내는 화상전화를 반기는 사람이 얼마나 되겠는가. 늦잠 자다 걸려온 전화에 "몸이 아파서~" 하며 얼버무릴 수 있었는데, 화상전화라면 그대로 들통난다. 숨길 방도가 없다. 그러니 보여주고 싶지 않은 모습과 주변 정황을 있는 그대로 드러내 보이는 화상전화는 애당초 절대 불가다.

우측은 'Eric Ravenscraft, Why Your Phone's Accessibility Options Are Useful for Everyone, The New York Times March 24, 2020'에 실린 Jo Zixuan Zhou의 삽화

전문가라 불리는 이 분야의 기술자들은 화상전화 사업의 성패가 기술에 달려 있다고 보고 해당 서비스의 구현을 막는 기술적 문제 해결에 온 힘을 기울였다. 하지만 정작 이러한 서비스의 실현을 막는 최대의 걸림돌은 사람들의 심리적 부담이었던 것이다. 그걸 깨닫는 데 50여 년이 걸린 셈이다. 기술개발에 들였던 그 엄청난 노력의 반에 반만이라도 사람들이 화상전화를 어떻게 받아들일지를 좀 더 정확하게 알아보는 쪽으로 돌렸더라면, 훨씬 더 나은 결과가 나왔을지도 모를 일이다.

2. 조사 결과에 대한 정확한 해석의 중요성

코로나 바이러스 19Corona virus disease 19 사태 당시 외국인 투자자들은 한국을 떠나려고 갖고 있던 국내 주식을 모두 팔아치우기 바빴다. 코로나 사태의 여파로 한국 경제의 앞날을 어둡게 봤기 때문이다. 그런데 흥미로운 것은 국내 주식 투자자들의 상반된 반응이다. 이는 여태껏 없었던 아주 예외적인 움직임이었다. 외국인 투자자들의 일방적인 매도에도 불구하고 국내 투자자들은 이들이 내놓은 주식에 끊임없이 매수주문을 냈다. 코로나 바이러스 사태라는 전 세계적 현실 앞에 외국인과 국내 투자자들은 매도와 매수라는 상반된 반응을 보인 것이다.

정밀한 시장조사 못지않게 중요한 것이 조사 결과를 제대로 해석하는 것으로, 어찌 보면 조사 때보다 더 많은 노력을 기울여야 하는 것이 결과 해석인 것이다. 예를 들어 고객만족도 조사 결과, '의사의 말투'나 '의사의 설명'보다 '대기시간'에 대한 환자들의 불만도가 더 높았다고 대기시간 단축을 최우선 과제로 해야 하는 것은 아닐 수도 있다.

대기시간을 줄여야 하는 것은 사실이지만 올바른 해결 방안이 아닐 수 있기 때문이다. 만족도를 높이기 위해서는 점수가 가장 떨어지는 항목이 무엇인지 파악하는 것 못지않게 전체 만족도에 큰 영향을 미치는 핵심 항목이 무엇인지를 찾는 것도 중요하다.

일반적으로 '의사의 말투', '의사에 대한 신뢰도', '간호사에 대한 신뢰도'가 이런 것들이다. 오래 기다리는 것 자체도 기분 나쁘지만 의료진들의 태도가 거슬리면 대기 시간은 상대적으로 더 길게 느껴지기도 한다. 이런 경우라면 대기시간 단축보다 의사나 간호사에 대한 교육에 힘쓰는 것이 환자의 만족도를 높일 수 있는 길이다. 이와 같이 진짜 원인이 다른 곳에 있는 경우라면 만족도가 낮은 항목을 개선하면 전체 만족도가 올라갈 것이라는 판단이 언제나 맞는 것은 아닐 수 있다.[1)]

조사 결과에 대한 보다 면밀한 분석과 해석의 필요성에 대해 몇 가지 사례를 통해 살펴보기로 하자.

가. 자전거 사고가 줄어든 이유

1990년대 초, 호주 정부는 자전거 운전자들에게 안전모 착용을 의무화했다. 법으로 정한 규정 탓인지 제도 시행 후 자전거 사고와 사망률이 확연히 줄어들었다. 정부 당국은 이러한 결과를 무척 자랑스러워했지만, 원인은 다른 이유 때문이라는 것이 뒤늦게 밝혀졌다.

안전모 없이 자전거를 타는 게 꼭 불법일까(출처 : bicycleuniverse.com/helmet-illegal)

폼에 살고 폼에 죽는다는 '폼생폼사'란 말처럼 폼 하나에 모든 것을 거는 젊은이들 가운데 안전모 착용 의무화법이 시행되자 자전거 타기를 그만둔 사람들이 많아졌고, 혈기왕성한 젊은 층 자전거 인구가 줄어들다 보니 자전거 사고도 줄어든 것이었다. 법 때문이 아니라 자전거 인구, 그중에서도 젊은 층 자전거족이 감소한 데 따른 것이란 얘기다. 한마디로 말해 원인은 다른 곳에 있었다는 것이다.

나. 문제 많은 병동은 정말 문제일까[2)]

고객만족이 새로운 개념은 아니다. 하지만 고객만족에 대해 제대로 관리하고 정확히 측정하는 것은 간단한 일이 아니다. 흔히 사용하는 반품률과 취소율 지표를 통해 이 문제에 대하여 생각해 보자.

---

1) 고미야 가즈요시. 숫자력. 위즈덤하우스, 2009 참고
2) 장정빈. 히든 서비스. 올림, 2016 참고

아래 두 항목에 대한 가장 알맞은 대답은 무엇이라 생각하는가.

반품률返品率 취소율取消率	① 두 지표 모두 낮은 것이 좋다. ② 둘 다 높은 게 좋다. ③ 그때그때 다르다.

당연히 반품률이나 취소율이 낮은 게 좋다고 생각할 것이다. 반품률이 낮고 취소율도 낮다면 고객들의 만족 수준이 높다고 볼 수 있기 때문이다. 하지만 언제나 그런 것은 아니다. 경우에 따라서는 오히려 둘 다 높을수록 고객만족이 클 수도 있다. 어느 병원의 병동病棟 사례를 통해 자세히 알아보자.

어떤 병원에 두 병동이 있었다. 편의상 A, B병동이라 할 때, A병동은 잦은 실수가 끊이질 않았던 반면 B병동은 최근 6개월간 아무런 사고도 일어나지 않았다. 그야말로 무사고 병동을 자랑하는 B병동이다. 두 병동 중 어느 쪽이 더 우수하고 훌륭한 곳일까. A병동일까 아니면 B병동일까.

사고율이라는 지표만 생각해 보면 B병동이 탁월하다. 6개월 동안 사고가 단 한 건도 발생하지 않았으니 말이다. 하지만 왜 A병동의 실수가 잦은지, 그에 비해 B병동은 왜 그리 무사고인지 이상하지 않은가. 혹시 숨겨진 다른 이유가 있는 것은 아닐까.

B병동 책임자나 병동의 분위기가 실수를 용납지 않거나 혹은 실수가 드러나면 큰일 나는 부서 분위기 탓에 실수가 있더라도 드러내지 않고 오히려 이를 숨기는 경우라면 상황은 아주 달라진다. 만약 그렇다면 A병동과 달리 B병동이야말로 정말 문제가 있는 곳이 되는 셈이다. 그런 경우라면 B병동은 더 큰 문제를 키우고 있는 것이니 이건 보통 심각한 문제가 아니다. 그리 대수롭지 않은 잔잔한 실수나 경미한 사고가 큰일로 번지지는 않는다. 하지만 어쩌다 생기는 한 번의 대형 사고는 그 자체만으로도 치명적이다. 작은 사고를 쉬쉬하며 감추다 보면 언젠가는 큰 사고로 이어지기 마련인데, B병동이 그런 사고를 키우고 있는 중이라면 더 그렇다.

낮은 반품률이나 취소율이 언제나 좋은 것은 아니다. 반품이나 구매 취소를 절대 허용하지 않는 고압적인 부서장이나 그런 부서장이 만들어내는 압박 속에서 만들어진 것이라면 보통 심각한 게 아니다. 반품이나 취소가 쉽지 않은 업체를 다시 찾는 고객은 없다. 고객의 반품이나 환급 요구에 온갖 이유를 들이대며 계속 거부하는 곳이라면 고객들은 영원히 사라질 것이다. 이런 것도 모르고 반품률이나 취소율을 상담 직원의 평가 지표로 삼는다면 이건 정말 큰 문제다.

판매원이나 콜센터 직원이 반품률과 취소율을 낮추려 결사적으로 움직일 것이다. 모두가 고객의 책임이고 고객이 부주의한 탓으로 돌릴 것이다. 그것도 부족하면 회사 규정을 들먹이며 불가함을 강변할 뿐이다. 이런 과정에서 거둔 낮은 반품률과 낮은 취소율이 무슨 도움이 되겠는가. 그렇다면 보완책은 무엇이 있을까.

고객만족도를 함께 보는 것이다. 고객만족도가 꾸준히 유지되면서 위 두 지표가 낮아진다면 참 좋은 결과일 테고, 고객만족도가 높게 유지되는 가운데 두 지표가 높아진다면 좀 더 두고 볼 필요가 있다. 하지만 고객만족도가 떨어지면서 두 지표가 낮아지거나 혹은 낮은 수준을 유지한다면 이건 심각한 문제임을 알리는 징조라 할 수 있다.

다. 같은 문제에 대한 서로 다른 처방

치매 문제가 사회적으로도 큰 고민거리가 되고 있다. 우리보다 먼저 일본도 같은 문제로 골머리를 앓아왔는데, 흥미로운 사실은 치매 문제에 대한 두 나라의 접근법이 서로 다르다는 점이다.

- 우리나라 : 독거노인을 위한 '디지털 말벗' 서비스 개발 추진
- 일본 : 하체 근력 향상을 위한 노인 체육진흥 캠페인 강화

치매 문제를 해결하려는 두 나라의 대책이 전혀 다르다.
'디지털 말벗' 서비스는 대화의 기회가 줄어 적절한 뇌 자극을 받을 수 없는 혼자 사는 노인이 늘어난 것을 치매율 증가의 원인으로 본 것이다. 따라서 부족한 대화를 인공지능 등을 활용하여 해결하려는 접근법이다.

문제는, 혼자 사는 노인들이 하나같이 대화 상대가 없는지, 그리고 언어능력이 떨어지는 것이 치매 발생의 근본적인 원인일까 하는 점이다. 독거노인이라 하더라도 집에만 있는 것은 아니지 않는가. 열심히 밖으로 다니며 외부 활동을 활발히 하는 어르

신도 있으니 혼자 지내는 노인들이 하나같이 대화상대가 없는 것은 아니라는 생각도 든다.

일본의 와세다대학교 연구팀이 고령자 1만 4,000여 명을 10년간 추적 조사한 연구 결과에 따르면 취미 모임 등 외부 활동에 참여하는 노인들의 치매 발병률이 25% 낮게 나타났다. 치매 예방의 보다 직접적인 요인으로 '외부 활동 가능성'이 중요하다는 것이다. 즉, 거동이 불편해져 외부 활동이 어려워지는 것이 치매를 유발하는 근본적인 원인이 된다는 것이다. 그렇게 본다면 노인들의 근력, 특히 하체 근력을 강화함으로써 신체 쇠약에 따른 거동 제한을 완화하고 활발하게 외부 활동을 하게 만드는 '체육진흥 캠페인'이 디지털 말벗 서비스보다 더 나은 해결책이 될 수도 있다는 판단이 선다.[3)]

치매 원인과 그에 따른 대책

구분	한국	일본
원인	대화 부족	거동 불편
해결방안	디지털 말벗	근력 강화

3. 올바른 시장조사를 위한 전제

이케아가 처음부터 미국에서 승승장구한 것은 아니다. 진출 초기, 이케아는 유럽 지역에서 검증된 베스트셀러 제품들을 속속 미국에 선보였다. 하지만 유럽에서 성공했던 제품들이 모두 좋은 결과를 보인 것은 아니었다. 가장 큰 이유는 유럽과 매우 다른 미국인들의 라이프 스타일 때문이었다. 예를 들어 많은 미국인들에게 옷장은 불필요한 것이었다. 작은 방 하나를 통째로 비워 드레스 룸으로 쓰는 경우가 많았기에 옷장은 불필요한 가구에 불과했던 것이다. 그뿐만이 아니다. 유럽 소비자들로부터 호평을 받았던 선반 제품들도 미국인들이 보기에는 깊이가 충분히 깊지 않았으며, 푹신

3) 황성욱. 마케팅 해부실험. 휴먼큐브, 2019 참고

캘리포니아 버뱅크Burbank에 있는 미국 내 최대 이케아IKEA 매장인 이곳은 2017년 2월 8일 개점한 이래 1만 가지 제품을 갖추고 있다. 12,800평(456,000 스퀘어피트)의 부지에는 1,700대 규모의 주차장도 갖추고 있다. 참고로 전 세계 IKEA 매장 중 가장 큰 곳은 스웨덴 스톡홀름에 있다(부지 16,691평).

한 소파를 선호하는 미국인들에게 이케아 소파는 딱딱하다는 느낌이 더 강했다. 목욕 수건은 너무 작고 얇았으며 접시는 피자를 담기에는 약간 작았다. 이케아가 내놓은 물컵도 작기는 매한가지였다. 미국인들은 이케아 매장의 화병을 구입해 물컵으로 사용할 정도였다.

유럽 소비자들의 성향이나 라이프 스타일과는 매우 달랐던 미국인들을 이해하기까지 이케아는 꽤 많은 시행착오를 겪어야 했다. 하지만 이런 시행착오는 이케아만 겪은 것은 아니다.

제대로 된 올바른 시장조사를 위해 알아두어야 할 것들에는 어떤 것들이 있을까. 어떤 내용들에 대해 미리 대비해야 시행착오를 최소화할 수 있을지 알아보자.

가. 법규/기준에 대한 이해

한때 정신질환자들에 대한 치료는 '구금이나 격리'를 기본으로 사회와 '분리'시키는 것이 주를 이루었다. 하지만 요즘에는 '개방과 자유'를 기본으로 빠른 사회 '복귀'를 목표로 두고 있다. 이처럼 치료법 또는 질병에 대한 접근법 또한 시대와 장소 혹은 나라에 따라 다를 수 있음에 유의해야 한다. 그 배경에는 법규나 기준이 한 부분을 차지하고 있다.

은폐	➡	드러냄
구금 · 격리	➡	개방 · 자유
영구적인 사회와의 분리	➡	조속한 사회 복귀

치즈 하면 가장 먼저 떠오르는 나라가 프랑스다. 프랑스에는 수백여 종의 치즈가 있다고 한다. 지금은 고인이 된 드골 대통령은 매일 치즈를 바꿔 먹는 국민을 통치하는 것은 불가능하다고 말하며 대통령직을 물러나기도 했다.

대통령의 하야 성명에 언급될 정도로 프랑스 사람들의 생활 곳곳에 치즈가 자리 잡고 있다. 심지어 그들은 디저트로 치즈를 먹는다. 프랑스 사람들에게 치즈란 '살아 있는 존재'다. 치즈 가게에 가서는 치즈를 찔러 보고 냄새도 맡아 보면서 치즈의 숙성 정도를 살핀다. 그렇게 고른 치즈를 우리 식으로 따지면 아파트 뒤 발코니에 둔다. 치즈가 숨을 쉴 수 있도록 공기가 통하는 덮개가 있는 그릇에 넣어 실온 보관하는 것이다.

반면에 미국인들에게 치즈는 '완제품'이다. 미국에서 소비되는 모든 치즈는 살균을 통해 멸균 과정을 거친 제품들이다. 미국으로 유입되는 그 어떤 치즈도 이 기준에서 예외일 수 없다. 한마디로 살균 처리가 되지 않은 치즈는 유통이 금지된다. 치즈는 상품이기 때문이다. 프랑스와 달리 '이미 죽어 버린 존재'인 치즈는 당연히 밀폐 포장되어 외부와 차단된 상태에서 유통된다. 치즈는 미국과 프랑스 두 나라 모두에서 사랑받는 식품이지만 치즈에 대한 생각과 대접은 이렇게 서로 다르다.

미국 치즈는 살균된 우유로 만들어지기에 이 과정에서 우유 속 해로운 박테리아를 없애지만, 동시에 치즈의 풍미를 유발하는 유익한 박테리아도 사라져 버터 맛이 나는 온화한 느낌인 반면, 살균하지 않은 원유를 사용하는 프랑스 치즈는 구운 마늘이나 브로콜리 수프 같은 맛까지 나기도 한다.

우리나라 사람들이 즐기는 홍어도 이와 비슷하지 않은가. 홍어 먹을 줄 모르는 사람들은 왜 싱싱한 생선을 썩히느냐고 할지 모르지만, 썩히는 것이 아니라 시간과 공을 들여 발효시키는 것임을 우리는 알고 있다. 이 사정을 알 리 없는 누군가에게는 지저분하고 부패되는 것처럼 보이는 모습이 또 다른 누군가에는 숙성의 과정으로 아름답고 오묘하게만 느껴지는 것이다.

나. 문화와 인간에 대한 이해

미국인들은 온갖 음식을 한 접시에 담는다. 우리가 뷔페식당에서 음식을 담는 방식과 유사하다. 반면에 프랑스 사람들은 음식마다 각기 다른 접시에 담는다. 한 접시에 담아내면 음식 맛이 섞이기 때문에 제맛을 느끼지 못하기 때문이란다.

미국 사람들은 어떤 음식이든 양이 많아야 한다. 많이 먹기도 하지만, 차고 넘치는 풍성함을 매우 중요하게 생각하기 때문이다. 이들은 가득 차려진 음식을 양껏 먹는다. 그게 미국의 문화다. 그러나 프랑스 사람들은 음식의 양이 부족하더라도 조금은 남기는 분위기다. 접시나 포도주 잔을 싹 비울 경우 이를 천박하게 여기는 문화라 조금씩은 남긴다. 만족스런 식사를 마친 두 나라 사람들의 식사 후 평가도 아주 다르다. 미국 사람들은 배부르다고 말하고 프랑스 사람들은 맛있었다고 말한다. 이러한 차이는 미국과 프랑스라는 두 나라의 문화가 서로 다르고 그러한 문화 속에 나고 자란 사람들에게 드러나는 자연스러운 모습일 뿐이다.

땅이 넓어 활동량이 많아 더 많은 칼로리가 필요하거나, 규칙적으로 매끼 챙겨먹기가 힘든 경우라 기회 있을 때 잔뜩 먹어두는 것이 상책이던 개척 시대의 습관이 남아 그리 되었을지도 모른다. 설거지하기가 용이하지 않거나 설거지할 여건이 아니라면(수도시설이 없거나, 야외에서 계속 이동하는 상황 등) 더더욱 그러하다. 깨끗이 접시를 비워내는 것이 상책이자 바람직한 매너였을지 모른다. 정착할 곳을 찾아 마차를 타고 힘든 길을 나섰던 초기 이민자들에게는 기회 닿을 때 최대한 먹어두고, 접시는 깔끔하게 비워내 설거지 감을 줄이는 것이 최선책이었을 것이다. 이러한 관점에서 프랑스와는 전혀 다른 미국 혹은 미국인들의 문화가 만들어진 것은 아닐까.

(1) LG전자

LG전자가 인도 시장을 공략할 당시, 인도에서 판매되던 LG 냉장고에는 자물쇠가 달려 있었다. 멀쩡한 냉장고에 자물쇠를 달아놓은 이유는 무엇 때문이었을까.

인도는 가구당 자녀 수가 많다. 대여섯 명 혹은 많게는 열 명이나 된다. 이 많은 아이들이 수시로 냉장고를 열고 닫으면 아무리 튼튼한 냉장고라도 배겨내지 못할 것이며, 전기료 또한 만만치 않을 것이다. 하지만 무엇보다도 아이들이 수시로 냉장고를 열다보면 남아나는 음식이 하나도 없을 거라는 게 가장 큰 걱정이었다.

누구도 이것이 문제라고 얘기해 주는 사람은 없었다. 하지만 LG전자는 인도 가정을 돌아보며 이들의 사정을 속속들이 읽어내고 자물쇠가 달린 냉장고라는 기상천외한 제품을 출시한 것이다. 1970년대, 냉장고 있는 집이 많지 않았던 우리나라에서도 간혹 부모가 일을 나가면서 냉장고를 쇠사슬로 묶어놓는 경우가 있었다. 아이들만 있을 때 함부로 냉장고를 열지 못하도록 한 것인데, 이유는 위의 경우와 비슷했다.

LG전자의 '메카 인디케이터 폰Mecca Indicator Phone'도 중동 사람들이 일정 시각이 되면 기도를 한다는 점에 착안한 제품이다. 이슬람교도는 하루에 다섯 번씩 이슬람 성지인 메카를 향해 무릎을 꿇고 앉아 기도를 한다. 한 번에 약 10분씩 다섯 번이니 이들에게 기도는 곧 생활인 셈이다. 삼성전자 수원공장에 있는 직원들 중 이슬람 신자들은 이 시간만 되면 회사에 마련된 '기도실'에서 기도를 올리고 다시 일을 시작할 정도로 이들의 기도 생활은 매우 철저하다. 이때 이슬람 성지인 메카의 방향을 정확히 아는 것이 무척 중요하다. LG전자는 바로 이 부분을 파고들었다. 사람들이 늘 휴대하는 핸드폰에 언제 어디서든 메카의 방향을 정확하게 알려 주는 기능을 추가함으로써 아랍인들 사이에서 큰 인기를 얻은 것이다.

(2) 팸퍼스의 일본 시장 진출기

팸퍼스는 P&G가 자랑하는 아기 기저귀 1등 브랜드다. 하지만 일본 시장 진출 초기에 심각한 좌절을 겪었다. 극심한 가격 전쟁, 복잡한 마케팅 시스템, 법규와 같은 사회적 요인도 있었지만, 무엇보다 곤혹스러웠던 것은 미국과 전혀 다른 일본 어머니들의 성향 때문이었다.

1961년 출시 이래 60년이 넘는 역사와 독창적인 기술로 시장을 선도하고 있는 팸퍼스

팸퍼스는 오줌을 완벽하게 흡수해 항상 뽀송뽀송하다는 점을 내세우며 높은 흡수력을 강조했다. 미국 시장에서의 성공 요인이었던 뛰어난 흡수력이었건만, 정작 일본 사람들은 흡수보다 완벽한 착용감을 더 선호했다. 한 번 기저귀를 갈면 오랫동안 내버려두는 미국 어머니들 입장에서는 장시간 뽀송뽀송한 것이 매우 큰 장점이었지만, 자주 기저귀를 갈아 주는 일본 주부들 입장에서는 흡수력은 별문제가 아니었던 것이다.

P&G는 팸퍼스의 참패를 거울 삼아 3년 후 생리대를 가지고 일본 시장에 다시 도전하게 된다. 1만 명의 일본 여성을 상대

로 '일본 시장에 맞는, 일본 여성을 위한' 제품 개발에 나서 수없이 많은 제품 테스트를 반복했다. 착용감을 중시하는 일본 여성들의 취향을 고려함은 물론, 다소 왜소한 체격을 감안하여 다른 나라에 비해 좀 더 아담한 사이즈로 디자인했다. 아울러 포장을 뜯을 때 소리가 나지 않도록 새로운 포장 재료를 사용하는 등 세심한 정성을 기울였다. 이렇게 나온 제품이 '위스퍼'다. 시장의 요구에 귀 기울였던 P&G는 팸퍼스의 참패를 딛고 생리대 시장에서 정상의 자리를 차지했다. 이 모두가 일본 소비자들을 면밀히 관찰하고 이해한 결과였다. P&G는 이 과정에서 '성공하기 위해서는 시장을 읽어야 한다'는 교훈을 다시 한 번 새길 수 있었다.

(3) 텍사스를 더럽히지 마!

텍사스 주는 풍부한 석유 매장량과 대규모 농업 및 목축업을 주요 산업으로 하고 있는 곳으로 이곳 사람들의 남다른 기백은 정평이 나 있다. 우리나라 면적의 세 배쯤 되는 텍사스는 한동안 넘쳐나는 고속도로 쓰레기로 몸살을 앓았고, 주 정부는 쓰레기 투기를 줄이려 다각적인 노력을 기울였다.

캠페인도 잇달았다. 쓰레기를 아무 데나 버리지 말아 달라, 텍사스 주민으로서의 의무를 성실히 다해 달라는 내용으로 쓰레기 문제의 심각성을 알리려 했다. 하지만 결과는 참담했다. 고속도로에 쓰레기를 버리는 사람들의 대다수가 18~24세의 남성들이었다. 이들에게는 도로를 달리며 먹고 난 빈 깡통을 차 밖으로 휙휙 내던지는 게 더 멋져 보였던 것인지, 자랑스러운 텍사스 주민이 되어 달라는 광고가 전혀 먹히지 않았다.

텍사스인들의 자부심, 댈러스 카우보이Dallas Cowboys

이들의 마음을 사지 못하는 한 쓰레기 투기를 줄이는 것이 힘들겠다는 판단에 따라 텍사스에 맞는 거친 말투로 된 새로운 홍보 전략을 써보기로 했다. 광고 방법도 텍사스 주민들의 취향에 맞춰 이른바 '텍사스다움'을 강조하는 쪽으로 방향을 바꿨다.

먼저, 텍사스가 자랑하는 인기 풋볼 팀인 댈러스 카우보이 선수 중 '꺽다리' 존스와 랜디 화이트를 참여시켰다. 광고는 이들이 고속도로 옆에서 쓰레기를 줍고 있는 모습으로 시작된다.

꺽다리 존스가 카메라 앞으로 나와서 말한다. "지나가다 차창 밖으로 쓰레기를 던지는 인간들을 보면 내가 전할 말이 있다고 좀 말해주쇼."
손에 맥주 깡통을 쥔 랜디 화이트도 다가와서 말한다. "나도 그 친구들한테 해주고 싶은 말이 있는데 말이야."
그러자 보이지 않는 누군가가 말한다.
"그게 뭐죠?"
화이트가 손에 쥔 맥주 깡통을 으스러뜨리며 위협하듯 말한다.
"그게, 직접 만나서 말해주고 싶은데?"
꺽다리 존스가 말을 내뱉는다.
"텍사스를 더럽히지 말라고!Don't mess with Texas!"

유명한 미식축구 선수 두 명이 으르렁대는 광고에 이어, 유명 컨트리 가수인 윌리 넬슨Willie Nelson을 내세운 광고도 만들어졌다.[4]
그 결과 주민의 95%가 '텍사스를 더럽히지 마!'라는 표어를 잘 알게 되었고, 이 슬로건으로 쓰레기 줄이기 캠페인을 벌인 지 1년 만에 쓰레기는 3분의 1 가까이 줄었다. 이러한 영향은 꾸준히 지속되어 6년 후 텍사스 주의 도로변 쓰레기가 72%나 감소하는 큰 성과를 거뒀다. 이 모두가 강제가 아니라 '텍사스인의 자긍심'에 호소했던 '텍사스를 더럽히지 마!' 슬로건이 가져다준 결과였다. 텍사스와 텍사스 주민들의 문화를 이해하고 있었기에 가능했던 묘안이었다.

캠페인에 참여한 다양한 장르의 뮤지션들

4) 리처드 탈러, 캐스 선스타인. 넛지Nudge. 리더스북, 2009 및 칩 히스, 댄 히스. 스틱Stick. 웅진윙스, 2007 참고

4. 시장조사 방법 / 정보수집 기법

일본의 디자이너 나가오카 겐메이가 만드는 잡지가 있다. 〈d 디자인 트래블d design travel〉이라는 제목인데 만드는 방식이 좀 특이하다. 일본 행정구역인 47개 현에서 특정 현 한 곳을 정한 후 그 지역에서 편집부원들이 두 달 동안 지낸다. 그렇게 그곳에 머물며 거기 사는 사람들의 삶에 깊숙이 들어가 취재 활동을 벌인다. 잡지에는 그 지역에 머물며 찾아낸 '지역다운' 식당, 관광지, 상점, 찻집, 숙소, 인물 등을 깔끔한 사진과 함께 담는다. 일 년에 세 번 잡지를 발간하는데, 잡지 발간에 그치지 않고 이 과정에서 찾아낸 좋은 물건이나 음식은 본인이 운영하는 생활 편집숍 '디앤디파트먼트 프로젝트'와 'd47 Museum', 'd 디자인 트래블 스토어', 'd47 식당'을 통해 소개하고 판매도 하고 있다.

'd 디자인 트래블 스토어'와 'd47 Museum'

26세의 나이에 80대 노인으로 분장하고 3년을 지낸 패트리샤 무어Patricia Moore.
그녀는 뉴욕 레이몬드 로이Raymond Loewy 사무소의 유일한 여성 산업디자이너로 취업하면서 꿈같은 직장에서 사회의 첫 발을 내디뎠다. 그러나 노령층 소비자들에 맞춘 디자인에 대한 회사 사람들의 거부감에다 심지어 '우리는 그러한 사람들을 위해 설계하지 않는다'는 부서장의 얘기는 큰 충격이었다.

그녀는 노인들이 일상에서 어떤 불편을 겪는지 알아보고, 이를 제품 개발에 반영하고자 80대 할머니로 변장하고 3년 동안(1979~1982년) 고생고생하며 미국과 캐나다 전역을 여행했다.
그녀는 80대 노인의 삶을 직접 체험해 보기로 하고 철제 보조기를 부착하여 신체의 불편함을 더했고 시력과 청력도 이에 맞춰 제대로 된 노인의 삶을 체험했다. 관절염 환자들의 입장을 이해하려고 손에 부목을 대어 불편하게 만든 다음, 감자 칼로 감자

80대 노인의 모습을 한 패트리샤 무어와 실제 모습들. 2012 RIT Innovation Hall of Fame에서의 그녀(최우측). 2012 RIT Innovation Hall of Fame을 다룬 자료를 보면 매우 유익한 내용을 찾아볼 수 있다.(출처 : youtube.com/watch?v=cpNIBML2FFo)

유니버설 디자인 사례

를 깎을 수 있는지 시험하기도 했다. 이를 바탕으로 세대를 불문하고 누구에게나 편안한 '유니버설 디자인Universal Design'[5]이라는 새로운 개념을 내놓았다.

그녀는 역사상 가장 주목할 만한 미국 산업디자이너 중 한 명으로 선정되었다. ID Magazine에서는 전 세계에서 가장 의식 있는 40명의 디자이너 중 한 명으로 그녀를 선정하였고, 뉴스 편집자 및 단체 컨소시엄에 의해 미국에서 가장 중요한 100대 여성 중 한 명으로 선정되었다(2000년).

그녀의 무모하다 싶을 정도의 남다른 노고 덕분에 몸이 불편한 사람들의 괴로움을 크게 덜 수 있었고, 노약자들도 생활용품 다루기가 훨씬 용이해졌다.

5) 우리 생활 주변에서도 쉽게 찾아볼 수 있는 유니버설 디자인의 예로 건물 현관 입구에 있는 경사로가 있다. 경사로는 장애인뿐 아니라 쇼핑카트나 캐리어를 끄는 경우에도 참 요긴하다. 이 개념은 이후 건축, 제품, 서비스 등 다양한 분야에서 자리 잡았다.

지금부터 시장조사 혹은 정보수집을 위해 어떤 노력을 기울여야 할지에 대해 살펴보도록 하자.

가. 관찰

관찰이라 하면 그저 '보는 것'을 떠올리기 쉬운데, 여기서 말하는 관찰이란 '흔히 볼 수 있지만, 대부분 사람들이 쉽게 지나쳐 버리고 보지 못하는 것'을 제대로 보는 것이다.

(1) 퍼거슨 감독의 관찰

"관찰에는 두 가지 형태가 있다. 그중 하나는 꼼꼼하게 들여다보는 것이고, 또 다른 하나는 큰 그림을 보는 것이다. 애버딘 감독 시절 아치 녹스Archie Knox가 코치로 합류하면서 그는 내가 직접 훈련을 진행해서는 안 되며, 한 걸음 물러서서 관찰하고 지휘하는 역할을 맡아야 한다고 말했다. 훈련 시간에 대한 통제권을 잃어버리게 될 것 같아 얼버무리고 지나가려 했지만 녹스는 완강했다. 하지만 그 결정은 최고의 결정이었다. 운동장에서 물러나 바깥에서 들여다보니 더 넓게 바라보고 전체 훈련 과정을 이해할 수 있어서, 선수들의 기분과 에너지, 습관까지 파악할 수 있었다. 그때부터 세밀한 부분은 확대해서 보고, 한 걸음 떨어져서 큰 그림을 볼 수 있는 자리를 계속 고수하고 있다."[6]

알렉스 퍼거슨Alex Ferguson은 영국 프리미어리그에서 가장 많은 '올해의 감독상Manager of the Year'을 수상한 바 있다. 감독Manager은 자신의 팀이 경기에서 좋은 성적을 거두도록 할 책임이 있다. 이와 관련하여 감독은 팀의 운영 및 기능에 대한 완전한 권한을 가지며, 필요하다고 생각되면 팀에 선수를 추가할 수 있도록 선택할 수 있는 권한을 가지고 있다. 그에 비해 코치(헤드코치, 트레이너 등)는 자신의 팀이 경기에서 좋은 성적을 거두도록 할 책임이 있다. 특정한 세트 플레이를 훈련시키는 것과 같은 구체적인 내용이 포함된다. 아치 녹스는 퍼거슨에게 코치 대신 '감독(매니저)'의 역할을 하도록 요구한 것이다.

6) 알렉스 퍼거슨, 마이클 모리츠. 리딩Leading. RHK, 2016

(2) 하인즈의 현장 조사

하인즈 케첩이 물렁물렁한 플라스틱 용기에 담기기 전, 그러니까 병에 담긴 케첩뿐이었던 시절 얘기다.

"세 살과 여섯 살 된 아이가 있는 집이었죠. 아이가 케첩을 달라고 하자 엄마가 케첩 병을 가져왔어요. 세 살짜리 아이가 병을 제대로 쥘 수나 있었겠어요. 하지만 아이는 무거운 병을 고집스럽게 움켜쥐고는 직접 케첩을 따르려 낑낑대고 있었죠. 보다 못한 애 엄마가 케첩 병을 낚아채 조금 덜어주더군요. 식탁에서 벌어진 그 상황이 소란하고 번잡해 보였어요."7)

출처 : flickr.com/photos/zhamid/449057229, Zeeshan Hamid

다섯 살 아이들이 먹는 케첩의 양은 마흔 살 성인에 비해 60%나 많다. 어른들보다 더 많은 케첩을 소비하는 이들이건만, 정작 케첩을 따를 선택권을 얻지 못했다. 유리병 포장일 때 얘기다. 하인즈가 주목한 부분이 바로 이 점이었다. 어린 아이들이 좀 더 쉽게 다룰 수 있는 용기가 필요하다는 판단에서 나온 것이 물렁물렁한 튜브형 플라스틱 용기다.

네댓 살 먹은 아이들이 저녁 메뉴를 정할 수는 없다. 그냥 주는 대로 먹을 뿐이다. 하지만 플라스틱 용기에 든 케첩이라면 다르다. 케첩만큼은 자신이 얼마나 먹을지 스스로 정할 수 있다. 포장 용기를 교체한 후 가정 내 케첩 소비가 12% 더 늘어났다. 소비자들의 이용 형태나 사용 방식 그리고 그것이 제공되는 최종 소비 현장을 찾지 않았다면 좀처럼 생각해내기 어려운 아이디어였을 것이다.

P&G의 조사자들은 일상에서의 소비자들의 모습, 즉 욕실, 주방, 세탁실 등에서 사람들이 행동하는 모습을 관찰한 후 그 결과를 제품 개발 혹은 개선에 활용해 왔다. '액체 세제가 흘러나오지 않는 병 주둥이' 역시 가구 조사를 통해 발견한 문제에서 시작되었다. 빨랫감에 액체 세제를 부을 때 일부가 밖으로 흘러내리는 것인데, 소비자들 중 누구도 이를 문제 삼지 않았다. 흘러내린 건 지저분한 빨랫감으로 쓰윽 한 번 닦으면 그만이기 때문이다. 하지만 P&G 조사자들은 뚜껑의 문제점을 인식하고 사

7) 말콤 글래드웰. 그 개는 무엇을 보았나. 김영사, 2010 참고

용 후 남은 세제가 안으로 다시 들어가도록 병 주둥이를 새로 디자인했다.

소비자들도 느끼지 못했던 문제를, 소비자들조차 대수롭지 않게 여기던 것들까지 흘려버리지 않은 이들의 세심함에 고객들은 감탄했고 열렬한 충성고객의 대열에 자청하고 나섰다.

(3) 안 팔리는 인공항문의 진짜 이유

하버드 비즈니스 리뷰HBR 2014년 3월호에 '술집으로 걸어 들어간 인류학자An Anthropologist Walks into a Bar'라는 논문이 실렸다.

이 논문에는 인공항문을 만드는 업체의 이야기가 나온다. 제품 판매를 위해 많은 투자를 했음에도 사업이 기대만큼 성장하지 않았던 해당 업체는 마침내 인류학적 접근을 시도했다.

인공항문을 착용한 고객들의 생활을 직접 관찰하고, 그들의 이야기를 들으면서 사용자들의 심리를 파악한 결과 놀라운 사실을 발견할 수 있었고 사업부진도 날려버릴 수 있었다. 인류학자들이 밝혀낸 것은 다음과 같은 내용이었다.

AN ANTHROPOLOGIST WALKS INTO A BAR...

TO UNDERSTAND WHAT MAKES YOUR CUSTOMERS TICK, YOU HAVE TO OBSERVE THEM IN THEIR NATURAL HABITATS.

BY CHRISTIAN MADSBJERG AND MIKKEL B. RASMUSSEN

무엇이 고객을 움직이게 하는지를 이해하려면 그들의 일상을 관찰해야 한다.(출처 : hbr.org/2014/03/an-anthropologist-walks-into-a-bar/ar/1(sorry, subscription required)

인공항문 착용자들이 병원에 입원 중이었을 때는 아무런 문제가 없었으나 퇴원하고 나서 가끔씩 외출할 때가 정말 문제였다. 주로 침대에 누워 있다 보니 문제가 생기더라도 즉시 해결이 되던 병원에서와 달리, 퇴원 후 생활은 활동량도 많았을 뿐만 아니라 문제가 생겼을 때 도움을 받기가 매우 힘들었던 것이다.

그럼에도 소비자 조사에서 불만이 없었던 것은 제품이 완벽해서라기보다는 외출 시 문제가 생기면 대책이 전무해 인공항문을 착용한 환자들이 아예 외출 자체를 꺼리다 보니 불만을 느낄 기회 자체가 줄어든 때문이었다. 이러한 사정을 알 리 없었던 회사에서는 소비자 조사에서 불만이 없는 제품이 왜 안 팔릴까 하고 의아해하고만 있었던 것이다.

뒤늦게나마 이를 깨달은 제조사는 환자별 체형에 맞춰 다양한 제품을 내놓는 한편, 첨단 소재와 접착제 등을 활용해 누출 가능성을 최소화하는 쪽으로 제품을 수정했다. 이후 문제 발생의 소지를 크게 줄이면서 사업은 본궤도에 오르게 되었다.

나. 조사

지하철 역 주변에서 김밥을 파시는 어머니. 준비한 양의 절반도 채 팔지 못하고 집으로 돌아오는 어머니를 그냥 지켜볼 수 없어 이런저런 고민을 해보다가 '가장 유동인구가 많은 출구를 찾아보자'는 결론을 내렸습니다. 친구들을 동원해, 출구마다 유동인구를 조사하느라 하루 4시간씩 꼬박 일주일을 지켜보았습니다. 같은 역이지만 출구마다 15%에서 20% 넘는 차이가 있는 것을 알아내고, 유동인구가 많은 자리에서 파시도록 말씀드렸습니다.
판매량에 변화가 생기더군요. 용기를 내 요일별로 팔리는 양, 사먹는 사람들의 성별과 연령대, 선호하는 맛과 양을 조사했더니 월요일과 화요일에 가장 많이 팔리고 주말에는 40% 정도 판매량이 감소하는 것으로 나왔습니다. 10~20대 여성이 주된 고객이라는 것도 알게 되었죠. 기호에 맞게 내용물을 달리한 다양한 김밥을 준비하고, 보리차와 어묵국물도 덤으로 주었습니다. 판매량이 늘어났고, 어머니는 몰릴 시간에만 집중해서 팔면 되니 휴식시간이 늘었다고 좋아하십니다.[8)]

(1) 존 스노[9)]와 콜레라

1854년, 의사 존 스노John Snow(1813~1858) 박사는 런던에서 발생한 콜레라 대책 마련에 골몰했다. 첫 희생자가 나온 지 열흘 만에 런던 도심의 사망자 수는 500명을 넘어섰다. 당시만 해도 콜레라의 원인은 물론 전파 형태에 대해 전혀 모르던 때라 시 보건국에서 할 수 있는 조치라고는 다음과 같은 내용을 사람들에게 알리는 게 전부였다.

- 잠자리와 옷차림을 따뜻하게 할 것
- 외풍이 있는 곳에서 잠을 자거나 앉아 있지 말 것
- 먹고 마시기를 절제할 것
- 익히지 않은 채소와 설익은 과일을 피할 것
- 몸을 젖지 않게 할 것

스노 박사는 집집마다 찾아가 콜레라 사망자 수와 사망일을 조사했으며, 그 과정에서 식수원에 따라 콜레라 발생에 차이가 있을지 모른다는 생각을 하게 되었다. 그는 곧바로 런던 도심의 상수원 위치와 해당 상수원을 식수로 사용하는 주민 중 사망자를 표기해 보았다.

8) 김세운(통계청 통계활용 체험수기 중) 참고
9) 잉글랜드의 의사로 마취와 보건위생 정착에 기여한 인물. 1854년 런던 소호의 콜레라 창궐1854 Broad Street cholera outbreak의 원인을 추적하여 근대 역학의 아버지로 불린다. '나쁜 공기'가 콜레라 및 장티푸스 등의 전염병의 원인이 된다는 미아즈마miasma 학설이 지배적인 가운데 식수원의 오염이 콜레라의 발병 원인임을 주장하였다. 그의 주장이 받아들여지면서 런던의 물, 하폐수 처리의 근본적인 변화가 일어났으며, 이는 다른 도시의 변화를 이끌고 전 세계적으로 공중보건학을 크게 향상시켰다(위키백과).

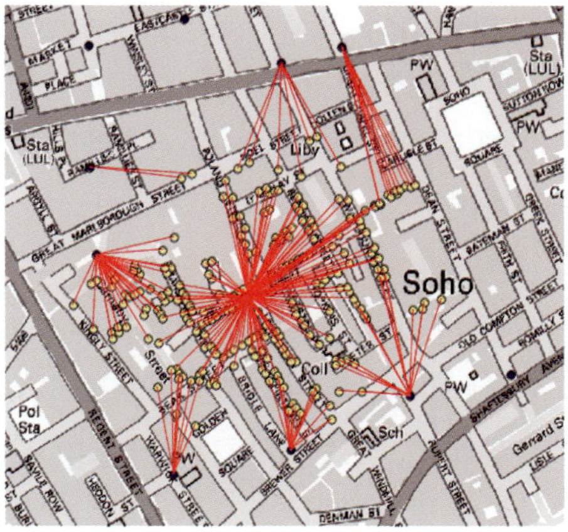

그 결과 사망률이 가장 높은 곳은 브로드스트리트와 그곳 펌프 주변이었고, 사망자는 거의 다 펌프에서 멀지 않은 인근 지역에서 발생했다. 이곳이 콜레라의 진원지였던 것이다.

하지만 여전히 풀리지 않는 문제가 있었다. 진원지에서 멀리 떨어진 곳에 사는 사람들의 사망원인을 도무지 설명할 수 없었던 것이다. 연이은 조사 결과 사망자 중 어떤 이는 브로드스트리트의 물을 유난히 좋아해 날마다 물을 길어 먹었고, 주소지가 그곳이 아니었던 어린 사망자들의 경우 학교를 오가는 길에 이곳 우물물을 마셨던 것으로 밝혀졌다.

사망률을 적용해 볼 때 브로드스트리트 중심에 있던 직원이 535명이나 되는 대형 작업장에서는 100명 이상의 사망자가 나왔어야 했음에도 불구하고 다섯 명에 불과했던 것은 작업장에 자체 우물이 따로 있어 화를 피할 수 있었다는 사실도 현장 조사를 통해 확인할 수 있었다. 마찬가지로 단 한 사람의 사망자도 나오지 않은 맥주 양조장의 경우, 맥주가 공짜다 보니 직원들이 굳이 우물물을 마실 이유가 없었던 것도 현장 조사를 통해 확인한 사실이다.

콜레라의 원인은커녕 전파 방법도 몰랐던 시절이었지만, 스노 박사는 콜레라가 식수를 통해 전파된 것이고, 원인은 오염된 브로드스트리트 우물물 때문이 아닐까 하는 의견을 제시했다. 하지만 보건당국에서는 그의 의견을 받아들이지 않았다. 우여곡절 끝에 스노 박사는 시 당국으로부터 우물을 당분간 폐쇄하도록 펌프에서 손잡이를 제거해도 좋다는 허락을 받아냈다. 이후 콜레라 사망자 수는 감소했다.

과학적으로 콜레라균을 발견한 것은 그로부터 몇 년이 지난 뒤였지만, 스노 박사는 현장 조사를 바탕으로 당시의 과학 지식을 뛰어넘은 제대로 된 정확한 판단과 결정을 할 수 있었다.

(2) 투사법Projective Technique과 네스카페Nescafé

시장조사 혹은 고객만족도 조사는 기업에서 흔히 하는 일이다. 하지만 조사를 한다고 언제나 모든 것이 밝혀지는 것은 아니다. 때에 따라서는 일반적인 조사만으로는 문제의 원인을 제대로 밝혀내지 못하는 경우도 있다. 이는 조사 방법이 가지는 한계일 수도 있고, 소비자들 스스로가 인식하지 못하고 있기에 이들을 대상으로 아무리

조사한들 답이 나올 수 없기 때문일 수도 있다. 예를 들어 고객조사를 통해 상품을 기획한다고 할 때, 고객이 기존 제품의 어떤 점이 마음에 안 들고 어떤 부분이 부족한지를 잘 모르거나 혹은 알고 있더라도 이를 제대로 표현하지 못하는 경우라면 일반적인 조사 방법만으로는 큰 도움을 받기가 어렵다.

이를 보완하는 방법으로 투사법을 이용할 수 있다. 투사법이란 마치 남의 이야기인 것처럼 조사를 진행하여, 자연스럽게 자신의 의식세계와 연관 지어 생각하게 함으로써 합리적인 결과를 도출해내는 방법이다. 네슬레의 인스턴트커피 '네스카페'에 관한 소비자 조사 사례를 통해 투사법에 대해 자세히 알아보자.

간편성을 강조한 초기 광고, '정말로 대단한 커피, 시간을 아껴줍니다!'

1938년에 나온 세계 최초의 인스턴트커피 '네스카페'는 네슬레가 7년에 걸친 연구 끝에 개발에 성공한 것으로, 당시로서는 무척 혁신적인 제품이었다. 하지만 무슨 이유인지 제품은 팔리지 않았다. 블라인드 테스트blind test에서도 기존의 분쇄 커피grind coffee와 별 차이가 나지 않을 정도로 품질 면에서도 양호한 데다, 가격도 비슷했다. 시장에서 커피를 사와 집에서 내려야 하는 번거로움이 없는 제품이라 충분히 승산이 있으리라 여겼던 네슬레 측에서는 당혹스러울 수밖에 없었다.
당초, 세상에 없던 인스턴트커피를 내놓으며 네슬레의 마케팅 초점은 분쇄 커피보다 편리하다는 데 중점을 두었다.

네슬레는 네스카페의 알 수 없는 부진에 놀랐고, 충분히 승산 있는 제품이라 여겼기에 더더욱 충격적이었다. 이후 상당한 시간이 흘렀지만, 제너럴 푸드General Foods의 맥스웰하우스 분쇄 커피와는 여전히 상당한 차이가 났다. 1950년대 중반까지도 커피 시장에서 네스카페가 12~14%의 시장 점유율을 보인 반면 맥스웰하우스의 분쇄 커피는 40%라는 높은 점유율을 차지했다.

정확한 이유를 알 수 없어 곤혹스러웠던 네슬레에 희망적인 소식이 들려왔다. 네스카페와 관련된 한 연구 결과였는데, 메이슨 헤어Mason Haire라는 심리학자가 인스턴트 커피 네스카페에 대한 소비자들의 이미지에 관한 연구 결과를 발표한 것이다.

그는 가정주부들을 대상으로 두 개의 쇼핑 목록Shipping List을 제시했다. 한쪽 쇼핑 목록에는 인스턴트커피 네스카페를, 다른 한 쪽에는 전통적인 분쇄 커피인 맥스웰하우

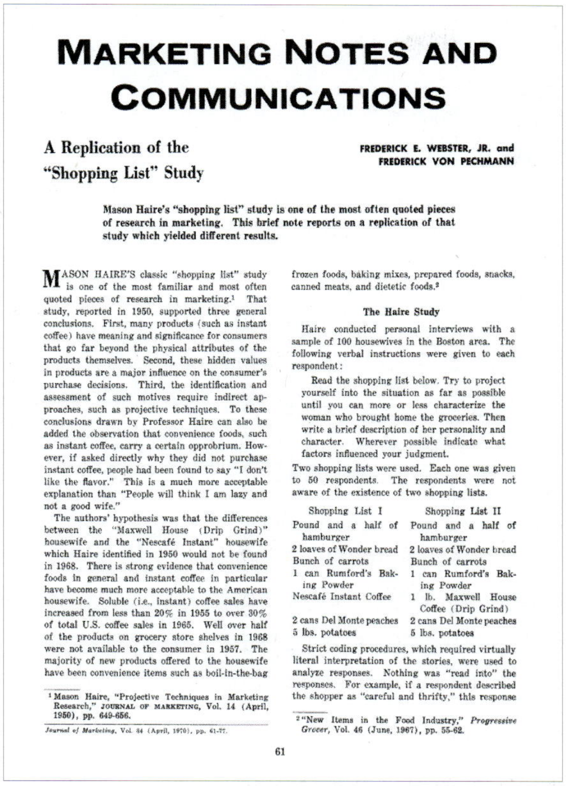

MARKETING NOTES AND COMMUNICATIONS

A Replication of the "Shopping List" Study

FREDERICK E. WEBSTER, JR. and FREDERICK VON PECHMANN

Mason Haire's "shopping list" study is one of the most often quoted pieces of research in marketing. This brief note reports on a replication of that study which yielded different results.

MASON HAIRE'S classic "shopping list" study is one of the most familiar and most often quoted pieces of research in marketing.[1] That study, reported in 1950, supported three general conclusions. First, many products (such as instant coffee) have meaning and significance for consumers that go far beyond the physical attributes of the products themselves. Second, these hidden values in products are a major influence on the consumer's purchase decisions. Third, the identification and assessment of such motives require indirect approaches, such as projective techniques. To these conclusions drawn by Professor Haire can also be added the observation that convenience foods, such as instant coffee, carry a certain opprobrium. However, if asked directly why they did not purchase instant coffee, people had been found to say "I don't like the flavor." This is a much more acceptable explanation than "People will think I am lazy and not a good wife."

The authors' hypothesis was that the differences between the "Maxwell House (Drip Grind)" housewife and the "Nescafé Instant" housewife which Haire identified in 1950 would not be found in 1968. There is strong evidence that convenience foods in general and instant coffee in particular have become much more acceptable to the American housewife. Soluble (i.e., instant) coffee sales have increased from less than 20% in 1955 to over 30% of total U.S. coffee sales in 1965. Well over half of the products on grocery store shelves in 1968 were not available to the consumer in 1957. The majority of new products offered to the housewife have been convenience items such as boil-in-the-bag frozen foods, baking mixes, prepared foods, snacks, canned meats, and dietetic foods.[2]

The Haire Study

Haire conducted personal interviews with a sample of 100 housewives in the Boston area. The following verbal instructions were given to each respondent:

> Read the shopping list below. Try to project yourself into the situation as far as possible until you can more or less characterize the woman who brought home the groceries. Then write a brief description of her personality and character. Wherever possible indicate what factors influenced your judgment.

Two shopping lists were used. Each one was given to 50 respondents. The respondents were not aware of the existence of two shopping lists.

Shopping List I	Shopping List II
Pound and a half of hamburger	Pound and a half of hamburger
2 loaves of Wonder bread	2 loaves of Wonder bread
Bunch of carrots	Bunch of carrots
1 can Rumford's Baking Powder	1 can Rumford's Baking Powder
Nescafé Instant Coffee	1 lb. Maxwell House Coffee (Drip Grind)
2 cans Del Monte peaches	2 cans Del Monte peaches
5 lbs. potatoes	5 lbs. potatoes

Strict coding procedures, which required virtually literal interpretation of the stories, were used to analyze responses. Nothing was "read into" the responses. For example, if a respondent described the shopper as "careful and thrifty," this response

[1] Mason Haire, "Projective Techniques in Marketing Research," JOURNAL OF MARKETING, Vol. 14 (April, 1950), pp. 649-656.

[2] "New Items in the Food Industry," *Progressive Grocer*, Vol. 46 (June, 1967), pp. 55-62.

Journal of Marketing, Vol. 34 (April, 1970), pp. 61-77.

61

Journal of Marketing(1970년 4월)에 수록된 쇼핑품목 연구Shopping List Study. 우측 하단에 있는 두 가지 쇼핑 품목Shopping List I, II에서 보듯이 두 바구니의 품목 차이는 커피뿐!(출처 : jstor.org/stable/1250837?seq=1)

풍부하고 신선하며 탁월한 진짜 커피임을 강조하고 나선 네슬레 (출처 : bootgum.com/2018/11/08/coffee-helping-you-with-marketing/)

스 커피를 넣었으며 나머지 품목은 모두 동일하게 했다. 그러고는 쇼핑 목록을 본 주부들에게 그런 내용으로 장을 본 여성에 대한 느낌이 어떤지 물어보았다. 내용물 차이라고는 커피뿐이었다.

한쪽은 네스카페가, 그리고 다른 한쪽은 분쇄 커피가 들어 있는 것 말고는 모두 똑같았음에도 불구하고, 전반적으로 분쇄 커피를 구매한 여성에 대한 긍정적 평가가 많았다. 반면에 인스턴트커피인 네스카페를 담은 쪽에 대해서는 게으르고 엉성하며 살림살이가 비효율적이고 무계획적인 사람 같다는 느낌이 든다고 얘기하는 것이 아닌가.

직접 커피를 내려 마시는 수고로움이 따르는 분쇄 커피였음에도 불구하고 응답자들은 이러한 수고로움을 가정주부라면 누구나 해야 할 당연한 일로 본 것이다. 그러한 맥락에서 간편한 인스턴트커피를 선택한 여성에 대해서는 좋지 않은 눈으로 색안경을 끼고 삐딱하게 보고 있다는 것이 연구의 주 내용이었다.

이것이 만약 사실이라면, 네스카페가 주부들로부터 홀대받았던 이유는 다른 데 있었던 것이다. 인스턴트커피를 사게 될 경우 게으른 주부로 비춰질지 모른다는 우려가 인스턴트커피가 주는 편리함을 압도한 것이었다.

메이슨 헤어의 연구 결과가 발표된 이후 네슬레는 편의성에 중점을 두는 대신, 맛에 집중하기로 마케팅 전략을 바꿨다. 구체적으로는 인스턴트커피가 100% 커피고 맛도 좋다고 광고 문구를 바꿨다. 네슬레가 새롭게 내건 광고물을 살펴보자.

네슬레는 인스턴트커피 광고의 방향을 '편의성'에서 '맛과 풍미'로 전환함으로써 비로소 인스턴트커피 시장을 열 수 있었다.

(3) 짐 로저스의 시장조사

스스로 직접 둘러본 후에야 투자국과 투자 대상을 결정한다는 괴짜 투자자 짐 로저스

길에서 22개월을 보내며 10만 마일을 달려 기네스북에 올랐다. 6개 대륙 50여 개 국가를 훑고 다니다 보니 외딴 지역의 국경을 통과할 때만큼 그 나라의 진상이 드러나는 순간도 없었다. 국경을 통과할 때 가장 먼저 생각해야 하는 것은 뇌물을 주어야 하는가이다. 매사가 공명정대하고 간단한가? 통관 절차가 효율적으로 진행되는가? 그리고 통관 절차가 10분이면 끝나는가, 아니면 온종일 걸리는가?

한 나라를 꿰뚫어보려면 암시장은 필수 요소다. 암시장은 사람의 체온과 같다. 사람의 체온을 재보면 몸에 이상이 있는지 알 수 있듯 암시장도 마찬가지다. 한 나라에 관해서 알고 싶다면 그 나라 장관보다도 암시장 사람과 이야기해 보면 더 많이 배울 수 있다. 국경 지역을 벗어나면 곧바로 그 나라의 도로 상태가 드러난다. 교통 신호등이 있는가? 상점은 모양을 갖췄는가, 아니면 판잣집인가? 진짜 호텔이 있는가, 아니면 무늬만 호텔인가?

보츠와나 국경에 도착했을 때, 겨우 한 시간 남짓 만에 아프리카의 다른 나라들과 전혀 다르다는 사실을 깨달았다. 암시장도 없고 뇌물도 없었으며 모든 일이 효율적이었다. 고속도로, 교통 신호등, 도로표지 모두 양호했다. 곧바로 가진 걸 모두 그곳에 투자했다. 거래소에 상장된 모든 종목에 투자했다. 18년 동안 막대한 이익을 얻고서 보츠와나 주식을 팔았다.[10]

1990~1991년, 오토바이를 타고 세계 일주에 나서 22개월간 52개국(6만 5,000마일)을 달렸으며, 1999~2001년까지 3년간 116개국(15만 2,000마일)을 자동차로 여행했다. 그는 적당한 투자처를 찾기 위해 오토바이에 몸을 싣고 전 세계를 두루 다니던 중 아프리카에서 보츠와나라는 전혀 아프리카답지 않은(?) 나라를 발견하고는 그의 전 재산을 투자했다. 수많은 아프리카 국가들 중 보츠와나만큼 모든 것이 제대로 돌아가는 나라는 드물었다. 이런 나라라면 모든 것을 걸 만하다는 판단이 선 것이다.

짐 로저스가 보츠와나라는 시장의 남다름을 한눈에 알아본 데는 대단한 정보가 필요한 것이 아니었다. 상점, 호텔, 교통 신호등, 도로표지 등 누구나 볼 수 있는 것, 그리고 암시장과 뇌물 여부 등 조금만 신경 쓰면 쉽게 알아낼 수 있는 별것 아닌 것들이었다. 하지만 이런 몇 가지 지표만으로도 그 나라의 수준과 상황을 단박에 꿰뚫어볼 수 있었다. 있어야 할 것은 제대로 있는지, 없어도 될 것은 정말 없는지만으로도 제대로 된 나라인지 투자할 만한 곳인지 여부를 판단할 수 있었던 것이다.

이러한 일들은 짐 로저스만 가능한 것은 아니다. 병원을 예로 들어 보자. 낯선 병원, 처음 간 병원이라 할지라도 그 병원의 수준이나 상태를 나름 파악할 수 있다. 예를

10) 짐 로저스. 세계경제의 메가트렌드에 주목하라. 이레미디어, 2013 참고

들면 다음과 같은 식이다.

병실 청소가 제대로 되고 있는지, 직원들은 예의바른지, 다른 곳과 비교해 병원 식사는 어떤지 그리고 그 병원 분위기가 어떤지를 통해서 병원의 수준을 나름 판단할 수 있다. 의술에 대해 잘은 모르지만, 의료진들의 태도나 일을 처리하는 모습을 지켜보며 감을 잡을 수도 있다. 환자들끼리 나누는 얘기를 통해서도 알 수 있다.

5. 사례로 본 시장조사

가. 네슬레의 일본 시장 만들기

네슬레는 아시아 커피 시장의 성장 잠재력을 간파하고 그 시장의 핵심인 일본 시장에 진출하기로 결정했다. 하지만 무슨 영문인지 도무지 커피가 팔리지 않았다. 고심 끝에 정신분석학자이자 문화인류학자인 클로테르 라파이유 박사에게 도움을 청하기에 이르렀다.

라파이유 박사는 마케팅과는 전혀 무관한 사람이었지만, 그가 연구해온 주제가 바로 무의식적으로 사람들의 행동에 영향을 미치는 각인刻印에 대한 것이었다는 점에서 네슬레 입장에서는 매우 필요한 인물이었다.

박사는 일본 사람들이 커피에 대해 어떤 감정을 가지고 있는지, 일본인들에게 커피가 어떻게 각인되어 있는지 알아보기로 했다. 네슬레의 일본 시장 성패의 관건이 될 중요한 단서가 거기 있다고 생각했기 때문이다. 이에 따라 박사는 일본인으로 구성된 실험집단을 대상으로 세 시간짜리 모임을 구성했다.

첫 시간에 박사는 자신을 다른 행성에서 온 외계인이라고 소개한 후, 외계인인 자신에게 커피에 대해 설명해 달라고 했다. 커피에 대해 전혀 모르는 외계인에게 커피에 대해 설명하려는 일본 사람들의 말과 행위를 통해 커피가 일본인들에게 갖는 의미에

대해 파악하고 싶었던 것이 진짜 이유였다. (외계인에게 커피 설명하기, 원시인에게 커피 소개하기)

두 번째 시간에는 사람들을 모두 바닥에 앉게 한 뒤, 가위와 잡지를 주고 커피와 관련된 단어들을 오려 붙이도록 했다. 말로 설명하는 것과 달리 자신이 하고 싶은 얘기, 자신이 표현하고 싶은 내용을 잡지 속의 단어를 찾아 뜯어 붙이도록 한 이유는 언어로 인한 왜곡을 억제하고 일본 사람들이 커피에 대해 갖고 있는 진짜 속내에 대하여 더 많은 정보를 얻기 위해서였다. (커피와 연상되는 단어 찾기)

마지막 시간에는 이들을 모두 바닥에 눕도록 했다. 편안한 음악을 틀어주며 긴장을 풀게 한 후, 어린 시절을 회상하도록 주문하고, 커피에 관해 다시 생각해 보고 그중에 가장 의미 있고 인상적인 기억을 말해 달라고 청했다. (커피 하면 떠오르는 어릴 적 추억 떠올리기)

이 과정의 목적은 그의 연구 주제인 '각인'을 접목한 것으로 커피에 대한 최초의 각인과 커피와 연관된 감정을 되살려내는 데 있었다.

첫 시간	두 번째 시간	마지막 시간
외계인에게 커피 설명하기	커피와 관련된 단어 찾기	커피와 관련된 기억 찾기

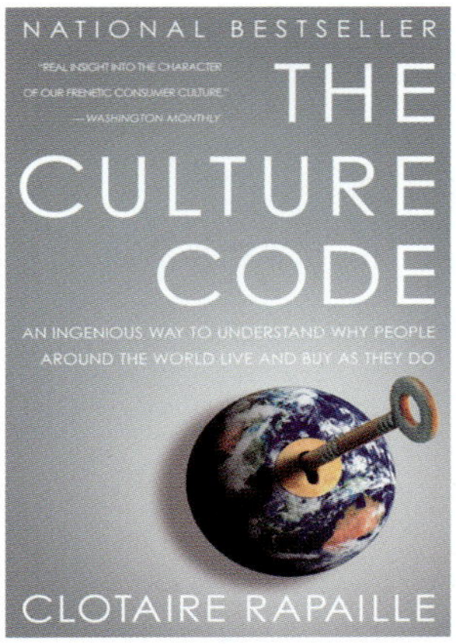

라파이유 박사가 쓴, 번역본도 원제목과 같은 〈컬처 코드〉

조사 결과 대부분의 일본인들에게 아직 커피가 각인되어 있지 않은 것으로 나타났다. 전통 차와 달리 커피 자체가 각인되어 있지 않았으니 이들에게 커피를 팔 수도 커피가 팔리지도 않았던 것이다. 라파이유 박사는 커피 판매 이전에 커피에 대한 각인이 선행되어야겠다는 판단을 내렸다. 마음속에 커피에 대한 각인이 존재하지 않은 사람들을 상대로 커피를 마셔보라는 광고는 효과는커녕 공염불에 불과하기 때문이다.

박사의 조언에 따라 네슬레는 처음부터 다시 시작했다. 먼저, 커피에 의미를 부여하고 일본 사람들의 마음속에 커피를 각인시키는 작업을 펼쳤다. 커피를 파는 대신 커피 향을 첨가한 어린이용 과자를 만들었다. 맛있는 과자를 통해 커피에 대한 좋은 기억을 하나씩 심어가려는 전략이었다. 어린이용 과자는 소비자들에게 환영받았고,

비로소 커피에 대한 긍정적 각인이 새겨지기 시작했다. 1970년만 해도 거의 전무했던 일본 내 커피 판매량이 지금은 세계 최고 수준으로 올라섰다.[11)]

나. 이랜드의 중국 시장 관리

롯데마트가 중국 시장에서 철수했다. 아울러 롯데호텔도 시간문제일 뿐 중국 시장에서 발을 빼는 것은 기정사실이 되었다. 지난 2008년부터 야심차게 진행된 롯데그룹의 중국 진출 시도는 이로써 실패로 막을 내리게 되었다. 롯데마트의 경우 99개 점포를 열었으나 2018년 4월 북경지역 21개 지점을 매각하였고, 5월에는 상해 매장 50여 개를 처분했다. 롯데의 손실액은 12조 원에 달했다.

우리나라 유통업계의 절대 강자 롯데그룹이 참패를 당한 것과는 달리 이랜드그룹의 경우 중국 시장에서 큰 성공을 거두고 있다. 지금까지 중국에 진출한 한국 기업 중 가장 큰 성공을 거둔 곳이 바로 이랜드그룹이다. 이랜드는 어떻게 중국 시장에 성공적으로 안착할 수 있었을까.

이랜드가 중국에서 성공한 비결은 뼛속까지 중국인이 되려고 노력한 철저한 현지화 덕분이었다.

1994년에 중국에 진출한 이랜드는 중국을 제대로 알기 위해 피나는 노력을 했다. 중국이란 나라를 제대로 알기 위해 이랜드 대표를 비롯한 10명의 임원들이 기차와 버스를 타고 여관을 전전하며 중국 전역을 돌아보았다(2001년). 6개월 동안 200여 개의 도시를 직접 둘러보며 시장을 샅샅이 조사하고 연구했다.

이뿐만이 아니다. 중국으로 발령받은 직원은 중국 관련 서적을 100권씩 읽도록 했다. 현지에 파견된 후 처음 6개월 동안은 회사에서 마련한 숙소에서 중국인 동료들과 함께 숙식하도록 했다. 이랜드의 철저한 현지화 정책에는 이들의 자녀들까지도 포함되었다. 주재원 자녀들을 국제학교가 아닌 중국인들이 다니는 현지 일반 학교를 다니게 한 것이다. 신규 제품을 출시하려면 담당자들은 적어도 30곳 이상의 중국인 가정을 방문해 그곳 옷장을 열어보고 어떤 옷들이 있는지, 패션 취향은 어떤지에 대

---

11) 자세한 내용은 〈클로테르 라파이유. 컬처코드. 리더스북, 2007〉 참조

해 직접 확인하도록 할 정도였다.

중국인들과 전혀 다른 삶을 살면서 중국 사람들의 입맛에 맞는 제품을 만들 수는 없다고 본 것이다. 옆에서 지켜보며 관찰하면 조금 나을 수야 있겠지만 그 속에 들어가 스스로 중국 사람인 양 행동하고 마침내 진짜 중국 사람처럼 되는 것만큼 확실한 방법은 없다는 판단에 따른 것이다.

중국에서 이랜드가 이루어낸 남다른 성공은 철저한 현지화에 의한 것이다. 이랜드에서는 회의도 중국어로 하고 회의록도 중국어로만 보관한다. 중국어로 보관하는 게 아니라 '중국어로만' 보관한다. 중국을 이해하려는 수준을 넘어 아예 중국이 되고자 하는 이랜드의 남다른 행보다.

다. 제대로 된 진찰 과정

외과 의사이자 〈나는 고백한다. 현대의학을〉, 〈닥터, 좋은 의사를 말하다〉, 〈체크! 체크리스트〉의 저자로도 유명한 아툴 가완디. 그가 2014년에 발표한 〈어떻게 죽을 것인가〉라는 책에는 같은 병원에서 일하는 유르겐 블루다우라는 노인병 클리닉 과장 얘기가 나온다.

환자 진찰에는 오랜 시간이 걸렸다. 그가 보기에 유르겐 블루다우가 환자에게 던지는 질문은 참으로 의외였다. 엉뚱한 질문을 던지는가 하면, 그냥 넘겨도 될 부분에서는 많은 시간을 할애하는 등 도무지 이해할 수 없는 것들이 참 많았다. 우리나라 진료 환경과는 많이 다르지만 그래서 더 남다르게 느껴지는 진료 광경이다. 불과 몇 분 만에 끝나 버리는 우리나라 진료 시간과는 격이 다른 40여 분에 걸쳐 진행된 제대로 된 진찰 과정의 처음부터 끝까지 따라가 보자.

- 어떻게 오셨냐는 물음에 할머니는 내과 전문의의 권고로 왔다고 답했다.

- 특별히 상담하고 싶은 문제가 있느냐는 질문에 가장 먼저 언급한 것은 몇 달째 계속되는 요통이었다. '스트레스 때문에' 혈압이 높다고 말하면서 복용하고 있는 약 목록을 건넸다. 녹내장이 있어서 4개월마다 눈 검사를 받아야 한다는 이야기도 했

다. 전에는 한 번도 '화장실 문제'가 없었는데 최근 들어 패드를 사용하기 시작했다고 했다.

• 어떻게 지내는지 물었다. 할머니는 독신자 단지에서 요크셔테리어랑 단둘이 살고 있었다. 혼자서도 상당히 잘 살고 있는 것으로 보였다. 요리와 청소도 스스로 하고, 약 복용과 공과금 관리도 혼자서 해내고 있었다. 보통 새벽 다섯 시에 일어난다며 이제는 잠이 없어진 것 같다고 했다.

• 아침으로 뭘 먹었는지 묻자 시리얼과 바나나를 먹었단다. 식사 후 마당에서 개를 산책시키고, 그런 다음 빨래나 청소와 같은 집안일을 하며 점심 메뉴는 샌드위치와 오렌지 주스를 주로 먹는다고 말했다. 오후에는 나가 앉아 있기도 하고, 집안일을 좀 더 하고 낮잠을 자거나 사람들과 전화를 하다 저녁식사를 만들 때가 되면 샐러드와 구운 감자 혹은 스크램블 에그를 먹고 자정쯤에 잠자리에 든다고 했다.

• 진찰대에 앉으라고 했다. 할머니가 진찰대로 올라가는 발판을 딛다가 비틀거리자 팔을 부축했다. 혈압을 재니 정상이었다. 눈과 귀도 들여다보고 입도 벌려 진찰했다. 청진기를 가슴에 대고 심장과 폐 소리도 들었다. 이 모든 과정이 아주 빠른 속도로 진행됐다. 그가 속도를 늦춘 것은 할머니의 손을 살필 때였다. 손톱이 단정하게 정리되어 있었다.

• 누가 손톱을 깎아 드리냐고 묻자 할머니가 직접 깎는다고 말했다.

• 오랫동안 할머니의 발을 살피다 신발과 양말을 벗어 달라고 했다. 할머니는 신발을 벗는 데 어려움을 겪었다. 할머니가 애쓰는 모습을 잠시 지켜보던 그는 몸을 숙여 도왔고, 양말을 벗겨드린 후 한 발씩 차례로 두 손에 쥐고 샅샅이 살폈다. 뒤꿈치, 발가락, 발가락 사이 등을 자세히 들여다보았다. 그런 다음 양말과 신발을 다시 신는 걸 돕고는 할머니와 딸에게 진단 소견을 이야기했다.

• 할머니가 굉장히 잘 해내고 있다며, 가장 큰 위험은 지금 누리고 있는 것을 잃게 되는 것이라는 말도 덧붙였다.

가장 심각한 위협은 폐결절이나 요통이 아니라 넘어지는 것이다. 매년 35만 명의 미국인이 넘어져서 고관절 골절상을 입고, 그중 40%가 결국 요양원에 들어가고,

20%는 다시 걷지 못한다. 넘어지는 데는 세 가지 주요 원인이 있다. 균형감각 쇠퇴, 네 가지 이상의 처방약 복용, 그리고 근육 약화다. 할머니는 이 중 두 가지에 해당됐다. 일단 균형감각이 좋지 않았다. 진찰실에 들어올 때 팔자걸음으로 어렵게 걷는 모습이 보였다. 그리고 진찰할 때 보니 발이 부어 있었고, 발톱이 정돈되어 있지 않았다. 또 발가락 사이에 염증이 있었고, 발볼에 두꺼운 굳살이 박혀 있었다.

게다가 할머니는 다섯 가지 처방약을 복용하고 있었다. 같이 먹으면 대개 부작용으로 어지럼증을 일으킬 수 있었다. 혈압 약 중 하나에는 이뇨제 성분이 들어 있었는데, 탈수 증상을 일으킬 위험이 있었고, 어지럼증이 더 심해질 수 있었다. 진찰할 때 보니 할머니의 혀는 완전히 말라 있었다.

그나마 다행인 것은 근육이 눈에 띄게 약해지지는 않아 보였다는 것이다. 블루다우는 할머니가 의자에서 일어날 때 팔로 몸을 받치지 않는다는 사실에 주목했다. 그러나 할머니가 이야기한 일과로 볼 때 그 힘을 유지하기 위해 필요한 열량을 충분히 섭취하지는 않는다는 것을 알 수 있었다.

- 체중에 변화가 있는지 물었다. 그녀는 지난 6개월 사이에 3킬로그램 정도 체중이 줄었다고 말했다.

  블루다우 과장은 어떤 의사든 환자가 삶의 질을 유지하도록 할 의무가 있다고 했다. 대부분의 의사들은 질병만 치료하면 나머지는 저절로 해결될 거라고 생각한다. 그리고 그렇게 되지 않으면, 예를 들어 환자가 너무 병약해져서 요양원으로 들어가면 '글쎄, 그건 의학적인 문제가 아니지 않을까?' 하고 생각한다.

  그러나 노인병 전문의에게는 그것도 의학적인 문제다. 사람들은 자신의 몸과 정신이 노화하는 것을 멈출 수는 없다. 그러나 그것을 좀 더 감당하기 쉽게 만들고 적어도 몇 가지 최악의 경우는 피하게 할 수 있는 방법들이 있다.

- 블루다우 과장은 발 관리 전문가에게 할머니를 의뢰해 4주에 한 번씩 도움을 받아 발을 더 잘 돌볼 수 있도록 했다. 처방약 중 뺄 수 있는 것은 없었지만, 이뇨 성분이 들어 있는 약을 다른 것으로 대체해 탈수를 방지했다. 또한 그는 식사 외에 간식을 한 번 더 하고, 열량과 콜레스테롤이 낮은 식품들을 집에서 모두 없애 버리라고 권했다. 더 자주 가족이나 친구들과 함께 식사해야 한다는 충고도 덧붙이며 3개월 후에 다시 찾아오라는 당부도 잊지 않았다.

1년쯤 지난 후 여든여섯이 된 할머니는 식사를 더 잘하고 있었고, 심지어 체중도 1킬로그램 가까이 늘었다. 여전히 자기 집에서 안락하고 독립적인 생활을 계속하고 있었고, 가장 중요한 것은 단 한 번도 넘어지지 않았다는 것이다.[12)]

진료 과정에서 나온 질문과 해당 질문에 대한 응답 및 주안점

1. 오늘 어떻게 오셨어요?	1. 내과 전문의의 권고로
2. 특별히 상담하고 싶은 문제가 있으세요?	2. 몇 달째 계속되는 요통/심한 관절염/녹내장으로 4월마다 눈 검사/최근 들어 화장실 문제/대장암 전이 여부 확인
3. 어떻게 지내시나요?	3. 남편을 23년 전에 보내고 강아지와 둘이서
4. 일상생활에 대해 굉장히 자세히 질문	4. 새벽 다섯 시에 기상하고 자정쯤 잠들어
5. 아침에 무엇을 드셨는지요?	5. 시리얼과 바나나
6. 진찰대/혈압/눈/귀/입/청진기(심장과 폐)	6. 혈압 정상
7. 손톱 검사	7. 손톱 정리가 잘 되어 있음
8. 누가 손톱을 깎아 드리나요?	8. 할머니가 직접 함
9. 신발과 양발을 벗어 주세요.	9. 신발을 벗는 데 어려움을 겪음
10. 세밀한 발 검사	10.
11. 검사 결과 설명 - 넘어져 부상당하지 않는 것이 제일 중요한데, 걸음걸이로 보아 균형감각이 좋지 않고, 발톱을 포함해 전반적인 발 관리 상태가 부실함	11.
12. 최근의 체중 변화	12. 6개월 사이에 3킬로 감소
13. 검사 결과 추가 설명 및 처방 - 발 관리 전문가에게 4주에 한 번씩 서비스 조치 - 이뇨 성분이 없는 약으로 교체해 탈수 방지 - 간식을 한 번 더 하고, 열량과 콜레스테롤이 낮은 식품들을 모두 없애 버리라 권유 - 자주 가족이나 친구들과 함께 식사할 것을 충고 - 3개월 후에 재방문 권고	13. 여든여섯이 된 할머니는 식사를 더 잘하고 있었고, 심지어 체중도 1킬로그램 가까이 늘었음. 여전히 자기 집에서 안락하고 독립적인 생활을 계속하고 있었고, 가장 중요한 것은 단 한 번도 넘어지지 않았음

12) 아툴 가완디. 어떻게 죽을 것인가. 부키, 2015 요약, '•'는 의사의 질문 내용임

질문 또는 조치	질문의도 또는 점검사항 및 결론	환자 응답 및 반응	최종 조치
어서 오세요. 어떻게 오셨어요?	걸어 들어오는 모습을 통해 근력, 평형감각 체크 시진視診 종합 평가	내과 전문의의 권고로 오게 됨	
특별히 상담하고 싶은 문제가 있으세요?		통증 상황, 스트레스, 혈압, 복용중인 약물 리스트, 녹내장, 화장실 문제 토론	이뇨제를 다른 제품으로 바꿔줌
어떻게 지내시는지요?	일상생활을 별 무리 없이 혼자서 잘 해내고 있음	독신 강아지와 함께 삶	
아침 식사는 뭘 드셨나요?		시리얼, 바나나	식사를 더 할 것 간식을 할 것 칼로리 섭취를 높일 것 열량과 콜레스테롤이 낮은 식품을 폐기할 것 친지들과 더 자주 식사할 것
진찰대에 앉아 보세요.	혈압, 눈과 귀, 입, 가슴과 폐 소리(청진기)		
누가 손톱을 깎아주나요?	손과 손톱	본인이 직접 처리	
신발 벗고 양말도 벗어 보세요.	발, 뒤꿈치, 발가락, 발가락 사이		발 관리 전문가 소개

아마존, 버크셔 해서웨이Berkshire Hathaway 및 JP 모건JPMorgan Chase이 참여하는 새로운 건강관리 벤처기업 Haven의 CEO로, 중점 분야는 1차 진료, 처방약 가격 인하 및 보험을 보다 간단하고 쉽게making insurance more simpler and easier to use 만드는 것이라는 아툴 가완디Atul Gawande 박사

병원인의 일상적 조사활동 및 정보 DB

병원의 실정과 주변 시장성을 잘 알기 위해서는 사전에 조사하고 분석해야 할 것들이 있다.

각종 의료법규의 변화와 의료시장의 규모와 향후 예상에 대한 통계들을 살피는 일이다. 이와 관련해서는 통계청이나 건강보험심사평가원, 보건복지부 홈페이지를 정기적으로 방문해 자료를 수집하거나 뉴스레터를 받아봄으로써 환경 변화에 예의 주시해야 한다. 더불어 의료 관련 뉴스 사이트도 한두 개 정도 즐겨찾기에 등록해놓고 뉴스를 수집, 정리하는 것도 좋다. 또 개인 블로그를 만들어 관련 정보를 스크랩하는 것도 좋은 습관이다.

무엇보다 우선할 것이 경쟁 병원에 대한 분석이다. 경쟁 병원을 분석할 때 어디서부터 무엇을, 어떻게 조사해야 할까? 바로 경쟁 병원의 마케팅 활동이다.

경쟁 병원을 분석할 때는 어느 정도까지 정보를 수집하고 신뢰할 것인지, 그 기준을 정해야 한다. 또한 조사할 경쟁 병의원도 인터넷상의 경쟁 병원, 인근 지역의 경쟁 병원, 미래 시장에서의 경쟁 병원 등 기준을 두고 선정하는 것이 중요하다.

이때에는 실제 동일한 진료과목의 병의원 외에 경쟁이 될 만한 업체도 조사대상 범위에 넣어야 한다. 즉 피부과 같은 경우라면 에스테틱이나 경락마사지 센터 등도 경쟁 대상으로 봐야 하며, 유명 한의원들도 조사대상 범위에 넣어야 한다.

이렇게 경쟁 병의원뿐만 아니라 경쟁 관계에 있는 유사기관들에 대해 모니터링해 보면, 상대 병원의 규모와 직원들의 교육 정도, 그리고 상담 프로세스, 초기 고객응대의 장단점을 알 수 있다. 즉 객관적으로 우리 병원의 수준을 얼마나 올려야 되는지를 확인할 수 있는 좋은 기회가 된다.

더불어 교육 차원에서 직원들을 상대로 모니터링을 시켜도 좋다. 예를 들어 한의원에 근무하는 직원들을 피부과나 치과에 보내거나, 치과 직원을 유명 호텔 에스테틱에 보내는 것이다. 이런 경우 병원의 입장에서는 얻는 것이 더 많다. 직원들에게 서비스 질을 향상시킬 수 있는 동기부여를 할 수 있을 뿐만 아니라, 지금까지 발견하지 못한 고객응대 방법이나 관리까지 배울 수 있기 때문이다. 개인적으로는 경쟁 병의원에 대한 모니터링을 실시하는 것도 좋지만, 서비스 분야에서 최고로 불리는 곳에 체험 명목으로 보내면 직원교육의 일환으로 좋은 방법이 된다.

(이창호. 우리 병원 좀 살려주세요. 다산북스, 2008)

조별 과제

① 제8장에 수록된 내용 중 가장 공감하는 부분은 무엇이며, 그렇게 생각하는 이유를 설명하시오.
② 제8장에 추가할 내용으로 딱 좋은 시장조사 사례를 찾아보고, 해당 사례를 선정한 이유에 대해 설명하시오.

개인 과제

CHAPTER 8. 시장조사

학번		성명		제출일	

① 이번 장을 한 문장으로 표현해 보자.

② 이번 장과 관련해 스스로 찾아본 것에 대해 자세히 적어 보자. 책은 50쪽 이상 읽은 것만 적을 수 있으며, 영상 자료와 신문 및 기타 내용은 출처나 연도 표기를 정확히 적어 보자.

책	
영상 자료	
신문	
기타	

③ 이번 장에 관해 200자 이상의 에세이를 손으로 직접 써 보자.

* 이 페이지는 절취하여 다음 시간에 제출할 것

CHAPTER

9

사인Sign 시스템

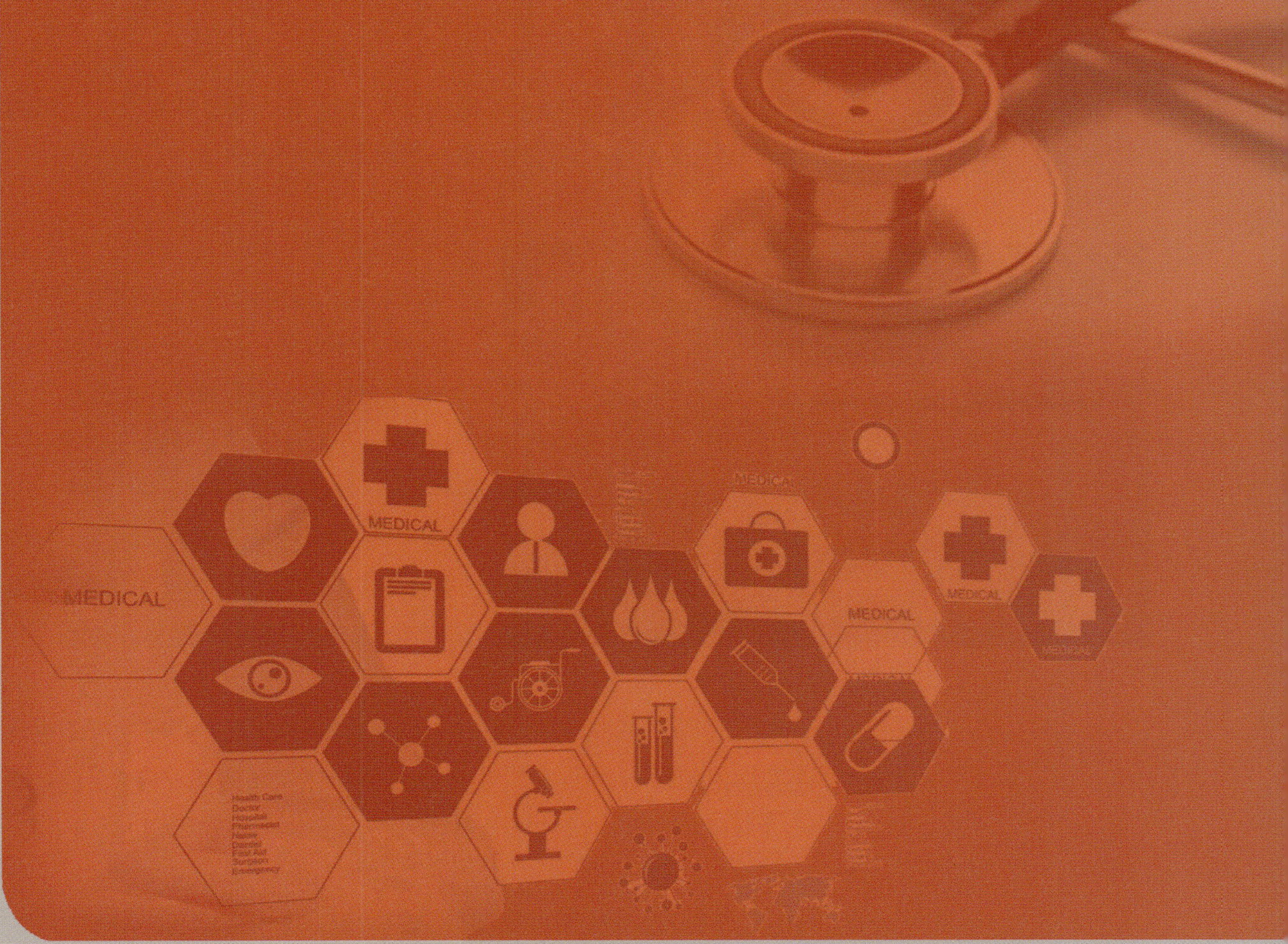

1. 그림의 활용
2. 언어의 활용
3. 색상의 활용
4. 유효기간의 활용
5. 소리의 활용 : 전쟁을 넘어

의료관광을 염두에 두고 우리나라를 찾은 외국인들이 가장 많이 찾아가는 곳 중 하나가 바로 성형외과일 것이다. 실제로 강남의 일부 성형외과들은 외국인 환자들로 문전성시를 이룬다. 아래 사진은 강남에 있는 유명 성형외과 중 한 곳인데, 중국인들의 방문이 잦은 곳이다. 그런데 자세히 보면 간판이 좀 이상하다.

케이앤에스 성형외과의원이라는 한글 아래 '정형외과의원整形外科醫院'이란 한자 표기가 보인다. 이상하지 않은가. 한글로는 성형외과의원이라 써놓고 한자로는 정형외과의원이라 표기하고 있으니 말이다. 성형외과와 정형외과 둘 다 하는 곳인가 하면 그렇지는 않다. 중국에서는 성형외과란 의미로 '정형외과'라 표기한다. 중국에서 정형외과란 곧 성형외과를 뜻하기 때문이다. 그럼 중국에서는 정형외과를 어떻게 표기할까. 정답은 '골과각규骨科却叫'이다.

중국인 고객들이 많이 찾는 곳이다 보니 성형외과를 뜻하는 중국식 표현인 '정형외과'라 쓴 것이다. 사진에는 없지만 병원 내부 안내 간판에도 수술중심手術中心이란 표현을 해 놓았다. 이 또한 중국식 표현인데, 수술중심이란 수술센터surgery center를 말한다.

사인Sign에는 두 가지 의미가 있다. 먼저 '시그니처Signature'라 하여 서명의 동사 형태로, 이 경우 '서명하다'라는 뜻이 된다. 다음은 명사로 쓰이는 경우로, ① 기호, 신호,

표지, ② 징후, 증세, 흔적 등의 뜻으로 사용된다. 공연장에서 흔히 있는 '사인회'란 게 있다. 하지만 여기서 사인은 분명 명사로 쓰인 것인데, 다 알다시피 명사에는 그런 뜻이 전혀 없으니 콩글리시가 분명하다(유명인에게 받는 서명은 autograph가 맞는 말이다).

그렇다면 이번 장의 제목인 '사인Sign 시스템'에서 말하는 Sign은 어떤 뜻일까. 독일의 쾰른 본 공항Cologne Bonn Airport/Flughafen Köln Bonn 사례를 통해 사인에 대해 알아보자.

쾰른 본 공항은 쾰른 도심에서 남동쪽으로 14.8킬로미터 떨어진 곳에 위치해 있다. 쾰른Cologne시와 본Born시 이름을 합친 것으로 독일에서 여섯 번째 규모인 이 공항이 유명해진 진짜 이유는 2002년, 그래픽 디자이너 루에디 바우어Ruedi Baur가 진행한 타이포그래피와 픽토그램을 사용한 독특한 공항 사인 시스템 덕분이다.

typography	활판 인쇄, 활판술, 조판, 인쇄의 체재
pictogram(=pictograph)	그림문자, 상형 문자, 그림문자로 된 문서, 그림 그래프

타이포그래피와 픽토그램으로 표현한 쾰른 본 공항 사인

날아오르는 비행기 모습을 통해 출국장임을 단번에 알 수 있는 픽토그램은 출국장이라 쓰지 않아도 될 정도다. 독일어나 영어가 익숙하지 않은 사람들이라 할지라도 별 문제가 없는 고객 친화적인 사인이다.

다음 그림은 무엇을 의미하는 것일까. 쾰른 본 공항이라는 영어로 쓴 글자와 온갖 차들 그림이 잔뜩 붙어 있는 픽토그램으로 뒤덮인 건물이다. 이 건물의 용도는 무엇일까. 그렇다 주차 타워다. 공사장 가림막처럼 픽토그램이 그려진 건물 외관이 공항 근처 도로의 미관을 부드럽게 바꿔놓았다. 흔히 보는 주차장 표지와는 달라도 많이 다르지 않은가.

색다른 표시로 장식된 쾰른 본 공항 주차장과 기존의 일반 주차장 표시

루에디 바우어는 공항 내부 사인뿐만 아니라 공항 홍보 엽서, 명함, 기념품, 안내문 및 인터넷 사이트까지 전부 하나로 통일된 결과를 연출해냈다.

도시의 타이포그래피 디자이너로 불리는 그래픽 디자이너, 루에디 바우어는 방향 표식 시스템과 전시 디자인, 도시 디자인 등 2D와 3D를 넘나드는 다양한 디자인에다 공공사업의 사인 체계를 디자인하는 디자이너로도 잘 알려져 있다.

낯선 곳을 여행하다 보면 누구나가 유심히 보게 되는 것이 있다. 도로 표지판일 수도 있고 방향을 알려주는 이정표里程標일 수도 있다. 표지판이든 이정표든 간에 현재의 위치와 가야 할 곳의 방향을 가늠하는 데 꼭 필요한 정보를 담고 있는 고마운 존재가 바로 사인 시스템이다.

하지만 쾰른 본 공항의 사인 시스템은 단지 좌표와 목적지를 정확히 전달하는 데 그치는 것이 아니다. 날아가는 비행기 그림 하나만으로 출국장임을 표시한 사인에서는 간단명료함이 혼잡한 공항의 소란스러움을 한 방에 잠재우는가 하면. 주차 타워에 가미된 픽토그램은 그 자체만으로도 삭막한 건물에 따스한 온기를 더해주고 있다.

이뿐만이 아니다. 정보를 제공하는 기능적 요소와 디자인적 요소가 가미된 픽토그램과 인포그래픽 중심의 사인 시스템은 공항을 이용하는 이용객들에게 편리함과 함께 아름답고 풍요로움을 선사한다. 멀리서도 한눈에 알 수 있는 안내 데스크 하며 공항 건물 곳곳에 마련된 이해하기 쉽고 눈에 확 띄는 사인 시스템으로 이용객들의 만족도는 한층 더 높아진다.

그렇다면 이와 같은 사인 시스템은 공항에서만 필요한 것일까. 의료기관에서도 환자들이나 보호자들을 위한 쉽고 간편한 사인 시스템이 필요하지 않을까. 그렇게 하려면 병원의 사인 시스템은 어떤 식으로 만들어야 할 것인가.

이번 장에서 고민해 볼 부분은 바로 이러한 것들이다. 의료기관의 사인 시스템에 대해 직접적이고 구체적으로 다루지는 않지만, 그러한 생각들을 염두에 두고 본문에 언급한 내용들을 살펴보기로 하자.

1. 그림의 활용

가. 역사상 가장 유명한 모병 포스터

TV는커녕 라디오조차 대중화되지 않았던 20세기 초, 포스터는 요즘의 대중 매체 못지않은 효과적 선전 도구로 활용되었다.
20세기 전반기에 있었던 두 차례의 세계대전(1차 1914~1918년, 2차 1939~1945년) 당시, 각국은 동원령動員令을 발동하며 전시 동원 체제로 변환하고, 병력과 보급 물자 생산에 총력을 기울였다. 총력전 양상을 띠게 된 세계대전이라는 엄청난 전쟁 상황에서 국가 동원은 필수불가결한 것이었지만, 그 못지않게 국가에 대한 충성심을 고취시켜 징병 대상 젊은이들을 모집하는 것도 매우 중요했다.

이러한 배경 속에 다양한 종류의 포스터가 제작되었다. 애국심과 적국에 대한 증오심을 불러일으키는 것은 물론, 전쟁자금과 지원병 모집을 위해 포스터가 제작되었는데, 그중 단연 압권인 것은 모병 포스터였다. 이 포스터가 얼마나 유명했던지, 2차 대전 중에도 원본을 따라 만든 포스터가 나왔고, 심지어 적국에서도 이를 도용한 포스터를 만들 정도였다.

모병 포스터의 영원한 고전이자 수없이 많이 모방된 오리지널 포스터는 '키치너 경이 당신을 원한다Lord Kitchener Wants You'라는 포스터였다.
1차 세계대전이 발발하자 영국에서는 전쟁부戰爭部를 신설하고 육군 원수 호레이쇼 허버트 키치너Horatio Herbert Kitchener(1850~1916)를 초대 장관으로 임명했다. 그는 1898년 아프리카 수단의 옴두르만 전투에서 승리하며 큰 명성을 얻은 인물이었다.

'당신을 원한다WANTS YOU'며 손가락으로 지목하고 있는 영국의 모병 포스터(알프레드 리트Alfred Leete, 1914년 제작). 이 포스터 형식은 1차 세계대전이 끝난 뒤에도 사라지지 않아 수많은 모방작과 더불어 다양한 패러디 작품이 이어졌다.

1차 세계대전 당시 만들어진 미국의 모병 포스터로 영국의 것과 분위기가 똑같다. 이 포스터에서 미국을 상징하는 전통적인 '엉클 샘'의 이미지가 처음으로 만들어졌다. '미군에 당신이 필요하다I WANT YOU FOR US ARMY'라는 표제가 선명하다(제임스 몽고메리 플래그James Montgomery Flagg, 1917년 제작).

독일의 모병 포스터로 그림 속에 'auch Du sollst beitreten zur Reichswehr'라고 쓰여 있다. 당신도 함께해야 한다You too should join the Reichswehr쯤으로 생각하면 되겠는데, 딱 봐도 영국 포스터의 모방작임이 드러난다(율리우스 우시 엥겔하트Julius Ussy Engelhard, 1919년 제작).

그림의 효과는 대단하다. 그림 형식이라 부담감이 없고 보는 데 많은 시간이 걸리지 않는다. 무엇보다 이해하기가 쉽다는 큰 장점이 있다. 영국에서 처음 나온 포스터만 놓고 보더라도 제작 첫해인 1914년에만 48만 명의 젊은이들이 이를 보고 군에 지원했을 정도다.

나. 간판

주변의 간판에서도 의외로 그림을 많이 사용하고 있음을 쉽게 찾아볼 수 있다. 일부 간판의 경우 그 독특함으로 인해 인터넷에서 유명세를 톡톡히 치르고 있다.

딱 봐도 애견카페

「구이다오레(먹고 죽자)」의 움직이는 엄청 큰 게 간판

코나몬 뮤지엄 쿠쿠루 타코야키 간판

출처 : dreamstime.com/illustration/cartoon-hospital.html

사인 비즈니스를 주업으로 하는 visix의 디지털 사인을 위한 8가지 방법(출처 : visix.com/resources/infographics/8-ways-use-hospital-digital-signage/)

사인 시스템에서 그림만큼이나 간단하고 분명한 게 더 있을까. 의료기관에서도 다양한 형태의 그림을 이용하게 된다면 사람들이 훨씬 더 쉽게 이해할 수 있을 것이다. 더 나아가 병원이라는 딱딱한 분위기도 한결 누그러뜨릴 수 있지 않을까.

다. 시각적으로 보여주기 : 팝콘에 든 37그램의 포화지방 알리기

비영리 소비자권익단체인 공공이익 과학센터Center for Science in the Public Interest, CSPI에서 일하고 있는 아트 실버맨은 영화관에서 흔히 보는 먹음직스러운 팝콘이 사실은 건강에 무척 해롭다는 사실을 사람들에게 어떻게 알릴까 생각하며 팝콘 상자를 뚫어져라 바라보고 있었다.

미국 농무성Department of Agriculture의 포화지방 권장량은 하루 20그램 이하인 데 반해 극장에서 파는 가장 작은 미디엄 사이즈 팝콘 한 상자에만도 37그램이나 들어 있었던 것이다. 이보다 더 큰 사이즈의 팝콘이라면 세 자리 숫자에 달하는 지방을 함유하고 있을 게 뻔했다. 하지만 1일 권장섭취량을 꿰고 있는 사람이 어디 있으며 그런 이들에게 37그램의 포화지방이 뭐가 그리 대수일까.

포화지방의 주범은 튀길 때 쓰는 오일 때문이었다. 감미롭고 군침이 절로 돌게 만드는 향긋한 냄새의 코코넛 오일은 포화지방으로 똘똘 뭉친 무서운 식재료였다. 그의 고민은 '37그램의 포화지방'이 어떤 의미인지 잘 모를 대중들에게 어떻게 하면 효과적으로 그 위험성을 알릴까 하는 데 있었다.

'포화지방 함유량 37그램'이라는 딱딱한 문구로는 그 어떤 결과도 기대하기 어려워 보였다. 그렇다면 시각적인 방법을 사용해 권장 섭취량과 팝콘에 함유된 포화지방의 양을 비교하는 막대그래프를 사용하면 거의 배 가까이 차이가 나는 걸 손쉽게 보여줄 수 있을 것도 같았다.

하지만 이 방법 역시 지나치게 논리적이고 이성적인 것처럼 느껴졌다. 팝콘에 함유된 지방의 양은 논리적인 수치가 아니라 말도 안 되는 터무니없는 양이었기 때문이다. 이런 사실을 기가 막히게 대중들에게 전달할 뭔가 남다른 방법이 필요했다.

아트 실버맨이 찾아낸 방법은 기자회견을 여는 것이었으며, 다음과 같은 성명과 함께 시각적 이해를 돕기 위해 몇 가지 음식들을 전시해 놓았다.

"영화관에서 판매하는 미디엄 사이즈 '버터' 팝콘에는 베이컨과 달걀을 곁들인 아침식사, 빅맥과 감자튀김으로 이루어진 점심식사 그리고 다양한 사이드 메뉴를 곁들인

스테이크 저녁식사보다 동맥경화증을 유발하는 지방이 더 많이 함유되어 있습니다. 따로따로가 아니라 이 세 끼를 모두 합친 것보다 더 많이 말입니다!”[1]

영화관에서 판매하는 미디엄 사이즈 '버터' 팝콘

베이컨과 달걀을 곁들인 아침식사	빅맥과 감자튀김으로 이루어진 점심식사	다양한 사이드 메뉴를 곁들인 스테이크 저녁식사

이 메시지는 엄청난 반향을 불러일으켜 CBS, NBC, ABC, CNN 등 주요 방송사들이 앞다투어 이 소식을 내보냈다. 〈USA 투데이〉, 〈로스앤젤레스 타임스〉, 〈워싱턴 포스트〉와 같은 일간지에서도 1면에 게재했음은 물론이다.

2. 언어의 활용

건물이 워낙 낡은 탓에 천장이 조금씩 내려앉다 못해 비가 오는 날은 비가 샜다. (…)
“알이 굵고 붉은 사과로 몇 박스 준비해 주세요.”
“원장님, 사과는 뭐 하시게요.”
“환자분들에게 사과해야지요.”
“네?”
나는 당장 손볼 층의 위 아래층에 머무는 환자들에게 일일이 사과를 하나씩 건네 드렸다.
“웬 사과예요?”
“실은 저희가 천장 공사를 합니다. 시끄럽더라도 조금만 참아주세요. 염치없는 부탁을 하는 입장이니 사과의 마음으로 사과를 드립니다.”
“허허, 그럼 사과를 받아야겠네요.”[2]

1) 칩 히스, 댄 히스. 스틱Stick. 웅진윙스, 2007 참고
2) 민병국. 1500일의 스캔들. 황금부엉이, 2012

가. 어떻게 말할 것인가, 어떻게 얘기할 것인가

한 보험 세일즈맨이 병사들을 상대로 보험 상품에 대해 설명했다. 그의 말이 끝나기 무섭게 자리에 있던 사람들 모두 보험에 가입했다. 그가 한 말은 다음과 같은 내용이었다.

> '육군 보험에 가입하고 나서 전투에 참가해 사망할 경우 정부는 보험 수혜자에게 3만 불을 지불해야 합니다. 반면에 미가입자가 전투에 참가해 사망할 경우에 최고 3,000불만 지불하면 됩니다. 그렇다면 정부는 어느 쪽을 먼저 전투에 내보낼까요?'[3]

(1) 누구나 이해하는 이케아의 전단지[4]

1948년, 22세의 잉바르 캄프라드는 통신판매업의 성공 여부가 낮은 가격에 달려 있다고 생각했다. 저가 전략으로 충분히 성공할 수 있다고 확신한 그는 모든 노력을 가격을 낮추는 데 집중했으며, 취급하는 상품의 광고를 위해 많은 독자를 가진 〈농업신문〉에 전단지 광고를 시작했다.

그는 전단지를 통해 중간상인들을 거치면서 점차 가격이 올라갈 수밖에 없는 기존의 유통 시스템을 알기 쉽게 설명하고 이를 최소화한 자신의 통신판매 제품이 저렴할 수밖에 없다는 사실을 적극적으로 알렸다. 전단지 효과를 배가시킨 것은 무엇보다 누구나 이해하기 쉽게 써놓은 전단지 속 문구 때문이었다.

'비교해 보십시오. 농장에서 직접 1킬로그램의 돼지고기를 얻는 것과 그것을 가게에서 돈을 주고 구입해야 할 때의 차이를!'

농민들이라면 바로 알아들을 수 있는 이 문구 덕분에 광고는 크게 성공하면서 주문이 급격하게 증가했다. 20대 초반에 불과했던 캄프라드는 이로써 본격적인 사업가의 길로 들어서게 되었다.

---

3) 맹명관. 이기는 기업은 무엇이 다른가. 책이 있는 풍경, 2012 참고
4) 뤼디거 융블루트. 이케아. 미래의창, 2006 참고

(2) 에이비스AVIS의 얘기 '우리는 렌터카 업계 2등입니다'

한때 '2등은 아무도 기억하지 않는다'는 광고 카피가 있었다. 모두들 1등이 되고 싶어 하고, 1등이 되기 위해 노력한다. 1등이 주는 프리미엄이 크기 때문이다.

하지만 굳이 1등이 아님을 내놓고 드러내는 경우도 있다. 렌터카 회사인 에이비스는 1962년 '우리는 렌터카 업계 2등입니다'라는 광고 카피를 내놓았다. 이 광고에는 어떤 의도가 담겨 있었던 것일까?

1960년대 초반 렌터카 시장은 시장점유율 60%를 기록하며 부동의 1위를 차지하던 허츠Hertz와 나머지 40%의 시장을 놓고 고만고만한 회사들이 각축을 벌이던 '1강 다약'의 형국이었다. 당시 에이비스는 2등은커녕 13년 연속 적자에 허덕이는 약소 업체에 지나지 않았다. 에이비스가 '넘버 투' 전략을 전개하기로 한 것은 더 이상 물러설 곳이 없다는 절박한 상황 인식에 따른 것이었다. 그래서 내놓은 것이 'Avis is Only No.2'였다.

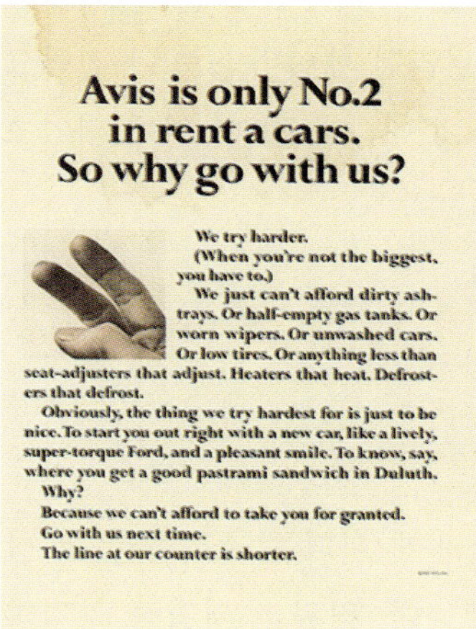

'우리는 렌터카 업계 2위입니다. 그런데도 왜 우리 회사를 이용할까요?Avis is only No.2 in rent a cars. So why go with us? Avis는 좋지 않을 여유가 없습니다Avis can't afford not to be nice'란 내용을 담은 광고 내용이다. 본문 내용을 좀 더 살펴보자.

'우리는 더 열심히 노력하기 때문입니다. 최고가 아니라면 그래야만 하겠죠. 지저분한 재떨이일랑 생각도 못하죠. 기름을 반쯤 빼돌릴 수도 없고요. 낡아빠진 와이퍼나 세차도 하지 않은 차를 드리지도 않고, 바람 빠진 차를 드리지도 않는답니다. 시트 정리도 안 된 차를, 히터가 고장 나고 서리 제거도 안 되는 차를 빌려드리진 않습니다. 저희가 열심인 이유는 잘 보이기 위해서지요. 새 차처럼 산뜻하고, 강력한 힘에 미소가 감돌도록 해 드리기 위한 것이죠. 여러분의 가려운 데를 긁어드릴 수 있는 거지요. 왜일까요? 저희에겐 여러분이 각별하기 때문입니다. 다음엔 에이비스를 이용해 주세요. 저희는 2위이기 때문에 그리 기다리지 않아도 된답니다.'

에이비스의 넘버 투 광고는 엄청난 관심을 끌었다. 이어진 2탄 광고 역시 큰 반향을 불러일으켰다. 2탄 광고의 카피는 '2위라서 열심히 할 수밖에요'였다.

에이비스는 자신이 허츠보다 더 나은 업체라고 허풍을 떠는 대신 '1등이 아니라 2등'이라는 넘버 투 전략을 일관되게 펼쳤다. 2등이라 손님도 많지 않아 오면 곧바로 차를 빌려 갈 수 있다고 했다. 2위라서 더 열심히 할 뿐, 다른 방법이 뭐 있겠냐면서 자신의 약점을 오히려 강점으로 포장했다.

에이비스의 도전적 광고 공세를 더 이상 지켜볼 수 없었던 허츠는 '지난 수년간 에이비스는 허츠가 No.1이라고 말해 왔습니다. 이제 그 이유를 말씀드리겠습니다'라는 반박 광고를 낼 수밖에 없었다.

어찌 되었건 자타가 공인하는 1위 업체 허츠를 상대로 한 2등 전략은 큰 반향을 불러일으켰다. 소비자들이 에이비스를 허츠 다음 회사로 인식하게 되었고, 심지어 2등에 대한 동정심마저 갖게 되었다. 결국 만성 적자에 시달리던 에이비스는 이 전략으로 진정한 2위 업체가 될 수 있었다. 사람들은 에이비스에 대하여 좀 더 알게 되었고 덕분에 매출은 크게 늘어났다.

(3) 관점 : 공급자 입장 vs. 사용자 입장

① 누가 쓰실 건가요

출산을 앞둔 한 여성이 출산용품 박람회에서 유모차를 싸게 판다는 소식을 듣고 남편과 함께 그곳을 방문했다. A유모차 부스부터 방문했는데, 직원은 저렴한 가격과 뛰어난 품질을 강조했다. 가소성이 높아 만족스러웠지만 혹시나 싶은 마음에 B유모차 부스에도 가보기로 했다. 한데 그곳 영업사원은 뜬금없이 아기를 누가 돌볼 것인지 묻는 것이 아닌가.

아내가 친정 엄마라고 대답하자, 좀 비싸서 그렇지 유모차를 접고 펴는 데 힘이 거의 들지 않는다며, '할머니들의 손목은 생각보다 훨씬 약해 값싼 제품은 손목이 다칠 수 있다'며 동행한 남편에게 한번 접었다 펴 보라고 했다. 남편은 영업사원의 권유에 따라 유모차를 접었다 펴 보지만, 사실 별다른 차이를 느끼지 못했다. 본인이 사용할 거라면 가소성 높은 A유모차를 선택할 것이 분명했지만, 섣불리 얘기는 못하고 아내의 눈치만 봤다. 그러다가는 결국 '장모님이 편하다는데 이걸로 살까'하며 아내에게 선택권을 넘긴다. 그의 말에 아내는 밝게 웃으며 카드를 건넨다.

아주 영악한 판매사원이 분명하다. 그는 유모차의 실 사용자user를 목표 고객으로 정하고 '할머니의 손목을 보호해 주는 유모차'라는 개념을 제안했고, 아기를 돌봐줄 친정 엄마에게 벌써부터 미안한 예비 산모의 마음을 흔들어놓았다. 목표 고객이 누구인지 정확하게 파악하고 설득한 덕분에 저렴한 다른 제품에 비해 별 차이도 없이 비싸 보였던 B유모차가 또 한 대 팔려나갔다.

② 거부할 수 없는 구직 원서

서울의 한 대형 백화점에서 근무하던 여성이 남편의 직장을 따라 대구로 이사 갔다. 다시 일자리를 구하기로 한 그녀는 다소 남다른 방법으로 접근했다. 그곳에 있는 백화점들이 원할 것이라 생각되는 내용들로 글을 적어 보낸 것이다.

'저는 서울에 있는 큰 백화점에서 오랫동안 일했습니다. 그곳에서 상품 구매, 상품 전시, 고객 취향 조사, 직원 훈련 등 다양한 분야를 경험했습니다. 만일 제 도움이 필요하시다면 제 경험 얘기를 들려드리겠습니다. 보수는 필요 없습니다.'[5)]

그러자 몇몇 백화점에서 연락이 왔고, 그녀는 성심껏 자신의 노하우를 전해 주었다. 이후 모든 일들이 술술 풀려갔다. 백화점들이 앞 다투어 그녀에게 일자리를 제안한 것이다. 그녀는 이 중 몇몇 백화점과 만나 그들이 내민 스카우트 제안을 검토하며 즐거운 고민에 빠졌다.

만일 그녀가 단순히 '일자리'를 구하려 했다면 위와 같은 결과를 얻지는 못했을 것이다. 여기저기서 밀려드는 청탁과 수많은 지원 서류 더미 속에 그녀의 이력서가 인사담당자의 눈에 띄었을지도 의문이다. 하지만 그녀는 일자리를 구하려는 대부분의 사람들과 달리, 지방에 있는 백화점 입장에서 아쉬운 부분을 지적하면서 첫 대면을 성사시킬 수 있었다.

남들처럼 일자리를 찾고 있다고 말하는 대신 자신에 대해 이야기하는 쪽을 택한 것이다. 큰 백화점에서 일했고 다양한 경험을 갖고 있으며 그 경험을 들려주겠다고 한 것이다. 덕분에 백화점 측에서는 그녀의 화려한 이력에 대해 꼼꼼히 살펴보게 되었고 '보수 없이' 해주겠다는 그녀의 이야기에 더 듣고 싶어진 것이다. 한마디로 백화점 입장에서 꼭 필요한 제안을 통해 그들의 마음을 움직인 것이다.

---

5) 이용태. 인성교육, 성적보다 먼저다. 에디터, 2008 참고

나. 어떻게 표기할 것인가, 어떻게 쓸 것인가

(1) 구내식당 메뉴 표기법

음식 메뉴의 이름이 음식 맛과 호감도에 미치는 영향을 조사한 실험이 있었다. 이 실험은 140명의 학생들을 대상으로 6주간에 걸쳐 진행되었다.

평범하게 적어 놓은 기존의 메뉴에 대한 맛과 호감도는 각각 6.8점과 5.8점이었다. 반면에 동일한 음식이었음에도 불구하고 고급스럽고 자세하게 적어 놓은 새 메뉴 이름의 음식에 대한 평가 점수는 7.3점과 6.6점이었다.

기존의 메뉴 이름	변경된 새 메뉴 이름
레드빈 라이스Red Beans with Rice*	케이준Cajun 스타일의 레드빈 라이스
해산물 필레Filet**	육즙이 풍부한 이탈리안식 해산물 필레
초콜릿 푸딩	부드러운 초콜릿 푸딩Satin Chocolate Pudding

* 미국으로 강제 이주된 캐나다 태생 프랑스 사람들이 만들어 먹기 시작한 음식
** 육류나 생선의 뼈를 발라내고 저민 살코기

좀 더 그럴싸한 설명이 들어간 메뉴 이름만으로도 맛과 호감도가 7%와 13%가 올라간 것이다. 어떻게 이런 일이 일어난 것일까. 이유는 달라진 메뉴 이름이 기대감을 높였고, 기대감은 음식 맛을 좋게 느끼도록 만들었기 때문이다.[6)]

유명 업체 매장의 최고와 최악 메뉴 정보를 함께 올려놓은 모습

6) 리처드 쇼튼. 어떻게 팔지 답답할 때 읽는 마케팅 책. 비즈니스북스, 2019 참고

메뉴판 작성법

메뉴를 쓰는 법도 팔고자 하는 의지가 있다면 완전히 달라질 수 있다. 예를 들어, 하나의 상품을 띄우기 위해서 두 개의 상품을 더 곁들이는 것이다. 탕수육이라는 큰 메뉴가 있다면 그 밑에 쇠고기탕수육, 닭고기탕수육, 찹쌀탕수육 등 3종으로 탕수육을 다양화해 메뉴판을 채우는 것이다.

찹쌀탕수육을 띄울 생각이면 찹쌀탕수육에는 매장 추천 상품이라고 메뉴판에 써주고 나머지 두 탕수육에는 아무것도 쓰지 않는다. 그러면 3개의 탕수육이 있지만, 손님들은 추천메뉴인 찹쌀탕수육을 주문하게 된다. 메뉴에는 분명 3개의 탕수육이 있지만 결국은 1개인 셈이다.

찹쌀탕수육 가격을 세 개의 중간쯤으로 배치하는 것도 방법이다. 사람들은 비슷한 경우라면 가장 비싸거나 가장 싼 음식보다 그 중간에 있는 음식을 시키는 경우가 대부분이기 때문이다.

메뉴판 교체 시에는 인기 없는 개별 음식을 빼는 것이 아니라 '종'별로 평가해 이를 반영한다. 찹쌀탕수육이 인기가 있으면 주문이 없더라도 쇠고기와 닭고기 탕수육도 메뉴에 남긴다. 두 탕수육 덕분에 찹쌀탕수육 주문이 더 잦기 때문이다. 따라서 주력제품으로 밀고 있는 찹쌀탕수육의 주문이 시들해지면, 탕수육 제품 전체를 메뉴에서 내리고 다른 메뉴로 대체해야 한다.

(조성진. 골목상권 챔피언들. 이와우, 2013 참고)

(2) 감성 지능 표지판emotionally intelligent signage[7)]

사람들로 붐비는 거리 모퉁이의 조그마한 교회 주변에는 넓은 잔디밭이 펼쳐져 있다. 인근 지역 주민들은 그곳에서 개를 산책시키고는 한다. 하지만 많은 개들의 배설물과 이를 방치하는 주인 탓에 그곳에서는 언제나 고약한 냄새가 끊이질 않았다. 이 문제를 줄이기 위해 교회에서는 많은 노력을 기울였다. 개 주인들의 행동을 바꾸기 위해 표지판을 설치하기도 했다.

'강아지 배설물을 치워 주세요.'

강아지 배설물을 치워 달라는 표지판에는 '왜' 치워야 하는지에 대한 설명이 전혀 없다. 강아지 주인 입장에서는 좁은 아파트 대신 넓은 잔디밭에서 자신의 강아지가 뒷일을 보는 게 크게 미안한 일도 아니다. 지키는 관리인이 없다면 더더욱 그럴 가능성이 농후하다. 그러니 이런 표지판으로는 효과를 거둘 리 없었다. 그러던 어느 날 교회는 다음과 같이 표지판을 고쳐 세웠다.

'아이들이 노는 곳입니다. 강아지 배설물을 치워 주세요.'

'아이들이 노는 곳'이라는 내용만 추가한 것인데, 사람들의 반응이 전과 달랐다. 왜

7) 다니엘 핑크. 파는 것이 인간이다. 청림출판, 2013 참고

배설물을 치워야 하는지 그 이유가 함께 적힌 표지판 앞에 잔디밭을 찾는 모두가 조심할 수밖에 없었다. 교회가 폼 나도록 잔디밭을 더럽히지 말라는 게 아니다. 소중한 아이들이 뛰노는 곳이니 더럽히지 말라는 말이다.

누구나 아이였던 시절이 있었다. 어린아이가 있는 젊은 부부들, 그리고 지금은 아니지만 한때 아이들을 키웠을 부모들까지 포함하면 대부분 사람들이 '아이들이 뛰놀 잔디밭'을 지킬 의무가 있는 사람이 된다. 그러니 그런 표지판을 읽는 사람들의 행동은 달라질 수밖에 없다. 그냥 '강아지 배설물을 치워 주세요'와는 비교할 수 없는 효과가 생기는 이유가 바로 여기에 있다.

위의 표지판이 사람들의 마음에 와 닿은 이유는 감성 지능이 겸비된 표지판(이하 감성 지능 표지판)이기 때문이다. 병원도 마찬가지다. 대부분의 표지판이 '입원실', '외래', '검사실' 등과 같은 식의 정보를 제공하거나 혹은 '중환자실 보호자는 밖에서 기다려 주세요', '관계자 외 출입금지' 등과 같이 규칙을 알리는 데 그치고 있다. 하지만 감성 지능 표지판은 다르다. 보다 인간적이며 목적의식을 함유한 것이기 때문이다. 따라서 이렇게 만든 표지판은 보는 사람들로 하여금 공감을 끌어낸다. 어디 그뿐인가. 당연히 읽는 사람들의 마음을 건드리고 행동으로 이어지게 만드는 것이다.

일반 표지판	감성 지능 표지판
• 정숙해 주세요. 쉿! 조용! • 마스크를 착용합시다. • 마스크를 착용해 주세요.	• 이곳은 입원실입니다. 빠른 회복을 위해 정숙해 주세요. • 감염에 취약한 아이들이 있는 곳이니 반드시 마스크를 착용해 주세요.

(3) 석화림 국립공원의 표지판[8)9)]

리처드 탈러와 캐스 선스타인이 쓴 〈넛지〉에도 감성 지능 표지판에 해당하는 사례가 있다.

미국 애리조나 주에 있는 석화림 국립공원Petrified Forest National Park은 방문객들이 기념품 삼아 석화목을 하나둘씩 집으로 가져가면서 석화목 보존에 큰 위기를 맞게 되었다.

8) 리처드 탈러, 캐스 선스타인. 넛지Nudge. 리더스북, 2009 참고
9) 리처드 쇼튼. 어떻게 팔지 답답할 때 읽는 마케팅 책. 비즈니스북스, 2019 참고

석화목 국립공원 간판 그리고 석화목과 이를 채취하는 모습

매달 1톤가량 도난당하고 있었는데, 이에 공원 측은 석화목을 가져가지 말라고 애원하는 표지판을 곳곳에 설치했다. 〈설득의 심리학〉이란 책의 저자로 잘 알려진 애리조나대학의 로버트 치알디니 교수는 이곳 표지판을 개선해 보기로 하고 한 가지 실험을 고안했다.

먼저, 사람들이 다니는 산책로에 석화목 조각들을 여기저기 놓아두었다. 그러고는 표지판 문구를 두 시간마다 바꿔가며 방문객들의 반응을 살폈다.
기존의 공원 순찰대가 세워놓은 표지판 내용인 '한 번에 조금씩, 연간 14톤의 석화목 절도 소실로 인해 당신의 유산이 매일 훼손되고 있습니다'와 유사한 내용으로, 문제의 심각성을 강조한 문구도 사용해 보았다.

'사람들이 석화목을 가져가 자연 석화림이 훼손되고 있습니다'

그런가 하면 구체적인 목적을 담은 명령조의 문구도 사용해 보았다.

'자연 석화림이 보존되도록 석화목을 가져가지 마세요'

최종 결과는 의도를 담은 명령조의 문구가 담긴 게시판을 달아 놓았을 때 사람들의 행동이 가장 많이 변화되었다는 것이다.
절도를 비난하는 경고문(가져가지 말라!)을 세운 곳에서는 석화목 1.7%가 도난당한 반면, 부정적인 사회적 증거 문구(공원이 훼손되고 있다)가 실린 경고문을 세운 곳에서는 절도율이 8%로 첫 번째 경고문보다 더 높았다. 4배 이상 많은 것이다.

효과가 없는 문구부정적인 사회적 증거 문구	아무것도 두지 않은 경우	효과적인 문구절도를 비난하는 경고문
• 과거에도 많은 방문객이 공원에서 석화목을 훔쳐 공원의 자연환경을 훼손한 적이 있습니다.		• 공원에서 석화목을 훔쳐감으로써 공원의 자연환경을 훼손하지 말아 주시기 바랍니다. • 석화림 보전을 위해 공원에서 석화목을 가져가지 말아 주세요.
서술형 규범injunctive norm의 도난율 8%	3%	명령형 규범descriptive norm의 도난율 1.7%

출처 : The Hunting Dynasty, Behaviour, and communication

부정적인 문구보다 명령조의 긍정적인 문구가 더 효과적이라는 결론에 따라 국립공원 측에서는 이 의견을 반영하여 '석화목을 가져가지 말라', '국립공원을 훼손하지 말라'는 문구로 경고문을 바꿔 게시하면서 석화림 훼손 문제를 해결할 수 있었다.

덧붙여 말하자면, 바람직한 행동을 유도하고 강조하는 묘사를 하는 것이 중요하다. 도둑맞은 석화목의 양을 강조하는 대신, 압도적인 방문객들이 석화목을 훼손하거나 훔치지 않는다는 사실('대부분의 사람들이 보고만 즐길 뿐 훼손하거나 훔쳐가지 않는다')을 알리는 데 집중하는 것이 옳은 방법이며 서술형 대신 명령형('훔쳐가지 마라!')이 더 낫다는 것이다.

(4) NHS의 헌혈 장려 운동 문구

영국의 국민보건서비스National Health Services(이하 NHS)는 안정적인 혈액 확보를 위해 헌혈 장려 운동을 계획하게 되었다. 영국 국민의 4% 정도만이 헌혈에 참여하고 있다는 사실을 강조함으로써 보다 많은 사람들의 참여를 유도하려고 시도했는데, 이때 만든 문구는 다음과 같았다.

'매년 200만 명의 국민들이 헌혈을 합니다. 이는 우리 국민의 4%에 불과합니다.'

이 운동의 결과는 어찌 되었을까. 그렇다. 이들의 계획은 별다른 성과 없이 막을 내렸다. 앞서 석화림 사례에서 보았듯이 NHS 역시 바람직하지 않은 모습을 강조했기 때문이다.

인간이란 다른 사람의 행동을 따라하는 사회적 동물이다. 국민의 4%만 하는 헌혈이라면 굳이 따라할 필요가 없다고 생각하는 게 정상이다. 그러니 4%가 헌혈한다고 말하기보다는 매년 200만 명이나 되는 사람이 헌혈하고 있으니 당신도 동참하라고 말하는 편이 더 나을 것이다. '200만 명이 헌혈하고 있지만 아직도 더 많은 사람들의 참여가 필요하다'고 말하면 어떨까.

임원들 중 여성의 비중이 낮다거나 여성 국회의원이 얼마 되지 않는다는 등의 표현을 자주 접하게 된다. 이러한 글의 의도가 여성에 대한 차별을 없애자는 것임에도 불구하고 실제로는 오히려 여성차별을 더욱더 공고히 하는 쪽으로 영향을 미친다. 바람직하지 않거나 혹은 원치 않은 현상이나 행동을 강조하고 있기 때문이다. 그보다는 많지 않더라도 그런 고위급 여성 임원의 숫자를 강조하고, 몇 안 되더라도 여성 국회의원의 숫자를 제시하며 보다 많은 여성들이 진출해야 한다는 쪽으로 끝을 맺는 것이 더 좋은 방식이다. 병원에서도 이와 비슷한 일들이 자주 벌어진다.

① 예약 시간을 지켜달라며 진료 대기실 벽에 붙여놓은 문구
'진료예약의 15%가 지켜지지 않고 있습니다. 일정 조정이 불가피할 경우 미리 연락주시기 바랍니다.'

② 손 씻기를 강조하기 위해 화장실 안에 붙여놓은 문구
'열 분 중 한 분이 손을 씻는다고 합니다. 감염 방지를 위해 손 씻기를 생활화해 주시기 바랍니다.'

①번 문구를 보는 순간 예약을 펑크 내 미안했던 환자의 가슴이 뻥 뚫린다. 자신 말고도 15%나 되는 환자들이 예약을 어기고 있다고 생각하니 미안했던 마음도 사라진다. 이런 줄 알았다면 다음부터는 떳떳하게 예약 취소를 해도 되겠다는 생각이 들기도 한다. 상황이 이렇게 흘러가다 보면 예약 시간을 지켜달라며 붙여놓은 안내문이 효력을 발휘하기는커녕 예약 취소를 조장하는 방향으로 역효과가 날 수도 있다. 진료 대기실에 붙여놓은 문구가 진료예약을 마음 내키는 대로 취소하고 펑크 내도록 하려고 한 것은 아니지만 결과는 그런 쪽으로 나올 가능성이 높다.

②번 문구도 마찬가지다. 열 명 중 한 명만 손을 씻는다는 걸 보니 안 씻는 사람이 꽤 많다는 생각에 큰 위안을 얻을 정도다. 그러니 이런 문구를 아무리 써 붙여놓은들 마음을 고쳐먹고 손 씻기를 실천하려는 사람이 늘어날 리 만무하다.

두 문구 모두 부정적인 부분에 초점을 맞췄다. 펑크 내는 사람과 안 씻는 사람들을 부각시키다 보니 정작 개선 방향에 대한 주목을 이끌어내지 못하는 것이다. 부정적 증거 대신 긍정적인 관점에서 진료예약 시간을 엄수하는 환자들과 열심히 손을 씻는 사람들에게 초점을 맞추는 게 더 좋을 것이다.

① '85%의 환자분들이 진료예약을 지키고 계십니다. 일정 조정이 불가피할 경우 미리 연락주시기 바랍니다.'
② '손 씻는 분들이 늘어나고 있습니다. 감염 방지를 위해 당신도 손 씻기에 동참해 주시기 바랍니다.'

3. 색상의 활용

컬러 푸드color food니 컬러 테라피color therapy니 하며 우리 사회 곳곳에 컬러라는 표현이 널리 사용되고 있다. 의료계에서도 색상은 매우 중요하다. 일반 업계를 비롯해 다방면에서 활용되고 있는 색상 사례에 대해 알아보자.

가. 오랄비Oral-B 칫솔

칫솔에 관한 한 오랄비는 정말 대단한 브랜드 중 하나가 분명하다. 하지만 높은 브랜드 인지도가 언제나 구매로 이어지는 것은 아니다. 휴지나 치약처럼 점점 내용물이 줄어들어 자연스럽게 구매로 이어지는 것과 달리, 칫솔의 교체 시점은 참 애매하다. 그러다 보니 적절한 교체 시기를 놓치는 경우가 많다.

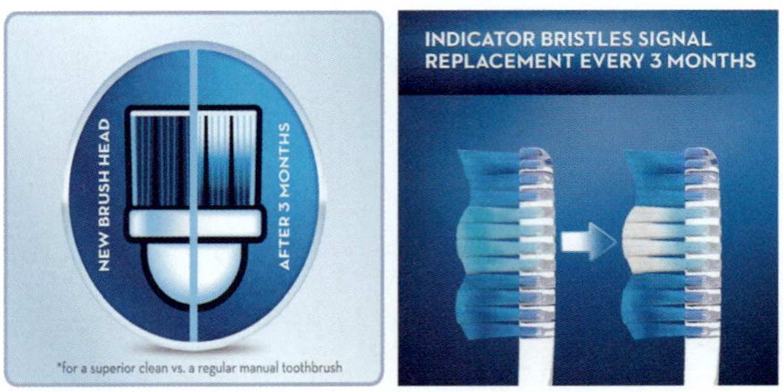

색이 바뀌면 칫솔을 교체하라며 3개월 전과 후의 색상 변화를 보여주는 모습

칫솔모가 탄력을 잃고 쭈글쭈글해진 정도라면 교체 시점은 훨씬 지난 것이다. 사용자 입장에서는 대수로운 문제가 아닐 수 있으나 판매자인 기업 입장에서는 결코 가벼운

일이 아니다. 매출이 일어나야 할 시점에서 구매 활동이 아예 없거나 늦어지다 보니 무척 안타까워 속이 터질 지경이다.
어떻게 하면 소비자들이 제 시간에 맞춰 제품을 구입하도록 하게 만들 것인가.

오랄비는 이 문제를 해결하기 위해 색상을 활용했다. '일정 시간이 지나면 칫솔모의 색깔이 바뀌는 칫솔'을 출시한 것인데, 오랄비 인디케이터란 제품이 바로 그것이다. 인디케이터indicator란 말처럼 교체 시점을 '표시'해 주는 제품을 통해 오랄비는 많은 매출을 올릴 수 있었다.

나. 바디럽BODYLUV

바디럽에서 내놓은 퓨어썸 샤워기는 출시 8개월 만에 27만 개를 판매하며 큰 돌풍을 일으켰다. 이사 와서 혹은 집을 리모델링할 때 간혹 교체하곤 하는 샤워기가 이렇게 많이 판매된 데는 색깔이 한몫했다.
이 샤워기는 샤워헤드에 녹물과 불순물을 제거하는 필터를 넣고 일정 사용 시간이 지남에 따라 필터의 색깔 변화를 있는 그대로 볼 수 있게 투명하게 처리했다. 필터가 지저분하게 변하는 모습은 교체 시기를 알려줄 뿐 아니라 소비자가 지금까지 한 번도 생각해 보지 않았던 샤워 꼭지에 대해 관심을 가지도록 하였다. 생각보다 물속에 불순물이 많고 온수 사용으로 인해 샤워헤드 부분이 미생물의 서식처로 그만이라는 것을 샤워할 때마다 눈으로 직접 보게 만든 것이다. 이를 통해 소비자들의 마음속에 잠재된 구매 욕구를 자극하고 끄집어낸 것이다.

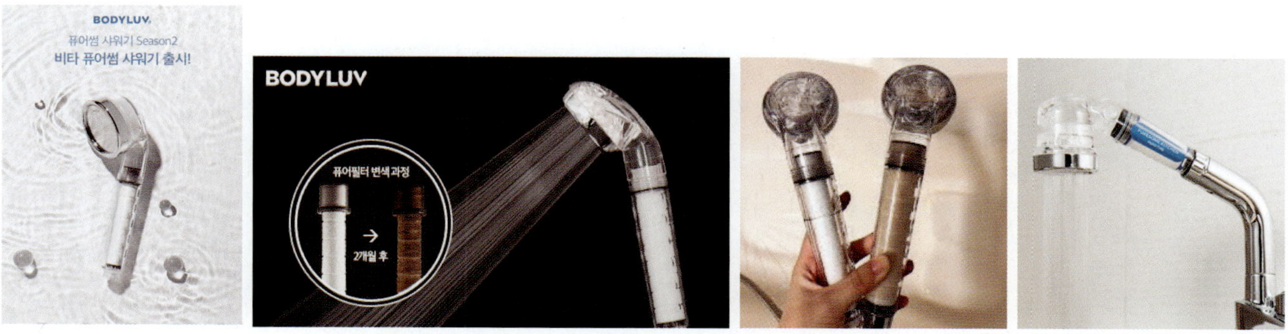

사용하다 보면 어느새 색상이 변하고, 필터를 교체하도록 만드는 바디럽. 싱크대 수도꼭지까지 제품 라인을 확장했다.

다. 흰색 이어폰

2001년, 애플이 아이팟을 출시하기 전까지 세상의 이어폰은 하나같이 검은색뿐이었다. 밖으로 보이는 건 모두 똑같은 검은색 이어폰뿐이라 호주머니 속에 들어 있는 MP3 플레이어가 어떤 회사 제품인지에 대해서는 전혀 알 수 없었다. 하지만 아이팟은 달랐다. 이어폰 색상이 유별난 흰색이었기 때문이다.

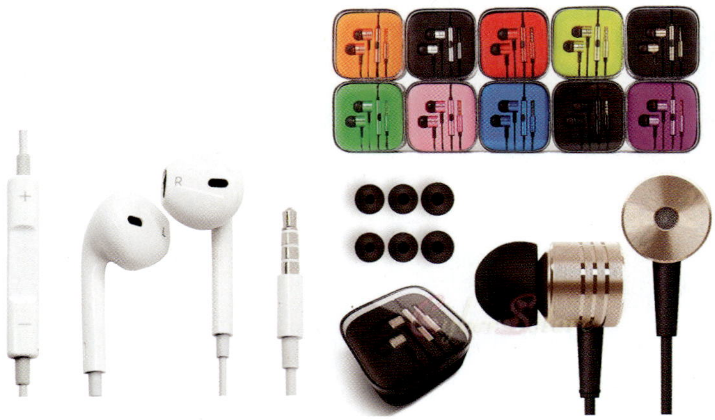

검정색 이어폰 일색이었던 시절이라 더 특별했던 흰색 이어폰

그러니 아이팟 사용자들은 쉽게 눈에 띄었다. 밖으로 드러난 흰색 이어폰만으로도 아이팟임이 대번에 드러나기 때문이었다. 이런 독특함 덕분에 애플에 대한 소비자의 호감은 훨씬 더 커졌다.

미국의 비즈니스 및 기술 뉴스 웹사이트 비즈니스 인사이더Business Insider는 훗날 아이팟의 경이적인 성공을 분석하면서, '애플이 이룬 가장 위대한 혁신은 흰색 이어폰이었다'고 말했다.[10]

라. 빨간색 진통제

플라시보 효과Placebo effect란 심리작용에 의해 당초에 없던 효과가 나타나는 것이다. 예를 들어 약효가 없는 가짜 약을 복용하고서도 실제로 치료 효과가 나타나는 경우가 이에 해당한다. 이와 같은 플라시보 효과는 약의 가격, 크기나 맛은 물론, 색깔에 따라서도 아주 달라질 수 있다.

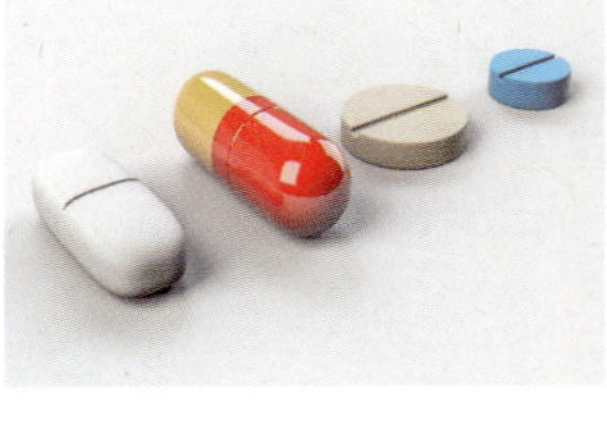

암스테르담 대학 임상역학과 전문의 안톤 데 크린Anton de Craen은 빨간색 진통제가 파랑색 진통제보다 훨씬 더 강력한 효과를 낸다는 사실을 알아냈다. 이러한 효과는 두 색상의 문화적 의미 때문에 생긴 일이다. 빨간색은 힘과 권위를 암시하지만, 파랑색은 하늘과 바다처럼 심리적 안정감을 주는 이미지를 연상시킨다. 진통제의 경우 안정감보다는 강력함이 더 중요하다. 그러니 파랑보다는 빨강이 더 효과적이다.

10) 리처드 쇼튼. 어떻게 팔지 답답할 때 읽는 마케팅 책. 비즈니스북스, 2019 참고

안타깝게도 많은 회사들이 플라시보 효과를 간과하고 있다. 헬스뷰티 매장 부츠Boots에서 구입한 7통의 진통제 중 고작 1통만 포장지가 빨간색이었다. 이 얼마나 낭비란 말인가! 색상만 조금 바꿔도 판매량이 늘어날 텐데 그런 기회를 무시하는 브랜드는 왜 그렇게 많은지.[11]

누리꾼 화제 모은 알약 디자인 아이디어 낸 한국 대학생

이탈리아에서 열린 '2020 A' 디자인 어워드'에서 '올해의 디자인' 상을 받은 알약 디자인이 화제다. 천편일률적인 동그란 모양에서 탈피해 신체 장기를 형상화한 것이 특징이다. 심장병 약은 하트 모양으로, 간질환약은 기호화한 간 모양으로 만드는 식이다.

출품자는 이 디자인에 '피모지'라는 이름을 붙였다. '약pills'과 '이모지emoji(스마트폰용 그림문자)'의 합성어다. 시각장애인들, 특히 노인들이 직관적으로 자신이 복용하는 약의 효능을 알 수 있도록 고안한 것으로, 복용하는 약이 여럿인 경우가 많아 약별 효능을 혼동하거나 까먹어서 오남용하는 사고가 잦다는 데서 착안한 것이라고 한다. (경향신문, 2020.5.24)

마. 미라이 공업, 색을 바꾸다

회사 설립 당시 직원이 네 명에 불과했던 미라이 공업은 타사와 차별화할 수 없는 제품은 만들지 않는다는 원칙을 지켜온 덕분에 꾸준히 성장할 수 있었다. 그들에게 있어 차별화는 타협하거나 선택할 수 있는 것이 아니라 반드시 이루어내야 할 절대적 명제였다. 차별화에 대한 집요함은 재질이나 규격이 모두 정해져 있어 차별화가 불가능하게만 여겨졌던 전선 배관용 플라스틱 파이프에서도 이어졌다.

도료 중 가장 싼 것이 회색이다 보니 기존의 파이프는 모두 회색 일색이었다. 이후 색상별 도료 값이 비슷해졌음에도 파이프는 여전히 회색뿐이었다. 미라이 공업은 관련 법규를 검토하다 파이프의 색상에 관한 제한이 따로 없다는 것을 찾아내고는 상아색Ivory 파이프를 만들기로 했다.

11) 리처드 쇼튼. 어떻게 팔지 답답할 때 읽는 마케팅 책. 비즈니스북스, 2019 참고

공사가 끝나면 벽이나 천장 속에 매립되어 보이지도 않을 파이프를 굳이 상아색으로 할 필요가 있겠냐는 사람도 있었지만 그건 공사가 다 끝난 뒤 얘기고, 건축자재상에서 파이프를 고르는 시점이라면 상황은 아주 다르다. 같은 가격에 밝은 상아색 파이프와 우중충한 회색 파이프가 있다면 어느 쪽을 선택할지는 안 봐도 뻔하다. 미라이공업은 색상만 바꾼 이 제품으로 신생 업체로는 드물게 파이프 시장 점유율 1위를 차지했다. 오직 색상 하나만 바꾸었을 뿐이었는데 말이다.

4. 유효기간의 활용

소비자들에게 교체나 구매 시점을 알려줄 때 반드시 첨단 기술이 필요한 것만은 아니다. 호주의 베개 브랜드 톤틴Tontine은 유통기한을 표시해 주는 '신선한 베개 캠페인Fresh Pillow Campaign'으로 소비자에게 좋은 반응을 얻었다.

합성섬유로 만든 베개의 수명은 2년에 불과함에도 소비자들은 별생각 없이 오랫동안 사용한다는 점에 착안하여 베개를 판매할 때 교체 시기 날짜를 도장으로 찍어주었다. 대단한 기술이 필요한 것도, 엄청난 투자가 필요한 것도 아닌 이 캠페인 덕분에 톤틴의 매출은 34%나 증가하였으며, 해당 광고는 칸 광고제에서 은상을 수상하기도 했다.

뒷면을 참조하십시오. 이 베개는 충전 처리된 날짜가 찍혀 있으므로 언제 교체해야 할지 알 수 있습니다. 2012년 10월까지 교체할 것을 권장합니다.

5. 소리의 활용 : 전쟁을 넘어[12)]

1980년대, 미국과 소련의 군비확장 경쟁을 걱정한 시민들이 모여 시작한 단체 '전쟁을 넘어Beyond war'를 이끌었던 제프 에인스코.
당시 미국과 소련이 보유한 핵무기의 양은 지구를 수십 번 날려버리고도 남을 정도였다. 사람들에게 전 세계에 쌓여 있는 핵무기의 위험성에 대해 설득하려면 어떻게 해야 할까?

국가 간의 군비 경쟁은 너무나도 추상적이고, 비현실적으로 느껴졌다. 하지만 그렇다고 스토리를 이야기하거나 세부 사항을 묘사하는 방법도 부적절하게 느껴졌다. 군비 확장 경쟁과 같은 주제를 다룰 때에는 그 거대한 규모에 대한 이야기가 빠져서는 안 되기 때문이다. 그리고 규모는 주로 숫자에 의존한다.

'전쟁을 넘어' 조직은 '하우스 파티'를 열기로 했다. 에인스코는 모임에 작은 양철 양동이를 가지고 갔다. 프레젠테이션을 하는 도중 적절한 시점에 이르면, 그는 비비탄 하나를 꺼내 양동이에 집어던진다. 탄알은 커다랗고 날카로운 팅팅 소리를 내며 떨어진다. 그러면 이렇게 말한다. "이것이 히로시마에 떨어진 핵폭탄입니다." 그 후 몇 분 동안 그는 히로시마에 떨어진 핵폭탄이 얼마나 끔찍하고 절망스러운 고통을 야기했는지 설명했다. 무너져 내린 건물, 황폐한 대지, 일시에 목숨을 잃은 수만 명의 사람들, 화상이나 갖가지 다양한 증상으로 고통받는 환자들.

이번에는 열 개를 한꺼번에 집어던진다. 아까보다 더욱 커다랗고 복잡한 쨍쨍 소리가 귓전을 자극한다. "이것이 미국이나 러시아의 핵잠수함 한 척이 보유한 미사일입니다."

마지막으로 청중들에게 눈을 감으라고 한 후 지금 전 세계에 존재하는 핵무기 양이라며 탄알 5,000개를 양동이에 한꺼번에 쏟아 붓는다. 5,000개의 핵탄두를 의미하는 비비탄 5,000개가 만들어내는 소리는 마치 천둥처럼 무시무시한 느낌을 내며 방 안

12) 칩 히스, 댄 히스. 스틱Stick. 웅진윙스, 2007 참고

가득 울려 퍼진다.
그 소리를 들은 청중들은 비로소 핵무기의 위협에 대해 온몸으로 깨달으며 그 심각성에 몸서리를 친다. 이쯤 되면 더 이상 다른 설명이 필요 없다.

전 세계에 존재하는 5,000개의 핵탄두는 그 하나하나가 모두 도시 하나를 초토화할 수 있을 정도로 무시무시한 것이 분명했지만, 문제는 5,000개라는 숫자가 사람들에게는 너무 막연하다는 것이었다. 그러다 보니 5,000개라는 숫자가 큰 것인지, 정말 문제가 되는 정도인지에 대한 느낌도 없었던 것이다.

하지만 탄알과 양철 양동이를 활용한 설명은 자칫 추상적 개념으로 남았을지도 모를 숫자를 현실감 있게 느끼도록 바꿔주었다. 아이들이 장난삼아 갖고 노는 비비탄은 더 이상 장난감이 아니라 실제 핵무기로 느껴졌고, 탄알이 양동이에 떨어지며 내는 소리는 몸서리치도록 위협적으로 들렸다.

핵탄두가 5,000개인지 3,000개였는지는 중요한 것이 아닐뿐더러, 시간이 지나면 모두가 잊고 말 숫자에 불과하다. 하지만 비비탄이 양동이에 떨어지며 내는 소리는 핵무기의 위험성과 함께 두고두고 잊혀지지 않을 것이다.

진정 중요한 것은 숫자가 아니라, 숫자들 사이의 연관성이다. 다음 두 문장을 비교해 보라.

1. 최근 과학자들은 중요한 물리적 제약에 관해 놀랍도록 정확한 수준까지 계산해낸 바 있다. 어느 정도까지 정확하냐면 태양에서 지구로 돌을 던졌는데 목표 지점에서 600미터 이내에 떨어졌다고 생각해 보라.
2. 최근 과학자들은 중요한 물리적 제약에 관해 놀랍도록 정확한 수준까지 계산해낸 바 있다. 어느 정도까지 정확하냐면 뉴욕에서 로스앤젤레스로 돌을 던졌는데 목표 지점에서 1센티미터밖에 어긋나지 않았다고 상상해 보라.

두 문장 중 어느 것이 더 정확하게 느껴지는가?
이미 짐작하고 있겠지만 두 문장에서 묘사한 정확도의 수준은 동일하다. 하지만 달과 지구의 비유에 대해 응답자의 58%가 "매우 인상적이다"라는 답변을 한 반면 뉴욕과 로스앤젤레스의 경우에는 83%에 달했다. 우리는 태양과 지구가 얼마나 멀리 떨어져 있는지에 대해서는 아무런 경험도, 직감도 없다. 그러나 뉴욕에서 로스앤젤레스는 훨씬 현실적이고 가깝게 느껴진다. 재미있는 사실은 만일 그 거리를 지금보다 더 일상적인 수준으로 끌어내린다면—예를 들어, 미식축구장—오히려 현실성이 떨어진다는 것이다. "미식축구 경기장의 한쪽 끝에서 돌을 던지면 목표 지점에서 겨우 3.4마이크론밖에 어긋나지 않는다"고 설명하는 것은 아무런 도움도 되지 않는다.
(칩 히스, 댄 히스. 스틱Stick. 웅진윙스, 2007)

냄새의 활용

조류독감으로 전국이 시끄러웠던 때, 치킨집을 하는 후배가 찾아와 하소연했다.
"형님, 다 망하게 생겼습니다. 이렇게 장사해서 밥 먹고 살지 모르겠습니다."
너무 절박해 보이는 후배를 도와줄 수 있는 방법이 없을까 함께 고민했다.
"치킨이 주로 언제 제일 많이 팔리니?"
"주로 저녁이죠. 주말이나 스포츠 경기 있을 때요."
"그럼 언제 제일 안 팔려?"
"그야 평일이나 비오는 날도 잘 안 팔려요."
답변을 들은 나는 소비자 입장에서 언제 치킨이 가장 먹고 싶을까 고민했다. 그러다 아이디어가 떠올랐다.
"너 치킨 다섯 마리 정도 버릴 수 있어?"
"네, 팔릴 수만 있다면 몇 마리 정도는 버릴 수 있죠."
"그래, 그럼 내가 시키는 대로 한번 해봐. 일단 치킨 다섯 마리를 한꺼번에 아주 바싹 튀겨. 바싹 튀겨서 치킨 냄새가 아주 심하게 날 만큼. 그리고 퇴근시간에 맞춰서, 아파트 단지에 가서 튀긴 치킨 들고 승강기를 타고 왔다갔다 해봐. 그리고 아파트 현관문에 너희 치킨집 스티커 붙여놔."
퇴근해서 승강기를 탔는데 치킨 냄새가 풍기면 얼마나 먹고 싶겠는가? 배고픈 저녁 시간대라서 더욱 그렇다. 그런데 마침 그때 현관문 앞에 치킨집 스티커가 딱 붙어 있으면? 사람들은 치킨 냄새의 주인공이 바로 그 치킨집이라고 생각한다. 그리고 그 스티커를 보고 주문하게 된다.
그 후배는 내가 말한 대로 바싹 튀긴 치킨을 들고 승강기를 오르내렸다. 결과는 어땠을까? 조류독감이라는 말이 무색할 정도로 많은 매출을 올렸다. (이영석. 인생에 변명하지 마라. 쌤앤파커스, 2012)

조별 과제

① 제9장에 수록된 내용 중 가장 공감하는 부분은 무엇이며, 그렇게 생각하는 이유를 설명하시오.
② 제9장에 추가할 내용으로 딱 좋은 사인Sign 사례를 찾아보고, 해당 사례를 선정한 이유에 대해 설명하시오.
③ 가까운 병원을 방문하여 기존의 사인Sign 중 손볼 만한 부분이 있다면 고쳐보고, 그렇게 수정한 이유에 대해 설명하시오.
④ 병원을 방문하여 현재 그곳에는 없지만 새롭게 추가해야 할 '사인Sign'에는 어떤 것들이 있는지 덧붙여보고, 그 이유에 대해 설명하시오.

개인 과제

CHAPTER 9. 사인Sign 시스템

학번		성명		제출일	

① 이번 장을 한 문장으로 표현해 보자.

② 이번 장과 관련해 스스로 찾아본 것에 대해 자세히 적어 보자. 책은 50쪽 이상 읽은 것만 적을 수 있으며, 영상 자료와 신문 및 기타 내용은 출처나 연도 표기를 정확히 적어 보자.

책	
영상 자료	
신문	
기타	

③ 이번 장에 관해 200자 이상의 에세이를 손으로 직접 써 보자.

* 이 페이지는 절취하여 다음 시간에 제출할 것

CHAPTER

10

브랜드

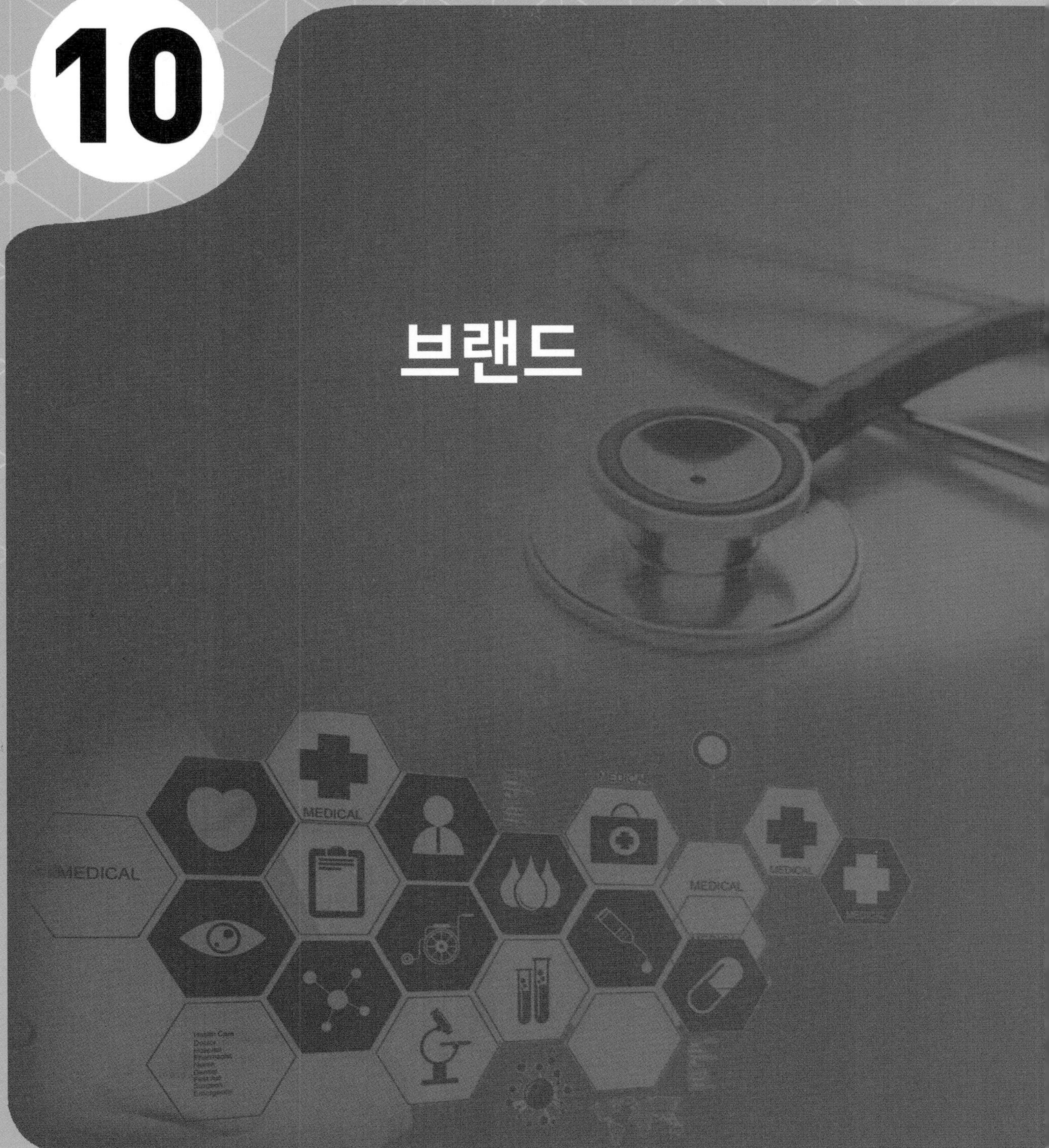

1. 브랜드의 이해
2. 브랜드 관리
3. 브랜드 만들기

무용계의 아카데미상 격인 '브누아 드 라 당스Prix Benois de la Danse'의 최고 여성 무용수(1999년)로 선정된 발레리나 강수진. 예쁜 외모와 달리 그녀의 발은 차마 볼 수 없을 정도로 심하게 일그러져 있다. 열 개의 발가락 중 어느 것 하나 성한 게 없어 마치 무슨 희귀병 환자의 환부患部를 보는 것 같다.

그녀의 발이 이렇게 된 것은 끊임없는 연습의 흔적이다.
한창 전성기 때는 온종일 연습에 몰입했다고 한다. 하루 19시간씩 연습했다는 얘기도 있다. 공연이 있을 때는 오전 10시부터 밤 11시까지, 그리고 공연이 없는 날에는 밤 8시까지 연습하면서 한 해 평균 250켤레의 발레화를 갈아치웠다는 강수진. 그녀의 발이 말해주듯 그녀의 삶은 자신과의 싸움의 연속이었다.

"벼락치기는 안 통한다. 단계를 밟아 나가는 것이 중요하다. 테크닉은 두 번째 문제다. 가장 중요한 것은 자신과의 싸움에서 지지 않는 인내심을 기르는 것이라고 생각한다. 언젠가는 지금 배우는 것들이 삶에서 다 드러난다. 여기가 끝이고 이만하면 됐다고 생각할 때 그 사람의 예술인생은 거기서 끝나는 것이다."

가수 패티 김도 이에 못지않다. 지난 2013년, 55년간의 가수 활동을 마감하며 공식적으로 은퇴를 선언했다. 그녀의 나이는 75세였다. 무대에 오르기 몇 시간 전부터 아무것도 입에 대지 않고, 무대의상을 입고 나서는 의자에도 앉지 않으며 무대용 신발로는 땅을 밟지 않는다. 수없이 고민하고 철저히 준비를 한 뒤에야 무대에 오르는 그녀다. 배불리 뭔가를 먹어 본 기억도 까마득하다. 매일 시간을 정해놓고 운동과 요가를 하고, 몇 시간씩 노래 연습도 게을리하지 않는다. 이러한 일상이 결코 쉬운 것이 아니지만, 가수 패티 김으로 살기 위한 당연한 선택이었다. 55년이라는 긴 세월 동안 가수 생활을 유지해온 가장 큰 원동력은 끊임없는 자기 관리 덕분이었다.

1967년과 2012년 패티 김의 모습

> 패티 김과 함께 저녁 식사를 하게 됐다. 내가 왜 고기를 먹지 않느냐고 물었다.
> "모르고 있었어요? 가수가 된 뒤로 아직까지 배부르게 먹어 본 적이 없어요. 음식 한번 마음껏 먹는 게 소원이에요."
> 한 끼쯤은 괜찮지 않느냐는 유혹을 그녀는 단호히 거절했다. 저녁으로 야채나 과일만 먹고 견디는 게 고통스러워도 팬들을 위해 청바지 몸매를 유지해야 한다고 했다.
>
> (1997년 이남기 SBS 예능국장의 회고)

강수진과 패티 김은 끊임없이 자신을 담금질했다. 성장을 향한 끝없는 노력과 고민이 어디 이들뿐이었으랴 만은 그들의 집요한 자기 관리는 그래서 더 놀랍다. 그 덕분에 강수진과 패티 김은 그들의 이름 그 자체만으로도 훌륭한 브랜드가 되었다.

1. 브랜드의 이해

브랜드란 말은 원래 '태우다brunt'라는 뜻의 단어에서 유래한 것으로 소나 말 등의 가축에 자기 것임을 표시하고자 불로 지지는 낙인을 의미했다. 그러나 지금은 브랜드의 명칭, 시각적·잠재적 이미지, 가치, 회사명, 상품까지 모두 포함하는 의미로 사용되고 있다.

하청업체가 만든 원가 4만 원짜리 여성구두에는 원청업체의 상표와 함께 27만 원의 가격표가 붙었다. 백화점 입점 수수료가 40% 정도 되니 구두 매장을 임대해 준 백화점이 10만 원을 먹고 나머지 13만 원을 원청업체가 가져가는 구조다. 물론 원청업체가 제품 개발비와 물류비, 재고 부담 등을 진다고는 하지만 너무 많다.

유명 브랜드 업체가 파는 구두의 90% 이상은 이렇게 만들어지고 팔린다. 일부 하청업체들이 자체 브랜드로 비슷한 제품을 내놓기도 하지만, 소비자들의 반응은 냉랭하다. 하청업체가 만든 구두를 외면하는 것은 브랜드 때문이다. 소비자들은 브랜드를 찾는다. 발을 보호하고 걸어 다니는 데 편하게 해주는 신발의 원래 기능을 넘어선 신발 그 이상의 무엇이 그 속에 담겨 있는 셈인데, 브랜드가 바로 그 역할을 하는 것이다.[1]

하청업체가 100% 제작해 납품하는 27만 원짜리 여성구두의 이익배분

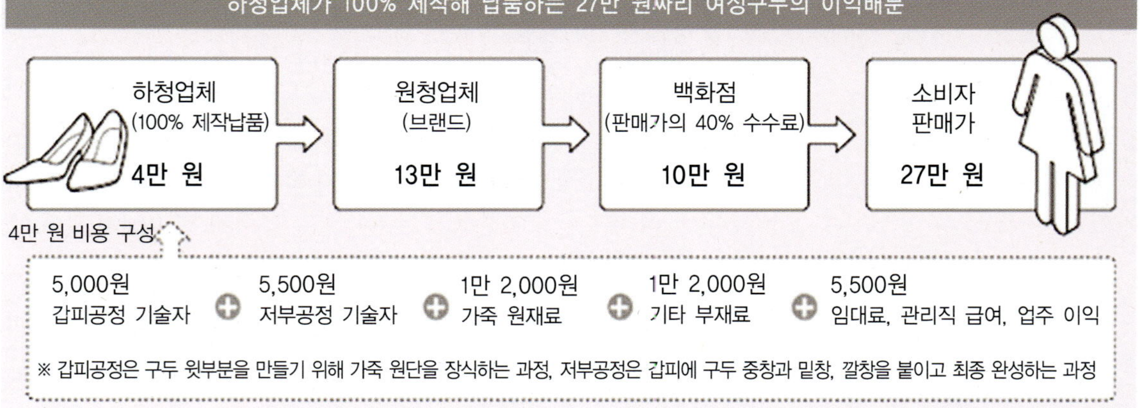

---

1) 한겨레, 2013.2.25 '2013 기획 격차 사회를 넘어' 참고

가. 브랜드 파워

냉장고와 세탁기 등 가전제품에 관한 한 금성사 시절부터 삼성전자는 고전을 면치 못했다. LG로 사명을 바꾼 후에도 이 같은 상황은 계속되었다. 심지어 더 좋은 성능을 갖추었음에도 삼성전자라는 상표 때문에 제대로 평가받지 못하는 경우도 종종 있었다. 이에 삼성전자는 새로운 브랜드 '하우젠'을 내놓으며 한동안 철저하게 삼성전자 제품임을 애써 감췄다. 삼성이라는 이미지가 백색가전 분야에서만큼은 금성사 다음이라는 소비자들의 인식이 매번 불리하게 작용해온 터라 그 상황을 바꿔보려 했기 때문이다.

삼성 이미지를 지운 결과 소비자들은 하우젠 제품을 제품 그 자체만으로 평가하기 시작했으며 비로소 프리미엄급 브랜드로 받아들이기 시작했다. 삼성건설도 마찬가지다. 삼성이라는 표현 대신 래미안來美安이라는 브랜드를 전면에 내세움으로써 비로소 소비자들이 선입견 없이 봐주기 시작했다.

금성사 또는 LG전자와 같이 어떤 브랜드는 그 자체만으로도 큰 힘을 발휘한다. 반면에 한때 삼성전자가 그랬듯, 어떤 브랜드는 그 브랜드가 붙어 있다는 이유만으로도 감점 요인이 되는 것이다.

도요타 역시 미국 시장 진출 초기에 싸구려 차라는 오명에서 자유롭지 못했다. 미국인들이 도요타를 두고 '토이오토Toy-Auto(장난감 차)'라며 낮춰 불렀다.
그런 도요타에서 렉서스를 내놓은 것이 1989년의 일이다. 싸구려 차에서 싸고 좋은 차로 이미지를 개선했으나 여전히 도요타는 저렴한 차라는 딱지가 따라다녔다. 이 상황이라면 도요타에서 만든 최고급 기종 렉서스는 시장에서 제대로 평가도 받지 못할 것은 불을 보듯 뻔했다. 이에 회사 측에서는 최고급 제품에 걸맞은 최고급 영업방식을 꺼내들었다.

먼저 도요타란 이름을 지워버렸다. 도요타 브랜드와 렉서스 브랜드를 완전히 분리한 것이다. 도요타 측에서는 반경 10마일 내에서 한 매장 혹은 한 사람이 도요타 딜러와 렉서스 딜러 등 두 가지를 다 갖거나 하지 못하게 했다.

렉서스 매장도 각별하게 꾸몄다. 조용하고 고급스러운 분위기를 연출해 고급 차량에 걸맞게 바꾸었다. 그뿐만이 아니었다. 렉서스 영업사원들은 정장을 입고 가슴에는 명찰을 달았으며 고급스러운 나무 책상에 앉아 고객과 상담했다. 매장을 찾은 고객들은 매장 분위기는 물론, 영업사원들의 품격을 갖춘 모습에 빠져 도요타에서 만든 차가 아니라 그냥 렉서스 그 자체로 자동차를 평가하기 시작했다. 이러한 노력 끝에 렉서스는 최고급 차량의 하나로 당당하게 시장에 안착했다.

나. 브랜드 가치

1998년 IMF 당시 한국 존슨은 삼성제약의 살충제 '에프 킬라' 사업 부문을 인수하면서 387억 원을 지불했다. 흥미로운 것은 공장 부지와 기계 몫의 대금은 90억 원뿐, 나머지 297억 원은 에프 킬라 '브랜드'에 대한 보상이었다. 300억 원 가까운 돈이 전부 '에프 킬라'라는 브랜드, 즉 이름값이었던 셈이다.

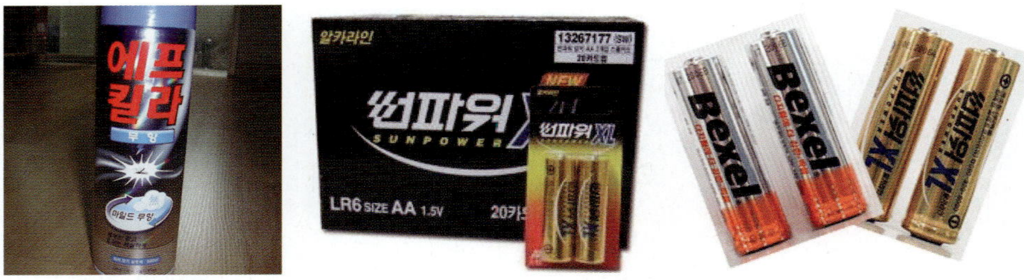

잘 지은 이름 하나의 힘! 브랜드의 가치를 보여준 제품, 그리고 썬파워 브랜드를 소유했던 서통의 신 브랜드 벡셀

코카콜라 회사의 시가총액market cap은 1,340억 달러이며 이 중 브랜드 가치는 653억 달러이니 코카콜라 회사의 가치 중 절반이 브랜드에서 나오는 셈(출처 : www.noahbrier.com/archives/2008/03/scalable_brands)

건전지 전문회사 서통도 자사의 건전지 브랜드 '썬파워'를 듀라셀에 넘기는 대가로 1억 2천만 달러를 받았다. 썬파워라는 아주 강하게 느껴지는 이름을 넘기는 대가로 1,200억 원이 넘는 돈을 거머쥔 것이다. 이 정도면 잘 지은 이름 하나가 무너져가는 회사의 운명을 바꿔놓을 정도가 분명하다.

사실, 세계적인 유명 브랜드의 가치를 고려하면 에프 킬라의 300억 원이나 썬파워의 1억 2천만 달러는 새 발의 피에 불과하다. 2000년 당시 세계 최고의 브랜드로 평가받은 코카콜라의 기업 가치는 약 187조 원이었는데, 이 중에서 브랜드 가치만 94조 원에 달했다.

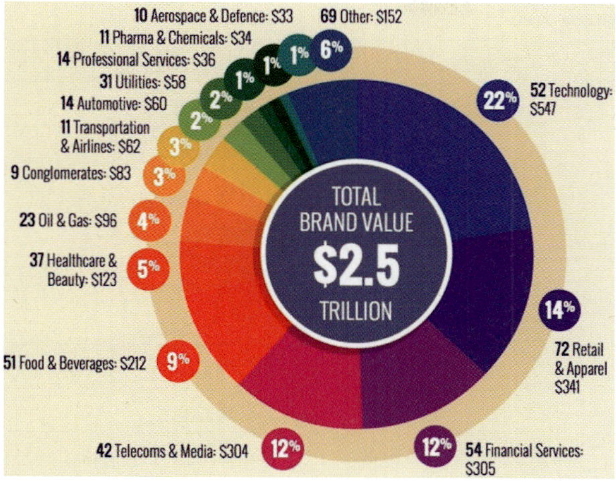

2014년 전체 브랜드 가치는 2.5조 달러이고 이 중 테크놀로지 분야가 22%로 가장 많으며 보건의료와 뷰티 부문도 3,700억 달러로 전체의 5%를 차지하고 있다.(출처 : http://www.cultofmac.com/270674/apples-brand-worth-cost-apollo-space-program)

WPP와 Kantar가 발표한 2020 BrandZ Top 100 Most Valuable Global Brands 순위에 따르면 COVID-19의 경제적, 사회적, 개인적 영향에도 불구하고 상위 100대 브랜드의 전체 브랜드 가치가 5.9% 증가한 것으로 나타났다. 이들 100대 브랜드의 총 가치는 미화 5조 달러(5 Trillion)에 달하며 이는 일본의 연간 GDP와 맞먹는다. 총 브랜드 가치가 처음으로 1조 달러에 도달한 2006년 이후 245% 증가한 것이다.

Top 10 Most Valuable Global Brands

$ = Brand Value US $MIL. % = Brand Value Change 2018 vs. 2017

Rank	Brand	Category	$	%
#1	Google	Technology	$302,063	+23%
#2	Apple	Technology	$300,595	+28%
#3	amazon	Retail	$207,594	+49%
#4	Microsoft	Technology	$200,987	+40%
#5	Tencent 腾讯	Technology	$178,990	+65%
#6	facebook	Technology	$162,106	+25%
#7	VISA	Payments	$145,611	+31%
#8	McDonald's	Fast Food	$126,044	+29%
#9	Alibaba Group	Retail	$113,401	+92%
#10	AT&T	Telecom Providers	$106,698	-7%

전년 대비 2018년 10대 브랜드 가치 등락(출처 : WPP and Kantar Millward Brown)

1980년대, 미국의 스탠더드 앤드 푸어Standard & Poor가 자사 이름을 딴 S&P 500 주가지수 산정에 포함시킨 우수 기업 500곳의 전체 시가총액은 유형자산(현금, 사무실, 공장, 장비, 재고 등)이 거의 대부분을 차지하고 있었다. 그러나 2010년, 이들의 시가총액에서 유형자산이 차지하는 비율은 40~45%에 불과했다.

나머지는 무형자산이 차지했으며 그 가운데 약 절반, 즉 전체 시가총액의 30% 이상이 브랜드에서 기인하는 것이었다. 브랜드 가치는 이제 대부분 기업에서 단일 항목으로는 최대 자산이 됨에 따라 브랜드 가치를 유지하고 관리하는 것이 매우 중요한 일로 인식되고 있다.

2012년 당시 세계에서 브랜드 가치가 가장 높은 기업은 애플이었다. 세계 최대 광고 마케팅 그룹 WPP 계열사인 밀워드 브라운에 의하면 세계 100대 브랜드로 IBM이 2위, 구글이 3위, 맥도날드, 마이크로소프트, 코카콜라가 각각 4, 5, 6위를 차지했다. 애플의 브랜드 가치는 1,829억 달러(166조 원)로 2011년에 비해 19% 증가해 전년에 이어 세계 최고 브랜드로 평가받았다. 당시 한국 기업으로는 삼성이 55위로 전년보다 12계단이 올라 이베이(64위), 혼다(65위), 펩시(67위)를 앞선 것으로 나타났다.

10여 년쯤 지난 2019년에는 상황이 다시 바뀌었다. 1위 기업은 애플에서 아마존으로 바뀌었고, 1위 기업의 브랜드 가치는 3,155억 달러(2020년 기준 387조 원)에 달했다.

10대 브랜드의 순위에도 변동이 있었다. 선두를 차지하던 애플이 아마존에 1위 자리를 내줬고, IBM과 코카콜라는 10위권 안에서 사라졌다.

Millward Brown이 발간한 2019 세계 100대 브랜드 연감

세계 10대 브랜드Top 10 Most Valuable Brand

순위	브랜드명	브랜드 가치(백만 달러)	사업 분야
1	아마존Amazon	315,505	소매Retail
2	애플Apple	309,527	기술Technology
3	구글Google	309,000	기술Technology
4	마이크로소프트Microsoft	251,244	기술Technology
5	비자카드VISA	177,918	지불Payments
6	페이스북Facebook	158,968	기술Technology
7	알리바바Alibaba	131,246	소매Retail
8	텐센트Tencent	130,862	기술Technology
9	맥도날드McDonald's	130,368	패스트푸드Fast Food
10	에이티앤티AT&T	108,375	기술Technology

출처 : Millward Brown Global Brands 2019

세계 1등 브랜드

연도	브랜드명
2006	마이크로소프트Microsoft
2007~2010	구글Google
2011~2013	애플Apple
2014	구글Google
2015	애플Apple
2016~2018	구글Google
2019	아마존Amazon

세계 10대 글로벌 브랜드 중 6개가 기술기업이지만, 좀 더 자세히 살펴보면 맥도날드를 제외하고는 모두가 기술기업 및 기술을 기반으로 하는 곳임을 알 수 있다. 주목할 것 중 하나가 아마존이다. 최근 10여 년 넘게 구글과 애플이 브랜드 가치 1위를 교대로 차지해 왔는데, 2019년에 처음으로 아마존이 1등 자리를 꿰찬 것이다. 밀워드 브라운 측에서 언론사에 배포한 요약자료2)를 보면 좀 더 상세한 내용을 볼 수 있다.

급성장 브랜드

순위	브랜드명	브랜드 가치(억 달러)	증가율(%)	사업 분야
1	인스타그램Instagram	282	95	기술Technology
2	룰루레몬Lululemon	69	77	의류Apparel
3	넷플릭스Netflix	342	65	오락Entertainment
4	세일즈포스Salesforce	269	58	기술Technology
5	아도브Adove	279	57	기술Technology
6	시세이도Shiseido	59	56	화장Personal Care
7	아마존Amazon	3,155	52	소매Retail
8	우버Uber	242	51	운송Transport
9	링크드인Linkedin	228	46	기술Technology
10	치폴레Chipotle	62	40	패스트푸드Fast Food

2) millwardbrown.com/global-navigation/news/press-releases/full-release/2019/06/11

(1) 루이비통Louis Vuitton

1852년, 프랑스 왕가와 귀족들을 위한 여행 가방 제작을 시작으로 루이비통은 명품의 권위를 높여왔다. 2007년에 조사한 브랜드 가치만 226억 달러에 이르는 명품 중의 명품으로 브랜드 가치 2위인 샤넬과의 차이가 무려 3배 이상인, 자타 공인의 최고 명품 중 하나다.

루이비통은 원가절감을 내세우며 기업들이 흔히 하는 아웃소싱도 없다. 모든 제품을 자체 제작하며, 깎아주는 세일도 없다. 재고가 생기면 세일 대신 파기해버린다. 태워 없앤다는 얘기도 있을 정도다. 무모해 보이기까지 하는 루이비통의 방침은 나름 일리가 있다. 싸게라도 팔아 손해를 줄일 수 있을지는 몰라도 세일과정에서 명품으로의 가치를 훼손시키느니 폐기처분하는 편이 훨씬 더 낫다는 것이다.

무언가를 넣어 두는 기능으로의 가방의 효용에는 한계가 있기 마련이다. 루이비통의 명성은 오히려 기존의 가방에 가방을 넘어선 그 무엇인가를 덧붙임으로써 가능했던 것이 아닐까. 정확한 시간을 알려주는 시간 알리미 기능보다는 아무나 가질 수 없는 '품격'을 강조함으로써 롤렉스가 살아남는 것처럼, 루이비통도 명품 중의 명품이라는 최고의 브랜드 파워를 구축함으로써 성공의 역사를 써 가고 있는 것이다.

(2) 태양의 서커스

2009년 가을, 국내 최장수 공연예술 단체인 동춘 서커스가 관객 급감으로 해체 위기에 빠졌다. 12월 공연을 끝으로 서커스단을 해체한다는 단장의 공식 선언이 있었고, 동춘 서커스를 기억하는 많은 사람들이 아쉬움을 표했다. 서커스가 사람들의 볼거리로 호황을 누리던 1960~1970년대에는 국내에 서커스단이 20여 개에 달했던 적도 있었다고 한다. 하지만 모두 사라졌고 마지막 남은 동춘 서커스마저 문을 닫게 된 것이다.

지나간 추억에 기대어 근근이 이어가고 있는 동춘 서커스

70여 년의 역사를 자랑하는 동춘 서커스가 과거의 영광을 뒤로한 채 관객들에게 더 이상 즐거움을 주지 못하는 것은 동춘 서커스의 문제일까, 아니면 서커스 자체가 이제는 낡고 시시해져 한물간 것이기 때문일까?

캐나다에 본거지를 둔 '태양의 서커스Cirque du soleil'는 서커스라는 오래된 분야에서 끊임없이 새로움을 창조해내고 있다. 다분히 아날로그적인 서커스를 디지털 시대에 걸맞은 볼거리로 변모시켜 대박 행진을 계속해 가고 있다.

태양의 서커스 CEO인 기 랄리베르테Guy Laliberte는 캐나다 퀘벡 출신으로 일찍부터 서커스에 관심이 많았다. 하지만 그가 꿈꾸는 서커스는 동물이나 광대가 묘기를 부리는 방식이 아니었다. 그보다는 브로드웨이 연극과 뮤지컬 요소를 가미한 전혀 다른 새로운 차원의 것이었다.

스페인어로 '환희'를 뜻하는 '알레그리아'는 태양의 서커스가 1994년 첫 선을 보인 공연으로, 전 세계 65개 도시에서 1,000만 명 이상이 관람했다. 후속작(퀴담, 바레카이 등)의 연이은 성공으로 태양의 서커스의 한 해 매출은 1조 원이 넘는다.

태양의 서커스라는 브랜드는 어떤 제안을 하고 있는가?

- 서커스 공연장에 대한 선입견을 없앴다.
- 연극과 뮤지컬 등을 가미해 종합 엔터테인먼트 쇼로 승화시켰다.
- 기업의 비즈니스용 접대 상품으로 제안했다.
- 기존에 없던 예술성을 도입한 반면, 당연시하던 동물을 없앴다.
- 격조 있는 고가의 상품으로 재단장했다.

태양의 서커스는 관람료가 매우 비싸다. 동춘 서커스에 비하면 VIP 좌석 기준 최고 20배 이상이다. 그럼에도 관중들이 미어터진다. 2007년 당시 우리나라에서 있었던 '퀴담' 공연을 찾은 관객 수는 17만 명이 넘었다. 서울에 마련된 상설 공연장의 입장권은 기업들의 VIP 선물용으로 품귀 현상을 빚기도 했다.

서커스의 가격비교

	동춘 서커스	퀴담Quidam[3]
어른	8,000원	VIP석 20만원 R석 11만원 3세 이하는 무료
어린이	5,000원	

* 동춘 서커스는 2009년 공연, 퀴담은 2007년 국내 공연 기준

3) 퀴담은 태양의 서커스의 아홉 번째 작품으로 라틴어로 '지나가는 행인'을 뜻한다.

이들의 한국 공연은 이후에도 이어졌다. 2018년 시즌(2018.11.3~2019.1.6)에 잠실종합운동장에서 있었던 태양의 서커스 '쿠자KOOZA' 공연 입장료는 10여 년 전보다 더 오른 데다, 3세 이하 무료도 없어졌다. 더 비싸졌고 더 짜졌다. 이들이 무슨 배짱으로 이러는지는 물어볼 필요도 없다.

VIP EXPERIENCE	260,000원
SR석	170,000원
R석	140,000원
S석	110,000원
A석	90,000원
B석	70,000원
시야방해 A석	63,000원

태양의서커스 <쿠자> 관람 연령 안내

본 공연은 전연령 입장이 가능하나 만 5세이상 관람을 권장합니다.
또한 모든 관람자는 1인 1매의 티켓을 소지해야 입장이 가능합니다.

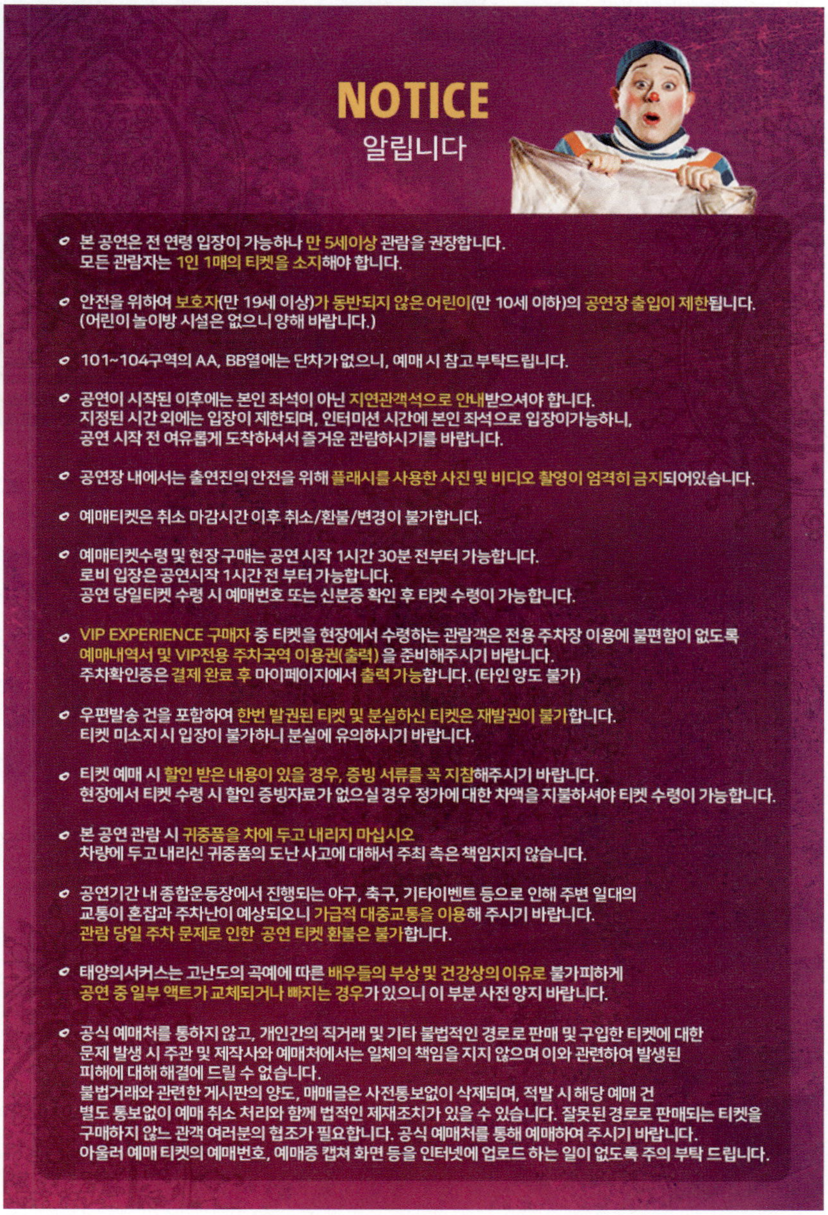

NOTICE
알립니다

- 본 공연은 전 연령 입장이 가능하나 만 5세이상 관람을 권장합니다.
  모든 관람자는 1인 1매의 티켓을 소지해야 합니다.
- 안전을 위하여 보호자(만 19세 이상)가 동반되지 않은 어린이(만 10세 이하)의 공연장 출입이 제한됩니다.
  (어린이 놀이방 시설은 없으니 양해 바랍니다.)
- 101~104구역의 AA, BB열에는 단차가 없으니, 예매 시 참고 부탁드립니다.
- 공연이 시작된 이후에는 본인 좌석이 아닌 지연관객석으로 안내받으셔야 합니다.
  지정된 시간 외에는 입장이 제한되며, 인터미션 시간에 본인 좌석으로 입장이가능하니,
  공연 시작 전 여유롭게 도착하셔서 즐거운 관람하시기를 바랍니다.
- 공연장 내에서는 출연진의 안전을 위해 플래시를 사용한 사진 및 비디오 촬영이 엄격히 금지되어있습니다.
- 예매티켓은 취소 마감시간 이후 취소/환불/변경이 불가합니다.
- 예매티켓수령 및 현장 구매는 공연 시작 1시간 30분 전부터 가능합니다.
  로비 입장은 공연시작 1시간 전 부터 가능합니다.
  공연 당일티켓 수령 시 예매번호 또는 신분증 확인 후 티켓 수령이 가능합니다.
- VIP EXPERIENCE 구매자 중 티켓을 현장에서 수령하는 관람객은 전용 주차장 이용에 불편함이 없도록
  예매내역서 및 VIP전용 주차국역 이용권(출력) 을 준비해주시기 바랍니다.
  주차확인증은 결제 완료 후 마이페이지에서 출력 가능합니다. (타인 양도 불가)
- 우편발송 건을 포함하여 한번 발권된 티켓 및 분실하신 티켓은 재발권이 불가합니다.
  티켓 미소지 시 입장이 불가하니 분실에 유의하시기 바랍니다.
- 티켓 예매 시 할인 받은 내용이 있을 경우, 증빙 서류를 꼭 지참해주시기 바랍니다.
  현장에서 티켓 수령 시 할인 증빙자료가 없으실 경우 정가에 대한 차액을 지불하셔야 티켓 수령이 가능합니다.
- 본 공연 관람 시 귀중품을 차에 두고 내리지 마십시오
  차량에 두고 내리신 귀중품의 도난 사고에 대해서 주최 측은 책임지지 않습니다.
- 공연기간 내 종합운동장에서 진행되는 야구, 축구, 기타이벤트 등으로 인해 주변 일대의
  교통이 혼잡과 주차난이 예상되오니 가급적 대중교통을 이용해 주시기 바랍니다.
  관람 당일 주차 문제로 인한 공연 티켓 환불은 불가합니다.
- 태양의서커스는 고난도의 곡예에 따른 배우들의 부상 및 건강상의 이유로 불가피하게
  공연 중 일부 액트가 교체되거나 빠지는 경우가 있으니 이 부분 사전 양지 바랍니다.
- 공식 예매처를 통하지 않고, 개인간의 직거래 및 기타 불법적인 경로로 판매 및 구입한 티켓에 대한
  문제 발생 시 주관 및 제작사와 예매처에서는 일체의 책임을 지지 않으며 이와 관련하여 발생된
  피해에 대해 해결에 드릴 수 없습니다.
  불법거래와 관련한 게시판의 양도, 매매글은 사전통보없이 삭제되며, 적발 시 해당 예매 건
  별도 통보없이 예매 취소 처리와 함께 법적인 제재조치가 있을 수 있습니다. 잘못된 경로로 판매되는 티켓을
  구매하지 않느 관객 여러분의 협조가 필요합니다. 공식 예매처를 통해 예매하여 주시기 바랍니다.
  아울러 예매 티켓의 예매번호, 예매증 캡쳐 화면 등을 인터넷에 업로드 하는 일이 없도록 주의 부탁 드립니다.

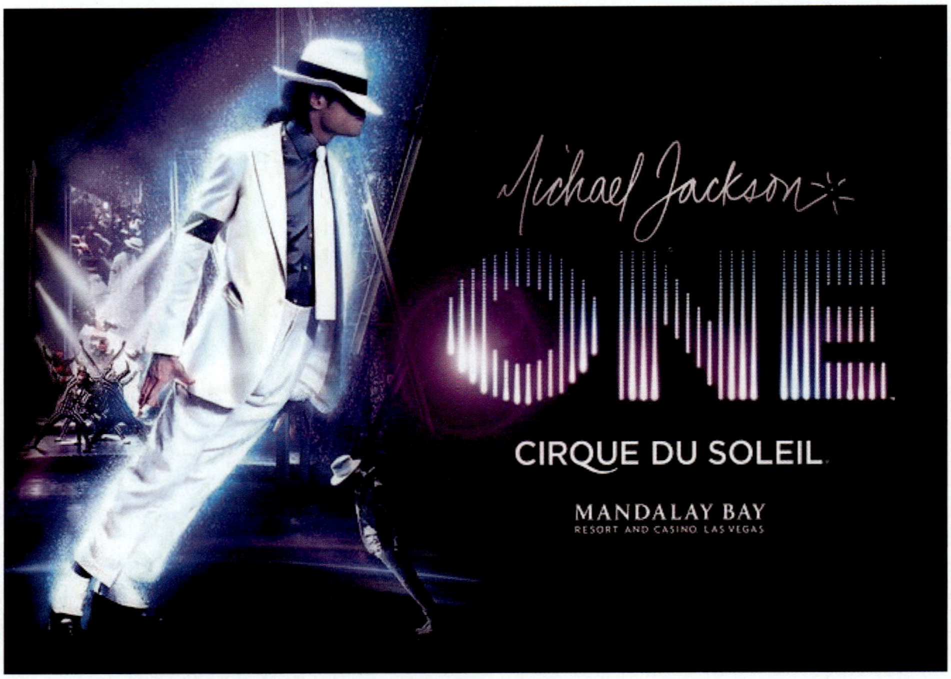

마이클 잭슨을 다룬 태양의 서커스 작품 'ONE'

태양의 서커스는 기존 서커스에 연극과 오페라, 발레 등 다양한 장르를 덧붙이며 세련미와 예술성을 강화하고 풍성한 볼거리를 제공하고 있다. 서커스를 외면했던 사람들이 다시 몰려들었으며, 서커스 공연장에는 거의 존재하지 않았던 기업 고객이라는 새로운 수익모델도 만들어냈다.

다. 국가 브랜드national brand power

'똑같은 차라도 독일이 만들면 1억 7천만 원짜리가 되고, 일본이 만들면 1억 3천만 원, 미국이 만들면 1억 원, 한국이 만들면 5천만 원, 약소국가가 만들면 2천만 원짜리가 됩니다. 그 차이는 바로 국가 브랜드 차이 때문입니다.'
독일인으로 한국에 귀화해 한국관광공사 사장을 역임한 바 있는 이참 씨가 국가 브랜드와 관련해서 한 말이다.

벤츠 브랜드를 달면 1억 7천만 원에 팔릴 자동차에 대한민국 제조 마크가 붙으면 1억 2천만 원이 깎인 5천만 원에 팔리는 현상은 코리아 디스카운트 때문이다. 실제로 이처럼 크게 차이 나는 것은 아니지만, 한국 제품이라는 이유만으로 국제 사회에서 당하는 할인율은 평균 9.3% 정도인 것으로 알려져 있다. 동일한 규격과 성능의 제품임에도 9.3% 싸게 팔아야 한다는 것인데, 물건을 잘 만들어 놓고도 가격은 덜 받을 수밖에 없는 것은 국가 브랜드의 가치가 서로 다르기 때문이다.

2006년에 앤더슨 애널리틱스가 미국 내 375개 대학에서 1,000명의 학생들을 대상으로 조사한 결과 한국이 고급 제품을 생산한다고 믿는 학생은 39%에 불과한 반면 일본이 고급 제품을 생산한다고 생각하는 학생은 81%나 됐다. 조사에 참여했던 학생들 가운데 삼성이나 LG가 한국 기업이라는 사실을 알고 있는 학생은 10%에도 못 미쳤다(다른 학생들은 이 기업들이 일본 기업인 줄 안다). LG와 삼성이 한국 기업이라는 사실을 알고 있던 학생들은 국가의 품질 수준을 평가하라는 항목에서도 한국에 대해 높은 점수를 주었다. 결국 이는 고급 제품이라는 이미지와 국가 이미지가 서로 결부되어 있다는 사실을 반증한다.[4]

국가 브랜드 강화를 위한 다양한 로고(출처 : http://bloomdesign.typepad.com/blooms_blog/page/10, https://www.linkedin.com/today/post/article/20140410113928-76998533-nation-branding-a-first-insight)

4) 조셉 나이 등. 2020 대한민국, 다음 십 년을 상상하라!. 랜덤하우스, 2010 중 크리스토퍼 그레이브즈 : 'South Korea'의 브랜드 가치를 높여라

2류 상품으로는 제값을 받을 수 없다. 일류에는 일류다운 차별성이 있어야 한다. 할리 데이비슨 오토바이에서 보듯 미국 제품에서 느껴지는 아메리칸 드림, 극한에도 작동되는 독일 제품의 견고함, 일본의 섬세함과 정교함, 예술성과 귀족성이 돋보이는 프랑스의 명품 등은 하나같이 차별적인 매력이 있다.

프리미엄은커녕 코리아 디스카운트의 수모를 겪었던 가장 큰 이유는 바로 우리만의 독특함을 구축하지 못했기 때문이다. 코리아 디스카운트가 아니라 코리아 프리미엄으로 가기 위한 해답은 무엇일까.

코로나 19COVID 19 사태로 우리나라에 대한 국제 사회의 인식이 달라지고 있다. 전세계적으로 코로나 바이러스가 확산되는 가운데 남다른 방역 성과를 올린 것을 계기로, 이 과정에서 대한민국이라는 나라의 의료시스템은 물론 한국이라는 나라를 다시 보게 된 것이다. BTS와 같은 K-Pop 스타들과 더불어 코로나 방역 강국이라는 이미지는 대한민국의 존재감을 한껏 높였다. 덕분에 한국이라는 국가 브랜드의 품격도 덩달아 올랐다. 국가가 하나의 브랜드인 것처럼 개인도 하나의 브랜드가 된다. 안도 다다오라는 브랜드도 그중 하나다.

안도 다다오라는 브랜드

안도 다다오는 고교 졸업 학력이 전부인 '독학 건축가'다. 고등학교 2학년 때까지 복싱을 했지만, 한 시합에서 도저히 따라잡을 수 없는 상대를 만나면서 새 길을 찾게 되었다. 뒤를 봐주는 사람 없었기 때문에 모든 것을 스스로 헤쳐 나갈 수밖에 없었던 그였기에 그가 걸어온 삶은 다른 사람들과는 달라도 많이 달랐다.

학력주의가 뿌리 깊은 일본 사회에서 대학 교육도 받지 않은 그가 독학으로 건축가의 길을 걸으며 세계적인 건축가로 거듭나기까지 그의 삶은 시련과 좌절의 연속이었다. 하지만 아무것도 가진 것이 없었기에 언제나 '이번 기회를 놓치면 끝장'이라는 절박한 심정으로 매 작업마다 최선을 다했고, 그렇게 해서 완성된 그의 작품들은 남다를 수밖에 없었다. 노출 콘크리트 공법이라는 자신만의 독특한 건축 세계를 형성한 그는 자신의 삶이 뛰어남의 결과라기보다는 치열함의 결과였다고 말한다.

'가령 나의 이력에서 뭔가를 찾아낸다면, 아마 그것은 뛰어난 예술가적 자질 같은 것은 아닐 것이다. 뭔가 있다면 그것은 가혹한 현실에 직면해도 결코 포기하지 않고 강인하게 살아남으려고 분투하는 타고난 완강함일 것이다.'[5)]

그가 설계한 작품을 국내에서도 여럿 볼 수 있다. 우리나라에서도 귀한 대접을 받으며 소중하게 모셔지고 있다.

안도 다다오의 제주도 '본태박물관'과 강원도 원주 '뮤지엄 산'

5) 안도 다다오. 나, 건축가 안도 다다오. 안그라픽스, 2009

2. 브랜드 관리

2018년 7월 2일, 연세의료원과 신화진新華錦 그룹이 중국 칭다오 시에서 '칭다오 세브란스 병원' 착공식을 가졌다. 양측은 2014년 8월에 서명된 양해 각서諒解覺書, memorandum of understanding(의견이나 희망을 전달하기 위한 약식 문서)에 의해 2016년 3월에 합작 투자 계약joint venture agreement에 따라 병원 건설을 시작했다. 칭다오 세브란스 병원은 1,000병상 규모로 2021년 하반기 개원을 목표로 3,000억 원의 예산이 투입될 예정이다.[6)]

칭다오 세브란스 병원 착공식

신화진 그룹은 물류, 금융투자, 부동산개발, 실버사업 등을 주력으로 하는 산둥성 대표 기업으로, 연세의료원과 2016년 8월에, 50 대 50 비율로 합자회사를 설립했다. 중국 측에서는 전액 현금을, 연세의료원은 병원 건립 자문 및 세브란스 상표 사용권 등을 출자금으로 인정받아 협력이 이루어지게 되었다. 다시 말해, 신화진 그룹은 전액 현물 투자를, 연세의료원 측은 지적재산 투자를 통한 합자회사가 탄생하게 된 것이다.

연세의료원과 신화진 그룹이 협력하게 된 이유는 저마다 다를 것이다. 중국 측 입장에서는 의료사업의 성공을 위해 뛰어난 의료진과 기술력이 남다른 세브란스 병원이라는 브랜드 파워가 필요했을 것이다. 그렇다면 연세의료원 측에서는 어떤 이유로 협력 사업에 참여하게 되었을까?

무엇보다 중국이라는 시장 자체가 매력적이었을 것이다. 아울러 현금을 출자하는 중국 측과 달리 병원 건립 자문 및 세브란스 상표사용권 등을 출자금으로 인정받은 것도 거부할 수 없는 유혹이었을 것이다. 현금 출자 없이 50%의 지분을 인정받으며 오래전부터 염두에 뒀을 중국시장에 진출하는 것이니만큼 충분히 해볼 만하다는 계산

6) 연세의료원 소식 제812호(2018.7.9)

이었을 것이다.

모든 병원들이 이런 제안을 받는 것은 아니다. 하지만 적어도 세브란스 병원이 의료 분야에서 지금까지 축적해온 '세브란스'라는 브랜드 가치가 크게 한몫했음이 분명하다. 덕분에 연세의료원 측은 중국이라는 의료시장을 통해 새로운 성장의 기회를 마련한 셈이다.

가. 맥도날드McDonald's의 브랜드 관리

맥도날드가 우리나라에 진입을 시도한 것은 1981년부터였다. 하지만 이들이 매장을 연 것은 그로부터 7년이 더 지나서였다. 맥도날드의 국내 진입이 늦어진 가장 큰 이유는 품질 때문이었다. 당시 정부에서는 외국 농산물 수입을 금하고 있었기에 미국산 원자재의 수입은 애당초 불가능했다. 맥도날드 측은 최고위 경영진을 여러 차례 보내는가 하면, 미국 정부를 통해 우리 정부에 압력을 넣기도 했다. 하지만 끝내 뜻을 관철시키지는 못했다. 전 세계 맥도날드 매장에서 똑같이 사용하는 미국 아이다호에서 재배한 감자를 대한민국에서는 사용할 수가 없었던 것이다.

국내 맥도날드 1호점 압구정점

맥도날드는 해결책을 강구하고자 새로운 방안을 시도했다. 연인원 600여 명의 조리 화학 전문가를 국내에 상주시키며 실험과 분석을 거듭해 갔다.
길게 잘라 튀겨내기 꼭 좋은 미국산 감자와 달리 국내산 감자는 모양이 제각각에다 울퉁불퉁해 버리는 부분이 많았고, 무엇보다 수분 함량이 많아 튀겨냈을 때 너무 물렀다. 맥도날드는 500여 감자 농가와 계약재배 협약을 체결하고 여기서 생산된 감자에 대한 거듭된 조사를 통해 재배 농가들이 수확량 증대를 위해 사용하는 복합비료에 들어있는 '칼리' 성분이 원인임을 밝혀냈다. 이에 따라 복합비료 사용을 줄이는 대신 수매 가격을 높여 매입하는 것으로 무른 감자 문제를 해결했다. 햄버거에 들어가는 양파도 골치였다. 미국산에 비해 국내산 양파는 더 맵고 즙도 많았던 것이다. 하지만 오랜 시간이 걸렸던 감자 문제에 비하면 양파 문제를 해결하는 데는 1년밖에(?) 걸리지 않았다.

쇠고기의 경우 풀만 먹고 자란 제주도산 쇠고기를 20% 정도 혼합하여 원하는 햄버거 패티의 식감을 구현할 수 있었다. 이런 식으로 200여 가지의 재료에 대해 맥도날드 본사가 정한 기준에 맞추려는 노력 끝에 80~90% 정도의 수준에 도달했다. 그러는 사이 어느덧 7년이란 세월이 지났다. 맥도날드는 이 모든 과정을 거친 후 1988년에 압구정점을 열며 대한민국에서의 사업을 개시했다.

맥도날드가 국내에 들어오기 앞서 7년이란 긴 기간을 지체했던 이유는 전 세계 어느 매장에서든 언제나 동일한 맛과 식감을 제공하는 것이야말로 맥도날드라는 브랜드의 명성을 유지하고 키워나가는 가장 확실한 방법임을 알았기 때문이다.

나. 앵커 브루잉 양조장의 브랜드 관리

앵커 브루잉 양조장은 100년이 넘는 전통을 자랑하고 있지만, 메이태그가 운영권을 넘겨받았을 때만 해도 거의 파산 직전이었다. 그는 양조장의 자랑인 앵커 스팀 비어 Anchor Steam Beer를 되살리겠다는 각오로 회사를 인수했고, 마침내 양조장과 스팀 비어를 살려내는 데 성공했다.

최고의 원료와 전통적 발효 방식으로 만든 앵커 스팀 비어는 소형 양조장 맥주로는 드물게 전국적인 인지도를 얻으며 연간 600배럴 정도였던 생산량이 1만 2,000배럴까지 늘어났다. 한마디로 대박을 터뜨린 것이다. 하지만 기존의 양조장 시설로는 여기까지가 한계였다.

맥주를 한 박스라도 더 확보하려는 소매상들의 파상 공세 속에 메이태그는 의외의 결정을 내렸다. 더 이상의 추가 공급을 '거부'한 것이다. 외부 양조장에 위탁해서 생산하는 방법도 있었지만, 앵커 스팀 비어의 품질과 소비자들의 신뢰를 저버릴 수 없었기에 위탁 생산은 하지 않기로 했다. 그러다 보니 수요에 비해 턱없이 부족했던 앵커 스팀 비어는 상업용 맥주로는 드물게 '배급제' 방식으로 소매상들에게 공급되는 영광(?)을 누릴 정도였다.

메이태그가 앵커 스팀 비어의 브랜드 관리에 얼마나 심혈을 기울였는지를 보여주는 단적인 사례가 바로 납품 거부 사건이다. 앵커 스팀 비어의 열렬한 팬이었던 라스베이거스 MGM 그랜드 카지노의 지배인이 카지노의 모든 바에서 메이태그의 맥주를 판매하려 했지만, 그가 생산량 부족을 이유로 납품을 거부한 것이다.7)

세계 최대이자 최고의 호텔 중 하나인 MGM에 물건을 대기 위해 얼마나 많은 업자들이 공을 들이는지는 이루 말로 다 표현할 수 없을 정도다. MGM의 카지노 바에 맥주를 납품하게 되면 그 자체만으로도 상당한 양의 추가 수요가 생기는 것은 물론, 이 호텔에 납품하는 맥주라는 엄청난 명성을 얻을 수 있었음에도 이를 단호하게 포기한 것이다. 탁월한 품질을 통해 얻어진 소비자들의 신뢰야말로 앵커 스팀 비어라는 브랜드 관리에 무엇보다 중요한 것이라 판단하고 내린 결정이었다.

다. 스타벅스의 브랜드 관리

2018년 5월 6일, 네슬레는 소매점 등 전 세계 일반 매장에서 판매되는 스타벅스 제품에 대한 영구 판매권을 매입하기로 했다는 발표가 나왔다. 내용을 살펴보면 스타벅스의 소비자용 포장제품 및 푸드서비스 제품을 판매할 수 있는 권리를 71억 5천만 달러에 사들이는 것으로, 우리 돈으로 8조 원 넘는 금액에 매입한 것이다.

계약에는 스타벅스Starbucks®, 시애틀 베스트커피Seattle's Best Coffee®, 티바나TeavanaTM/MC, 스타벅스 비아 인스턴트Starbucks VIA® Instant, 토레파지오네 이탈리아 커피Torrefazione Italia® coffee,

스타벅스 브랜드로 판매되고 있는 네슬레 제품들

7) 보 벌링엄. 스몰 자이언츠. 팩컴북스, 2008

스타벅스 K컵 파드 커피Starbucks-branded K-Cup® pods 등 스타벅스의 다양한 포장 커피 및 차 브랜드를 사용권을 모두 넘겨받는 것이 주 내용이다.

스타벅스의 입장에서 보면 커피 포장제품 사업에서 아예 발을 뺀 것이다. 엄밀하게 말하면 상표를 빌려주고 판매 수익의 일부를 받아왔던, 힘들이지 않고 일정 수익을 매년 받아 챙기는 속편한 사업을 포기한 것이다. 판매권을 넘기는 조건으로 7조원이란 큰돈을 챙기긴 했지만, 스타벅스의 기업 규모와 가치를 감안해 볼 때 그리 많은 건 아니다.

발을 빼건 떼건 간에 그동안 해오던 커피 포장제품 사업을 네슬레 측에 넘긴 이유는 뭘까. 스타벅스가 커피 포장제품 사업을 그만둔 이유는 무엇 때문일까.
사람들이 스타벅스 매장 혹은 스타벅스 커피를 찾는 이유에 그 해답이 있을지 모른다. 스타벅스는 커피를 판매하는 곳이 아니다. 커피회사가 아니라 커피 그 이상의 회사이자 새로운 가치를 추구하는 회사다. 커피를 매개로 고객들이 쉬고 머무를 수 있는 공간과 여유를 판매하는 곳이라고나 할까.

수많은 커피 전문점 중에서 굳이 스타벅스를 찾는 이유는 맛도 맛이겠지만, 매장이 만들어내는 독특한 분위기도 크게 한몫한다. 따라서 특별한 경험이 동반되지 않는 포장 커피제품은 스타벅스가 추구하는 방향과는 달라도 많이 다르다.

남다른 정성을 기울여 꾸며놓은 독특한 매장을 통해 스타벅스를 느끼고 경험하는 대신, 스타벅스 로고가 찍힌 포장 커피제품을 통해 스타벅스를 즐기는 사람들이라면 이들은 언제든 다른 회사 제품으로 마음을 바꿀 수 있을 것이다. 공을 들이고 있는 독특하고 각별하며 남다른 스타벅스 매장 때문이 아니라 언제 어디서나 쉽게 구할 수 있는 포장 커피제품으로 성장하는 경우라면 무너질 가능성은 언제나 상존한다. 이런 상황이라면 매출이 늘어나면 늘어날수록 그 가능성과 위험성은 더 커질 수밖에 없을 것이다. 이런 방식의 성장이라면 장기적으로 결코 도움이 되지 않을 것이라는 생각과 판단에 따라 과감히 포장제품 사업에서 철수한 것이 아닐까.

스타벅스의 지향점

커피 ⇨ 월등한 커피 맛 ⇨ 편안함 ⇨ 남다르고 독특한 매장 분위기

3. 브랜드 만들기 : STP 관점에서 살펴본 종가집

'종가집 김치'가 처음 나온 것은 지금으로부터 30여 년 전인 1987년이다. 인간문화재 38호이자 조선 궁중음식 전수자인 고故 황혜성 고문 등 김치 전문가의 조언을 받아 두산그룹에서 표준화된 조리법을 개발하여 내놓은 것이 종가집 김치였다.

김치를 직접 담기보다는 사먹는 사람이 더 많지 않을까 싶은 생각이 들 정도로 일반화된 파는 김치! 하지만 처음부터 그랬던 것은 아니다.
김치에 대해 모르는 사람이 없는 데다, 주부라면 누구나 김치 몇 가지는 담글 수 있는 실력과 경험을 겸비한 터였다. 그런 상황에서 흔하고 흔한 바로 그 김치를 상품화하려는 것이라 힘들었다. 무엇보다 김치를 사먹는다는 것이 무척 낯설었던 그 시절에 사람들에게 김치를 팔아야 하니 종가집의 고민은 클 수밖에 없었다.

- 사먹기는 할까?
- 누가 사먹을까?
- 누구를 대상으로 공략해야 하나?

무엇보다 누가 사먹을지, 누구를 먼저 공략해야 할지를 파악하는 게 급선무였다. 회사 측은 시장을 세분화하고Segmentation, 그중에서 특정 목표층을 선정한 뒤Target Market 뿌리를 내리는Positioning STP 전략을 펼치기로 했다.

사먹는 김치를 반기는 사람들은 어떤 사람들일까?
연세가 드신 분보다 젊은 사람이, 전업주부보다는 일을 병행하는 주부가 가능성이 높다. 맞벌이 부부도 못지않다. 결혼한 지 얼마 되지 않아 살림 경험이 짧거나, 자녀를 돌보느라 김치를 직접 담가먹기 어려운 가정도 있을 것이다. 그럼 이들 계층이 전부 고객일까.

섣불리 단정할 수는 없다. 맞벌이 부부, 살림 경험이 짧은 이들 뒤에는 돌봐주는 누군가가 있다. 시댁이나 친정에 계신 엄마가 그들이다. 연세 드신 분도 예외는 아니다. 며느리가 있고 시집가서도 부모님을 지극정성으로 챙기는 착한 딸이 있을 수 있기 때문이다. 그렇다면 김치를 사먹을 가능성이 가장 높은 계층은 누구일까.

(1) 시장 세분화Segmentation

일반 시민들을 대상으로 구매 경험과 구매 의사를 알아본 후 이를 바탕으로 기존의 구매 경험(많음, 적음)과 향후 구매 의사(높음, 낮음)를 축으로 세분시장을 4개로 나누었다.

구분		향후 구매 의사	
		높음	낮음
기존 구매 경험	많음	1시장 구매 의사 높은 흥하는 시장	2시장 구매 의사가 사라진 무너진 시장 (사먹는 김치에 실망해 마음을 거둔 사람들)
	적음	3시장 구매 의사 있는 잠재 시장 (아직은 아니지만 기회가 되면 돌변할 사람들)	4시장 구매 의사 없는 바깥 시장 (사먹는 김치의 존재 자체를 모르는 사람들)

1시장은 이미 상당량의 김치를 사먹고 있고 높은 구매 의사도 높은, 확실하고 든든한 소비자층이다. 이들이야말로 마케팅 활동의 최우선 고려 대상이 될 것이다.

2시장은 김치를 사먹어 본 적이 많지만, 번번이 실망하고 돌아선 사람들이다. 이들을 대상으로 마케팅 활동을 할 필요는 없다. 하지만 가장 먼저 파는 김치에 반응했던 이들이 마음을 바꾼 이유에 대해서는 좀 더 알아볼 필요가 있다. 무엇이 김치 구매자들의 마음을 닫게 만들었는지, 제품의 결함 때문인지 아니면 또 다른 이유가 있는지 등은 앞으로 시장을 열어 가는 데 있어 소중한 자료가 될 것이다.

3시장은 잠재 시장이다. 이들은 당장은 아니지만, 향후 고객이 될 가능성이 높다. 여기에 속한 이들은 시부모를 모시고 살기에 사먹는 김치가 눈치 보이는 젊은 새댁, 혹은 누군가로부터 김치를 안정적으로 공급받아 당장은 사먹을 이유나 필요가 없는 사람들이다. 아직은 아니지만, 때가 되면 이들은 가장 적극적인 구매자로 바뀌게 될 가능성이 높다.

4시장은 파는 김치에 대한 관심이 별로 없거나 아예 없는 사람들이다. 그럼에도 불구하고 4시장에 속하는 사람들은 두 가지 면에서 마케팅적 의미가 있다. 하나는 파는 김치에 대한 선호가 생긴다면 2시장에 속한 사람들과 달리 즉각적인 고객으로 변할 가능성이 있다는 점이다. 다른 하나는 어떤 이유에도 불구하고 김치 시장을 키우기 위해서는 4시장을 공략하지 않으면 안 되기 때문이다. 파는 김치가 있다는 사실조차 모르는 이들은 기업 입장에서 볼 때 처녀지와 다름없다. 아직까지 단 한 번도 파는 김치를 사먹어본 적이 없는 사람들이기에 김치 시장의 저변 확대 차원에서도 충분히 관심을 둘 필요가 있다.

(2) 목표 시장Target Market 설정

세분시장별 특징을 살펴보면 다음과 같다.

각 세분시장별 특징

	1시장(흥하는 시장)	3시장(잠재 시장)	4시장(바깥 시장)
일반적 특성	• 평균 연령이 중간 • 시어머니와 함께 사는 비율이 0%이다. • 결혼연수가 중간 • 수입이 가장 많다.	• 평균 연령이 가장 낮다. • 시어머니가 함께 사는 비율이 가장 높다. • 결혼연수가 가장 짧다. • 평균 수입이 가장 적다.	• 평균 연령이 가장 높다. • 평균 가족 수가 가장 많다. • 결혼연수가 가장 길다. • 주부취업률이 가장 낮다.
라이프 스타일 특성	• 요리하는 것을 즐기지 않는다. • 식품 구입 시 상표가 중요하다. • 휴일에 야외에 놀러 가는 비율이 가장 높다. • 백화점 쇼핑이나 외출이 잦은 편이다.	• 의복 구입 시 상표가 중요하다. • 종가집 김치를 가장 선호한다고 응답하는 집단이다.	• 평소, 음식 만드는 것을 즐긴다. • 그러나 음식의 영양이나 칼로리 등에는 신경을 덜 쓰는 편이다. • 제품의 포장이나 외형은 그다지 중요시하지 않는다. • 이웃과 왕래가 많은 편이나, 외출은 잦지 않다.
전략적 고려 사항	• 가격에 가장 덜 민감한 집단이다. • 김치를 사먹는다면, '일상김치'에 대한 요구가 가장 큰 집단이다. • 김치를 사먹기 싫은 이유로 위생상태를 가장 크게 꼽는다.	• 상품김치의 가격에 민감한 편이다. • 김치를 다른 대안으로 해결하고 있으나, 언젠가는 사먹을 유보적인 그룹이다.	• 김치 광고 등에 관심이 적다. • 식품구입에 가격을 의식하는 편이다. • 계절의 '특미 김치'는 사먹을 생각이 있다.

출처 : 홍성태. 보이지 않는 뿌리. 박영사, 1999

1987년 국내 최초 포장 김치 브랜드로, 1990년대엔 수출 김치의 선봉에 섰던 종가집. 2019년 미국 내 신규 법인을 설립하고 국내 식품업체 최초로 수출 김치가 아닌 현지 공장에서 만든 제품으로 미국 김치 시장 공략에 속도를 내고 있다.

(3) 포지셔닝Positioning

종가집 김치가 우선 공략할 곳은 1시장이었다. 이곳에서 제일 먼저 한 일은 김치 시장을 키우는 일과 더불어 파는 김치의 대부분을 차지해온 재래시장 제품의 질이 균일하지 못하다는 점에 주목해 위생 및 안전성 여부를 부각시키면서 김치 전쟁을 펼쳤다.

참고로 종가집 김치가 1시장 공략을 위해 설정한 단계별 목표는 다음과 같았다.

1시장 공략을 위한 단계별 목표

1차 목표	담가 먹는 대신 파는 김치를 구입하도록 유도
2차 목표	파는 김치 중 무게로 달아 파는 재래시장 김치 대신 제품화된 포장 김치를 구입하도록 유도
3차 목표	기존 종가집 구매자의 충성도(로열티) 유지

• 종가집 그 뒷얘기

2017년, 국내 포장 김치 시장은 2,000억 원을 돌파했고, 3년 새 40% 이상 성장했다. CJ제일제당과 신세계푸드 등 식품업체뿐만 아니라 호텔, 유통업체도 포장 김치 시장에 본격적으로 뛰어들었지만, 종가집은 김치 대표브랜드로 30년 넘게 업계를 선도하고 있다. 다만, 20년째 되던 해인 2008년에 모기업인 두산그룹의 유동성 위기에 따라 시장에 매물로 나왔고, 대상에서 종가집 브랜드와 김치, 두부, 고추장 등을 포함한 두산의 식품사업부를 전부 인수했다. 이로써 두산은 식품사업에서 완전히 손을 뗐다.

현재 종가집은 '맛의 중심, 종가집'을 슬로건으로 한 한식 전문브랜드로의 재탄생을 알렸다. 종가집 브랜드의 전통적 이미지를 내세워 더 다양한 한식 요리로 사업 영역을 확장하겠다는 계획이다.

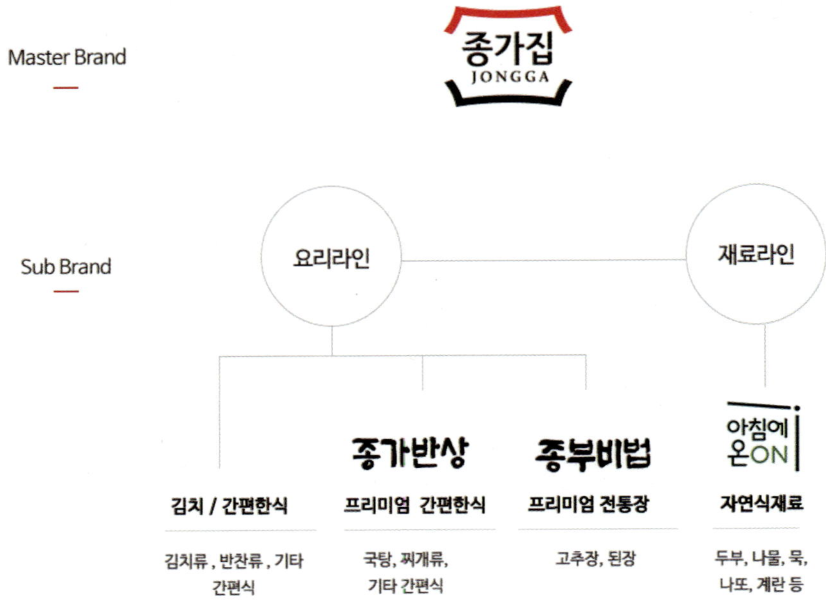

조별 과제

① 제10장에 수록된 내용 중 가장 공감하는 부분은 무엇이며, 그렇게 생각하는 이유를 설명하시오.
② 제10장에 추가할 내용으로 딱 좋은 브랜드 사례를 찾아보고, 해당 사례를 선정한 이유에 대해 설명하시오.

개인 과제

CHAPTER 10. 브랜드

학번		성명		제출일	

① 이번 장을 한 문장으로 표현해 보자.

② 이번 장과 관련해 스스로 찾아본 것에 대해 자세히 적어 보자. 책은 50쪽 이상 읽은 것만 적을 수 있으며, 영상 자료와 신문 및 기타 내용은 출처나 연도 표기를 정확히 적어 보자.

책	
영상 자료	
신문	
기타	

③ 이번 장에 관해 200자 이상의 에세이를 손으로 직접 써 보자.

* 이 페이지는 절취하여 다음 시간에 제출할 것

CHAPTER

11

환자 경험

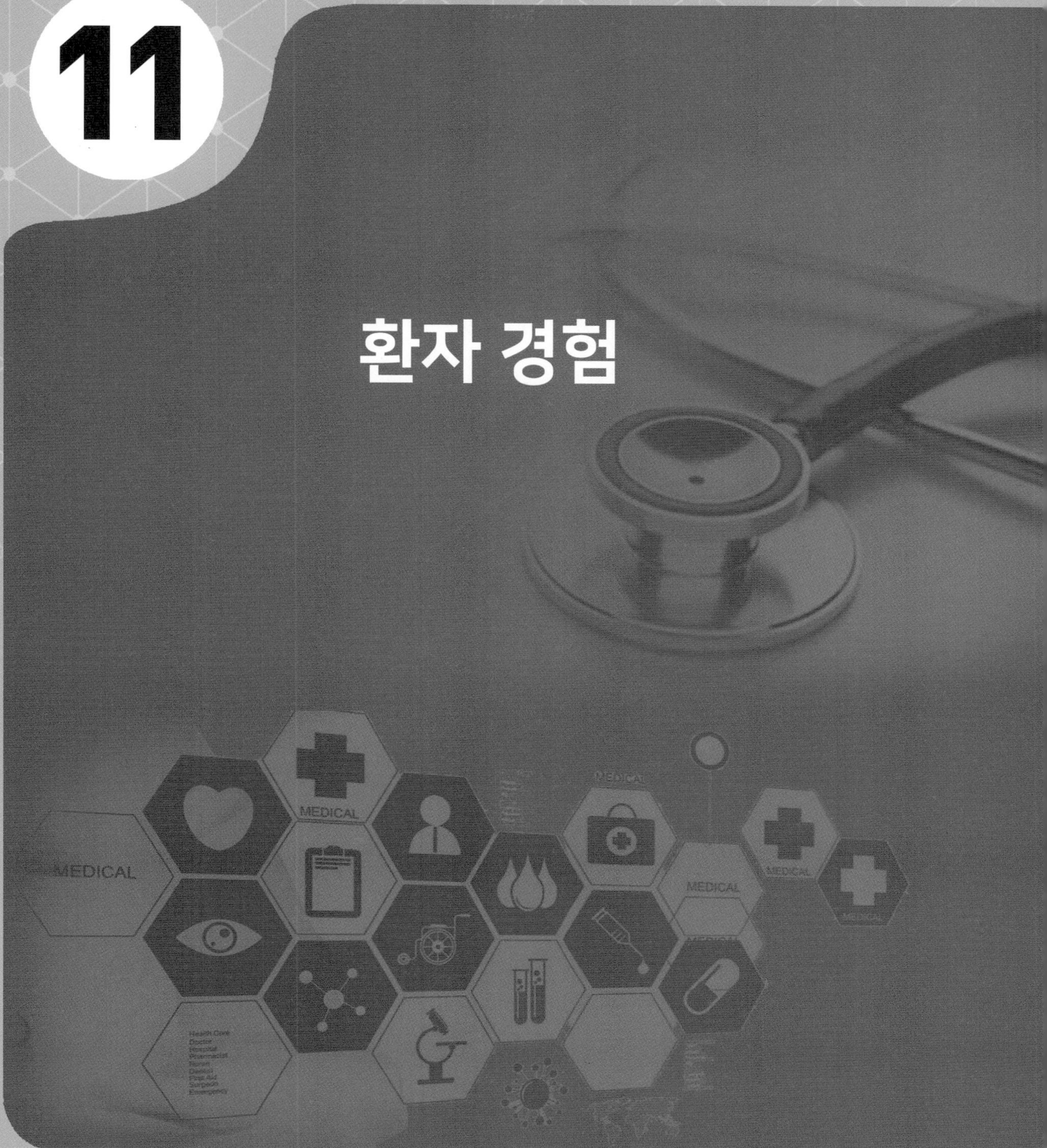

1. 환자 경험의 종합적 조망
2. 환자 경험 활동의 분야별 현황

환자들이 치료 과정에서 일어나는 모든 것들을 양해하고 이해하는 것은 아니다. 의료는 기존의 서비스와는 또 다른 서비스이기 때문이다. 환자와 가족들은 제대로 된 서비스가 제공되길 바라며, 이 과정에서 품격을 갖춘 예우가 동반되길 원한다.

수술이 잘되길 바라는 것은 물론이고 그 과정에서 궁금한 것에 대해 의료진들이 친절하고 이해하기 쉽게 설명해 주길 바란다. 쾌적하고 안락한 병실과 주변 환경 등 환자는 물론 환자 보호자들을 위한 세심한 배려를 원한다. 이뿐만이 아니다. 병원식이라며 주는 대로 먹을 수밖에 없었던 음식이 아니라 제대로 된 정성 가득한 음식을 기대하고 있다. 병원 환경이 변했고 환자들의 기대 수준도 달라지고 있다.

만일 내가 입원한다면 어떤 환경이 좋을까, 내 가족이 입원했다면 어떤 점들이 불편할까를 고민해야 한다. 지금은 질병 치료와 함께 어떤 경험을 제공하고 있는지, 앞으로 어떤 경험을 더 제공할 수 있을지에 따라 병원의 장래가 결정되는 시대인 것이다. 환자 경험이 매우 중요하게 여겨지다 보니 경험에 대한 남다른 관심을 가져야 할 때가 온 것이다.

조지프 파인 2세Joseph Pine Ⅱ와 제임스 길모어James Gilmore는 경험경제란 새로운 용어를 만들어내기도 했다. 이들은 케이크를 예로 들며 경험경제 시대의 도래와 경험의 가치에 대해 설명한 바 있다.

예를 들어, 1단계는 농업경제 시대였다. 이때는 밀을 재배해서 직접 케이크를 만들어 먹었다. 재료비는 적게 들지만 케이크 하나를 만들 때마다 상당한 시간과 노력이 들어갈 수밖에 없었다. 다음 단계는 공업경제 시대다. 이 시대는 여러 재료들을 시장에서 1~2달러에 구매해서 케이크를 만들어 먹었다. 3단계는 서비스경제 시대로 사람들은 10달러 이상을 지불하고 케이크를 사먹었다. 마지막 4단계는 경험경제 시대다. 이제는 100달러 이상을 지불해 이벤트 업체를 고용하거나, 키즈 카페처럼 파티를 할 수 있는 곳에서 자녀들이 즐거운 경험을 하게 하며, 케이크는 업체에서 서비스로 그냥 주는 걸 먹는다는 것이다. 두 사람이 주장하는 내용의 핵심은 직접 만드는 케이크에서 공짜로 제공되는 케이크로 옮겨가면서 경험을 파는 것이 가장 부가가치가 높다는 것이다.

지금까지 의료 현장에서 환자를 고려하는 것은 무척 생소한 일이었다. 환자를 이해하고 그들의 입장에서 바라보려는 노력이 없었던 것은 아니지만 촌각을 다투는 의료 현장의 특성상 한계가 있을 수밖에 없었다. 그러다 보니 환자와 보호자들이 바라는 서비스의 제공은 더뎠다. 심지어 이러한 노력이나 관심이 의학이나 의술의 본류와는 거리가 있는 것이란 생각에 의도적으로 이를 멀리하려는 경향마저 있었다.

환자 경험은 비교적 최신의 개념이다. 미국의 경우 2010년에 발효된 환자보호 및 적정진료법Patient Protection and Affordable Care Act에 따라 진료량 대신 치료 결과와 제공된 서비스의 가치에 따라 진료비를 보상하기 시작하면서 '환자 경험Patient Experience' 혹은 '환자 우선Patient First'이 매우 중요한 화두로 떠올랐다. 평판은 물론 의료비 보상에서도 불이익이 초래될 수 있기 때문에 의료기관과 의사들은 환자 경험 향상에 관심을 기울일 수밖에 없게 되었다. 이에 따라 일선 의료 현장에서는 의료 그 자체뿐만 아니라 의료가 제공되는 일련의 과정에 동반되는 전반적인 환경이 중요해졌다. 무엇보다 환자의 입장이나 관점에서 본 환자 경험이 매우 중요하다는 것을 새롭게 인식하게 되었다.

매년 열리는 클리블랜드 클리닉의 환자 경험 대회와 이를 알리는 포스터

1. 환자 경험의 종합적 조망

환자들은 소비자와 다르다. 대부분의 환자들은 서비스를 스스로 선택한 것이 아니다. 예기치 않은 사정으로 원치 않는 서비스를 받을 수밖에 없는 입장이라는 점에서 일반 소비자와 달라도 많이 다르다.

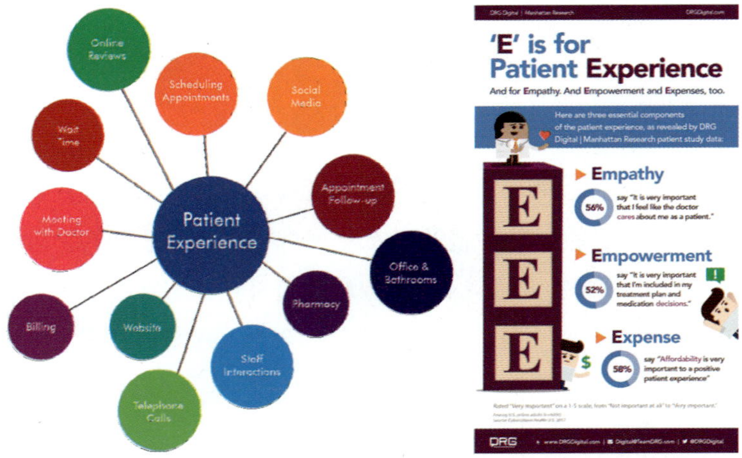

환자 경험에 관한 몇몇 표현(출처 : getreferralmd.com/2019/06/3-ways-to-enhance-patient-engagement-and-experience/, decisionresourcesgroup.com/blog/three-essential-es-u-s-patient-experience/)

일반적으로 고객만족은 서비스를 재구매하는 데 있어 중요한 요인의 하나로 고려되고 있다. 남다른 만족을 유발하는 환자 경험은 해당 의료 기관의 경쟁우위를 보장하는 중요한 요소임이 분명하다. 따라서 보호자를 포함해 환자의 경험을 효과적으로 관리하는 것이 의료기관 입장에서 볼 때 매우 중요한 과제가 된다. 구체적으로 환자에게 제공되는 경험의 질이 병원의 성과를 좌우하므로 다양한 환자들의 경험을 관리해야만 한다.

환자 경험

보건의료의 질을 보장하는 필수 요소 중 하나로서 환자 경험은 필요한 시점에 이루어지는 예약과 보건의료 정보에 대한 원활한 접근 및 의료인을 포함한 보건의료 공급자들과의 적절한 의사소통 등을 포함한 양질의 소통 등 환자가 경험하는 다양한 차원을 모두 포함한다.

환자 경험을 이해하는 것은 환자 중심 치료로 나아가는 핵심이다. 환자 경험에 관한 다양한 관점, 즉 환자별 선호와 요구 및 가치를 존중하고 이에 부응한 적정 서비스를 제공받는 환자들이 어느 정도인지 평가할 수 있다. 보건의료의 질에 관한 온전한 큰 그림을 구현하기 위해서 환자 경험 평가는 치료 효과와 안전과 같은 다른 구성 요소와 병행해 이루어져야 한다.

환자 경험과 환자 만족도

환자 만족도와 환자 경험이라는 용어는 종종 같은 의미로 사용되기도 하지만, 같은 개념은 아니다. 환자 경험에 대해 알아보기 위해서는 의료기관에서 반드시 이루어져야 하는(예를 들어 의료진과의 명확한 의사소통 등) 것들이 실제로 이루어졌는지, 그리고 이루어졌다면 얼마나 자주 이루어졌는가에 대해 환자들로부터 직접 확인해야 한다.

반면에 환자 만족은 당초 환자가 가졌던 기대치의 실현 여부에 관한 것이다. 똑같은 서비스를 두 사람의 환자에게 제공했더라도, 이들의 당초 기대치가 서로 달랐다면 만족도는 달리 나올 수 있는 것이다.[1)]

1) Agency for Healthcare Research and Quality(ahrq.gov/cahps/about-cahps/patient-experience/index.html)

2. 환자 경험 활동의 분야별 현황

본 장에서는 메이요 클리닉, 클리블랜드 클리닉, UCLA 병원의 환자 경험 활동을 살펴보고자 한다. 미국 병원들 중 최고 중의 최고인 이들 병원들의 환자 경험 활동은 '환대 · 소통 · 의료의 질 · 서비스 확장 · 공간 관리' 등 크게 다섯 가지로 구분할 수 있는데, 이를 그림으로 표현하면 다음과 같다.

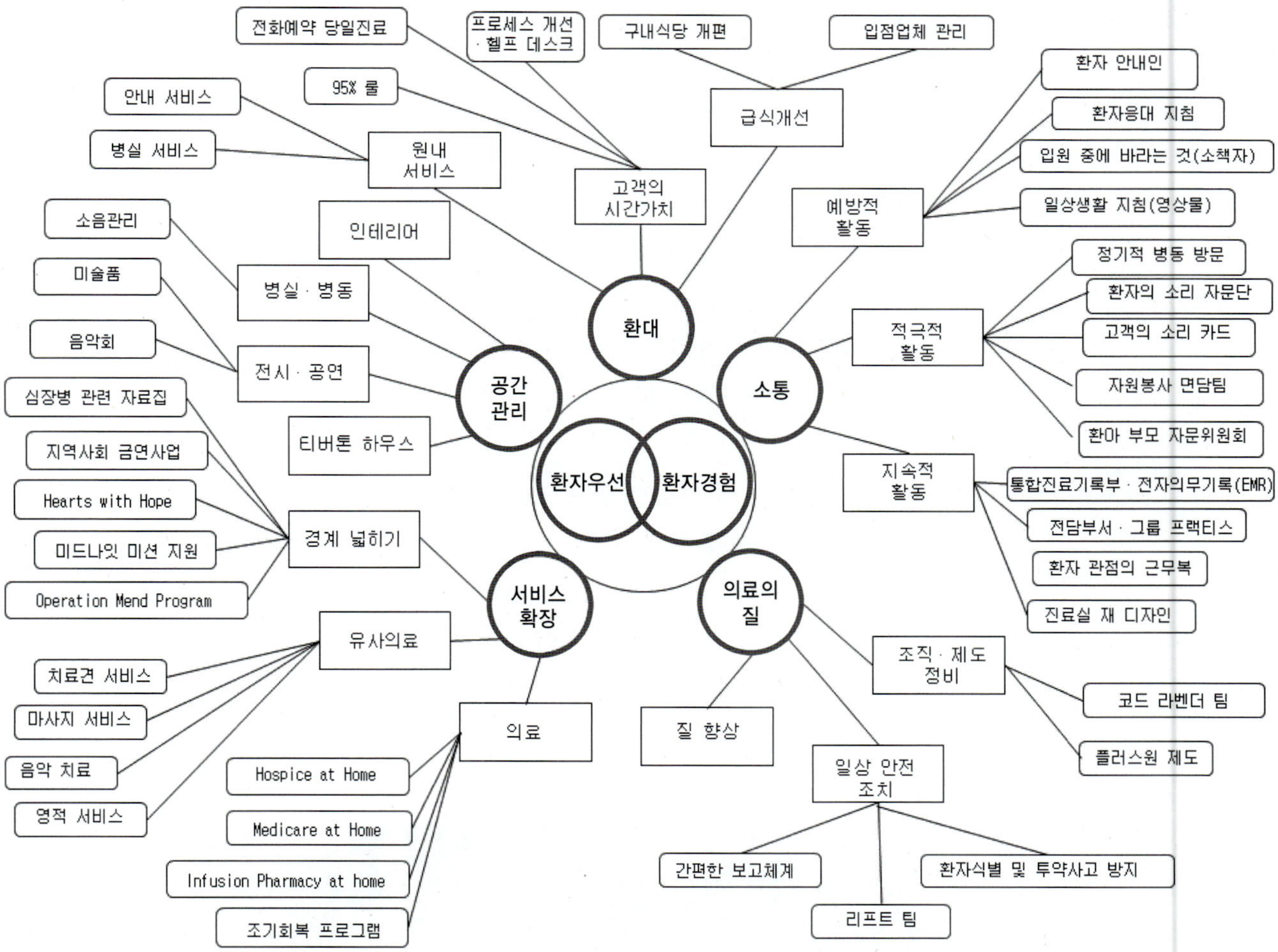

미국 우수 병원들의 다양한 환자 경험 활동

가. 환대

(1) 원내 서비스

환자나 가족들은 원내 서비스를 통해 그 병원의 실체를 알게 된다. 주차장에 차를 세우고 나서는 순간, 어디로 갈지 혹은 어디부터 가야 할지 막막해진다면 첫 인상이 좋을 리 없다. 병실에서 하루 이틀 지내다보면 병원 수준이 어느 정도인지 대략 알 수 있다. 환자가 의료에 대해 알지 못한다고 아무것도 모르는 게 아니다. 환자를 대하는 의료진을 통해 혹은 직원들끼리 나누는 얘기나 서로를 대하는 태도에 따라, 심지어 화장실 청소 상태로도 나름 느낄 수 있다. 병원들이 원내 서비스 향상을 위해 다각적으로 노력하는 이유는 이와 같은 다양한 요인들이 환자 경험에 영향을 미치기 때문이다.

① 안내 서비스

클리블랜드 클리닉에서는 환자 안내인patient service navigator과 레드 코트red coat 제도를 운영하고 있다. 환자 안내인은 환자와 그 가족의 아쉬움과 불편함을 해결해 주는 전담 요원으로, 이들은 매일 환자를 만나 필요한 조언과 지원 활동을 펼치고 있다. 새로 들어온 환자에게는 앞으로 있을 진료 내용과 치료 일정을 소개하고 의료진에 관한 정보를 제공하며, 보호자들에게는 미리 알아두면 좋은 주차·숙박·식당 및 기타 서비스 관련 정보를 알려준다.

한편 레드 코트란 말 그대로 붉은 코트를 입은 사람으로, 호텔의 컨시어지Concierge, 콩시에르주와 같은 역할을 한다. 호텔 컨시어지는 투숙객이 원하는 다양한 요구를 도맡아 처리해 주는 만능 해결사로 오랜 경력의 직원이 맡는 비중 있는 역할이다. 환자 안내인이 정해진 동선을 따라 움직이며 사전에 준비된 서비스를 제공한다면 레드 코트는 병원 곳곳을 자유롭게 돌아다니며 방문객들의 다양한 애로사항을 해결해 주는 역할을 담당하고 있다.

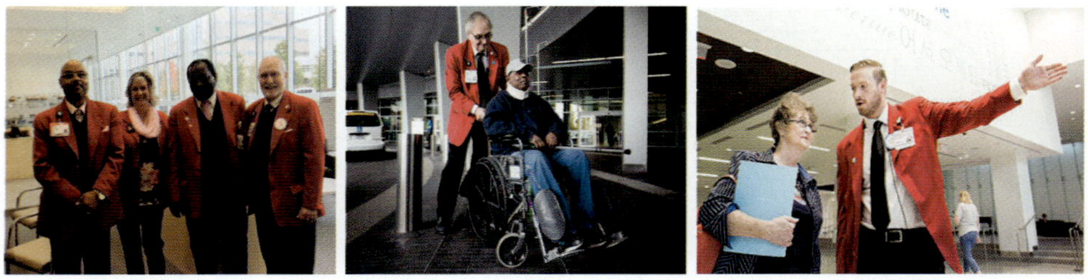

클리블랜드 클리닉의 레드 코트

버디로 활동 중인 클라라 수오미와 그녀의 가족. 프로그램에 대한 보다 상세한 내용은 UCLA Health 참조(출처 : uclahealth.org/operationmend/operation-mend-buddy-programs#buddy program)

안내 서비스와 관련하여 수화사手話士도 한몫 거들고 있다. 우리 병원계에서는 다소 드문 직종인 수화사는 청각 장애인 환자를 대신해 이들의 통역을 맡는다. 수화는 아니지만 외국인 환자들과 원활한 소통을 위해 다국어 능력을 보유한 인력의 운영도 눈여겨볼 부분이다.

일부 원내 서비스는 자원봉사자를 통해 제공되기도 한다. 예를 들면 UCLA 병원의 버디Buddy 패밀리 프로그램(공식 명칭은 Operation Mend Buddy Programs)은 심각한 외형 손상을 입은 군인들의 무료 복원 수술을 구상하는 과정에서 이들을 좀 더 따뜻하게 맞이하기 위해 마련한 것이다. 이 프로그램에서 이른바 버디라 불리는 자원봉사자는 말 그대로 환자나 그 가족의 친구 겸 보호자가 되어 방문 첫날 마중하기부터 재원기간 중 집에 초대해 식사를 함께 하는 등 치료기간 동안 가족처럼 돌보는 역할을 맡고 있다.

② 병실 서비스

UCLA 간肝 이식 병동에서는 장기 입원환자들과의 친밀감을 높이고 인간적인 유대감을 돈독히 하고자 침대 옆에 해당 환자의 정보를 담은 액자를 비치하고 있다. 환자를 대하는 의료진은 이 내용을 보면서 질병을 떠나 한 인간으로 환자를 받아들이게 되어 이들과 더 많은 교감을 이루게 된다. 아울러 이곳에서는 시아이케어CICARE라 하여 병실에 들어서 환자나 가족들과 접촉 시Connect 존칭을 사용하고, 항상 본인에 대해 먼저 소개Introduce하며, 지금 하려는 조치가 미칠 영향이나 필요한 정보를 말하고Communicate, 요구사항이나 의문점 혹은 염려하는 것이 있는지 묻는다Ask. 한편, 질문이나 요구에 즉시 답하고Respond, 다음에는 누가 왜 오는지 그리고 본인은 언제 또 올지 설명하고 예의를 갖춰 병실을 나오도록Exit 하고 있다. 병원에서는 시아이케어를 직원들의 필수행동지침으로 의무화하고 있다.

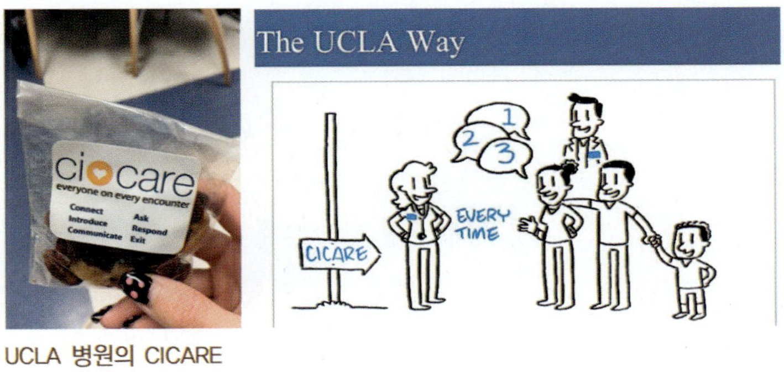

UCLA 병원의 CICARE

환자들에 대한 호칭도 예전과 달라지고 있다. 클리블랜드 클리닉의 경우 환자들로부터 다른 이름으로 불러도 좋다는 허락이 없는 한 '미스터', '미세스', '미즈' 또는 '미스' 등 예우를 갖춘 표현을 사용하도록 하고 있다. 이전에는 직원들이 자신의 취향이나 습관에 따라 허니Honey, 디어Dear와 같은 표현을 사용했는데, 이 과정에서 불필요한 오해가 생기기도 했다. 환자나 보호자들에 대해 예우를 갖추는 한편, 그들이 원하는 대로 불러줌으로써 좀 더 인격적으로 대하기 위해 환자를 부르는 호칭에 대한 기준을 새로 만든 것이다.

(2) 고객의 시간가치

진료하는 동안 대기실에 여러 명의 환자가 기다리고 있는 모습이 낯설지 않다. 오랜 기다림이 환자들의 불만을 자아낼 것이 분명하지만 의사가 다음 환자를 맞이하는 데 드는 시간, 즉 의사의 대기시간(혹은 진료 간 공백)을 최소화하는 효율적인 방안이긴 하다. 무엇보다 병원의 경영성과에도 긍정적인 영향을 미치는 것이라 개선될 기미가 보이질 않는다.

환자와 의사의 대기시간 중 어느 쪽을 우선할 것인가. 지금까지 환자는 좀처럼 고려되지 않았다. 병원 입장에서 크게 아쉬울 것 없고 손해 볼 일은 더더욱 아니었기 때문이다.

하지만 상황이 달라지고 있다. 환자 경험을 중시하려는 선진 병원들이 환자의 입장에서 다시 보기 시작했기 때문이다. 이들 병원들은 그동안 환자 측 역할이나 책임이라며 환자나 보호자에게 떠넘겼던 것들을 적극적으로 수용하거나 줄이려 노력하고 있다. 대표적인 것 중 하나가 바로 시간인데, 의료 서비스 제공 과정에서 소요되는 절대 시간의 감소는 물론 적극적인 예약 제도의 활용을 통해 서비스가 시작되기 이전 단계에서부터 환자들이 불필요하게 치렀던 소요시간을 줄이는 데도 힘쓰고 있다.

① 95% 룰

메이요 클리닉은 예약 환자의 95% 이상을 그 주週에 진료하는 것을 목표로 삼아 환자들이 오래 기다리지 않도록 애쓰고 있다. 일부 환자의 경우 예정에 없던 추가 검사가 이어져 당초 목표에서 10% 정도의 차이가 있을 뿐이다. 검사결과나 판독의견을 재빨리 통보하는 것도 환자의 시간을 줄이는 적극적인 방안의 하나다. 예를 들어, 초음파 심장 검진실은 검사 즉시 판독을 끝낸다는 원칙을 세워놓았다. 검토 의견서도 간편한 양식에 표준 용어를 골라 선택하는 방식으로 만들어 대략 5분 안에 정리된다. 일과가 거의 끝날 무렵 검사 자료를 모아 그제서야 판독을 시작하는 병원들과는 접근 자체가 다르다. 심전도ECG나 스트레스 검사 같은 경우도 마찬가지다. 심장내과의가 바로바로 판독해 주고, 판독결과는 한 시간 이내에 전자진료기록부에 올라온다. 혈액 검사도 채취 후 평균 96분이면 그 결과를 확인할 수 있다.

② 전화예약을 통한 당일 진료

클리블랜드 클리닉은 전화로 당일 진료 예약이 가능하다. 2010년에 도입된 이 제도로 오전 11시까지만 전화를 하면 그날 진료가 가능해졌다. 병원 입장에선 무척 버거운 일이었지만 고객 경험이란 관점에서 반드시 풀어야 할 숙제 중 하나가 분명했다. '당일 예약 당일 진료'는 그동안 예약 후 오래 기다려야만 했던 환자들의 입장에서는 무엇보다 반가운 조치였다.

③ 프로세스 개선과 헬프 데스크

UCLA 병원은 오전 11시까지 퇴원절차를 마무리하고 있다. 이에 따라 환자들이 여유를 가지고 편안하게 귀가하는 한편, 신속한 퇴원절차로 입원대기 환자도 줄이고 있다. 그런가 하면 체질 특성에 따라 간혹 생기는 마취 사고 방지를 위해 해오던 사전 확인의 주체를 바꿨다. 해당 환자가 각종 자료를 준비해 마취과에 찾아가 미리 점검을 받던 그동안의 방식에서 탈피해, 각종 검사 자료 수집에서 확인에 이르기까지 모든 책임을 해당 부서가 맡는 쪽으로 바꾼 것이다.

아울러 응급실에서는 '패스트 이알fastER'이라 하여 특정 기준을 정해 여기에 해당하는 환자가 올 경우 90분 내 모든 조치를 완료하고 귀가시키는 것을 원칙으로 함으로써, 환자의 시간을 적극적으로 줄이려 하고 있다. 여기에 덧붙여 '헬프Help 데스크'를 만들어 환자들이 언제든지 자유롭게 전화를 걸 수 있도록 전용 전화를 운영하고 있는데, 기계에 의한 자동응답 방식이 아니라 전담 인력이 직접 환자의 요구에 응한다는 점도 눈여겨볼 부분이다.

(3) 급식 개선

흥미로운 점은 미국의 우수 병원들이 급식을 매우 중요하게 생각하고 있다는 점이다. 병의 회복은 물론 더 높은 차원의 효과를 끌어내는 데 꼭 필요한 중요한 수단으로 인식하면서 급식 개선의 범위는 환자식을 제공하는 구내식당은 물론 원내 입점업체의 품목 구성 변화 그 너머에까지 이르고 있다.

① 구내식당 개편

메이요 클리닉은 기존의 구내식당 메뉴에 보다 많은 유기농 품목을 추가해 선택 폭 확대와 함께 이용객들의 건강을 챙기고 있다. UCLA 병원은 호텔식 룸서비스를 접목해 주문한 음식을 병실까지 제공하는 방식으로 서비스의 격을 한층 더 높였다. 이와 함께 출산 산모에게 도시락을 제공하는 서비스를 24시간 내내 가동함으로써 심야 시간에 산모들이 배를 곯는 불편함을 없앴다.

클리블랜드 클리닉은 더 적극적이다. 구내식당 메뉴 중 40여 종의 메뉴를 교체했으며, 건강 식단 처방에 맞춰 단 음식과 트랜스 지방, 포화지방 및 도정한 곡류를 단계적으로 없애는 한편, 조리법도 튀기는 대신 삶는 등 보다 건강한 방식으로 바꿨다. 이와 더불어 구내식당 메뉴 중 병원의 영양 지침인 '포화지방(5g 미만), 트랜스 지방(0g), 설탕·시럽(4g 미만), 100% 알곡whole grain, 나트륨 최소화' 기준에 맞는 식단에 대하여 녹색 원 안에 'go!'라고 표시한 인증마크를 붙여 병원이 인정한 건강한 메뉴임이 단번에 드러나도록 했다.

헬스에서 웰니스로 인증범위를 조금씩 넓혀가고 있는 'go!' 마크

그 결과 이용자들은 마크가 부착된 메뉴에 관심을 더 쏟게 되었고 이는 적극적인 주문으로 이어졌다. 인증마크 표시제는 지역사회에서도 큰 관심을 보여, 지역 슈퍼마켓에서 취급하는 33,000여 개의 품목 중 1,600개 제품이 인증을 받아 'go!'마크를 붙여 출시되고 있으며, 병원 측은 대상 영역을 점차 확대하고 있다.

음식에 있어 재료의 신선도만큼 중요한 것이 없다. 클리블랜드 클리닉에서는 좋은 먹거리 올바른 먹거리의 중요성을 인식하고 2008년부터 병원 마당에서 농산물 직거래 장터를 운영해 왔다. 장터의 취급품목은 병원 반경 185킬로미터 이내에서 재배한 유기농 제품으로 한정하고 있다. 주목할 점은 못다 판 농산물을 병원 측이 전량 구매하고 있다는 것이다. 이는 참여자들의 판매 부담을 줄여주는 한편, 직거래 장터를 활성화시키는 데 큰 힘이 되고 있다.

② 입점업체 관리

클리블랜드 클리닉은 장기 입점 계약이 체결된 맥도날드에 대해 당초의 계약을 어겨서라도 내보내려 할 정도로 안전하고 건강한 먹거리에 대해 강한 의욕을 보였다. 결국 메뉴 중 일부(삼겹 치즈버거)를 더 이상 취급하지 않도록 하는 대신 샐러드 및 사과 등 과일 품목을 추가하는 것으로 맥도날드 측과 타협을 보았다. 아울러 원내 곳곳에 설치된 자동판매기에서 설탕이 첨가된 가당加糖 음료 제품을 모두 없앴다. 이 조치로 한때 자판기 매출이 60%가량 줄기도 했지만 건강을 생각해 볼 때 양보하거나 타협할 부분이 아니었다. 무엇보다도 의료기관의 최우선 관심사가 바로 건강이기에 더더욱 그랬다.

나. 소통

소통을 위한 의료기관들의 접근은 크게 세 가지로 구분할 수 있다. 먼저 소통의 방해 요인을 사전에 차단하여 문제 발생 가능성을 최소화하는 예방적 활동이다. 다음으로, 잘 보이지 않거나 쉽게 드러나지 않는 요인들을 찾아 해결하는 적극적 활동이다. 세 번째는 제도와 기반 시설 등 보다 근본적인 조치를 통해 소통이 꾸준히 이루어지도록 하는 지속적 활동에 관한 것이다.

(1) 예방적 활동

매일 환자를 만나 필요한 조언과 지원 활동을 펼치며 환자나 그 가족들과 각별한 교감을 나누고 있는 환자 안내인 등 소통 향상을 위한 병원들의 정보 제공 노력도 눈여겨볼 만하다. 주로 인쇄물과 영상물 등으로 구분되는데, 대표적인 인쇄물 중 하나가 직원들에게 배포되는 '환자응대 지침'이다. 여기에는 환자들과의 원활한 소통을 위해 사례별로 구체적인 응대법이 실려 있다. 클리블랜드 클리닉의 환자응대 지침은 항상 소지할 수 있도록 가운 주머니에 맞게 포켓형으로 만들어져 있다.

환자응대 지침

아울러 환자들에게 의료진과 적극적으로 관계를 맺고 불편함 없이 병원 생활을 할 수 있도록 '입원 중에 바라는 것'이란 제목의 소책자를 배포하고 있다. 여기에는 재원기간 중 만나게 될 여러 직종에 대한 안내와 복약 과정에서 생길 수 있는 상황에 대한 조언, 병원 약도 및 퇴원절차 등에 관한 내용이 들어 있다. 이와 더불어 환자들에게 궁금한 것이 있으면 주저 없이 물어보길 청하는 내용도 들어 있다.

환자들과의 소통 향상에는 영상물도 한몫했다. 대표적 영상물로는 암 치료 후 퇴원 뒤의 생활 지침을 담은 것이다. 항암치료가 끝나더라도 그 충격과 후유증은 상당기간 지속되는데, 다시 입원해서 해결해야 할 정도는 아니다 보니 이들에 대한 관심은 많지 않았다. 암 환자의 삶의 질 연구로 유명한 UCLA 병원의 패트리샤 간즈 박사는 바로 이 경계에 있는 사람들에게 꼭 필요한 내용을 담아 이를 영상물로 제공했다.

(2) 적극적 활동

소통의 장애물을 없애기 위해 병원들은 내부 구성원들을 이용하거나 혹은 외부 고객을 적극 활용하는 등 다방면으로 노력을 기울이고 있다. 내부 인력을 활용한 방안 중 가장 돋보이는 곳은 UCLA 병원인데, 모든 관리자들이 정기적으로 병동 방문을 의무화하고 있다. 관리자들은 병동 방문을 마친 후 한데 모여 병실을 방문하면서 환자와의 면담에서 나왔던 내용들을 공유하며 문제를 인식하고 개선방향에 대해 논의한다.

최고경영자를 포함해 모든 관리자들이 주기적으로 현장을 둘러본다는 것은 결코 쉬운 일이 아니다. 하지만 이러한 활동을 통해 병원은 좀처럼 얻기 힘든 귀한 정보는 물론, 환자들의 눈높이에서 이들과 공감할 수 있는 토대를 마련하고 있는 것이다.

다양한 외부 인력을 활용하는 점도 인상적이다. 주로 환자들의 도움을 얻는 방식으로 이뤄지는데, 여기서 환자라 함은 기존 환자뿐 아니라 병원을 거쳐 간 '옛' 환자들까지 모두 포함된다. 구체적인 방법을 살펴보면, 환자들로부터 의견을 구하기 위해 '고객의 소리' 카드 같은 익히 알려진 방법을 쓰는가 하면 온라인 패널과 같이 IT 기술을 적극 활용하는 경우도 있다. 하지만 고객의 소리 카드도 우리가 알고 있는 획일적인 내용과는 다소 다르다. 요긴한 정보가 제대로 드러나도록 장소에 따라 질문 내용을 달리한다. 예를 들어, 병원 식당 부근에는 음식에 대한 이용자들의 의견을 묻는 설문지가 비치되어 있는 식이다. 이와 함께 보호자를 활용한 환아 부모 자문위원회와 예비 의학생들로 구성된 팀을 만들어 장래에 자신이 맡게 될 역할이기도 한 인턴들의 활동에 대한 조사를 맡기는 점도 흥미롭다.

적극적 소통 사례

활동 형태	주요 내용
환자의 소리 자문단	기존 및 예전 환자들과 정기적으로 만나 관심사 논의 15개 팀 이상 운영, 새로운 정책 검토 및 기타 병원에 필요한 자문
온라인 패널	4,000명이 넘는 환자들로 구성 새로운 아이디어를 얻기 위해 한 달에 한두 번 정도 조사 실시
고객의 소리 카드	적극적인 의견 수렴을 위해 가장 북적이는 곳에 비치 통일된 양식이 아니라 부서별 다양한 형태의 질문지 구성
환아患兒 부모 자문위원회	환자들의 애로사항 해결과 더 나은 환자 경험을 위해 구성 입원생활에 꼭 필요한 물품을 담은 입원 패키지 무료 제공 제안
자원봉사 면담 팀	자원봉사자들로 구성되어 독립적으로 환자 면담 실시 예비 의학도를 활용한 수련의들의 소통 기술 및 태도 조사

(3) 지속적 활동

① 통합진료기록부와 전자의무기록

메이요 클리닉 의료진이라면 누구나 다른 의료진이 작성한 진료기록을 자유롭게 볼 수 있다. 진료기록부를 공동으로 사용하는 이른바 ‘통합진료기록부’ 방식이기 때문이다. 진료기록부 내용을 매일같이 다른 의사들이 읽어 보기에 개인적 실수나 잘못을 숨길 여지도 없다. 하지만 이러한 개방성은 오직 환자의 진료를 위한 용도로만 국한될 뿐이다. UCLA 병원의 경우 직원들은 자신의 업무 등급과 내용에 따라 의무기록 정보에 대한 접근 한도가 결정된다. 클리블랜드 클리닉에서는 해당 환자의 치료 팀에 한해 의무기록 열람이 가능할 뿐, 이를 어기는 사람은 해고 사유가 될 정도로 엄격하게 관리하고 있다.

② 그룹 프랙티스 및 고객 경험 전담부서 신설

서로 연계되지 않은 개원의나 병원을 이곳저곳 방문하는 것은 효과가 제한적일 수밖에 없다. 그보다는 각각의 질병에 맞는 종합적이고 포괄적인 기술과 서비스를 구비한 통합 진료 방식으로 운영되는 그룹 병원 쪽이 더 낫다. 다시 말해 다양한 의료진이 함께하는 협진 모델이 더 큰 힘을 발휘한다는 것이다.

그럼에도 불구하고 현실은 이와는 매우 다르다. 많은 의사들이 소규모 가내 수공업 방식이라 할 만큼 작은 조직에서 일하고 있는 실정이다. 이런 상황에서 대규모 의료 인력이 유기적으로 협력하는 그룹 병원, 즉 그룹 프랙티스group practice는 일차적으로는 의료진 간 소통을, 그리고 더 나아가서는 환자와의 한 차원 더 높은 소통을 가능케 하는 대안으로 평가받고 있다.

실제로 클리블랜드 클리닉은 2006년, 환자에 대한 전인적인 치료를 제공하고자 고객 경험을 최우선 전략으로 정하고 고객 경험 전담 부서Office of Patient Experience를 신설했다.

③ 환자 관점의 직원복

병원은 그 특성상 다양한 직종이 근무하는 데다 보호자를 비롯해 여러 방문객들이 드나드는 비교적 혼잡한 공간으로, 직원과 방문객을 구분하는 목적 그 이상의 역할을 하는 것이 근무복이다. 구체적으로 환자들에게 자신의 신분이나 역할을 밝히는 중요한 표식이 되는 것이 복장이다. 클리블랜드 클리닉은 복장 규정Personal Appearance

Policy에 따라 직종별로 근무복을 달리하고 있다. 이에 따라 간호사들은 흰 옷을 착용하며, 의사들은 무릎까지 내려오는 가운을 입어야 한다. 실험실 기사들은 빨강색 짧은 상의를 입고 간호조무사들은 녹색 짧은 상의를 입는데, 환자들에게는 근무복 색상을 보고 이들을 구별할 수 있도록 안내 책자를 제공하고 있다.

메이요 클리닉 의사들은 평상복을 입고 환자를 진료하는 일이 없다. 복장 규정에 위배되기 때문이다. 의사들은 가운이라 불리는 코트 대신 짧은 흰색 정장을 입는다. 항공사 여행객들이 비행기 조종사가 골프 셔츠를 입고 근무하는 것을 보면 좋아하지 않듯이 아픈 환자들도 의사를 볼 때 마찬가지다. 병원 측은 정장이 전문성과 존경심, 따듯함과 친근함을 드러내는 메이요 클리닉만의 독특함으로 환자들에게 인식될 것임을 확신하고 있다. 메이요 클리닉은 짧은 흰색 정장 복장을 통해 뛰어난 진료능력을 가진 '준비된 전문성'과 성심을 다해 환자를 돌보겠다는 병원 측의 '각별한 의지'를 보여주려는 것이다.

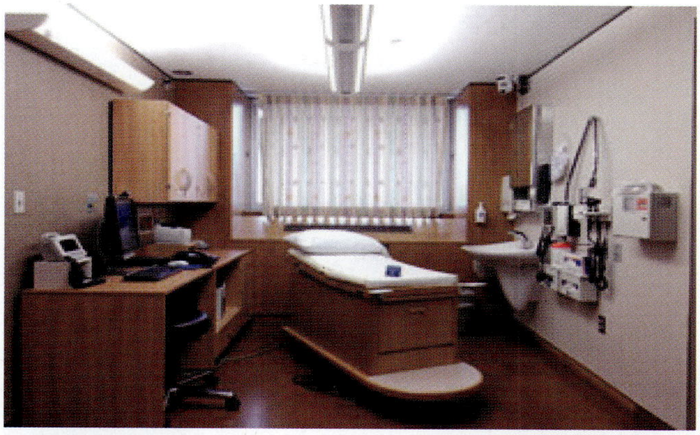

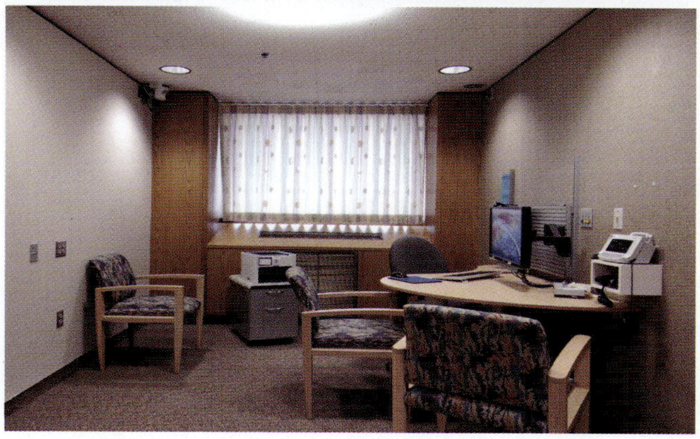

잭앤질 진료실Jack & Jill Exam Room and Conversation Room

④ 진료실 재디자인

메이요 클리닉은 외래환자 진료실이 가구의 색상이나 장식을 제외하고는 거의 변하지 않았다는 사실을 깨달았다. 사실 지난 100여 년간 진료실은 별로 변하지 않았다. 환자 대기실과 진료실이 어떻게 활용되고 있으며 환자들이 의사들과 어떤 방식으로 교류하는지 등을 검토하는 과정에서 기존의 진료실이 새로운 의료 환경, 즉 남다른 고객 경험이 요구되는 시대적 요청을 소화하기에는 많은 문제점이 있다는 것을 깨달은 것이다. 이후 공간을 확장하고 날카로운 모서리를 부드럽게 다듬는 식의 구체적인 진료실 재탄생 작업을 추진하였다. 이 과정에서 무엇보다 중요한 변화는 진료실에 회전식 모니터를 설치해 환자도 검사 결과 등을 의사와 함께 볼 수 있게 되었다는 것이다. 새 진료실에서는 환자들이 전보다 더 적극적인 반응을 보여, 궁금한 사항에 대해 더 많이 질문하게 되었고, 향후 치료계획이나 지침 등 의사의 조언에 예전보다 훨씬 더 적극적으로 응하고 있는 것으로 나타났다.

다. 의료의 질 관리

(1) 조직 · 제도 정비

① 코드 라벤더 팀

병원은 삶과 죽음이라는 극단적 상황이 빈번하게 발생하는 독특하고 복잡한 곳이다. 그러다 보니 절망의 상황을 딛고 기적적으로 회복하는 놀라운 기쁨이 있는가 하면 예기치 못한 결과로 크게 낙담하는 안타까움이 교차되기도 한다.

클리블랜드 클리닉에서는 병원에서 벌어지는 이와 같은 급격한 상황 변화에 따른 충격으로 좌절과 무력감 등 다양한 위기상황에 처한 사람들을 지원하기 위해 코드 라벤더Code Lavender라는 전담 팀을 만들었다. 이 팀은 정서적으로 더 이상 버텨내기 힘든 곤란한 상황에 처한 사람을 대상으로 이삼일 동안 직접적이고 즉각적인 위안 · 상담 · 처치 서비스를 제공하는 것이 주된 임무다. 코드 라벤더 팀에는 사회사업사와 특별히 훈련된 간호사, 목회자, 마사지 치료사 등 다양한 인력이 포진되어 있다. 의외인 것은 응급서비스 요청의 95%가 환자나 보호자가 아닌 직원들에 의한 것이란 점이다.

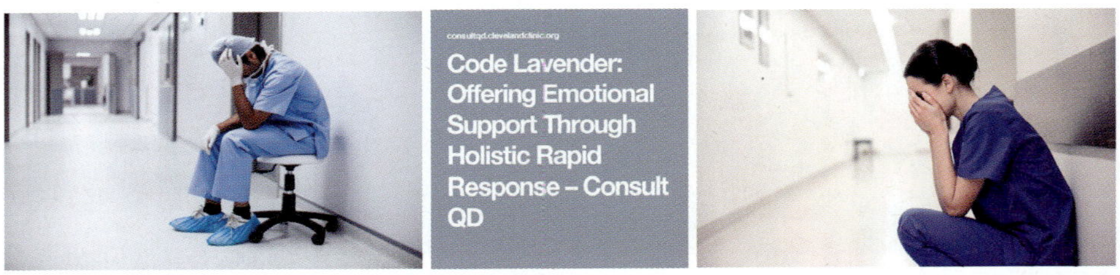

총체적이고도 신속한 상담을 통해 정서적 지원을 제공하는 코드 라벤더

② 플러스원 제도

메이요 클리닉에서는 의학적으로 환자에게 필요하다고 판단될 경우 간호사와 의료기사는 물론 의사에 이르기까지 진료 팀의 누구든 간에 언제라도 지위 체계를 거슬러 윗선의 협조를 요구할 수 있도록 하는 '플러스원plus one' 제도를 운영하고 있다. 이 제도는 응급상황 시 즉각적 조치를 통해 문제를 미리 막아 더 큰 사고를 예방할 목적으로 시행되고 있다. 이 제도 시행 이후 심야시간에도 당직의사의 도움과 같은 구원 요청을 자신 있게 할 수 있게 되었다.

(2) 일상 안전조치

① 환자식별 및 투약 사고 방지

환자들이 검사나 시술을 받기 위해 병실에서 다른 곳으로 이송되는 과정은 부서마다 조금씩 다르고, 이들을 확인하고 이어받는 부서의 절차나 방법에도 다소 차이가 있다. 그러다 보니 이 과정에서 예기치 않게 환자가 뒤바뀌는 아찔한 경우가 생기곤 한다. UCLA 병원은 이를 방지하고자 환자가 입원하면 제일 먼저 본인의 이름과 진찰권 번호가 적힌 팔찌를 차도록 한다. 이 팔찌는 입원기간 중에 있을 각종 검사는 물론 투약 시 본인임을 확인하는 인식표로도 사용된다. 아울러 바코드 시스템을 통해 투약 사고 방지에 힘쓰는 한편, 이를 검사실에도 확대 적용하여 검체檢體를 안전하게 관리하는 데 활용하고 있다.

② 리프트 팀

환자 이송을 위해 침대에 누워 있는 환자를 들어 올리거나 욕창 방지를 위해 주기적으로 환자의 체위를 바꿔주는 과정에서 간호사들의 부상이 잦았다. 그로 인한 근무 손실과 대체인력 투입 비용도 상당했는데, 이를 보완하기 위해 만든 것이 리프트 팀Lift Team이다. 팀 요원들은 두 시간마다 자신이 맡고 있는 병동을 순회하며 해당 업무를 수행하고 있다. 이로써 간호사들의 역할은 체위를 바꿔주는 일과 같은 물리적으로 힘든 업무 대신 환자의 몸에 부착된 의료 기구가 잘 붙어 있는지 여부를 확인하는 것으로 업무 내용이 달라졌음은 물론, 환자 간호 활동에 보다 더 전념할 수 있게 되었다. 리프트 팀 덕분에 환자들은 이전보다 더 자주, 그리고 정기적으로 체위를 바꾸게 됨에 따라 욕창과 같은 문제가 크게 줄어들었다.

③ 간편한 보고체계

복잡한 절차나 양식이 안전관련 문제의 보고를 더디게 혹은 꺼리게 만들기도 한다. UCLA 병원은 직원이라면 누구나 주변에 있는 컴퓨터를 이용해 안전에 관련된 문제를 신고할 수 있게 해 놓았다. 컴퓨터 화면에서 투약 사고, 약물 부작용 등 14가지 항목으로 구분된 안전관련 사고 중 하나를 선택해 사고의 성격과 내용을 적을 수 있다. 입력된 내용은 자동으로 병동 책임자와 해당 내용을 신고한 직원의 직속상관, 그리고 질 관리 책임자에게 전달된다. 간편해진 보고 방식 덕분에 매달 500~600건의 보고가 이루어지고 있으며, 이 자료들을 바탕으로 안전을 위해 필요한 조치를 보다 신속하게 취할 수 있게 되었다.

(3) 질 향상

메이요 클리닉 의사들은 진단과 치료 계획 수립 과정에서 다른 의사들의 자문을 구하는 경우가 많다. 치료를 위해 필요한 경우 동료의 의견을 구하는 것은 당연한 것이자 꼭 필요한 것이므로 병원 측에서는 이를 적극 권장하고 있다. 병원 측에서는 이를 보다 활성화하기 위해 도움이 필요한 상황임에도 아무런 조치를 취하지 않은 경우 해당 직원의 경력상 두고두고 큰 결격사유로 처리한다.

2000~2002년 당시 당뇨나 심장병과 같은 만성질환을 가진 환자들은 한 해 평균 16명의 의사를 찾는 것으로 밝혀졌다. 하지만 의사들은 좀처럼 진료과의 틀을 벗어나려 하지 않는다. 클리블랜드 클리닉은 2008년에 기존의 조직 구분 단위인 진료과를 없애고 환자의 질병을 중심으로 인스티튜트Institute라는 새로운 편제를 고안해냈다.

심혈관, 안과, 암 인스티튜트

인스티튜트 현황

인스티튜트 명
1. 간호Nursing Institute(Stanley Shalom Zielony)
2. 내분비 · 대사Endocrinology & Metabolism Institute
3. 두경부Head & Neck Institute
4. 마취Anesthesiology & Pain Management
5. 병리 · 검사Pathology & Laboratory Medicine
6. 비뇨 · 콩팥Urology & Kidney Institute(Glickman)
7. 산부인과 및 여성건강Ob/Gyn & Women's Health Institute
8. 소화기계 질환Digestive Disease & Surgery Institute
9. 신경질환Neurological Institute
10. 심혈관Heart, Vascular & Thoracic Institute(Sydell and Arnold Miller Family)
11. 아동병원 및 소아Children's and Pediatric Institute
12. 안과Eye Institute(Cole)
13. 암Taussig Cancer Institute
14. 영상 방사선Imaging Institute
15. 웰니스Wellness & Preventive Medicine
16. 유전체 의학Genomics
17. 응급의료Emergency Services Institute
18. 정형외과 및 류머티스Orthopaedic & Rheumatologic Institute
19. 지역사회의료Community Care(로레인Lorain)[2]
20. 체중조절 수술Bariatric & Metabolic Institute
21. 피부 · 성형Dermatology & Plastic Surgery Institute
22. 호흡기(폐 · 호흡 · 알러지)Respiratory Institute

* 2020년 상황이며, 괄호 안 내용은 별칭 이름임

2) 오하이오 주 로레인 카운티 지역 1차 의료 담당 총괄

이는 진료과라는 기존의 틀을 넘어 환자의 질병에 초점을 맞춰 이에 관련된 의료진들을 기존의 진료과 구분에 상관없이 한곳에 모아놓은 것으로, 의사들로 하여금 서로 간에 도움을 요청하도록 권장하는 데 머물지 않고 구조적으로 상호 협력이 이루어지도록 조직의 편성 단위를 완전히 뒤바꾼 것이다.

라. 서비스 확장

환자 경험 향상 노력은 공간적으로는 병원 너머에까지 이르며 그 내용은 기존의 의료 영역은 물론, 그 이외의 부문에 이르기까지 다양하다. 이를 유형별로 구분해 보면 의료, 유사의료, 경계 넓히기 등으로 나눌 수 있다.

(1) 의료 부문 확장

의료 부문에서는 병원이라는 물리적 공간을 넘어 가정家庭의 역할이 점차 중시되고 있다. 기존에 병원에서 이루어졌던 서비스들이 환자들의 가정으로 점점 넘어가는 이유는 환자들의 편의, 즉 고객 경험이 향상되기 때문이다. 클리블랜드 클리닉의 홈 케어 관련 서비스는 다음과 같다.

홈 케어 서비스 현황

프로그램	주요 내용
Hospice at Home	가정 호스피스 프로그램
Medicare at Home	거동이 힘든 환자의 집에서 서비스 제공
Infusion Pharmacy at Home	주사제 등을 집에서 맞을 수 있도록 서비스 제공
조기회복 프로그램	물리치료사가 환자의 집을 방문해 회복 훈련 실시

홈 케어 서비스는 '연계의료센터Center for Connected Care'에서 전담하고 있다. 센터는 400명 이상의 전문 인력이 상주하며 12,000명의 재택 및 시설 재원 환자를 방문하여 주간 진료 서비스를 제공한 바 있다.

(2) 유사의료 부문 확장

치료견治療犬 서비스는 UCLA 병원이 동물이 환자들에게 어떤 영향을 미치는지에 대하여 관심을 가지면서 시작되었다. 1994년부터 시작된 이 서비스는 인간과 동물의

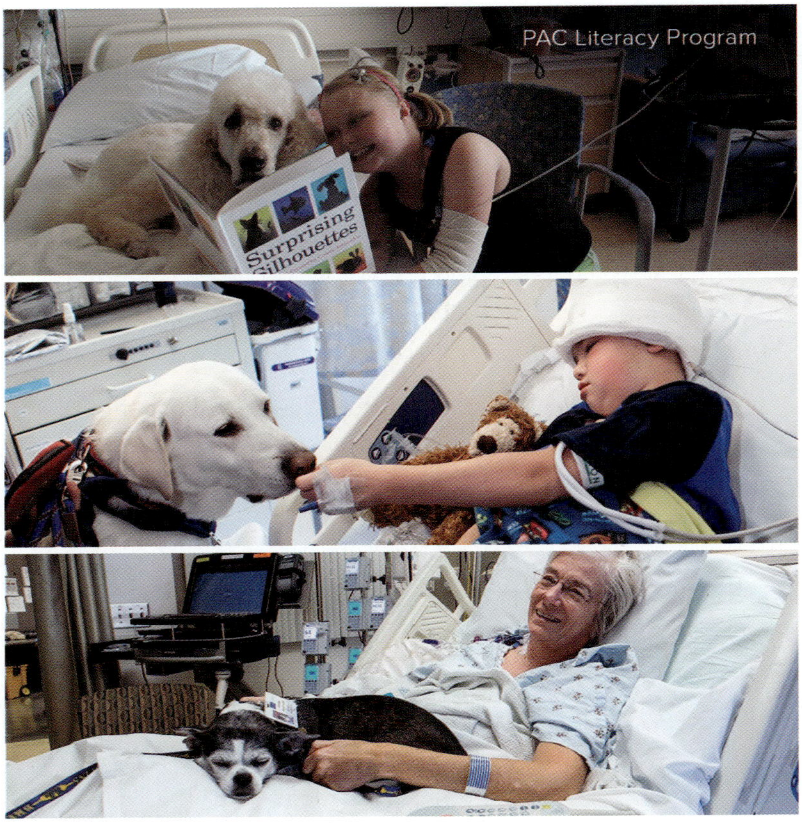

환자들에게 큰 위안을 주는 UCLA 병원 치료견

유대People-Animal Connection 프로그램이 환자의 심폐기능 활성화, 스트레스 호르몬 감소 등 다양한 효과가 있다는 연구 결과가 알려지면서 고정 프로그램으로 자리 잡기 시작했다.

한편, 병동 업무 지원담당 직원의 자발적 봉사로 시작된 마사지 서비스는 UCLA 병원의 대표적인 서비스로 자리 잡았다. 음악치료는 단지 음악을 감상하는 차원을 넘어 연주하고 그 내용을 녹음해 가져갈 수 있도록 하는 서비스까지 포함된 다채로운 프로그램이다.

환자들은 질병 특성상 의료 차원의 일상적 관리가 매우 중요하지만 때로는 심정적 차원에 따른 영적인 요구가 필요할 때도 있다. 메이요 클리닉의 영적 서비스는 담당 목회자만도 30여 명에 달하는 규모로, 이들 모두가 병원의 전임 직원 신분이라는 점도 눈여겨볼 부분이다.

(3) 경계 넓히기

환자 경험 향상을 위한 병원들의 움직임은 직접적인 의료 활동에서부터 의료의 경계를 넘어서는 부분에까지 이르고 있다. 구체적으로 병원이라는 물리적 공간을 뛰어넘어 내원 환자뿐 아니라 병원이 소재한 지역의 주민까지 포함시키는가 하면, 지역사회의 일원으로서 병원의 사회적 책임 다하기까지 그 활동이 다양하다. 이러한 활동을 통해 병원의 기능과 역할은 점차 확장되고 있다. 경계 넓히기와 관련하여 진행되고 있는 다양한 활동 중 주목할 만한 내용은 다음과 같다.

경계 넓히기 사례

프로그램	주요 내용
심장병 관련 정보 공유	사망률과 합병증 발병률 관련 데이터 정례 발표
지역사회 금연사업	• 병원 소재지 주민 대상 무료 금연 사업 실시 • 금연 패치 및 인터넷 기반 금연프로그램 접속권 제공 • 만여 명 넘는 등록자와 6,600명에 달하는 금연 성과
Hearts with Hope	• 지역을 넘어 활동 범위를 남미 페루지역까지 확대 • 심장병 아동 치료 사업을 통해 병원 브랜드 가치 제고
미드나잇 미션Midnight Mission 지원	약물중독의 악순환에서 벗어나도록 도움을 주는 지역사회 주도의 사업

마. 공간 관리

보건의료 서비스는 이것이 제공되는 진료 환경과 따로 떼어 생각할 수 없다. 진료 환경을 어떻게 구성하느냐에 따라 환자들을 진정시키고 더 나아가 꼭 나을 것만 같다는 믿음을 배가시키기도 한다. 메이요 클리닉의 경우 환자들이 처음부터 이 병원에 오길 잘했다 싶은 느낌이 들도록 남다른 시설 설계 철학을 지켜왔다.

- 안식처 제공
- 소음 감소
- 의학적 능력의 상징적 표현
- 가족 공간
- 자연과의 교감
- 밝고 긍정적 요소 배치
- 번잡한 인상의 최소화
- 즐거운 일터 분위기
- 자연광光 강조
- 관심과 존중 표현
- 쉬운 길 안내
- 용이한 통합 운영

병원 측은 공간 계획 시 이와 같은 원칙을 지킴은 물론 이를 적극적으로 반영함으로써 환자와 보호자들은 물론 다양한 이용객들을 위해 애쓰고 있다.

(1) 인테리어

메이요 클리닉은 다양한 형태의 기부 덕분에 예술품, 음악, 건축, 조경 등이 뿜어내는 아름다움을 치유 과정에 적극 활용하고 있다. 병원 로비에 설치된 샹들리에는 유리 공예의 마술사라 불리는 치후리Chihuly의 작품이다. 그뿐만이 아니다. 건물 벽을 모두 유리로 마감해 바깥 정원이 훤히 보이는가 하면, 주요 장소에 피아노를 놓아두었다. 한마디로 말해 병원의 느낌을 지우고 자연을 병원 안으로 적극 끌어들임으로써 온화하고 쾌적한 분위기 조성에 힘쓰고 있다.

치후리의 유리 공예 작품이 돋보이는 메이요 클리닉

(2) 병실 · 병동 소음 관리

병동이나 병실에서 가장 심각한 문제 중 하나가 바로 소음인데, 이는 입원 생활의 질을 결정짓는 중요한 요소 중 하나가 분명하다. 하지만 소음의 발생 요인이 워낙 다양하다 보니 제대로 관리하지 못하는 경우가 많다. 메이요 클리닉은 주요 소음원으로 판명된 식사 운반용 손수레의 쟁반 받침을 조이고 일부 장비에는 바퀴를 더 조용한 재질로 바꿔 소음을 줄였다. 전화기 옆에는 '낮은 소리로'라는 표시를 달았으며, 드나들 때 병실 문을 살살 닫도록 주의하는 등 상식 수준의 개선안도 효과적이었다.

Hush 운동을 전개한 아이와 대학 아동병원의 포스터

소음 관리에 관한 한 클리블랜드 클리닉도 뒤지지 않는다. 이곳에서는 환자들의 조속한 회복을 위해 소음 자제를 요청하는 'HUSHHelp Us Support Healing'라는 혁신운동을 시작했다. 이 활동의 핵심은 저녁 9시부터 다음날 아침 7시까지 조명을 낮추고,

병실 문을 닫고 안내방송을 꺼두는 한편, 전화기와 호출기는 진동에 두고 환자들에게는 귀마개와 눈가리개를 제공하는 것이다. 아울러 텔레비전 시청은 헤드셋을 사용하며 근무자와 방문객 모두 정숙을 유지하도록 하는 등 세심한 노력을 기울이고 있다.

(3) 전시 · 공연

2007년, 클리블랜드 클리닉은 전문 작가에 의뢰해 비디오 작품을 본원에 설치했다. 계절마다 다른 색상의 나무 영상이 끊임없이 움직이는 내용을 담은 이 작품은 환자나 그 가족들은 물론 직원들 사이에서도 큰 호응을 얻어 이후 복제품을 추가 제작할 정도였다. 생명나무라 불리기도 하는 나무 영상 작품은 이후 산하 병원에 보급되어 건물 벽을 수놓고 있는 중이다. 아울러 동시대 작품으로 구성된 35종의 그림을 상설 전시하고, 전문 미술관처럼 작가와 작품에 대한 오디오 설명 서비스를 제공하고 있다. 전시 작품은 3~4개월마다 교체되어 환자와 보호자들의 관람이 수시로 이루어지고 있으며, 미술품 전시에 대한 호응도 높아 전체 응답자의 80% 정도가 예술작품 덕분에 병원에 호감을 가지게 되었다고 말하고 있다.

메이요 클리닉에서도 지역 예술가로부터 임대한 예술 작품이 상설 전시되고 있으며 다양한 형태의 크고 작은 연주회가 매년 수백 회에 걸쳐 이루어지고 있다. 아울러 1920년대 중반 윌리엄 메이요 박사가 영국 여행 중에 구입한 카리용carillon(편종編鐘)[3]은 하루 두 차례씩 전문 연주자에 의해 아름다운 소리를 병원 곳곳에 전하고 있다.

생명나무와 로비에 설치한 움직이는 벽Interactive Motion Wall. 움직이는 벽은 2019년도 APEX상Digital Signage Connection을 수상하기도 했다. 보다 자세한 내용은 유튜브에서 볼 수 있다.(출처 : youtube.com/watch?time_continue=26&v=k1f6LcDtD9g&feature=emb_title)

3) 크기가 다른 많은 종을 음계의 순으로 달아 놓고 치는 타악기. 주명종奏鳴鐘

메이요 박사와 카리용과 연주실

(4) 티버턴 하우스

UCLA 병원은 타지에서 오는 환자와 그 가족들이 머물 수 있도록 병원 인근에 전용 숙소를 마련했다. 지역 호텔의 숙박비가 비싼 편이라 티버턴 하우스는 비용이 부담스러운 사람들에게 적절한 대안이 되고 있다. 게다가 일부 환자들에 대해서는 숙박비 지원 프로그램을 통해 보다 저렴하게 시설을 이용할 수 있도록 돕고 있다.

지금까지 메이요 클리닉, 클리블랜드 클리닉, UCLA 병원 등 미국을 대표하는 병원들의 환자 경험 활동에 대해 살펴보았다. 이들의 환자 경험 활동이 우리 병원계에 주는 시사점은 무엇일까.

먼저, 공급자 중심에서 환자로의 관점 변화다. 환자들을 고객이라는 관점에서 다시 보게 되면서 비로소 진료실이 백여 년 동안 전혀 변하지 않았음을 알게 되었고, 병동의 소음 문제가 얼마나 심각한지도 새롭게 깨닫게 되었다. 환자들의 입장에서 볼 때 정말 나아진 것이 아니라면, 여전히 미흡한 것이기에 이를 개선하려는 노력은 앞으로도 계속될 것이다.

다음으로 고정관념의 파괴다. 리프트 팀을 통해 간호사의 업무라 생각되던 일이 새로운 직종에게 넘겨졌고, 오전에 예약받고 오후에 진료까지 제공하는 다소 버거운 과제가 자연스러운 일상이 되었다. 그동안 환자에게 떠넘겼던 프로세스를 병원이 적극적으로 껴안을 수 있었던 것도 모두 고정관념을 깰 수 있었기에 가능했다.

세 번째는 경계를 뛰어넘는 과단성이다. 진료과에 안주하고 독자적인 전문 영역에만 몰입해 있던 의사들이 인스티튜트와 그룹 프랙티스에 의해 획기적으로 바뀌고 있다. 그런가 하면 병원들은 서비스 향상을 위해 보호자들은 물론 예전 환자들에게 의견을 구하는 데도 주저하지 않았다.

마지막으로 물리적 공간의 파괴다. 지금까지 서비스 제공 공간은 병원이라는 경계를 벗어나지 못했다. 하지만 환자 경험이란 관점에서 다양한 채널을 통한 경계 뛰어넘기가 진행되고 있다. IT 기술의 뒷받침이 있었기에 가능했던 것도 있지만, 가정을 또 하나의 서비스 공간으로 활용하는 다양한 홈 케어 서비스가 가능했던 가장 큰 이유는 환자의 관점에서 혹은 환자를 위해 물리적 공간마저 뛰어넘으려는 병원들의 진정성이 있었기에 가능했다. 물리적 공간이 주는 경계를 뛰어넘어 환자가 있는 곳이 바로 병원이라는 생각이 없었다면 가능하지 않았을 것이다. 아울러 병원이라는 제한된 공간에서 환자와 대면하는 기존의 방식이 과연 누구의 편리를 강화해 왔는지 생각해 보면, 환자와의 접촉 채널은 지금보다 훨씬 더 다양해질 것으로 전망할 수 있다.

조별 과제

① 제11장에 수록된 내용 중 가장 공감하는 부분은 무엇이며, 그렇게 생각하는 이유를 설명하시오.

② 제11장에 추가할 내용으로 딱 좋은 사례를 찾아보고, 해당 사례를 선정한 이유에 대해 설명하시오.

③ 환자 경험과 관련하여 기존의 관행 중 손봐야 할 부분에는 어떤 것들이 있는지 찾아보고, 개선 방안도 함께 덧붙여 보시오.

개인 과제

CHAPTER 11. 환자 경험

학번		성명		제출일	

① 이번 장을 한 문장으로 표현해 보자.

② 이번 장과 관련해 스스로 찾아본 것에 대해 자세히 적어 보자. 책은 50쪽 이상 읽은 것만 적을 수 있으며, 영상 자료와 신문 및 기타 내용은 출처나 연도 표기를 정확히 적어 보자.

책	
영상 자료	
신문	
기타	

③ 이번 장에 관해 200자 이상의 에세이를 손으로 직접 써 보자.

* 이 페이지는 절취하여 다음 시간에 제출할 것

CHAPTER

12

접점관리와 위기관리

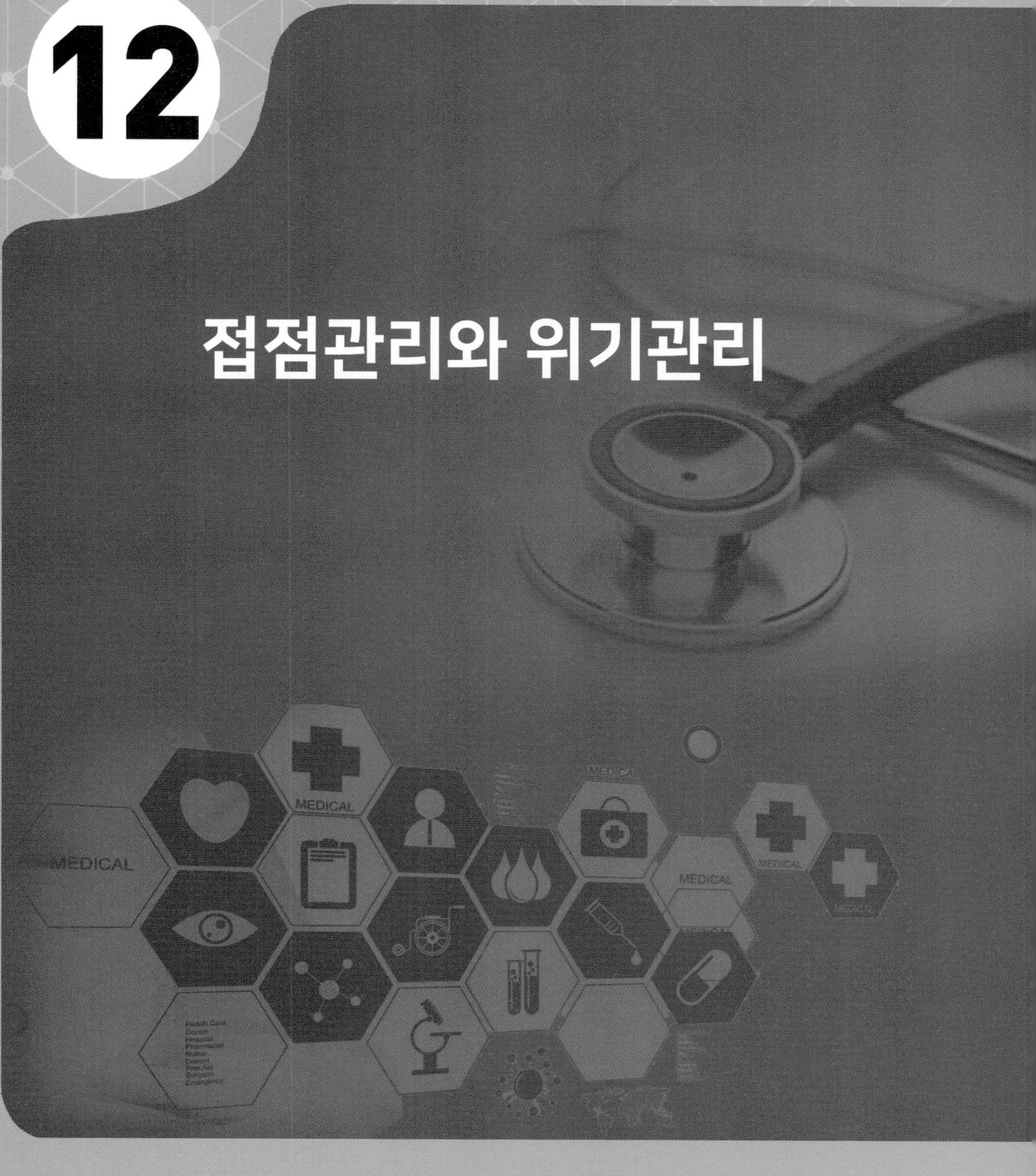

접점관리		
고객만족 관리 (Moment of Truth)	의료의 질 관리 (의료사고 예방)	경영 관리 (위기관리)

1. 접점관리

의료기관과 마찬가지로 호텔에서도 하얀색을 선호하는 경향이 있다. 이유는 병원과 마찬가지로 청결함을 유지하기 위해서다. 고급 호텔일수록 쉬 오염되거나 더러워지기 쉬운 부분은 일부러 하얀색으로 마감하기도 한다. 흰색은 그 특성상 조금만 더러워져도 금방 눈에 드러나기 때문이다. 어떤 곳에서는 룸메이드room maid가 객실을 청소할 때 신발을 벗고 하기도 한다. 청소를 하면서 발바닥으로 바닥에 있을지 모를 이물질을 확인하기 위해서다. 이뿐만이 아니다. 청소기 사용도 순서가 있다. 객실 가장 안쪽에서 시작해 입구 쪽으로 나오면서 흔적까지 지운다.

호텔 측의 객실 관리는 여기서 끝이 아니다. 환기를 통해 냄새를 제거한 후 맑고 신선한 느낌의 방향제를 추가하며 가구의 이동 흔적이 없도록 제자리에 원위치시키고 냉장고 안 음료수도 손댄 흔적이 조금이라도 있으면 새것으로 교체한다. 첫 작동 시

출처 : insights.ehotelier.com/insights/2018/09/05/is-housekeeping-opt-out-right-for-your-hotel/

투숙객이 놀라지 않도록 TV 볼륨은 저음으로 재설정하고, 샤워기도 갑자기 쏟아지는 물세례를 받지 않도록 물 나오는 쪽이 벽을 향하게 돌려놓는다.

일이 벌어진 것은 금요일 오후였다. 갑자기 공장 전체의 생산 라인이 멈춰선 것이다. 원인이 모터 때문이라는 결론이 내려지자, 담당 직원은 즉각 이를 납품한 관계사에 전화를 걸었다.

첫 번째로 전화를 건 곳은 몇 십 년째 거래를 해오며 가장 많은 모터를 납품하고 있던 대기업이었다. 그런데 그곳 직원은 전화를 받자마자 제품에 문제가 있을 리 없으니 다시 한 번 점검해 보라며 전화를 끊는 것이 아닌가. 하는 수 없이 다른 회사에 전화를 넣었지만 그곳 담당자는 금요일 오후라 너무 늦었으니 월요일 아침 일찍 출발하겠다는 대답이 전부였다.

일본전산日本電産의 주력 제품인 각종 모터

월요일까지 공장 가동을 미룰 수 없다는 생각에 속이 탄 담당자가 지푸라기라도 잡는 심정으로 연락한 곳이 일본전산이었다. 공교롭게도 전화를 받은 직원은 입사 2년차인 신입이라, 열심히 귀를 기울였지만 본인도 잘 모르는 내용이 가득했다. 자신이 처리하기 어렵다고 판단한 그는 양해를 구하고 선임에게 전화를 돌리려 잠시 대기 버튼을 누른다는 것이 하필이면 종료 버튼을 눌러버렸다. 전화는 뚝 끊어져버렸고, 사정을 알 리 없었던 공장 측 담당자는 황당함과 함께 불쾌한 마음이 치솟았다. 분을 삭이기 위해 한동안을 보냈지만, 결국에는 다시 전화를 걸었다. 하지만 어찌된 일인지 조금 전에 자신과 통화했던 담당자는 이미 자리를 비운 뒤였다.

공장에서는 금요일인 데다 업무 시간도 거의 끝나 어쩔 수 없으니 월요일 아침부터 가동을 하자는 쪽으로 의견이 모아졌다. 바로 그 순간 일본전산 직원이 모습을 드러냈다. 전화 연결이 되지 않던 바로 그 직원이 현장에 도착한 것이다. 전화가 끊긴 지 두 시간 정도 지나서였을까. 하지만 본다고 해결될 일이 아니었기에 그는 연구소 담당자, 유사업체에 납품 경력이 있는 선배, 설계 담당자, 시제품 실험 담당자 등과 전화 통화를 시작했다. 현장을 살펴보고 메모도 하고, 그림도 그렸다. 필요한 부분은 팩스로도 보내는 등 갖은 노력을 다했다.

그 모습에 공장 관계자들은 감동했다. 어렵사리 모터가 돌기 시작했고, 임시 조치나마 가동이 재개되었다. 최종 마무리가 된 다음 날까지 그 직원은 자리를 뜨지 않았다. 소식을 듣고 사장이 현장에 나왔다. 전후사정을 들은 그는 공장 모터를 전부 일본전산 제품으로 바꾸도록 지시했다. 고객사의 다른 공장은 물론 이후에 세워진 신축 공장에도 전량 일본전산 제품이 사용되었음은 물론이다.[1)]

2년차에 불과한 직원의 최선을 다한 노력이 만들어낸 결실이라 더욱 대단하다. 찾아온 고객을 위해 노력하는 호텔의 관리 접점이 호텔 내부에 국한된 것이라면, 일본전산 직원이 맡고 있는 관리 접점은 고객사의 현지 공장까지 아우르는 꽤나 넓은 접점이었다.

TARP 연구소(Technical Assistance Research Programs Institute)에 의하면(1987) 불만이 있는 소비자들의 재구매 비율은 9%라고 한다. 다시 말해 불만을 가진 소비자들의 90% 정도는 다시 오지 않는다는 얘기다. 반면에 불만이 해결된 사람들이 다시 구매하는 비율은 70%나 된다고 한다. 게다가 자신의 불만이 신속하게 해결되는 과정을 지켜보며 이에 만족한 사람이라면 그 비율이 82%까지 올라간다. 더더욱 놀라운 것은 이 중 절반이 넘는 사람들(54%)이 우수 고객으로 변한다는 사실이다. 이쯤 되면 소비자들의 불만은 단순히 귀찮은 일거리, 골치 아픈 문제가 아니라 어떻게 처리하느냐에 따라 우수 고객을 만드는 가장 확실한 방법이 되기도 하는 것이다.

아쉽게도 불만을 가진 소비자들의 4%만 대놓고 불만을 토로할 뿐이다. 나머지 96%는 겉으로 드러내지 않다가 집에 돌아가 8~10명의 사람들에게 나쁜 소문을 퍼트릴

1) 김성호. 일본전산 이야기. 쌤앤파커스, 2009 참고

뿐이다. 그러니 불만을 가진 사람들이 누구인지를 파악하는 것이 급선무다. 아울러 불만을 가진 사람들이 불만을 쉽게 털어놓을 수 있도록 여건을 만들어야 한다. 사람들의 불만을 적극적으로 처리할 것인가 아니면 뒷담화로 열심히 부정적인 이미지를 퍼트리도록 내버려둘 것인가.

- 불만 소비자의 4%만이 불만을 얘기한다.
- 불만 소비자의 재구매 비율은 9%다.
- 불만 소비자 중 문제가 해결되지 않으면 90%는 더이상 거래하지 않는다.
- 불만 소비자는 8~10명에게 부정적 입소문을 낸다.

워크 스루walk through 트레이닝을 도입하는 사례가 늘고 있다. 워크 스루란 고객의 서비스 동선을 직접 체험해 보는 것이다. 이를테면 직원들의 고객 체험이라고나 할까. 병원이라면 의료진이 환자 입장이 되어 실제 환자의 신분으로 예약에서부터 접수, 대기, 진료, 치료, 투약, 재방문에 이르는 모든 과정을 직접 체험해 보는 것이다.

큰 병원에 근무하던 의사가 병원 치료를 받아보면서 비로소 의료진들이 얼마나 불친절하고 병원시스템이 얼마나 불편하고 문제가 많은지 알게 되었다는 식의 얘기는 그리 새로운 것이 아니다. 서울대학교 병원에 재직 중인 신경과 전문의 전범석 교수는 2004년, 불의의 사고로 전신 마비가 되어 1년여 가까이 환자의 입장으로 병원을 경험하게 된다. 이 과정을 담은 것이 바로 〈나는 서 있다. 예담, 2009〉라는 책이다.

모교의 병원에서 교수로 잘나가던 그는 환자가 됨으로써 비로소 진료과정에서 환자들이 얼마나 왜소해지고 의료진들이 얼마나 냉정한지, 그리고 환자 입장에서 병원이 얼마나 불편하고 불합리한지를 몸소 깨닫게 되었다.

작가로서의 명성이 더 큰 의사 올리버 색스Oliver Sacks도 노르웨이에서 등산을 하던 도중 산 중턱에서 '황소 조심!'이라는 경고판을 무시한 채 걸어가다가, 갑자기 황소를 만나게 된다. 그는 공포에 휩싸여 산을 달려 내려오다가 왼쪽 다리가 부러지는 사고를 당하고 만다. 그는 다리의 감각이 마비되는 '안톤 증후군'에 걸렸다. 훗날 기적적으로 완치되긴 했지만, 하루아침에 의사에서 걷지도 못하는 중환자가 된 뒤, 올리버 색스는 자신의 심정을 이렇게 표현했다.

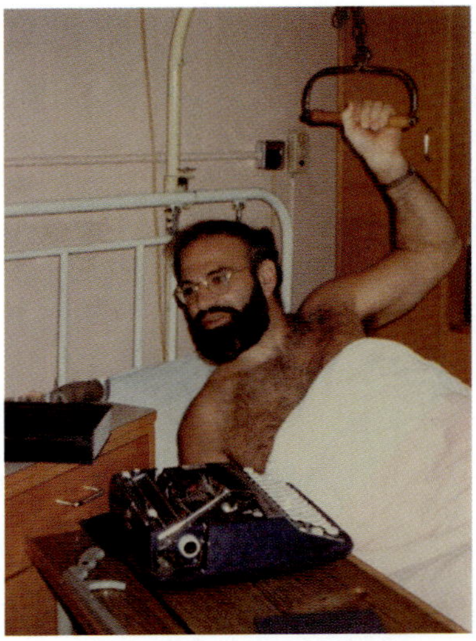
타자기만 덩그러니 놓인 올리버 색스 박사의 침상. 황소에 쫓겨 계곡에 추락하여 큰 부상을 당한 그다.

"지난 한 달 동안 나는 거의 죽을 뻔하다 마지막 순간에 구조되었다. 난도질된 살이 꿰매지고 결합되었고, 아무런 느낌도 없는 지옥의 변방에서 끝이 없을 것 같은 긴 시간 동안 다리를 잃기도 했고, 회복이 불가능할 것 같았지만 기적같이 회복되었다. 나는 내면세계의 토대가 흔들리는 것을 경험했다. 아니, 내면세계가 완전히 파괴되는 것을 경험했다. 나는 이성이 창피당하는 일을 겪었고, 정신이 모욕당하는 일도 겪었다. 근육 조직과 감지력이 제기능을 발휘하지 못하고 자연스런 육체와 영혼, 육체와 정신 간의 통일성이 깨져 버리면서 깊은 심연 속으로 빠져들기도 했다. 그런데 이성으로는 이해할 수 없는 어떤 힘에 의해 심연에서 구출되어 다시 태어났으며, 다시 한 번 삶에 대한 확신을 가질 수 있게 되었다. 나는 좌절했고 침몰하는 배 같은 신세였지만 아슬아슬하게 구조되었다."2)

환자란 이처럼 심약한 존재다. 그런 의미에서 의사도 질병 앞에선 나약한 존재에 불과하다. 그렇기 때문에 힘든 시기를 잘 견딜 수 있도록 심리적 지지를 보내 주고, 잘 들어 주고, 곁에 있어 주는 세심한 배려가 중요하다. 고객 중심이란 개념은 특별한 게 아니다. 고객의 입장이 되어 보는 것, 고객의 입장이 되어 '결정적 순간'을 체험해 보는 것, 그리고 그 과정에서 고객의 마음을 느끼고 이해하고 마침내 제대로 아는 것이다.

가. 진실의 순간Moment of Truth, MOT

결정적 순간으로 번역되기도 하는 이 말을 처음으로 사용한 사람은 프랑스의 사진작가 앙리 까르띠에 브레송Henri Cartier Bresson(1908~2004)이다. 현대 사진에 큰 영향을 준 작가이자 보도 사진이 예술로 인정받는 데 큰 기여를 했던 그는, 일상을 소재로 절묘하게 순간을 잡아내는 것으로도 잘 알려져 있다.

결정적 순간은 1952년에 발간된 그의 사진집 영문판 제목에서 왔다. '몰래 급하게 찍은 이미지Images à la sauvette'라는 원래의 제목 대신 미국 출판사 측에서 새롭게 붙인 제목이다.

2) 올리버 색스. 나는 침대에서 내 다리를 주웠다. 소소, 2006

앙리 까르띠에 브레송의 작품들

'한순간에 결정되는 거야. 순간을 놓쳐선 안 돼! 한 번 놓치면 다시는 잡을 수 없어! 대상에서 눈을 떼선 안 돼. 어느 순간 셔터를 눌러야 할지 감이 오는 바로 그 순간이 진정한 창조의 순간이야. 바로 그 순간! 그 순간을 절대 놓쳐서는 안 돼!' 1957년 워싱턴 포스트Washington Post와의 대담에서 그가 한 말이다.

사진에서와 마찬가지로 사업의 성패 여부도 한순간에 결정된다. 비즈니스 현장에서도 결정적인 순간이 있다. 바로 그 순간을 어떻게 처리하느냐에 따라 사업의 성패는 물론 조직의 생존에까지 큰 영향을 미친다. 따라서 이러한 결정적 순간들을 제대로 관리하는 것은 매우 중요하다.

몸을 관리하지 않으면 머지않아 티가 난다. 우선은 내가 느끼고 주위에서도 결국에는 알아챈다. 꾸준히 관리해야 할 것이 어디 몸뿐이겠는가. 순간순간 충실하지 않으면 삐걱거리고 뒤죽박죽되어 결국에는 탈이 나기 마련인 것은 어디에도 예외가 없다.

나. 접점관리

(1) 자라ZARA와 애플의 접점관리

세계적인 패스트 패션의 대표 주자 중 하나인 자라. 전 세계 어디든 간에 자라의 매장 모습은 한결같다. 매장에 관한 전권을 본사에서 가지고 있어 흘러나오는 배경 음악조차 본사에서 정할 정도다. 당연히 본사에서 정해 놓은 음악 이외의 것을 틀어서는 안 된다.

환경 보전을 위해 2025년까지 100% 지속 가능한 직물sustainable fabrics을 사용하기로 약속한 자라. 자라의 모기업인 인디텍스Inditex는 세계에서 세 번째로 큰 의류 회사로 자라 브랜드는 전체 매출의 70%를 차지하고 있다.

스타벅스 커피 인사점의 한글 간판

무재고ZERO INVENTORY, 무광고ZERO ADVERTISING의 자라

자라는 왜 전 세계 매장을 똑같은 모습으로 유지하려는 걸까. 나라마다 다양한 기호가 있을 텐데, 굳이 배경 음악까지 똑같이 하는 의도는 무엇 때문일까. 스타벅스조차 대한민국의 인사동 매장만큼은 영문 간판 대신 한글 표기를 인정한 바 있으며, 맥도날드 역시 불고기 버거의 경우에서 알 수 있듯이 현지 특성에 맞는 특화 상품을 허용하고 있지 않은가. 그런데 왜 자라만큼은 이런 예외를 허용하지 않는 것일까.

방송에서 자라 광고를 접하기 어렵다. 이는 자라가 매스컴을 통한 광고를 꺼리기 때문이다. 자라는 광고보다 매장관리에 더 많은 신경을 쓴다. 한마디로 말해 매장을 통해 승부수를 띄우겠다는 의미다. 불특정 다수를 향한 매체 광고보다는 자라 매장을 방문한 사람들의 마음을 사로잡겠다는 것이다. 아울러 배경 음악까지 본사에서 정한다는 것은, 단순히 흘려버릴 수도 있는 매장 내 음악까지도 철저히 관리하겠다는 뜻이다. 그야말로 매장의 유무형 접점(인테리어와 음악 등)을 최고 수준으로 유지하며 철저히 관리하겠다는 뜻이다.

이러한 전략은 애플도 마찬가지다. 어디에 있든 간에 애플 스토어도 마치 꼭 같은 이미지로 느껴진다. 곳곳에 있는 애플 스토어들을 보면 틀로 찍어낸 듯하여 느낌이 비슷하다 못해 거의 똑같다. 세계 곳곳에 있는 애플 스토어들이 마치 하나의 이미지처럼 느껴지는 이유는 무엇 때문일까.

유수의 기업들이 자사 제품을 진열하는 플래그십 매장[3]을 공들여 운영한다. 건물도 멋지고 내부는 더 근사하다. 하지만 유독 애플 스토어(혹은 마이크로소프트 매장)처럼 모든 매장이 비슷한 느낌으로 다가오는 경우는 드물다.

후크송hook song이란 말이 있다. '듣는 이를 사로잡는 짤막한 음악 구절'을 뜻하는 대중음악용어 '후크hook'와 노래를 뜻하는 '송song'이 결합된 신조어다. 후크송의 특징은 단순하고 짤막한 구절이 계속 반복된다는 것이다. 무수한 반복을 통해 듣는 사람으로 하여금 묘한 중독에 빠지게 만든다. 이미지 또는 인상도 마찬가지다. 반복됨으로써 더 빠져드는 법이다. 이를 통해 애플(혹은 마이크로소프트) 브랜드에 대한 사람들의 충성도는 높아진다. 애플은 '판매 접점Point of Sale, POS(매장)'을 제대로 관리하지 못하면 제품에서 이루어낸 혁신도 제대로 인정받지 못한다는 것을 잘 알고 있다. 애플 스토어는 이러한 판단에 따라 보이는 모든 것을 디테일하게 컨트롤하려는 과정에서 만들어진 결과물인 셈이다.

자기 색깔이 확실한 애플과 마이크로소프트 스토어

(2) 파라마운트 레스토랑의 접점관리

작은 테이블이 10개 남짓에 불과한 데도 줄지어 들어오는 손님들이 빈 테이블이 없어 기다리는 경우가 거의 없다. 레스토랑을 들어서면 곧바로 테이블로 향하는 일반 레스토랑과는 달리 손님들은 먼저 '음식 주문 줄'에 서야 한다. 메뉴가 레스토랑 벽에 적혀 있어 차례를 기다리는 동안 무엇을 먹을지 정하면 된다.

주문을 마치면 주방 옆 계산대를 향해 다시 줄을 선다. 음식이 나오기도 전에 계산

3) 플래그십 매장flagship store은 어떤 브랜드의 주력이 되는 가게이다. 서울의 강남, 도쿄의 긴자, 런던의 옥스퍼드 스트리트, 뉴욕의 5번가 등처럼 주요 상점가에 위치해 있다.

먼저 하는 셈이다. 이때 손님들은 개방형 주방을 보면서 음식이 조리되는 과정을 지켜볼 수 있다. 보통은 계산대에 이르기 전에 주문한 음식이 나오므로 이를 받아 계산을 마치고 테이블로 직접 들고 가 식사를 한다.

파라마운트 레스토랑의 놀라운 점은 손님이 식사를 할 때만 테이블을 이용하도록 한다는 데 있다. 일반 레스토랑에서는 손님이 테이블에 앉아 메뉴판을 보고 음식을 고르는 데 10분, 웨이터를 불러 주문하는 데 5분, 주문한 음식을 기다리는 데 10분 정도가 걸린다. 그리고 식사하는 데 10분, 마지막으로 식사 후 계산서를 요청하고 계산하는 데 5분이다. 테이블을 차지하고 있는 시간은 모두 합쳐 40분이나 되지만, 정작 식사하는 데 걸리는 시간은 10분 정도밖에 되지 않는다. 즉 식사 시간은 레스토랑 안에서 보내는 시간의 1/4에 불과한 것이다. 파라마운트 레스토랑은 '식사도 안 하면서 앉아 있는 시간'을 제거하고 식사할 때만 앉도록 고객의 동선을 달리한 것이다. 식사를 할 때만 테이블에 앉고 나머지 시간은 줄 서서 기다려야 하니 손님들이 불편하지 않을까 싶겠지만, 꼭 그렇지는 않다.

만석에도 불구하고 기다리는 손님이 끊이질 않는 어느 식당(출처 : placepull.com/the-100-best-restaurant-promotion-ideas/)

심리학자 데이비드 마이스터David Maister는 사람들이 줄을 서서 기다릴 때 불편하게 여기는 것은 줄 서 있는 것 자체가 아니라는 것이다. 그보다는 기다리는 동안 아무것도 하지 않은 채 시간을 낭비하고 있다는 생각에 불편해진다는 것이다. 바꾸어 말하면 기다리면서도 뭔가 생산적인 일을 하고 있다면 큰 불편함을 느끼지 않는다는 뜻이다. 여기에 더해 줄 서서 기다릴 때 시선을 집중할 무언가가 있다면 불편을 덜 느낀다고 한다.[4)]

파라마운트 레스토랑에서는 손님들이 음식을 주문하려고 서 있는 동안 벽에 걸린 메뉴를 이리저리 살피며 무엇을 주문할지 고민한다. 줄을 서 있지만 자신이 먹을 음식을 고르는 중이므로 지루한 대기 시간이 아니라 의미 있는 시간이 된다. 주문을 끝낸 후 주방을 끼고 계산대로 향하는 동안 자신이 주문한 음식이 조리되는 과정을 지켜

4) "Designing Waits That Work", 〈MIT Sloan Management Review〉, July 2009 참고

보다 보면 시간 가는 줄도 모른다. 이윽고 계산대에 다다랐을 때면 따뜻한 김이 모락모락 피어나는 요리를 받아 들게 되니 맛있는 음식을 먹을 생각에 벌써부터 입에 침이 고인다. 결과적으로는 그리 지루하지도 않다.

이제 테이블로 가져가 먹기만 하면 된다. 고객은 레스토랑에 들어선 순간부터 꽤 긴 시간 줄을 서서 기다렸지만, '조금만 더 기다려 주세요'라든가 '다 되어갑니다. 곧 나옵니다'라는 식의 얘기를 해주지 않더라도 누구 하나 불만을 가진 사람이 없다. 기다리는 시간조차 대기 시간으로 느껴지지 않도록 만들었던 것이 정말 주효했다.

줄 서는 것을 좋아할 사람은 없다. 그렇다고 줄을 없앨 수도 없다. 그렇다면 사람들이 좀 덜 지루해할 방법에는 무엇이 있을까.[5]

- 오래 기다려야 한다면 분명하게 알려라. 얼마나 기다려야 하는지 알 수 있게 대기 시간을 현실적으로 알려 주어라.
- 줄 서 있는 동안 할 일을 주라.
- 인력을 더 많이 투입하라.
- 고객을 즐겁게 해주어라.
- 고객이 드디어 서비스를 받게 되었을 때 진심으로 사과하고 고객이 기다린 사실을 잘 알고 있다고 말하라.

아무리 그렇다 하더라도 지겨운 건 지겨운 거다. 줄 말고도 재미없는 일은 많다. 복잡한 양식 작성하기, 수납창구에서 언제 뜰지 모를 자신의 번호를 마냥 기다리기, 이메일 첨부 파일을 다운받는 동안 하릴없이 모니터 바라보기 등 다양하다. 걸리는 시간은 저마다 제각각이겠지만, 공통적인 특징은 재미없고 따분하다는 것인데, 이를 조금이라도 줄일 수 있는 방법은 있다. 예를 들면 다음과 같은 것들이다.

- 양식을 줄이거나 바꾸기 : 같은 양이라도 글자 크기를 약간 줄이거나 좀 더 효과적 편집을 통해 페이지 수를 줄일 수 있다. 한 페이지라도 더 줄일 수 있다면, 작성하는 사람의 마음은 한결 부담이 준다. 아울러 양이 많은 양식의 경우 중간 중간에 '곧 끝난다'거나 'O쪽 남았다'는 표시를 해 언제 끝날지, 얼마나 남았는지 몰라 생길 수 있는 불안감이나 불만을 줄여줄 수도 있다. 그야말로 양식 구성에 스몰토크를 적용하는 것이다.
- 소리 제공하기(음악).
- 최신 읽을거리 마련하기(출판물).
- 볼거리 제공하기(영상물).

(3) 훠궈 전문점 하이디라오HaiDiLao Hot Pot, 海底捞火锅의 접점관리[6]

하이디라오는 1994년에 설립된 쓰촨식 훠궈火鍋 식당으로 상하이, 베이징, 텐진 등 중국 21개 도시에 80여 개 직영분점을 내며 세를 넓혔다. 고용직원만 1만여 명에 이르는 그야말로 중국 최대의 훠궈 식당이 되었다.

---

5) 마이클 헤펠. 5 STAR SERVICE. 호이테북스, 2015
6) 김명신. 상하이 비즈니스 산책. 한빛비즈, 2014

저녁시간에 맞춰 도착하니 종업원이 환하게 웃는 얼굴로 번호판을 나눠주며 대기자 테이블로 안내했다.

음식주문 전부터 이미 손님이라는 생각이 들게 만들었다. 대기자 자리에 앉자 종업원은 바로 수박과 음료수, 과자를 내왔다.

대기 테이블의 과일이나 과자 그릇이 비워지는 기색이 보이면 알아서 먼저 간식거리를 내온다. 그뿐만 아니라 대기 손님의 순서별로 이들이 어디에 앉아 있는지 알고 있었다. 일반적으로 대기표를 나눠주는 식당에서는 여기까지 살피지는 않는다. 그러다 보니 다른 곳이라면 대기 손님들은 자기 차례가 왔는지 살펴야 하는 번거로움을 감수해야 할 때가 많다.

기다리는 손님들을 위해 제공하는 것은 먹을거리만이 아니었다. 무료로 네일케어를 해주거나 신발을 닦아주는 서비스도 있었다. 놀이방에서는 아이들이 정신없이 뛰어놀고 있었다. 손님을 기다리게는 하지만, 기다리는 시간들이 고객 감동의 순간으로 바뀌고 있었다.

이들의 세심함은 화장실에서도 찾아볼 수 있다. 아이들을 배려해 키가 낮은 어린이 세면대를 따로 설치해 놓았다. 그리고 강한 향신료 때문에 불편해 하는 손님들을 위해 양치도구, 핸드크림, 수건 등 일회용품들을 비치해 놓았다.

핸드 마사지와 네일아트에 누들 댄스까지. 이뿐만이 아니다. 식사 손님을 위한 머리끈과 핸드폰 보호용 지퍼백과 소독용 알코올 수건alcohol swab을 제공하는 하이디라오

식사대는 메뉴별로 차이는 있지만 여느 식당에 비해 약 10~20위안가량 높다. 그럼에도 불구하고 내내 기다려야 할 만큼 고객들이 넘쳐난다. 저녁 6시 이후에는 예약을 받지 않다 보니 이곳에서 식사를 하려면 미리 가서 기다리는 등 상당한 인내가 필요하다. 그런데 하이디라오는 이 치명적인 단점을 가장 큰 경쟁력으로 승화시켰다. 즉 지루한 시간을 고객 감동 시간으로 바꾸는 전술을 쓴 것이다.

(4) 영국 사이클 대표팀

2010년, 영국 사이클 협회는 데이브 브레일스포드Dave Brailsford에게 영국 대표팀Team Sky의 감독직을 맡아주길 요청했다. 힘든 자리였지만, 이를 수락한 후 그의 접근 방식은 단순했다. 자신의 평소 신념인 한계 이익marginal gain의 힘을 새로 맡은 사이클 팀에

'How to get ahead with a Marginal Gains Mindset'이란 제목의 25분짜리 동영상을 볼 수 있다.(출처 : vimeo.com/252483327)

적용하기로 한 것이었다.

한계 개선이라고도 부르는 한계 이익의 힘이란 아주 사소하고 보잘것없는 것이라도 이를 모두 합하면 큰 결과를 얻을 수 있다는 것으로, 그는 사이클링과 관련된 모든 영역에서 조금씩 개선하면 훨씬 더 나은 결과를 얻을 것이라고 주장하였다.

그는 라이더의 영양 섭취와 주간 훈련 프로그램 조정에서부터 자전거 안장에서 불필요한 부분 깎아내기 및 타이어 무게 줄이기에 이르기까지 가능한 모든 것을 최적화하기 시작했다.
이뿐만이 아니다. 최고의 수면을 제공하는 베개를 별도로 구해 머무는 호텔마다 가지고 다녔고, 가장 효과적인 유형의 마사지 젤을 테스트하고, 선수들의 감염 방지를 위해 손을 씻도록 일일이 참견할 정도였다.

2012년, 그가 이끄는 대표팀은 라이더인 브래들리 위긴스Bradley Wiggins와 함께 뚜르 드 프랑스에서 우승했다. 영국 팀으로는 최초의 일이었다.

브레일스포드가 영국 팀을 이끌면서 한계 개선 이론the theory of marginal gains을 적용해 시도했던 작은 티끌들은 다음과 같은 것들이었다.[7)]

1. 공기 터널을 만들어서 공기의 저항을 줄이기 실험하기
2. 자전거를 싣고 다니는 트럭의 먼지 제거하기
3. 트럭에 쌓인 먼지가 자전거에 옮겨 붙어 속도를 저하시키므로 먼지를 쉽게 발견할 수 있도록 트럭 바닥을 하얀색으로 도색
4. 선수들에게 손을 잘 닦게 해 병에 안 걸리도록 함
5. 병원균에 감염되는 것을 우려하여 올림픽 경기 기간 중에는 악수 금지
6. 음식을 준비하는 데 있어서도 항상 최선을 다함
7. 매일 밤 같은 자세로 잠을 잘 수 있도록 매트리스와 베개를 가지고 다님
8. 자전거의 안장에서 바람에 저항을 일으키는 부분 잘라내기(워낙 잘라내 앉아 있을 때 안장이 보이지 않을 정도임)
9. 자전거 바퀴 살의 바람 저항을 없애기 위해 접시형 바퀴로 개조
10. 선수들이 배가 나오면 바람의 저항을 받으므로 똥배 없애기

---

7) 방병권. 빅데이터 경영 4.0. 라온북, 2017

같은 해인 2012년 올림픽에서는 금메달의 70%를 차지했다. 영국은 금메달 8개, 은메달 2개, 동메달 2개를 따내며 세계 최강에 올랐다. 런던 올림픽에서 금메달을 복수로 따낸 팀은 영국 팀뿐이었다. 2위인 독일이 금메달 1개, 은메달 4개를 기록했고, 3위인 프랑스도 금메달 1개, 은메달 3개에 그치는 등, 영국 팀과 다른 나라 팀의 격차가 확연했다.
이듬해에도 성과는 이어졌다. 라이더 프룸Froome과 함께 뚜르 드 프랑스에서 다시 우승함으로써 사람들의 칭송이 자자했다.

(5) 어느 선임 간호사의 신입 관리

환자가 입원하면 환자의 인적 사항을 적은 차트를 침대 앞쪽에 붙여 놓는다. 의사와 간호사들이 환자에 대한 정보를 잘 숙지하고 있어야 하고, 또 환자와 치료자 간 상호작용이 치료 과정이나 결과에도 많은 영향을 미치기 때문이다. 하지만 현실이 꼭 그런 것만은 아니다. 돌봐야 할 환자가 너무 많고, 처리해야 할 일들이 잔뜩 쌓여 있기 때문이다. 혼수상태에 빠졌거나 의사소통이 불가능한 중환자들의 경우, 이들이 한때 정상인이었다는 사실을 깜빡깜빡 잊어버리는 경우도 간혹 있다. 의료 현장에서 워낙 급박한 사례들을 자주 접하다 보니 마음이 메말라지는 것도 이에 한몫한다.

하지만 리마커블한 상사가 있다면 얘기는 달라진다.
치매 병동에 처음 배정된 한 간호사가 일을 시작한 첫 주에 그의 상사가 이렇게 말했다. "같이 가볼까. 보여 줄 게 있어." 그는 어느 환자의 방으로 신참 간호사를 데려가 침대 맡에 있는 물건들을 가리켰다. "왼쪽은 메리의 가족사진이고, 오른쪽은 그녀의 결혼사진이야. 또, 이건 메리와 두 딸의 사진이고. 큰딸은 올랜도 교향악단에서 바이올리니스트로 일하고, 둘째 딸은 대학에서 불문학을 가르쳐. 메리가 프랑스어를 유창하게 한다는 걸 알고 있나? 전쟁에 참전한 메리의 아버지는 프랑스 여인과 결혼한 뒤, 아내의 가족과 함께 프랑스에서 오랫동안 살았지."

두 사람은 다른 병실도 방문했고, 그때마다 상사는 환자들에 대한 이야기를 이어갔다.

"평생 잊지 못할 거예요. 그날 이후 환자들을 평범한 사람으로 보게 되었고, 그들의 현재 모습보다는 그 전에 어떤 사람이었는지를 먼저 생각하게 되었습니다. 그날 이후 환자들을 더욱 정성껏 보살필 수 있었습니다. 왜냐하면 환자 한 사람 한 사람을 개인적으로 잘 알고 있다는 느낌이 들었기 때문입니다."8)

이런 상사와 함께라면 '환자를 내 가족처럼 대하겠다'고 다짐했던 간호사의 마음은 쉽게 변하지 않을 것이다. 그런 리마커블한 상사를 통해 또 얼마나 많은 리마커블한 직원들이 나오겠는가.

다. 접점의 확대와 축소

일반적으로 접점은 관리가 필요한 부분이다. 따라서 접점이 많아진다는 것은 그만큼 관리해야 할 부분이 많아짐을 의미한다. 따라서 관리 가능한 접점의 철저한 관리 못지않게 불필요하고 산만한 접점, 관리 및 통제가 어려운 접점은 적극적으로 줄여나가는 것이 좋다.

(1) 접점의 확대

접점의 확대를 통해 의료기관은 다양한 기회를 도모할 수 있다. 예를 들어 고객과 만나는 진료 시간이라는 접점을 늘여 놓으면 지금보다 더 많은 환자들과 만날 수 있다. 다음 내용을 보자.

- 휴일진료
- 24시 진료/심야진료
- 월화수금 저녁 진료
- 연중무휴 진료

휴일에도 진료하고 저녁시간에도 진료한다. 24시간 진료하고 연중무휴로 진료하다 보니 언제라도 환자를 맞이할 수 있도록 항상 준비가 되어 있어야 한다. 결국 더 많은 관리가 필요하다는 얘기다. 의료기관이 환자들과의 접점인 진료 시간을 늘여 놓으니 그 덕분에 퇴근 시간이 늦어 병원에 갈 수 없어 차일피일 진료를 미뤄왔던 사람들에게 '진료받을 기회'가 생겼다. 휴일이 아니고서는 도무지 짬을 낼 수 없는 사람이라 더더욱 휴일에 문을 닫는 병원이 야속하기만 했던 이들에게도 병원 갈 기회와 여유가 생긴 것이다.

8) 프레드 리. 디즈니 병원의 서비스 리더십. 김앤김북스, 2009 참고

365일 24시간 진료

(2) 접점의 축소

① 관리할 수 있는 곳으로만 제한하기

환자가 움직이는 대신 병원 직원이 움직이는 곳들이 늘어나고 있다. 접수를 하고 채혈실이나 검사실에 가서 촬영을 한 후 진료를 받고 다시 수납을 하는 등 지금까지 환자들이 해왔던 방식을 벗어나 의사를 포함한 직원들이 환자를 찾아오는 방식이라고나 할까.

이 방식에 의하면 서비스 코디네이터가 환자에게 다가가 전체 일정을 설명하고 곧이어 의사가 와서 진료를 하고 필요한 경우 의료기사도 환자에게 오는 식이다.
전자의 경우 환자들은 흔히 1층에 있는 접수 수납과 채혈실과 촬영실 및 진료실 등 병원 곳곳을 다녀야만 한다. 하지만 후자인 경우라면 환자는 진료실 한 곳에만 있으면 된다.

앞의 경우라면 언제 들이닥칠지 모를 환자들의 안전과 감염 방지를 위해서라도 수시로 청소하고 소독하고 관리해야 한다. 하지만 후자인 경우라면 진료실 한 곳만 제대로 잘 치워두면 된다. 딱 한 곳이라 청소하고 소독하는 등 관리하기도 쉽다.

네 군데나 되는 접점을 관리하는 병원과 한 군데만 관리하면 충분한 병원 중 어느 곳의 업무 부담이 가벼울지는 물어볼 필요도 없다. 그럼에도 불구하고 후자인 병원을 다녀온 환자들은 다른 곳과는 다른 특별한 대접을 받았다며 뿌듯해할지도 모른다. 관리할 수 없는 혹은 관리하기 힘든 접점을 굳이 유지하려고 애쓸 필요는 없다. 선택은 병원의 몫이다.

② 체류 시간을 줄여 접점 총량 낮추기

> 스티브 잡스는 부팅하는 데 시간이 너무 오래 걸린다고 불평하기 시작했다.
> "만약 그걸로 한 사람의 목숨을 살릴 수 있다면 부팅 시간을 10초 줄일 방법을 찾아볼 의향이 있는가?" 잡스가 다시 물었다. 그럴 것 같다고 대답했다. 그러자 잡스는 화이트보드 앞에 서서 만약 맥 사용자가 500만 명인데 컴퓨터를 부팅하는 데 매일 10초를 덜 사용한다면 그들이 절약할 수 있는 시간이 연간 3억 시간에 달한다고 설명했다. 그것은 100명의 사람들의 일생에 해당되는 시간이었다. 상당히 깊은 인상을 받은 엔지니어는 몇 주 후에 보니 부팅 시간을 28초나 앞당겨 놓았다.[9)]

기다리는 것이 즐겁지 않은 것이 어디 컴퓨터 부팅뿐이겠는가. 컴퓨터 부팅이야 늦어봤자 몇 초에 불과하다. 하지만 환자들의 기다림은 곳곳에서 벌어진다. 심지어 퇴원을 앞둔 환자들도 퇴원 당일 온종일 기다린다. 몇십 초가 아니라 몇 시간째 영문도 모르는 채 마냥 기다리는 경우가 잦다.

퇴원 환자들은 가능한 한 빨리 내보낼 필요가 있다. 하지만 많은 환자들이 오후가 되어서야 병원 문을 나선다. 이 시간은 환자들이나 병원의 운영상 좋은 시간이 언제인지에 따라 결정된 것이 아니다. 그보다는 의사들의 회진 일정 이후로 맞추다 보니 이를 모두 끝낸 후 퇴원 환자들을 보게 되고 그러다 보니 오전 퇴원이 힘들어지게 된 것이다.

의사들의 회진은 1950년대 존스 홉킨스 병원에서 전공의 교육을 위해 만들어진 것이었다. 그러나 70여 년이 지난 지금은 오히려 이와 같은 전통이 병원의 효율성을 떨어뜨림은 물론, 환자들에게도 큰 불편을 초래하고 있다. 병상 부족으로 수술 대기 시간이 길어지는가 하면 응급실에서 대기하다 병실로 입원하기까지 걸리는 시간도 늘어나기 때문이다. 이에 UCLA 병원 같은 곳은 모든 퇴원 환자들을 오전 11시까지 내보낼 것을 목표로 내세우고 있다.

사실 환자들의 입장에서나 병원 운영 관점에서 보면 오전에 보다 많은 퇴원이 이루어지는 것이 바람직하다. 생각해 보자. 아침 일찍 일어났을 때 하루가 얼마나 여유로운가. 그에 반해 늦잠을 자고 한낮에 깬 경우 그날 하루가 후딱 저물었던 경험이 다

---

9) 월터 아이작슨. 스티브 잡스. 민음사, 2011

들 있을 것이다. 퇴원 후 집에까지 먼 길을 가야 하는 환자들이라면 늦은 퇴원 수속이 더없이 야속하다.

좀 더 생각해 보면 시간이란 관점에서 의료기관들이 팔 수 있는 것들은 다양하지 않을까. 예약 시간에 맞춰 병원에 왔지만, 제시간보다 지체되는 경우가 흔하다. 지체되는 시간이 길어진다면 이는 가볍게 넘길 문제가 아니다. 그런 맥락에서 제시간에 맞춰 진료를 예정대로 진행함으로써 환자들이 오래 기다리는 일이 없도록 하는 것 또한 고객들의 시간 낭비를 줄여주는 것이다.

더 나아가 일주일에 두 번 와야 하는 환자들에게 한 번만 와도 되도록 하는 것, 세 달마다 한 번씩 와야 할 사람들에게 여섯 달에 한 번만 와도 되게끔 해주는 것도 바쁜 환자들의 시간을 아껴주는 것이니 이 또한 마찬가지다.

시간과 관련하여 앞으로 환자들에게 제공할 수 있는 방안은 다양해질 수 있다. 예를 들어 번번이 병원에 와야 할 환자들이 아예 병원에 올 필요를 없게 만드는 것도 생각해 볼 수 있다. 당뇨 환자는 정기적으로 의료기관을 방문해 혈당을 체크하고 약을 타가는 과정을 평생 되풀이한다. 류머티스 환자도 그렇고 혈압 환자도 마찬가지다. 그런데 의료기관 방문 대신 환자의 몸에 이식한 칩에서 관련 정보가 실시간으로 병원에 전달되고, 병원은 이를 근거로 처방해 약을 배송한다면 환자가 병원에 올 이유는 없지 않을까. 이 정도 기술은 현재도 가능하다. 하물며 앞으로 전개될 과학기술 혁명은 우리의 생각을 뛰어넘는 수준이 될 것은 분명해 보인다. 접점은 늘여서 좋은 게 있는 반면에 그 반대로 줄이는 게 좋은 경우도 많다.

2. 위기관리Risk Management

미국의 록 밴드 반 헤일런Van Halen은 공연 계약 조건의 하나로 무대 뒤에 M&Ms 초콜릿을 담은 그릇을 비치하되, 갈색 초콜릿은 반드시 빼도록 요구했다. 만일 이를 위반할 경우 콘서트는 취소한다는 조항을 두툼한 사전 두께 분량의 계약서 중간 어디

Van Halen 콘서트 현장에서 공연 중 무대를 박차고 오른 로스와 이들의 음반들

쯤에 꼭 넣어둔다. 계약서 내용을 세심하게 읽어보지 않으면 좀처럼 찾기 어려울 정도였으나, 실제로 이들 밴드가 이 조항을 근거로 콜로라도 공연을 현장에서 취소하기도 했다. 무대 뒤에 놔두기로 한 초콜릿 그릇에서 갈색 초콜릿을 몇 개 발견한 그룹의 리더 데이빗 리 로스David Lee Roth의 결정이었다. 막대한 비용을 들여 공연을 준비했던 기획사 입장에서는 날벼락이 분명했지만, 계약에 따라 공연은 취소되었고 공연 취소에도 불구하고 당초 약속했던 출연료는 고스란히 내어줄 수밖에 없었다.

이는 괴짜 아티스트의 별난 돌출행위가 아니라 밴드를 위한 최소한의 조치였다. 밴드 리더였던 로스의 자서전에서 콜로라도 공연 취소가 철없는 아티스트의 터무니없는 갑질이나 돌발 행동이 아니라 안전이 보장된 여건하에서 제대로 된 공연을 치러내기 위한 나름의 방안이었음을 밝힌 바 있다.

> '기존 밴드들의 공연엔 많아도 3대 정도의 트럭이 따라다녔는데, 우리가 공연할 때는 장비를 가득 실은 대형 트레일러트럭 9대가 이동했다. 거기다 기술적인 실수가 너무 잦았다. 때로 무대 바닥이 움푹 꺼지거나, 대들보가 천장의 무게를 지탱하지 못하거나, 문이 작아서 장비가 빠져나가지 못하기도 했다. 콘서트가 제대로 진행될 수 있도록 동원된 장비와 인원이 아주 많았기 때문이다. 무대 뒤에 있는 그릇에서 갈색 엠앤엠즈 초콜릿이 보이면 우리는 계약서의 모든 조항이 지켜지고 있는지 일일이 체크했다.'[10]

10) 아툴 가완디. 체크! 체크리스트. 21세기북스, 2010

두꺼운 계약서의 중간 어디쯤에 테스트 삼아 넣어둔 조항!
흔히 지나치기 쉬운 짧게 적어 놓은 규정까지 제대로 읽고 준비하는 주최 측이라면 더 볼 것도 없다. 안전은 기본이며 다른 부분도 세심하게 마련되었을 것이기 때문이다. 하지만 계약서를 대충 읽고 마는 곳이라면 바짝 긴장하고 다른 것도 잘 봐야 한다. 십중팔구 준비가 부실할 뿐만 아니라 안전에 대한 부분도 장담할 수 없을 가능성이 높은 것이다. 하지만 주최 측이 어느 쪽에 가까운지 미리 알아볼 방법이 여의치 않다는 게 문제였다. 수많은 공연을 통해 이들이 깨우치고 찾아낸 방법이 갈색 초콜릿이었다. 색색의 M&Ms 초콜릿에서 갈색 초콜릿을 골라 따로 빼놓을 정도로 사려 깊은 주최 측이라면 다른 건 체크할 필요도 없다고 생각했던 것이다.

그런 그들도 갈색 초콜릿이 보일 때마다 공연을 취소하지는 않았을 것이다. 다만, 갈색 초콜릿을 하나의 위험 신호로 보고, 위험 신호인 갈색 초콜릿이 있을 경우 더욱더 세심하게 무대를 체크하며 만일의 사태에 대비했던 것이다.

가. 기업의 위기관리 : 삼양라면

1963년 9월 15일, 국내 최초로 라면을 출시한 삼양식품은 소비자들의 뜨거운 반응에 힘입어 성장에 성장을 거듭했다. 여러 기업들이 라면 시장에 뛰어들었지만, 삼양라면을 넘어서기에는 역부족이었다. 시장점유율이 60%가 넘던 삼양라면을 1등 브랜드에서 끌어내린 것은 이른바 '우지파동'이었다. '우지牛脂'란 소기름을 말한다.

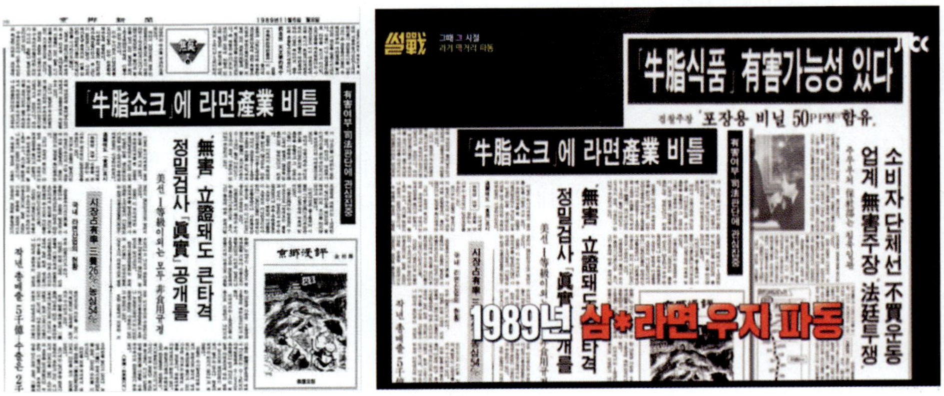
「牛脂쇼크」에 라면産業 비틀
無害 立證돼도 큰타격
정밀검사 「眞實」 공개를
「牛脂식품」 有害가능성 있다
포장용 비닐 50PPM 함유
소비자단체선 不買운동
업계 無害주장 法廷투쟁

우지쇼크를 크게 다뤘던 1989년 11월 6일자 신문들

1989년 가을, 검찰에 '공업용 소기름으로 라면을 튀긴다'는 익명의 투서가 날아들었다. 식물성 기름인 팜유를 사용하던 농심을 제외한 거의 모든 라면회사 간부들이 구속되었고, 해당 제품은 전량 수거되었다. 엎친 데 덮친 격으로 삼양식품은 3개월간 영업정지 처분을 받게 되었다.

엄밀히 말해 공업용 우지가 따로 있는 것은 아니었다. 당시 우지를 수입해오던 곳은 미국이었는데, 품질에 따라 기름을 12개 등급으로 나눈 것일 뿐이었다. 그런데 어찌된 영문인지 이 기름에 '공업용'이란 단어가 붙여진 것이다.

더욱이 '식물성 팜유'야말로 산화가 잘 된다는 면에서 식용기름으로 사용하기에는 적절치 않은 것으로, 가격도 우지보다 쌌다. 이익을 최우선으로 했다면 비싼 우지 대신 팜유를 사용하는 것이 더 나은 선택이었을 것이다. 그럼에도 불구하고 공업용 우지란 잘못된 정보 탓에 팜유를 사용한 농심은 식물성 기름으로 각광받은 반면, 삼양라면은 비난 여론의 몰매를 맞게 된 것이다.

국내 라면 시장 점유율 변화 추이 (단위 : %)

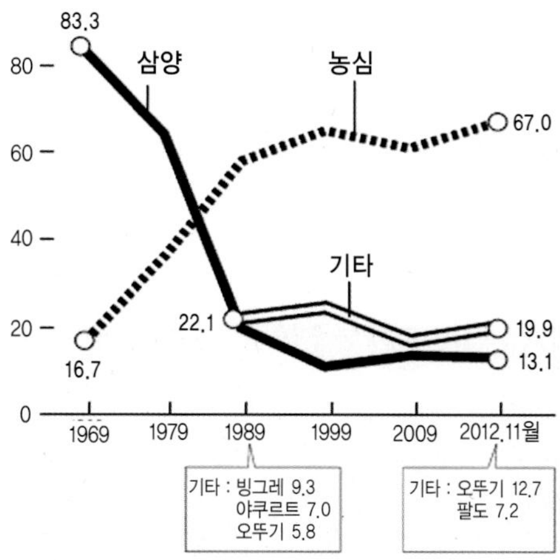

자료 : 각 사 취합 및 세계라면협회

잘못된 정보에 기인한 것임이 밝혀지기까지 오랜 시간이 걸렸다. 8년간의 법정 투쟁 끝에 1997년 대법원은 삼양식품에 무죄 판결을 내렸다. 그사이 삼양라면의 시장점유율은 회복이 불가능할 정도로 떨어졌다.

당시 싸움은 식물성 기름과 동물성 기름 간 싸움이자, 식용 기름과 공업용 기름 간 싸움으로 인식되었다. 소비자들의 입장에서는 당연히 몸에 안 좋은 동물성과 먹어서는 안 되는 공업용 기름으로 라면을 튀긴 업체에 대해 신뢰할 수가 없었을 것이다. 그 때문이겠지만, 삼양식품의 시장점유율은 10%대로 떨어졌고 1,000여 명의 직원이 회사를 떠나야만 했다.

만일 삼양 측이 '식물성과 동물성'의 싸움이 아니라 '비싼 기름과 싸구려 기름'의 싸움으로 끌고 갔다면 어땠을까. 그렇지 않다면 적어도 '안전한 기름과 유해한 기름'으로 우지와 팜유 간 싸움을 펼쳤다면 상황은 크게 달라졌을지도 모른다.

식물성 식용	vs.	동물성 공업용
비싼 기름 안전한 기름		싸구려 기름 유해한 기름

8년간의 법정 투쟁에 이은 무죄 판결에도 불구하고 한 번 잃은 시장을 다시 되찾지 못한 삼양식품의 입장에서 볼 때 두고두고 아쉬운 대목이다.

위기인 것은 분명했지만, 그 위기에 어떻게 대처하느냐에 따라 결과는 다르게 나타날 수 있었을 텐데, 삼양 측의 위기관리는 그런 면에서 많이 아쉬웠다. 삼성중공업 기름 누출 사고가 될 뻔했던 태안지역 원유 유출 사건을 생각해 보면 이러한 아쉬움은 더 크게 느껴진다.

나. 지방자치단체의 위기관리 : 삼성중공업 기름 누출 사고 vs. 태안지역 원유 유출 사건

2007년 12월 7일, 충남 태안군 앞바다에 떠 있던 유조선에서 엄청난 기름이 유출되어 태안군은 물론 충청남도 해안 전역과 인근한 전라남도는 물론 제주도 일부 지역에 이르기까지 큰 피해를 준 바 있다.

자원봉사자에 초점을 맞췄던 당시 보도(출처 : 경향신문, 2017.12.9 ; 중앙일보, 2017.9.13)

사고 당일, 태안 인근 바다에서 예인선 2척이 해상 크레인선(삼성 1호)을 끌고 가던 중 예인 줄이 끊어지면서 크레인선인 삼성 1호가 입항 대기 중이던 유조선(홍콩 선적 허베이 스피리트호, 14만 6,868톤)과 충돌하는 사고가 벌어졌다. 이 사고로 유조선에 3개의 구멍이 생기며 원유 12,547킬로리터(78,918배럴)가 유출되었다. 2009년 4월 선박 충돌 및 이로 인한 기름 누출에 대해 예인선단 측과 유조선 측의 과실을 들어 양측에 유죄를 선고했다.

사고는 허베이 스피리트에서 흘러나온 기름 때문이었고, 1차적인 가해자는 삼성중공업의 해상 크레인선이었지만 언론에서는 '태안 기름 유출 사고'라는 표현을 사용했다. 하지만 가해자가 누구인지 분명하지 않은 '태안 기름 유출 사고'라는 표현 탓에 정작, 가장 큰 피해자였던 태안군은 큰 오명을 떠안게 되었다. '태안' 하면 가장 먼저 떠오르는 단어로 '기름 유출', '오염' 등이 사람들의 마음속에 각인되었기 때문이다.

일부 단체에서는 당초 언론에서 '삼성중공업의 원유 유출 사건'이라 하다가 어느 순간 갑자기 '태안 기름 유출 사고'라는 표현을 쓰기 시작했다고 주장하기도 했는데, 만일 '삼성중공업~'이란 표현 대신 '태안지역 원유~'라는 표현으로 명칭을 변경한 것이 삼성 측의 노력 때문이라 한다면 이는 삼성의 입장에서 볼 때 매우 현명한 조치라 할 수 있다. 발 빠르고 현명한 판단과 대처 덕분에 기업 이미지 실추를 막을 수 있었고, 기업을 향한 사회적 비난을 피해갈 수 있었기 때문이다.

'태안 기름 유출 이후 10년, 삼성은 어떻게 책임지고 있나'란 기사에 실린 사진(출처 : 미디어 SR, 2017.12.7)

10여 년이 훨씬 더 지난 지금도 '태안' 하면 '원유 유출'이 가장 먼저 떠오른다면 태안군 입장에서는 통탄할 노릇이다. 태안군 관계자들은 사고 초기에 '태안 기름 유출'이 아니라 '삼성중공업 기름 유출 사고'나 '허베이 스피리트 기름 유출'로 표현하도록 요구했어야 했다. 아니면 적어도 '태안'만이라도 지웠어야 했다. '서해 중북부' 또는 '서해안' 같이 넓은 지역을 가리키는 말로 바꾸었다면 태안에 대한 이미지는 훨씬 더 빨리 회복될 수 있었을 것이다.

위기 상황에서 기업에서는 발 빠르게 흔적을 지운 반면, 다른 한쪽인 태안군은 그것이 두고두고 얼마나 큰 짐이 될지 제대로 알지 못했던 것 같다.

다. 제약업체의 위기관리 : 타이레놀Tylenol

1982년 9월 30일 아침, 시카고에서 타이레놀을 먹고 사망하는 사고가 발생했다. 첫 사고 이후 시카고에서 48시간 만에 무려 일곱 사람이 같은 이유로 사망했다. 타이레놀 캡슐에서 청산가리가 나왔는데, 문제의 타이레놀은 포트 워싱턴 공장에서 제조된 제품이었다.

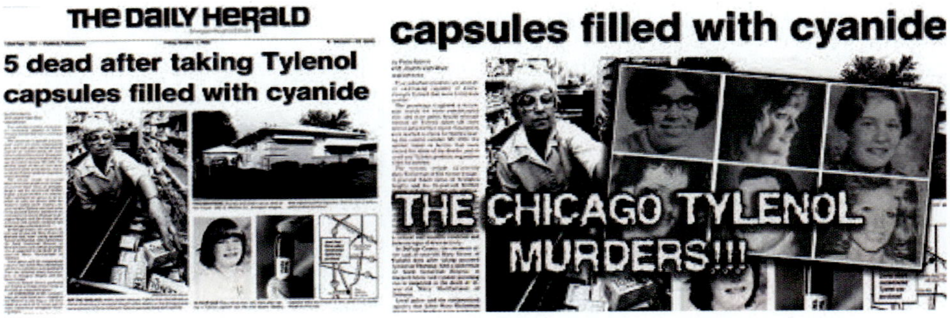

당시 사건을 다룬 신문 기사(출처 : A Brief History of the Tylenol Poisonings By Dan Fletcher, TIME Feb. 09, 2009)

첫 사망자가 생긴 지 몇 시간이 채 안 되어 포트 워싱턴 공장에서 제조한 제품을 전부 수거하도록 했고, 수거한 제품의 검사 결과 생산 과정의 잘못이 아니라 누군가의 의도에 의한 것임이 드러났다.

시카고 경찰은 거리를 다니면서 확성기로 주민들에게 타이레놀 복용 위험을 경고했으며, 존슨앤존슨은 사고 당일, 진행 상황을 알리는 편지 50만 통을 보내는 한편, 10만 달러의 현상금을 내걸었다. 10월 5일에는 다른 공장에서 생산한 타이레놀도 전량 회수하여 폐기했는데, 그 액수는 무려 1억 달러에 달했다.
아울러 전화를 개설하여 한 달간 3만 통의 문의에 응답하는 한편, 3천여 통의 문의 편지에도 일일이 답장을 보냈다.

회사 측에서는 신뢰를 만회하기 위해 대화의 창구를 넓혀 나갔다. 의사, 간호사, 약사들에게 관련 자료를 수시로 보내 제품의 제조 과정에서 생긴 문제가 아니라는 점을 밝히는 데 주력했다. 그들에게 보낸 편지만도 200만 통이 넘는다.

종업원들뿐만 아니라 은퇴한 사람들에게까지 주요 정보를 알려 주었고 지속적인 지

매장에서 황급히 수거되는 타이레놀(출처 : pbs.org/newshour/health/tylenol-murders-1982)

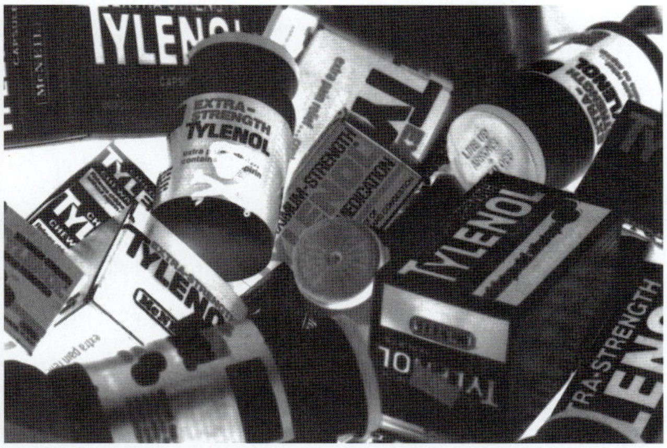

전량 수거되어 폐기된 타이레놀. 치명적 독물 투입사건으로 곤경을 겪었던 타이레놀이 위기관리의 대표적 사례Crisis-Management Teaching Model로 거듭난 얘기를 찾아보자.(출처 : JENNIFER LATSON, TIME SEPTEMBER 29, 2014)

지에 감사하다는 내용의 편지를 주기적으로 보냈다. 또한 특별보고 형식의 비디오 영상물을 제작해 직원들에게 배포했다. 그동안 회사에서는 밖에 나서거나 언론의 뉴스거리가 되는 일을 되도록 피했었지만, 이 사건 이후 60분sixty minutes, 필 도나휴 쇼, ABC 나이트 라인 등 시청률이 높은 TV 프로그램과 〈비즈니스 위크〉나 〈포춘〉과 같은 경제잡지의 인터뷰에도 적극적으로 응했다.

이후 두 달 동안 제품 자체에 대한 광고 대신 일반 대중의 지지와 신뢰를 회복하기 위해 어떤 노력도 아끼지 않겠다는 내용의 공약을 내보냈다. 그리고 사고 발생 한 달 뒤인 11월 1일, 보다 안전해진 3중 포장 형태의 새 제품을 출시했다. 아울러, 새 포장의 제품을 원하는 사람이라면 누구나 한 병씩 무료로 가질 수 있도록 무료 쿠폰을 발행하는 한편, 전화 접수를 통해서도 무료로 제공했다.
이러한 노력 덕분에 사건 전 37%에 이르던 타이레놀의 시장점유율은 한때 6.5%까지 떨어졌으나 그해 연말에는 이미 29%까지 빠른 속도로 회복했다.

타이레놀 사건을 계기로 존슨앤존슨은 소비자의 안전과 이익을 우선으로 생각하는 기업이란 이미지를 심게 되면서, 1년 후에는 〈포춘〉지가 선정하는 '가장 칭송받는 기업The Most Admired Corporation 중 하나로 선정되었다. 위기를 슬기롭게 대처해 오히려 전화위복의 기회로 삼은 것이다. 아울러 이 사건으로 인해 타이레놀을 포함한 제약 및 식품 산업은 포장을 크게 개선하여 조작 방지 표시 및 제조 공정 중 보안 관리를 한층 더 강화하기 시작했다.

라. 의료기관의 위기관리

(1) 분당차병원

2016년 8월, 제왕절개 수술로 태어난 신생아를 레지던트가 바닥에 떨어뜨려 두개골 골절로 사망하는 사고가 있었다.

뇌 초음파 사진에 두개골 골절 및 출혈 흔적이 있었지만, 정작 부모에게는 이를 감췄고, 사망진단서도 병사病死로 조작해 외인사 혹은 사인 불명 시 반드시 하게끔 되어 있는 사체에 대한 부검도 이뤄지지 않았다. 현장에는 간호사를 포함해 수술에 참여한 5~6명의 의료진이 있었으나 부원장의 은폐지시에 따라 3년 동안이나 그 사실이 감춰졌다.

2019년 4월 18일, 증거인멸 및 허위진단서 작성 혐의로 이 병원 의사 2명에 대해 구속영장이 발부됐다. 관련 증거를 없애고 사망진단서를 허위로 발급하는 데 주도적인 역할을 한 것에 대해 법의 심판을 받게 된 것이다.

그동안 병원 측에서는 과실치사였음이 드러나는 상황에서도 사고 사망 의혹을 부인해 왔다. 대신, 부모에게 사고를 알리지 않은 점에 대해서만 잘못을 부분 시인하며 대부분의 책임을 부원장에게 물어 그를 직위해제하는 것으로 사건을 무마하려 했을 뿐이었다. 하지만 법원이 구속영장을 발부함에 따라 병원 측이 그동안 주장하고 발표해온 내용이 사실과 다르다는 것이 비로소 드러나게 되었다.

3년 동안이나 진실을 덮고 의혹 감추기에만 급급했던 병원의 처사에 피해자 유족들은 결국 법의 심판에 호소하게 되었던 것이니 병원 측에서 이 문제를 좀 더 적극적으로 해결하지 못해 더 큰 화를 부르게 된 것이다.

(2) 이대 목동병원

2018년 5월, 이 병원에서 10년 넘게 관절염으로 치료를 받던 환자가 과다 처방한 약으로 심각한 부작용을 겪는 사고가 발생했다. 의사가 처방한 약은 '메토트렉세이트methotrexate'로 일주일에 여섯 알을 처방하려던 것이 실수로 하루 여섯 알로 잘못 나가게 되었다.

해당 병원의 경우 2017년에는 오염된 주사제로 신생아 4명이 집단 사망했고, 2014년에는 좌우가 뒤바뀐 엑스레이 사진으로 수백여 명을 진료하기도 했던 전례가 있던 곳이다.

환자 가족은 한 방송에 나와 "머리가 빠지고 근육도 빠져 거동하기도 힘든데 병원에서는 어서 퇴원하라며, 이를 거부할 경우 일체의 보상금은 커녕 입원비까지 물어야 할 것이라며 사실상 협박까지 했다"고 분통을 터뜨렸다. 병원 측은 보호자가 대신 와서 처방받는 과정에서 바뀐 시스템에 익숙지 않은 의사의 단순 실수였으며, 해당 환자에게 해독제를 투여하고 1인실에 입원시키는 등 적절한 조치를 취했고 위로금도 조율하고 있다며 치명적인 용량이 아니라 일주일 만에 회복했고, 부작용이 회복되어 퇴원을 권유했을 뿐이라고 항변했다.

(3) 건양대 병원

2006년 1월, 갑상샘 종양 제거 수술을 받아야 할 환자의 멀쩡한 위를 잘라내고, 정작 위암 환자의 갑상샘을 떼어낸 황당한 사건이 일어났다. 위암 환자와 갑상샘 암 환자를 바꿔 수술한 것이다. 환자의 진료차트가 서로 바뀌면서 사고가 터진 것인데, 병원장은 물론 수술을 맡았던 의사들이 사직서를 제출하고 기획조정실장을 비롯해 진료부장, 교육수련부장, 간호행정부장 등 주요 보직자들이 보직사퇴하기에 이르렀다.

대외적으로 심각한 이미지 손상을 입게 된 데다, 피해자들인 고령의 여성 환자들에 대한 배상액 규모는 최소한 억대가 넘었을 것이라는 의견이 지배적이었다. 사건이 있고 난 7년 뒤인 2013년, 병원의 환자식별과 수술 안전 시스템은 다음과 같이 바뀌었다.

먼저, 수술 당일 집도의가 환자의 병실을 찾아가 수술 부위를 표기하고 그곳에 자신의 이름을 직접 적어 놓는다. 환자의 몸에 수술 부위가 어디며, 누가 수술할지를 미리 표기하는 것이다.

잠시 후, 병동 간호사가 이름과 병원 번호 및 수술 내용을 해당 환자로부터 직접 확인한 후, 환자를 수술실로 옮긴다. 수술실 입구에 도착해 인계될 때, 병동 간호사와 수술실 간호사가 다시 한 번 점검한다.

수술실 안에서는 마취 담당 간호사가 나서, 이번에는 환자 스스로 본인의 이름을 얘기하도록 한다. 이름이 비슷한 다른 환자와 혼동하지 않기 위해서다. 이어서 마취 간호사가 수술 팀에 환자를 인계하며 다시 이중 점검이 이루어진다.

마지막으로 수술 직전 집도의와 함께 마취과 의사, 마취 · 수술실 · 소독 간호사 등이 수술대 앞에 모두 모여 환자 이름, 수술 동의서, 수술 장비, 진료 재료 등이 준비됐는지 확인한다. 모두 돌아가며 대답해 한 사람이라도 아니라는 대답이 있으면 수술은 중단된다. 이 과정은 아직 마취 전인 환자도 모두 듣게 된다.

현대의 복잡한 문제를 해결하는 단순한 힘, 체크리스트! 복잡하고 까다로우며 많은 일을 처리해야 하는 현대인. 그들이 실패하지 않기 위한 해결책으로 체크리스트를 제시하는 책이다. 저자는 체크리스트의 사용이 업무의 효율뿐만 아니라 일의 성공과 실패, 나아가 사람의 생사도 좌우한다고 말한다. 체크리스트는 우리의 실수를 막아준다. 불완전한 기억력과 정신적인 허점을 가지고 있는 인간은 실수를 저지르게 마련이다. 게다가 사회가 복잡해지고 전문화되면서 한 사람의 기억력과 능력으로는 감당할 수 없는 업무들이 생겨났다. 때문에 오랜 기간 훈련을 쌓아온, 노련한 전문가들조차 실수와 실패를 경험하고 있다. 그리고 작은 실수들이 때로 뼈아픈 실패를 야기하기도 한다. 체크리스트는 바로 이런 실패를 극복하기 위한 전략이다. 실제로 외과의사인 저자는 수술실에 체크리스트를 도입했다. 그가 고안한 '안전한 수술을 위한 체크리스트'를 전 세계 8개 병원에서 실험한 결과, 3개월 동안 합병증 비율은 36%가 떨어지고 환자 사망률은 47% 감소했다. 그 결과, '안전한 수술을 위한 체크리스트'는 현재 WHO에 공식 채택되어 세계 각지의 병원에서 활용되고 있다. 체크리스트는 끔찍한 사고를 막아주고, 수많은 사람들이 공들인 프로젝트를 보호해 준다. 체크리스트는 단지 '지켜주기만' 하는 방어기제가 아니다. 끔찍한 재난에서 인명을 구할 수 있고, 수술실에서 생명을 구해내며, 금융위기도 피할 수 있게 하고, 한 개인을 성공으로도 이끌어 준다. 보잘것없어 보이는 종이 한 장에 세상을 바꾸는 힘이 담겨 있었던 것이다. (출판사 책 소개 글 중)

3. AI 시대, 간호사와 약사의 미래

인공지능Artificial Intelligence의 시대라고 한다. AI의 시대가 오면 사라질 직업 목록도 돌고 있다. 하지만 정작 인공지능에 대해 제대로 아는 사람은 드물다.

냉정하게 볼 때 인공지능의 시대는 아직 '제대로' 도래하지 않았으며, 우리가 생각하는 그런 인공지능의 시대에 이르기까지는 가야 할 길이 많이 남았다. 다만, 빅데이터 기술의 접목으로 인공지능의 진화 속도가 무척 빨라지고 있다는 점은 주목할 만하다.

인간 능력과 동일한 수준의 구현을 지향하는 인공지능이 사람을 따라잡기 어려운 영역 중 하나가 비계량적이고 감정 혹은 감성적인 면 그리고 이들을 바탕으로 한 감각적인 판단이다. 어린아이들에게도 식은 죽 먹기 같은 문제를 인공지능 컴퓨터가 끙끙대며 힘들어하는 것이 있다. 예를 들어 '건포도가 세 개 박힌 머핀과 치와와를 구분하는 일'이다. 건포도 세 알과 치와와의 새까만 두 눈과 봉긋 나온 코가 만든 세 점 간 구별이 그리 어려운가 보다. 그러니 팥알이 군데군데 박힌 시루떡이나 백설기와 사냥개(포인터)를 비교하는 건 더 어려운 일일 터.
엄청난 능력에도 불구하고 의외의 문제 앞에 전전긍긍하는 인공지능을 어떻게 받아들여야 할지 고민스럽다.

인공지능의 시대가 도래할 경우 병원에서는 어떤 일들이 벌어질지, 병원에서는 어떤 변화가 일어날지에 대해 일부 직종을 중심으로 생각해 보자.

간호사들은 3교대로 쉼 없이 근무한다. 병동에 근무하는 간호사들의 경우 입원 환자 돌봄이 가장 큰 일인데, 체온, 맥박, 혈압 등 환자들의 신체 상태를 주기적으로 측정하고 파악하는 것이 주 업무 중 하나다. 아울러 끼니때마다 환자들에게 복용할 약을 전달하는 일도 꽤나 신경 쓰이는 부분이다. 약이 바뀌어서는 안 되기 때문이다. 환자들 팔에 주렁주렁 달려 있는 수액들을 때맞춰 갈아주는 것도 큰일이다. 신체 측정은 몇 시간 단위로 계속 이루어져야 하는 일이고 각종 수액도 신체 측정만큼 자주 있는 것은 아니지만, 교체 시기를 놓치지 않도록 신경 써야 한다. 하지만 어디 이뿐인가. 응급 상황을 비롯한 돌발적인 상황이나 환자 혹은 보호자들의 요구에 맞춰 다양한 일들을 수행한다. 하지만 이런 일들이 얼마나 있을지 미리 예상하긴 힘들다. 그때그때마다 다르기 때문이다.

간호사들은 일상의 업무로도 이미 충분히 버겁다. 예외적인 돌발 상황은 그래서 더 힘들다. 간호사들의 개입과 도움이 더 없이 필요함에도 불구하고 그런 일들을 적극적으로 처리하기엔 기존의 업무가 적지 않다. 간호사들의 업무 중에서 인공지능이 개입할 부분이 있다면 과연 어떤 일들일까?

세 시간 단위로 주야간 계속되는 체온과 맥박 그리고 혈압 측정! 가랑비에 옷 젖듯 간호 업무 중 은근하게 부담되는 업무이자, 환자 입장에서는 심야 시간의 경우 특히 취침과 안정을 방해하는 훼방꾼이다. 이 상황에서 환자복에 사물인터넷을 기반으로 하는 착용형 기능이 장착되어 있다고 가정해 보자. 더 이상 체온이나 맥박을 잴 이유가 없다고 생각해 보자. 비용이 문제일지언정, 기술적으로는 그리 어려운 일도 아니다. 하물며 앞으로야 뭔들 어려울까.

이런 일들은 안 하면 금방 티가 나는 것들이다. 하지만 이런 일들을 잘함으로써 환자의 상태가 갑자기 더 좋아지는 것은 아니다. 그보다는 안 하면 안 되는 일이기에 언제나 해오던 일들이었다. 이런 것들을 중심으로 AI로 대체될 것이다.

약을 복용하는 것도 바뀔 수 있다. 무좀약 중 '라미실 원스'라는 것이 있다. 한 번의 도포로 효과가 2주간 계속됨을 강조한 연고다. 한 번 발라 2주나 지속된다니 무척 매력적이다. 환자들이 먹는 약품도 서방정徐防錠이라 하여 복용 후 효과가 서서히 방출되는 형태가 일반화된다면 간호사들의 업무도 또 한번 줄어들 것이다.

하지만 줄어든 업무에 비례해 간호사의 숫자가 줄어들지는 않을 것이다. 왜냐하면 일상의 업무가 줄어든 반면, 예외적인 돌발 상황에 대해 지금보다 더 깊은 접근이 가능하며 또한 그러해야 하기 때문이다. 아울러 일상 업무를 줄여서 생겨난 시간은 간호 활동의 본질적인 측면을 구현할 좀 더 깊이 있는 일들로 채워질 수 있고 또한 채워져야 할 것이다.

어쩌면 이런 일들은 간호사를 꿈꾸며 간호대학에 진학할 당시 가졌던 바람과 좀 더 가까이 있는 일일 수 있다. 할 수만 있다면 참 좋은 일이겠으나 도무지 할 짬을 내지 못했던 일일 가능성이 크기 때문이다.

안 하면 안 되는 일, 안 하면 금방 티가 나고 탈이 나는 일상적인 일들부터 인공지능의 도움을 받을 것이다. 그리고 그렇게 해서 생겨난 여유는 지금껏 하면 좋겠지만 하지 못했던 일들로 채워질 것이다. 그러니 아무리 AI 시대가 온다 한들 환자들과 직접 대면하는 간호사들이 해야 할 일들은 상대적으로 무궁무진하다.

약사라면 어떨까.
약사라면 얘기가 달라진다. 병원 약사나 개원 약사 모두 처방전에 근거해 약을 짓는 게 주 업무다. 한데, 문제는 처방전에 적힌 약들을 찾아 거기서 한두 알씩 꺼내 환자가 먹기 좋게 포장하는 그 일은 기계가 하기 딱 좋은 일이다. 물류업체에서 밤낮없이 일하는 로봇(이른바 분류기)이 그렇고, 다양한 크기의 과일이나 채소를 무게에 맞게 종류별로 선별 분류하는 장비가 상용화된 지도 오래다. 주어진 미션에 맞춰 한 치의 오차도 없이 그리고 쉼 없이 일하는 로봇이 병원 현장에서 일반화될 경우(대형 병원에서는 벌써 들어와 있지만) 기존 약사들은 물론 새로 사회에 첫 발을 디디는 신입 약사의 입지는 좁아질 수밖에 없다.

두 직종 간 결정적 차이는 접점에서 발생한다. 수시로 환자와 접하는 간호사의 경우 수많은 접점에서 인공지능이 할 수도 없고 채워줄 수도 없는 일들을 담당하면서 존재의 이유를 확보한다. 더 나아가 이런 접점에서 휴먼터치, 즉 사람만이 할 수 있는 훨씬 가치 있고 의미 있는 일들을 개발할 수 있으니 그야말로 역량개발과 확대의 터전이 따로 없다. 반면에 약사의 경우 기존 업무 혹은 기존 접점에서의 일들이 대부분 인공지능 로봇에 의해 대체 가능하며, 이미 그 작업이 진행되고 있다. 시간문제일 뿐 약사의 접점은 줄어들고 사라질 수밖에 없을 것이다.

〈Linked in〉에서 다음 자료를 찾아볼 것

Imtiaz Adam. Future of AI part 2(2019.7.23)
Imtiaz Adam. Future of AI part 3(2019.8.30)
Imtiaz Adam. Future of AI part 4(2019.12.8)
Imtiaz Adam. Future of AI part 5(2020.1.8)

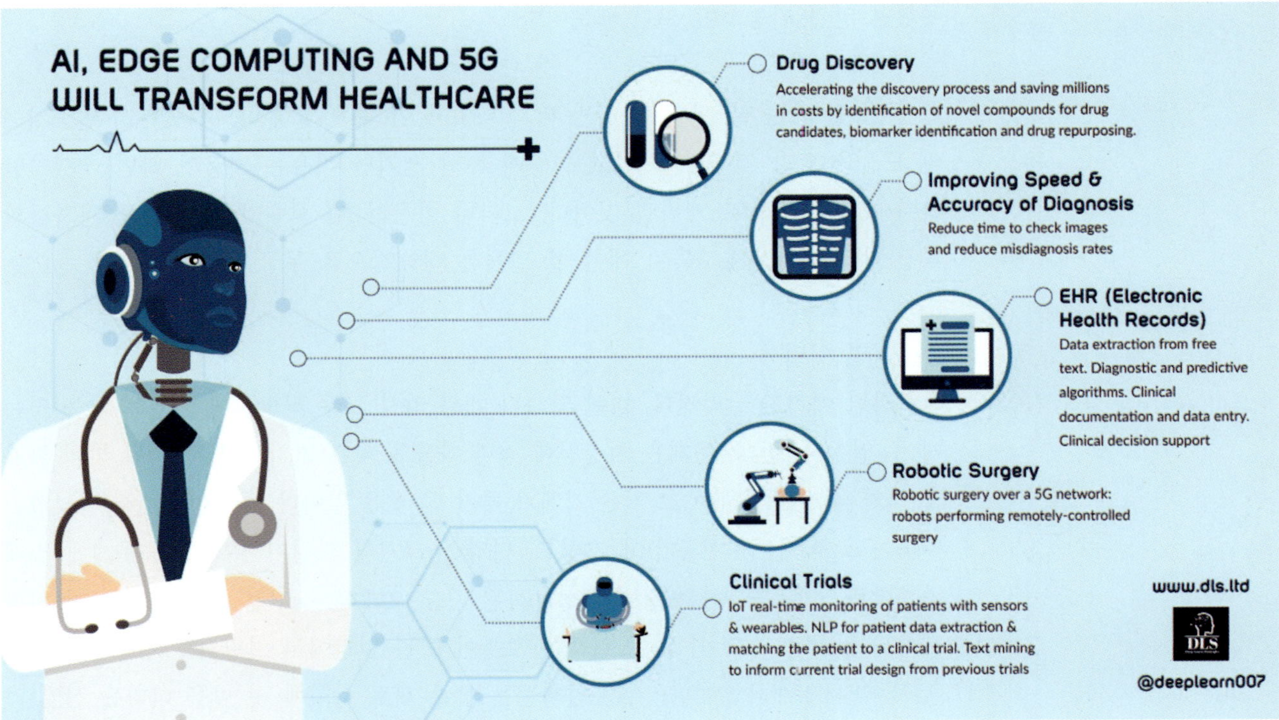

출처 : 〈Linked in〉 Imtiaz Adam, Future of AI part 3(2019.8.30)

조별 과제

① 제12장에 수록된 내용 중 가장 공감하는 부분은 무엇이며, 그렇게 생각하는 이유를 설명하시오.

② 제12장에 추가할 내용으로 딱 좋은 사례를 찾아보고, 해당 사례를 선정한 이유에 대해 설명하시오.

개인 과제

Chapter 12. 접점관리와 위기관리

학번		성명		제출일	

① 이번 장을 한 문장으로 표현해 보자.

② 이번 장과 관련해 스스로 찾아본 것에 대해 자세히 적어 보자. 책은 50쪽 이상 읽은 것만 적을 수 있으며, 영상 자료와 신문 및 기타 내용은 출처나 연도 표기를 정확히 적어 보자.

책	
영상 자료	
신문	
기타	

③ 이번 장에 관해 200자 이상의 에세이를 손으로 직접 써 보자.

* 이 페이지는 절취하여 다음 시간에 제출할 것

CHAPTER

13

마케팅과 지속 성장

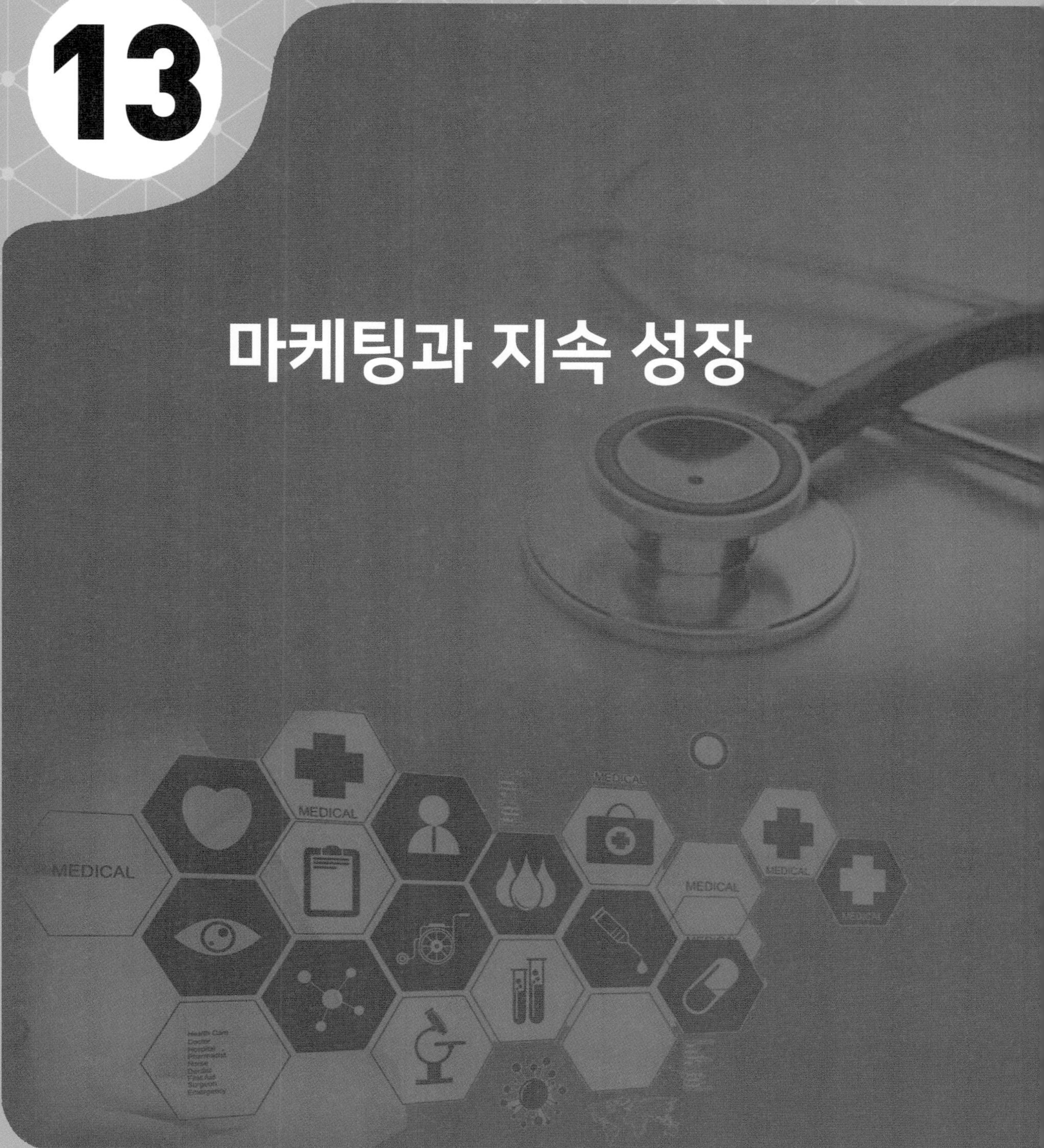

모두가 지속적인 성장을 꿈꾼다. 하지만 누구에게나 허용되는 것은 아니다. 이번 장에서는 영원한 생존과 지속적인 성장을 목표로 끊임없이 스스로를 담금질하는 사례를 보며 의료기관에 주는 시사점에 대해 생각해 보자.

1. 품질 또 품질

단 하나의 메뉴로 승부해서 결국 백화점에서 모셔간 나드리 김밥집 사장은 원래 평범한 가정주부였다. 집안 사정이 어려워져 음식 장사를 해야겠다는 생각이 들었던 그녀는 창업자본도 그나마 적게 들어가고 나름 자신 있던 '김밥'을 메뉴로 정했다. 그러고는 김밥천국, 김가네 김밥 등 유명 김밥집 직원으로 일하며 1년 6개월간 끊임없이 관찰하고 배워가며 창업을 준비했다.

좋은 가게를 판단할 수 있는 손님이 되어야 좋은 사장도 될 수 있다. 스스로 진짜 손님이 돼본 적이 없으면서 어떻게 가게를 운영하겠는가. 제대로 된 가게를 발견할 수 있는 눈이 생겨야 하고 그곳의 노하우를 찾아낼 수 있어야 한다. 어떤 가게든 배울 점이 있다고 생각하고, 그래도 없다 싶으면 여기는 왜 이 수준밖에 안 될까 혹은 나라면 어떻게 운영할까를 고민해야 한다. 그래야 성공적인 모습뿐 아니라 실패한 사례에서도 반면교사를 얻을 수 있다.
기발함의 싸움에는 한계가 있다. 기발함은 모방이 가능하고 또 그 기발하고 새로운 것들은 시간이 지나면 식상하고 오래된 것으로 변하기 때문이다. 그보다 더욱 본질적인 것이 있다. 버티기, 즉 지구력 싸움이다. 오래 살아남는 자가 결국 승리를 가져간다.

어느 정도 준비가 되어 드디어 때가 되었다고 생각한 그녀는 가정 일을 병행할 수 있게 집 부근 여고 앞에 가게를 냈다. 10평짜리 작은 터에 내건 상호는 동네 이름을 딴 '송파 김밥'이었다. 오래 준비해온 덕분인지 얼마 지나지 않아 동네 맛집으로 소문이 났다.

차별화된 맛 때문이었다. 다른 곳에 비해 느끼하거나 달지 않고 담백한 게 특징이다. 개업 당시 다른 집과 다른 뭔가를 넣으려 이것저것 궁리하다 보니 재료비 부담이 고민스러웠다. 하지만 더 큰 문제는 남다른 재료를 안정적으로 확보하기가 어려워 번번이 고배를 마셨다. 그러다 우연히 집에서 자주 먹는 장아찌를 넣어보았고, 결과는 대성공이었다.

나드리 김밥에는 라면, 순대, 만두, 볶음밥 등 김밥집이라면 흔히 있기 마련인 메뉴가 없다. 프랜차이즈 김밥집의 경우 김밥 종류는 10가지 내외에다 그 외 메뉴도 수십 가지나 된다. 반면 나드리 김밥은 오로지 김밥만 판다. 김밥 종류도 10여 가지로 제한한다. 이유는 단 하나, 새로운 메뉴 개발에 쏟을 힘이 있다면 기존 김밥에 더 신경 쓰는 게 낫다는 생각에서다.

품질관리도 주효했다. 만들고 3시간 안에 먹는 것이 제일 좋았기 때문에 시간이 경과한 김밥은 무조건 폐기했다. 더운 하절기에는 2시간이 넘으면 주저 없이 폐기했다. 한꺼번에 싸놓고 하루 종일 파는 것에 비하면 달라도 한참 달랐다.

어느 날, 백화점 직원으로부터 입점을 권유받았다. 백화점 측의 여러 번에 걸친 암행 방문과 VIP 고객 대상 품평회에서 가장 맛있는 김밥으로 선정되었다는 것이다. 결정하는 데 고민이 많았지만 입점을 결심하게 되었고, 가게 이름은 백화점 측의 요청에 따라 세련되게(?) '승파 김밥'에서 '나드리 김밥'으로 바꿨다.

200줄 정도 팔리던 김밥은 백화점 입점 후 1,000줄로 늘었고 방문 고객 수도 600~700명에 달했다. 매출은 의류매장 수준인 월 8천만 원가량 되었는데, 20%의 수수료를 내고도 수입은 전에 비해 5배가량 늘었고, 2호점(킨텍스점)을 열 정도로 성공적이었다.

2. 핵심기술 활용 다변화

가. 업의 경계 넘어서기

후지필름, 로토제약, 딸기 농장.
관련이 없어 보이는 이들이 공통적으로 만드는 것이 있다. 바로 화장품이다. 화장품에 관한 한 후지필름, 로토제약, 딸기 농장은 경쟁관계에 있다.

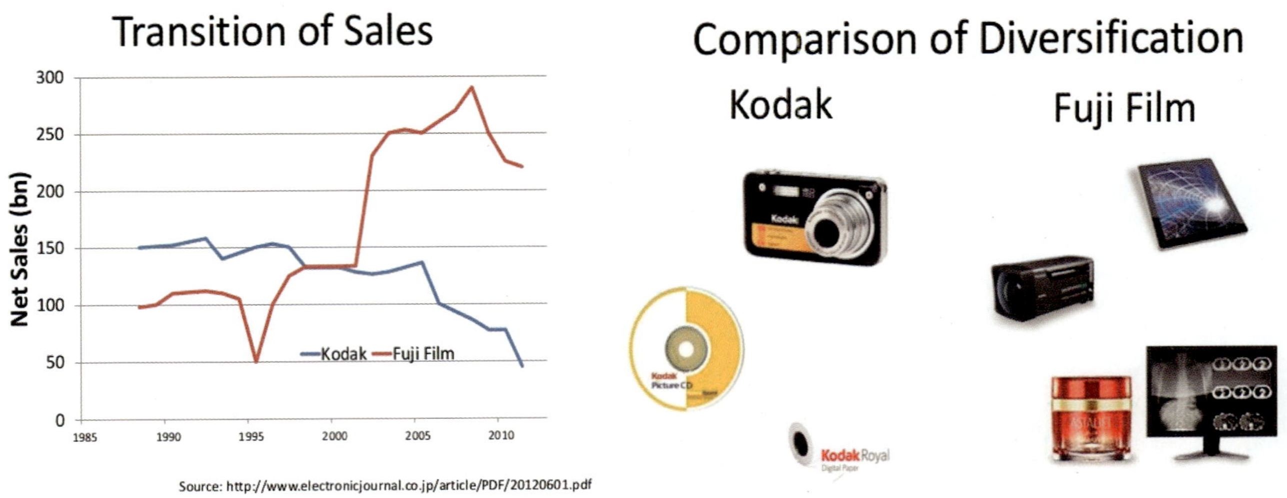

코닥필름과 후지필름의 엇갈렸던 선택. 사업다변화에 성공한 후지필름은 결국 살아남았다.(출처 : Jennifer Ko 등. Kodak case analysis. Slideshare)

1936년 설립된 후지필름FujiFilm은 필름과 카메라 제조업으로 오래전부터 명성이 높았다. 그러나 지금은 필름 매출이 차지하는 비율은 전체 매출의 1%도 안 된다. 대신에 의료와 화장품 및 전자소재가 매출의 40% 이상을 차지하고 있다. 후지필름은 더 이상 필름 제조 업체가 아니다. 이 회사가 화장품을 만들게 된 계기는 사양화된 필름 제조 과정에서 사용하던 화학물질이 화장품용으로도 손색이 없었기 때문이다. 필름 제조에 들어가는 콜라겐이 그렇고 필름 변색을 방지하기 위해서 사용하던 항산화 성분이 또 그랬다. 후지필름은 이러한 성분을 다뤄온 그동안의 노하우를 피부에 적용해 노화 억제용 화장품을 만들고 있다.

로토제약ROHTO Pharmaceutical은 의약품과 건강식품을 제조하는 기업이다. 1949년에 설립된 이래 회사를 대표하는 제품은 안약이었다. 그러던 중 2004년에 기능성 화장품을 출시하며 회사의 주력 분야를 다각화했다. 제약업체의 장점을 십분 이용하여 의약품 성분과 제조 기술을 화장품 제조에 적극 활용하면서, 이제는 매출의 절반 이상이 화장품에서 나올 정도로 큰 성과를 거두고 있다.

화장품을 만드는 딸기 농장도 있다. 비타민 함량이 높아 강력한 항산화 및 노화방지 효과가 있는 딸기를 이용한 보습크림과 핸드크림 등을 만들어 판매하는 것이다. 맛있는 과일을 재료로 만든 것이라 왠지 피부에도 좋을 것 같고 각종 화학약품 덩어리라는 인식이 있는 기존 화장품과도 차별화에 성공한 것이다.[1)]

나. 보유 기술을 새롭게 활용한 모리시타 진탄Morishita Jintan

모리시타 진탄의 연도별 실적

연도	2015	2016	2017	2018	2019	2020
연매출(백만 엔)	9,800	10,420	10,854	10,913	10,107	9,782
매출 증가율		6.33	4.17	0.54	−7.39	−3.22
순이익(백만 엔)	99	375	240	394	351	322
순이익 증가율		278.7	−36.0	64.1	−10.9	−8.2

출처 : Wall Street Journal, 2020

1) 윤태성. 탁월한 혁신은 어떻게 만들어지는가. 레인메이커, 2014 참고

1946년, 개성에서 시작된 〈고려은단 제약회사〉를 모태로 하는 고려은단은 은단 제품 판매가 줄어들면서 비타민C를 주력으로 하는 회사로 변신 중이다. 회사는 2007년에 비타민C 제품을 출시한 이래 2015년부터 드링크 제품인 〈마시는 고려은단 비타민C 1000〉을 내놓으며 비타민C와 관련된 다양한 상품을 내놓고 있다.

100년도 훨씬 더 지난 1893년에 설립된 모리시타 진탄은 1905년부터 은단을 만들어 판매해 왔다. 이 회사도 고려은단과 비슷한 입장이었다. 1980년, 390억 원을 정점으로 매출액이 점점 감소해 2002년 이후로는 30억 원 수준을 벗어나지 못한 것이다. 하지만 2015년 이후, 이 회사 매출은 100억 엔 정도로 우리 돈으로 1,000억 원대 기업으로 다시 살아났다. 그 사이 회사에 어떤 일들이 벌어진 것일까.

회사 측은 은단을 만드는 대신 은단을 제조하는 과정에서 축적된 노하우를 활용하기로 했다. 회사가 가지고 있는 고급 기술을 판매하기로 한 것이다. 모리시타 진탄은 액체를 여러 번 감싸 캡슐을 만드는 기술을 가지고 있었는데, 복층 구조를 만드는 이 기술을 이용해 전체 두께는 0.03mm에 불과하지만, 4겹의 구조로 된 캡슐을 만들 수 있다. 이는 모리시타 진탄이 보유한 최고의 기술 중 하나로, 복합 캡슐은 위장에서 녹지 않고 대장에서 약효를 발휘하는 약품 제조에 꼭 필요한 기술이다. 이뿐만이 아니다. 복합 캡슐 기술을 활용해 인체의 특정 부위에 도달해 그곳에서 약이 녹게 할 수도 있다.

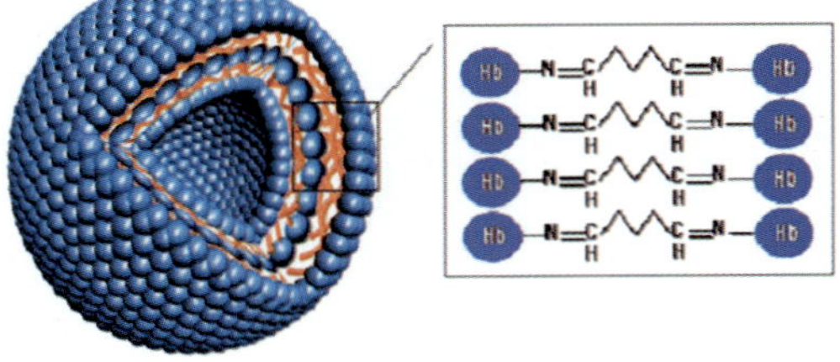

	2 layers	3 layers	3 layers	4 layers	Bio-capsule
Structure	Lipophilic material	Hydrophilic material	Slurry (powder)	Capsule-in-capsule	Semipermeable membrane shell capsule
Function	· Encapsulating lipophilic material · Improving the stability of contents	· Encapsulating hydrophilic material · Improving the stability of contents	· Encapsulating slurry (powder) · Improving the stability of contents	· Double release control · Separation of two high reactive materials	· Growth / cultivation in the capsule
Characteristics	· Quick soluble	· Quick soluble	· Acid resistance	· Oral soluble · Stomach soluble · Enteric	· Semipermeable membrane
	Heat resistance, Frost resistance, Acid resistance, pH-dependent disintegration, Sustained release, Alkali resistance				
Possible contents	· Flavor · Functional oil	· Hydrophilic substance · Fruit juice · Extract	· Hydrophilic substance · Bifidus powder	· Functional oil	· Lactobacillus · Yeast · DNA. cell

모리시타 진탄의 기술력을 보여주는 복합 캡슐

다. 최초의 김치 냉장고

1984년, 국내 최초로 출시된 금성사의 김치 냉장고.
아이스박스 모양의 45리터 용량으로 자체 온도 조절이 가능한 이 냉장고는 딤채 출시(1995년)보다 10년이 앞선 파격적인 제품이었다. 혁신적인 제품이 분명했으나 김장 김치는 독에 담아 땅속에 보관하는 게 일반적이라 시장의 반응은 냉랭했다. 당시로서는 시대를 너무 앞서간 제품이었기 때문이다. 시대와 시장 수요를 앞서간 금성사의 김치 냉장고는 결국 시장에서 사라졌다.

초기 딤채와 이보다 훨씬 앞선 타사의 김치 냉장고 제품 광고

반면에 만도에서 만든 김치 냉장고 '딤채'는 김치 냉장고라는 새로운 시장을 알리는 신호탄이 되었다.
만도 측이 최초의 김치 냉장고 시장을 열었던 가장 큰 이유는 무엇보다 회사 사정이 절박했기 때문이었다. 차량용 에어컨을 주로 만들던 만도기업에게는 에어컨 수요가 뚝 떨어지는 동절기에는 공장도 직원들도 모두 손 놓고 지낼 수밖에 없는 구조적 문제가 있었던 것이다.

사시사철 안정된 일감이 필요했던 회사에서는 수십 년 노하우의 에어컨 냉장기술을 활용할 궁리를 모색하다가 김치 냉장고라는 아이디어를 생각해 냈다. 자동차를 시원하게 하는 것이나 김치 통을 서늘하게 하는 것 모두 차갑게 만든다는 데 있어 별반 차이가 없어 보였고, 기술적 어려움은 더더욱 없었다. 만도기업은 자신들이 갖고 있던 에어컨 제조의 핵심 기술인 냉장 기술을 김치 냉장고에 적용했다. 여름철에 자동차 안을 시원하게 하는 기술로 김치 냉장고 속을 서늘하게 하는 것쯤은 일도 아니었다. 더구나 동절기 유휴인력과 시설을 활용할 수 있다는 점에서 김치 냉장고라는 아이디어는 안정적인 일감을 지속적으로 확보한다는 면에서도 회사 사정상 딱 알맞은 아이템이었던 것이다.

문제는 세상에 처음 나온 '김치 냉장고'에 대한 사람들의 반응이었다. 김치전용 냉장고에 대한 시장성과 상품성에 대해 그 누구도 확신할 수 없었다. 하지만 한국인의 삶에서 김치가 차지하는 남다른 비중을 감안해 볼 때 시도해 볼 만한 가치는 충분했다.

- 사시사철 수요의 존재
- 기본 중의 기본 반찬 김치
- 주부의 손맛, 요리솜씨 가늠자로서의 김치
- 김치 없이 못 사는 한국인의 삶
- 김치 맛을 지켜주지 못하는 기존 냉장고
- 공들인 노력에 비해 너무 빨리 쉬어버리는 김치
- 아파트 중심의 주거 형태라 김장을 묻는 전통 방식의 상실
- 이런저런 이유로 추억의 김장독이 더더욱 그리운 한국인

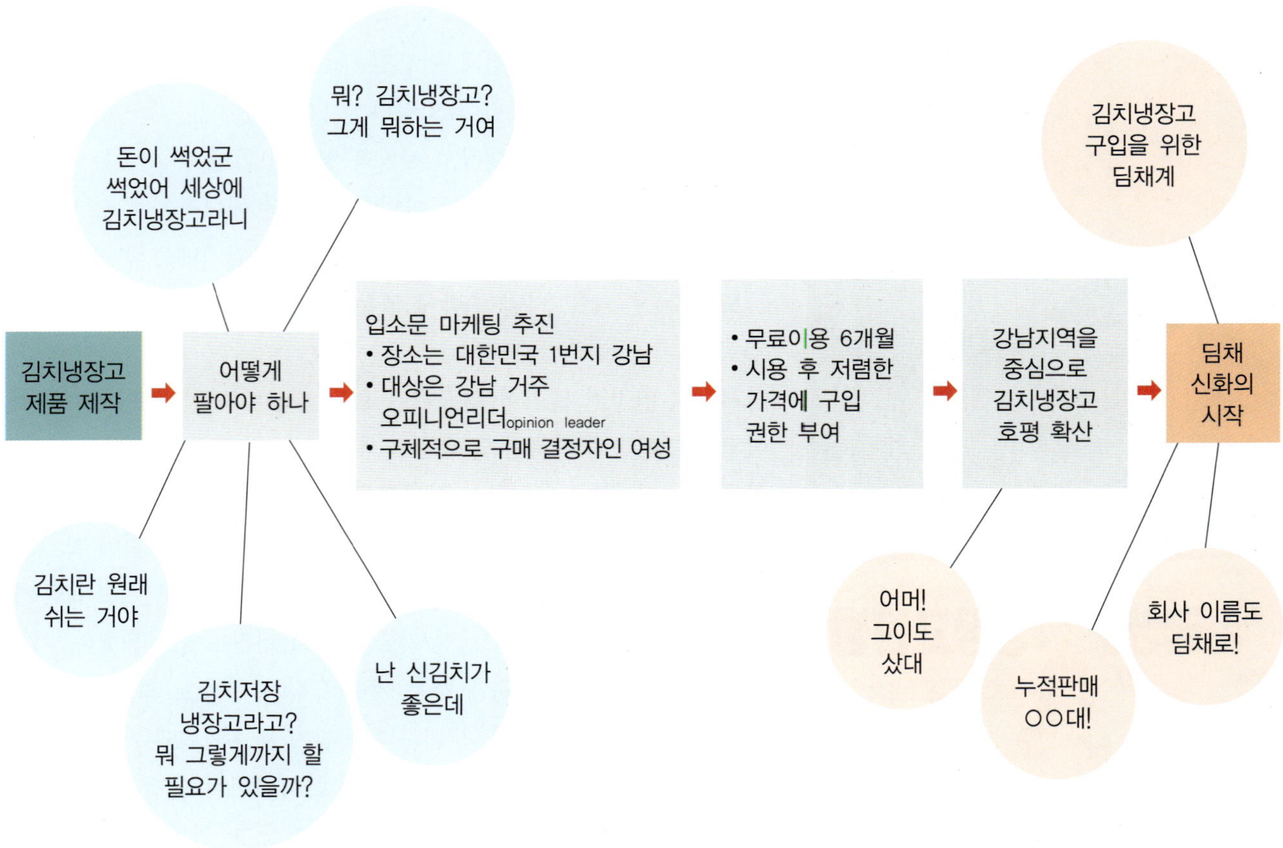

당초 동절기에 남아도는 인력과 시설을 활용하려는 보완적 차원에서 시작된 김치 냉장고는 이후, 만도기업의 주력 분야가 될 정도로 크게 성장했다.

3. 업의 재정의

제품의 기능이나 형태에 의해 사업의 성격을 규정하는 것보다 고객의 관점에서 정하는 것이 더 낫다. 사업이란 단순히 제품이나 서비스를 만들고 제공하는 영역을 넘어 소비자 또는 시장에 존재하는 욕구들을 충족시키는 과정으로 봐야 한다. 제품과 기술은 수시로 나오고 이내 시들해지지만, 사람들이 가진 고객으로서의 욕구는 영원히 계속될 것이기 때문이다.

제품을 지향하느냐 또는 고객을 지향하느냐에 따라 업의 정의는 달라진다. 그리고 업의 정의는 이왕이면 영원히 계속될 고객의 욕구에 초점을 맞춰 고객 지향 관점에서 새롭게 정의되어야 한다.

업의 정의[2)]

기업	제품 지향적 정의	고객 지향적 정의
코레일	철도 사업	빠르고 편리한 운송수단 제공
CJ엔터테인먼트	영화 사업	즐거움 제공
삼성전자	전자제품 사업	즐거움 제공
아모레퍼시픽	화장품 사업	기대감 판매
신도리코	복사기 사업	사무실 생산성 증가
GS칼텍스	가솔린 사업	에너지 공급
조선일보, 경향신문	신문 사업	정보의 생산 및 유통
위니아	냉난방장치 사업	쾌적한 분위기 제공

> 술집을 술을 파는 곳으로 정의하면 이는 업의 개념을 제대로 파악 못한 것이다. 술을 파는 것은 겉으로 드러난 행위이고, 술집을 '샐러리맨의 스트레스를 풀어주는 곳'으로 이해하면 관점이 달라진다.[3)]

술집의 역할을 '스트레스를 풀어주는 곳'으로 보면 해야 할 것과 할 수 있는 것이 급격하게 늘어난다. 술집이라면 술이 필수겠지만, 스트레스를 푸는 곳이라면 술은 부차적일 뿐, 술 이외에 다양한 것들이 들어설 여지가 생기지 않을까. 이 모두가 '업業'

2) 홍성태. 보이지 않는 뿌리. 박영사, 1999
3) 현명관. 아직 끝나지 않은 도전. 매일경제신문사, 2006

에 대한 개념을 새롭게 하였기 때문에 가능한 일이다.

혼다HONDA는 미국 사람들에겐 자동차 회사로, 그리고 일본 사람들에겐 오토바이 제조회사로 잘 알려져 있다. 하지만 혼다는 스스로를 자동차 회사나 오토바이 회사로 국한하는 대신 인간이 타는 것과 관련된 '움직이는 모든 것'을 표방하고 있다. 따라서 혼다는 로봇과 개인용 비행기는 물론, 날아다니는 자동차까지 연구하고 실용화하는 중이다. 스스로를 '자동차 회사'라고 못 박는 대신 '움직이는 모든 것'을 꿈꿔 왔기에 가능한 것이다.

자신이 하는 일의 업의 본질을 무엇으로 정하느냐에 따라 어떤 자동차 회사는 화석연료의 종말과 함께 사라지는가 하면, 어떤 자동차 회사는 우주여행을 가능케 하는 우주선을 만드는 회사로 나아가기도 한다. 자동차가 아닌 움직이는 모든 것을 표방한 혼다이기에 시장 상황에 따라 우주선으로도 충분히 그리고 무리 없이 옮겨갈 수 있을 것이다.

의료기관도 마찬가지다. 질병을 치료하는 곳, 아픈 사람을 치료해 낫게 만드는 곳으로 업의 본질을 정할 수도 있지만, 그렇게 될 경우 아픈 사람들보다 훨씬 더 많은 아프지 않은 사람들이라는 또 다른 시장을 놓칠 수밖에 없다. 반면에 '건강을 돌보는 곳'이라 정한다면 건강한 사람들을 더 건강하게, 건강한 사람들이 아프지 않도록 이를 유지 · 관리해 주는 일도 병원에서 할 수 있을 것이다. 업을 어떻게 정의하느냐에 따라 아픈 사람만 고객이 되는가 하면 세상 모든 사람을 고객으로 삼을 수도 있는 것이다.

가. 판매에서 관리로

(1) GE[4)]

1980년대 초반, 항공기 엔진 시장은 미국의 프랫&휘트니가 전체 시장의 70%를 차지하고 있었고 GE의 점유율은 1/4에 불과했다. 그러나 2010년에 GE는 세계 항공기의 절반 이상에 자사의 엔진을 장착함으로써 경쟁사인 프랫&휘트니와 롤스로이스를 앞질렀다.

4) 야마다 히데오. 그들은 왜 싸우지 않는가. 청림출판, 2016 참고

그런데 무슨 영문인지 GE는 판매 중심에서 서비스 중심으로 비즈니스 모델을 전환했다. GE의 새 서비스 모델은 엔진을 임대해 주는 방식이라, 항공사 측에서는 실제로 비행기를 가동한 시간만큼 비용을 납부하면 된다.
엔진은 항공기 부품 중에서도 가장 고장이 잦은 부품인데, 임대 기간 중 고장으로 사용하지 못한 기간에 대해서는 사용료 청구를 하지 않으니 업체 입장에서는 오히려 반길 일이었다.

GE는 임대 사업을 하면서 엔진 중에서 특히 고장이 잘 나는 부분이 어디인지를 꼼꼼히 파악할 수 있었고, 일정 시간이 넘어서면 고장이 일어나기 쉬운 부품에 대해서도 잘 알게 되었다. 이에 따라 고장이 나기 전에 미리 부품을 교체함으로써 사전에 고장을 막을 수 있었다. 그 결과 엔진 가동 시간이 늘어났고, 임대 수입도 덩달아 증가했다.

GE는 엔진에 여러 개의 센서와 발신 시스템을 설치해 비행 중인 항공기로부터 실시간으로 데이터를 확보했다. 엔진이 탑재搭載된 상태로 문제를 처리할 수 있는 시스템도 갖추었다. 항공사 입장에서는 엔진을 분해 정비하는 빈도가 줄어 비용이 대폭 감소했고, 수리가 필요한 경우 항공기가 착륙하자마자 바로 시작할 수 있어 항공기 운항률도 향상되었다.

어디가 고장이 잘 나는가 보강할 부분이 어딘가 →차기 엔진 개발에 반영	부품별 사용시간은 얼마나 되나 →사전 부품 교체	실시간 원격 관리 →문제 발생 전 문제 해결

GE 혁신의 원동력이자 큰 뒷받침이 되고 있는 엔진사업부(출처 : Esha Dey, GE's Aviation Business is Powering Its Transformation, Bloomberg, 2019.6.19)

이러한 과정을 거친 GE는 엔진의 고장 예방, 보수, 예비 부품 관리 서비스 등을 한데 묶어 '글로벌 엔진 매니지먼트'라는 패키지 서비스를 내놨다.

나아가 GE는 이러한 방식을 MRI, CT 등 의료기기 사업에도 적용했다. 이를 확장하여 2014년 10월, 모든 산업 장비에 센서를 부착해 데이터를 모으고 오류가 발생하기 전에 미리 대응할 수 있는 클라우드 플랫폼인 프레딕스Predix를 개발하여 일반에 공개했다. 제조업체로 세계 최고 기업 반열에 올랐던 GE는 서비스 제공 기업으로 또다시 세계 최고를 향해 탈바꿈하고 있다.

(2) 코마츠

코마츠Komatsu는 시장점유율 2위의 건설 장비 제조 기업이다. 건설 장비는 그 특성상 덩치도 크고 가격도 비싸며 도심에서 멀리 떨어진 오지에서 많이 사용한다. 그러다 보니 기사 인건비가 비싸고 구하기도 어렵다. 이런 사정을 잘 알고 있는 코마츠는 2007년 칠레의 광산에 무인운행트럭을 처음으로 도입했다. 모니터를 보면서 거대한 장비를 운행하는 것이다. 건설 장비는 매우 고가라 개인이 구입하기에는 만만치 않은 제품이다. 이에 회사는 장비를 임대해 주는 방식을 선보였다. 이는 인터넷에 기반을 둔 IT 기술이 뒷받침됨으로써 가능해졌다.

코마츠의 장비에는 위성항법 시스템인 GPS가 달려 있어 어느 곳에 있더라도 정확한 위치를 파악할 수 있다.

장비를 빌려간 업체가 할부금을 연체하면 회사에서는 원격조정으로 해당 장비의 가동을 정지시킬 수 있다. 코마츠 본사에서 원격 조정을 통해 장비의 사용을 막을 수 있다는 사실만으로도 업자에게 미치는 영향은 상당하다. 본사에서 원격으로 언제든지 마음만 먹으면 장비를 멈추게 할 수 있기 때문에 업자들은 장비를 계속 사용하기 위해서라도 성실하게 사용료를 납부할 수밖에 없다.

할부금의 꾸준한 납입을 유도하기 위한 GPS와 원격 통제장치 및 장비 상태 점검을 위한 각종 센서 등을 통해 코마츠는 또 다른 성과를 거뒀다. 예방적이고 선제적인 장비 관리가 가능해지면서 해당 장비의 가동시간이 늘어난 것이다. 센서를 통해 장비 상태를 실시간으로 알게 되면서 장비의 수명도 늘어났다. 더 많이 더 자주 사용하면서도 더 오래 사용이 가능해진 것이다. 적절한 시기에 부품을 미리 교체하면서 장비의 가동률이 올라갔고, 그 결과 할부로 구입해 간 고객이 할부금을 갚을 확률은 더 높아졌다.

나. 콜라 회사에서 음료 회사로 : 펩시코로 회사이름을 바꾼 펩시콜라[5)]

1893년 Caleb Bradham이란 약사에 의해 'Brad's Drink'란 이름으로 첫 선을 보인 이 음료는 1898년에 펩시콜라Pepsi-Cola란 이름으로 바꾸었다. 펩시란 소화digestion에 해당하는 그리스 말πέψη이다. 1965년, 펩시콜라와 프리토 레이Frito-Lay가 합병하면서 회사의 이름은 펩시코PepsiCo가 되었고, 이후 펩시Pepsi와 퀘이커Quaker, 게토레이Gatorade, 트로피카나Tropicana, 프리토 레이Frito-Lay 등 20개가 넘는 브랜드를 거느린 세계적인 업체로 변모했다.

콜라에 관한 한 펩시는 7년 먼저 나온 코카콜라에 밀려 항상 2등일 뿐이었다. 그런 펩시가 2004년부터 코카콜라의 매출액을 앞지르더니 순이익에서도 앞섰다. 펩시는 2005년 12월 12일, 사상 최초로 코카콜라의 시가총액(979억 달러)을 앞질렀다. 펩시의 시가총액은 984억 달러로 회사 규모에서 코카콜라를 누른 것이다.
그동안 펩시가 코카콜라에 밀린 이유는 코카콜라가 선점한 탄산음료 시장에서 코카콜라를 이기려 했기 때문이었다. 승산 없는 싸움에 기를 쓰고 달려들어 힘만 뺐다는 사실을 우리 모두 잘 알고 있다.

5) 이장우, 황성욱. 마케팅 빅뱅. 위즈덤하우스, 2009

최고경영자로 부임한 인드라 누이Indra Nooyi는 펩시의 전체 매출 중 탄산음료의 비중을 20%로 줄였다. 대신 과일주스 업체 '트로피카나' 인수를 시작으로 오렌지주스나 스포츠음료, 생수 등으로 외연을 확장했다. 콜라 회사에서 음료 회사로 거듭난 것이다. 코카콜라가 여전히 매출의 80% 이상을 탄산음료에 의존하는 것과 달리 펩시는 상대적으로 건강식품, 웰빙에 초점을 맞추었다. 탄산음료의 프레임에서 하루빨리 벗어나는 것이야말로 진정 코카콜라를 넘어서는 길임을 깨달았기 때문이다.

탄산음료가 건강을 해치는 음료라는 비난이 이는 가운데 펩시는 기업합병 등을 통해 다양한 음료 아이템을 확보했다. 펩시는 게토레이를 내세워 스포츠음료 시장의 82%를 장악했고, 트로피카나를 앞세워 주스 시장의 28%를 차지하게 되었다. 그러고는 마침내 이를 기반으로 코카콜라를 앞지른 것이다. 뒤늦게 코카콜라는 저칼로리 콜라 상품을 개발하고 건강성을 강조했지만 이 또한 탄산음료의 범주를 벗어나지 못하는 제품에 불과했다. 그러는 사이 펩시의 주요 사업 아이템은 탄산이라는 영역을 넘어섰다.

펩시 로고의 변천사

업의 정의가 '콜라 회사'인 경우와 '음료 회사'인 경우, 얼핏 두 회사 모두 비슷한 회사인 것처럼 보이지만, 사실은 전혀 다르다고 할 수 있다. 콜라 회사로 고정되면 콜라의 흥망에 따라 회사의 존립 여부가 결정된다. 아쉽게도 콜라에 대한 시선이 곱지 않다. 고칼로리로 비만의 주범이자 탄산음료라 건강에도 안 좋은 음료수라는 것이다.

코카콜라가 위대한 기업임은 분명하지만 코카콜라의 핵심인 '콜라'라는 음료는 언제까지나 위대하지는 않을 것이다. 코카콜라의 고민이 바로 여기에 있고, 발 빠르게 회사 이름에서 '콜라'를 지워내고 스포츠 음료와 과일 음료 등을 주력 제품으로 내세운 펩시코의 밝은 미래 또한 여기서부터 시작된다.

4. 불편하고 아쉬운 점에 주목

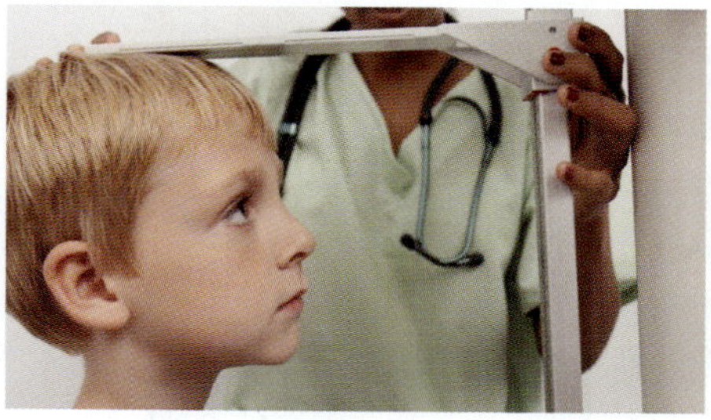

성장호르몬 치료제 노디트로핀을 출시한 노보노디스크

1997년, 덴마크 제약회사 노보노디스크NOVO NORDISK가 성장호르몬 치료제인 노디트로핀Norditropin을 출시했다. 시장에는 제넨테크Genentech의 뉴트로핀Nutropin이라는 제품이 이미 10년 전부터 나와 있었다. 그런 상황에서 유사한 제품으로 뛰어든 것이다. 결과는 놀라웠다. 일찍부터 시장을 선점한 제넨테크를 물리치고 선두자리에 오른 것이다. 성분이나 성능 면에서 별다르지 않았던 후발 주자가 오랫동안 시장을 지배했던 제넨테크를 넘어선 비결은 무엇일까.

2015년 기준 매출 및 시장점유율 비교

제품명	매출	시장점유율
제넨테크 뉴트로핀	2억 달러	5.7%
노보노디스크 노디트로핀	12억 달러	32%

노보노디스크는 기존 치료제의 두 가지 불편한 점에 주목했다.

첫째는 주입 방식인데, 주사제 형태로 된 이 약은 본인이 직접 자신의 몸에 주사하는 방식이다. 하루도 빠짐없이 매일 해야 하는데 그렇지 못한 경우 효과는 크게 떨어졌다. 안타깝게도 사용자의 대부분이 10대 청소년들이다 보니 주사를 거르는 일은 매우 잦았다.

회사는 당뇨병 환자에게 인슐린을 판매해온 덕분에 자가 주입 치료제의 문제점들을 누구보다 잘 알고 있었던 탓에 기존의 타사 제품에 편의성을 보강한 펜 형태의 주사기를 내놓았다. 이 주사기로 적정 용량을 보다 쉽게 주입할 수 있었으며 여러 번 사용할 수 있어 전에 비해 한결 편해졌다. 주사기의 바늘은 매우 가늘어 통증과 불쾌감이 줄었고, 어린 환자의 작은 손에도 꼭 맞게 제작되어 사용이 매우 용이했다. 버튼만 한 번 누르면 나머지는 펜이 다 알아서 했다.6)

6) 사용이 편리함에 대해서는 웹사이트 참조(medscape.com/viewarticle/843800_4)

두 번째는 복잡한 보험절차에 주목했다는 것이다. 성장호르몬 치료제는 한 달 약값만도 수천 달러나 되기에 보험 적용이 꼭 필요한데, 보험 적용을 받으려면 복잡한 절차를 거쳐야 했다.

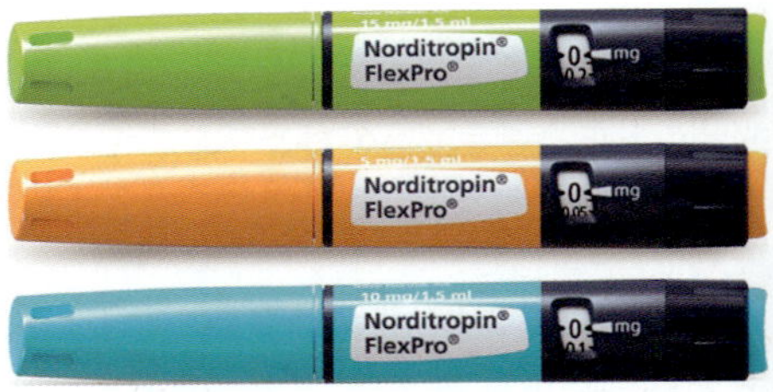

복잡하고 힘들었던 보험사 승인 과정의 신속한 진행을 위해 회사에서는 환자에게 담당자를 붙이고, 보험사 승인을 얻기까지 전체 과정 내내 밀착 안내를 제공하는 노디케어Nordicare라는 환자 지원 제도를 만들었다. 노디케어 담당자는 의사의 처방 지침을 충실히 지키게끔 이런저런 도구들을 제공하는 한편, 치료의 각 단계마다 알고 있어야 하는 사항들을 체크하고, 환자가 느끼는 애로점들이 의사나 병원에 잘 전달될 수 있도록 거드는 등 각종 지원 및 격려 활동을 벌였다.

어렵고 불편한 주입 방식	▶	직접 몸에 주입하는 주사 방식(자가 주사 방식)	▶	개선된 펜 형태의 버튼 방식 주사기
복잡한 보험 가입 및 인증 절차	▶	복잡한 보험 적용 절차와 과정	▶	새로운 환자 지원 제도(노디케어)

얼핏 보기에는 이런 것들이 대수롭지 않아 보일 수 있다. 제넨테크를 비롯한 기존의 다른 회사들은 이런 조치가 환자들에게 미칠 영향력의 중요성에 대해 제대로 인식하지 못했기에 소비자들의 불편함만 계속되어 갔던 것이다. 하지만 노보노디스크가 이 시장에 뛰어들면서 상황은 급반전했다. 후발 주자의 선전에 뒤늦게 업체들이 반격에 나섰지만 이미 승부는 결정 난 뒤였다.

노보노디스크는 치료제의 성능을 개선한 것이 아니었다. 치료와 관련된 여러 가지 문제들을 파악하고, 그 문제들을 해결하고 누그러뜨리는 보완적 수단이나 도구들을 개발해 낸 것뿐이었다.

모두가 약품에 초점을 맞추고 약품 성능 개선에 집중하는 동안 노보노디스크는 이를 사용하는 이용자들의 불편하고 아쉬운 점에 주목함으로써 주도권을 잡을 수 있었던 것이다.

보험 처리에서 약에 대한 궁금증까지 지원하고 있는 NordiCare®와 이를 통해 큰 도움을 받았다는 가족들(출처 : norditropin.com/how-we-can-help/patient-services.html)

5. 아날로그 요소 가미

직접 써봐야 어울리는지 확인할 수 있는 안경을 과연 온라인에서 팔 수 있을까?

온라인에서 안경을 판매하는 모델virtual try-on service을 만들어내 급부상한 곳이 와비파커Warby Parker다. 이 업체는 온라인에서 안경테를 5개 고르면, 모두 견본으로 보내준다. 고객이 5일간 사용 후 마음에 드는 것을 정한 다음 다시 보내면 렌즈를 끼워 고객에게 보내준다. 이런 와비파커가 오프라인 매장을 열었다.

오프라인 매장을 '고객의 소비 경험'이라는 넓은 카테고리 안에 속한 하나의 요소로 보는 것이다. 와비파커는 앞으로 자신들의 브랜드가 오래가기 위해서는 고객을 친구로 만나는 경험을 쌓아야 하고, 온오프라인의 경험을 매끄럽게 연동해야만 한다는 것을 알고 있었다.

와비파커가 오프라인 매장을 낸 것은 회사의 정체성과 거꾸로 가는 것처럼 보였지만, 결과적으로 온오프라인 사업 모두 매출이 늘어나는 효과가 나타났다. 와비파커는 앞으로 1,000개가량의 오프라인 매장을 늘리겠다는 계획을 갖고 있다.

와비파커만이 아니라 최근에 패션 브랜드들이 하나둘 호텔을 오픈하고 있는 것도 이와 비슷한 이유다. 도쿄의 코에 호텔이 대표적인 예다. 의류는 길어야 쇼핑 시간이 30분을 넘지 않는다. 그 짧은 경험의 시간을 숙박이라는 24시간으로 바꾸는 것이다. 오프라인의 가치가 무엇인지를 아는 브랜드인 것이다. (김지헌. 디스 이즈 브랜딩. 턴어라운드, 2019)

가. 편지의 힘

(1) 아리수미디어

아리수미디어가 시장에서 처음 자리 잡게 된 건 미국의 브라더번드Broderbund라는 굴지의 소프트웨어 제작사와 손을 잡게 되면서부터다. 브라더번드는 세계 굴지의 출판사 랜덤하우스와 함께 살아 있는 책이라는 뜻의 '리빙북스Living Books'라는 전자책을 내놓은 대단한 기술력의 회사였다. 이들이 내놓은 리빙북스는 상호대화적인 전자 동화책으로 전 세계 컴퓨터 마니아들과 멀티미디어 프로그래머들의 감탄과 존경을 한 몸에 받았다.

용산 전자상가에서 우연히 리빙북스 타이틀을 본 아리수미디어 사장은 그 탁월한 솜씨에 경외감마저 들었다.
브라더번드와 합작해 리빙북스를 국내에 소개하고 싶었다. 하지만 작은 소프트웨어 회사의 제안에 응답할 리 없었다. 고민 끝에 편지를 보내 호소하기로 했다. 기술과 자본 등 어느 것 하나 내세울 게 없었던 입장에서 브라더번드의 마음을 얻는 것 말고는 달리 방법이 없었기 때문이다.
아리수미디어 사장은 소프트웨어를 보면서 느꼈던 경이로움과 한국이 작은 시장이지만 매우 빨리 성장하는 시장이라는 것과 한국의 학부모들이 아동교육에 열성적이라는 점을 역설했다. 에이포A4용지 2장을 꽉 메운 편지에다 마지막 문장은 다음과 같은 내용으로 끝을 맺었다.

"이렇게 훌륭한 콘텐츠를 한국의 소비자에게도 소개할 권리를 왜 가질 수 없는지 이해할 수 없습니다. 그것은 권리가 아니라 하나의 의무이기도 하다고 생각합니다."

출근하자마자 팩스가 왔는지를 확인하고, 팩스 오는 소리만 들리면 득달같이 일어나 팩스기 앞으로 달려가는 나날이 2주 넘게 흐르던 어느 날 아침, 마침내 영문 팩스 한 장이 들어왔다.

"아주 감동적인 편지였습니다. 거래를 시작합시다."

아리수미디어 이건범 사장은 도저히 불가능할 것만 같았던 브라더번드와의 합작을 마음을 여는 편지의 힘을 통해 성사시킬 수 있었다.

(2) 윤생진과 4,000장의 엽서

1978년 봄, 금호그룹 기능직 사원 모집에 지원한 윤생진은 인사과에서 치른 입사 면담에서 꿈이 무엇이냐는 질문을 받았다. 그는 부장이 되는 거라고 대답했다. 순간 주위는 웃음바다로 변했다. 기능직 사원이 과장이 되려면 단 한 번의 승진 누락도 없이 꼬박 30년이 걸리기 때문이었다. 실제는 이보다 더 힘들다. 기능직 사원 중에서 부장은커녕 주임조차 되는 경우가 거의 없었기 때문이다.

고졸 출신의 윤생진은 한 번도 힘든 특진을 무려 일곱 번이나 거듭하더니 마침내 입사 20여 년 만에 금호그룹의 상무가 되었다. 가진 거라곤 오직 몸뚱이와 깡다구뿐이었다는 그는 1만 8,600건의 경이적인 아이디어를 제안하여 금호그룹 제안 왕에도 올랐다.

1990년대 중반, 그룹 전체 사업계획 보고회에서 타이어 부문 국내 시장 1위를 탈환하자는 그룹 오너의 강력한 주문이 있었다. 그는 회사의 목표를 이루는 데 동참하고자 묘안을 짜내기 시작했다. 이를 위해 초·중·고 동창, 친척, 향우회, 전국 명장회, 품질관리 담당자는 물론이고 그가 아는 모든 사람들에게 엽서를 보내기로 결심했다. 대략 따져 보니 수천 명은 될 것 같았는데 이들에게 다음과 같은 내용을 직접 손으로 적었다.

"그동안 보살펴 주셔서 대리에서 차장으로 2계급 특진했습니다. (중략) 타이어를 이용하실 때는 반드시 저희 제품을 이용해 주십시오. 그리고 그때마다 제 사원 번호를 입력해 주시면 고맙겠습니다."

스포츠조선

매년 2천건씩 아이디어 박사

윤생진

한국경제 A31 2003년11월12일 수요일

"일곱차례 특진 이렇게 했어요"

생산직 사원서 출발한 금호 윤생진 상무 자서전 발간

그날부터 온 식구가 1년 내내 매달렸다. 이렇게 해서 보낸 엽서가 무려 4,000장. 그 해 연말 타이어 개인판매 부문에서 당당하게 1위를 차지했다.

당시 윤생진은 타이어 분야가 아닌 그룹 전략경영본부에 속해 있었다. 따라서 타이어 부문 1위 탈환이라는 과업은 그의 책임 밖의 일이었다. 하지만 그는 누구도 시키지 않은 일을 스스로 원해서 해냈다. 고졸 사원인 자신의 잠재력을 헤아려준 회사가 고마웠고, 기능직 사원인 자신을 그룹 전략경영본부로 뽑아준 데 대한 감사의 마음이 아니었을까? 가슴 가득 차오른 열정을 구구절절한 사연으로 담은 4,000장의 엽서는 그를 더욱 빛나게 해주었다.

(3) 힘찬 병원

〈보랏빛 소가 온다〉의 저자 세스 고딘의 후속작 〈이카루스 이야기〉에는 다음과 같은 전화 한 번 안 하는 의사 얘기가 나온다.

얼마 전 나는 어떤 의사에게 가벼운 수술을 받았다. 나는 그가 메스 같은 섬뜩한 의료 도구를 얼마나 잘 다루는지 알지 못한다. 마취 상태에서 수술을 받았기 때문이다. 그러나 그 의사가 수술 이후의 좋은 기회들을 놓쳐버렸다는 사실은 확실히 안다. 수술이 끝나고 의사는 결과를 확인하기 위해 나를 보러 왔다. 그때 나는 마취에서 깨어나지도 않은 상태였다. 그리고 퇴원 후 지금까지 그 의사는 상태를 묻기 위해 전화 한 번 한 일이 없다.

사실 특정 세대 의사들 사이에서 이런 모습은 그다지 낯선 게 아니다. 그들은 자신의 역할이 사람들을 위로하는 것보다 수술을 잘하는 데 있다고 생각한다. 물론 의사의 전화나 이메일 안부가 신체적인 고통을 덜어 주는 것은 아니다. 하지만 환자의 마음은 그게 아니잖은가. 유용한 정보까지는 아니라도 심리적인 위안을 받거나 경과가 정상이라는 얘기만 해줘도 엄청 고마워할 것이다.

산업주의자들에게 제품은 제품이고 거래는 거래다. 일단 판매를 하고 나면, 위험은 모두 구매자의 몫이 된다. 하지만 아티스트들에게는 영향과 연결이 아트의 중요한 일부분이다. 만약 그 의사가 아트를 추구하는 사람이었다면 귀한 연결의 기회인 안부 전화를 그렇게 소홀히 하지는 않았을 것이다. 점원이 시킨 일만 할 때, 대리점이 지시에만 따를 때, 그들은 아트의 소중한 기호를 날려 보내는 것이다. 사람들과 연결되는

일, 영향을 미치는 일에 관심을 두지 않는다면 머지않아 한계에 부딪힐 것이다.[7)]

아티스트들은 관객들에게 관심을 기울이고, 이를 통해 자아를 넓히고 새로운 관계를 형성함으로써 관객을 변화시킨다. 하지만 근로자들은 상사의 지시에 따름으로써 문제가 생길 경우 이를 상사에게 전가하려 하며, 자신이 수행한 일임에도 불구하고 그 일에 진정으로 관심을 기울이는 경우는 흔치 않다. 그런 면에서 볼 때 세스 고딘이 얘기한 '관심을 기울이고 그에 따라 행동하는 사람은 작품을 창조하고 있는 것이다'는 말은 절대로 과장된 것이 아니다.

편지 쓰는 의사 '10년간 1만 2천 통'(출처 : 한경플러스, 2010.4.29)

위와 같은 의사에 비하면 관절수술 전문 병원 〈힘찬 병원〉의 이수찬 원장은 참 별난 사람이다. 서울과 인천 등지에 관절 전문 병원을 운영하고 있는 그는 편지 쓰는 의사로 더 유명하다.

이 원장은 2000년부터 지금까지 수술받은 환자에게 1만 2,000여 통의 편지를 직접 써 보냈다. 받은 답장만 해도 500페이지 분량 책으로 일곱 권에 달한다. 시작은 1998년 가천의대 동인천 길병원 교수 시절부터였다. 한 달에 한두 통이라면 모르겠지만 거의 매일 편지를 쓴다는 것은 보통 일이 아니다. 하지만 그렇게 신뢰를 쌓은 환자가 있었기에 2002년 인천에 힘찬 병원을 개원했을 때 금세 자리 잡을 수 있었다.[8)] 힘찬 병원은 서울(4곳)을 비롯한 수도권 6곳과 부산, 창원 등 8개 병원에 12,000병상을 보유한 관절 척추 병원으로 성장했다.

우즈베키스탄에 진출한 100병상 규모의 힘찬 병원(출처 : 의학신문, 2019.11.25)

---

7) 세스 고딘. 이카루스 이야기. 한국경제신문, 2014
8) 최명기. 마음이 경영을 만나다. 허원미디어, 2011 참고

이미 열 군데가 넘는 회사에서 각각 영화, 방송, 뮤지컬, 연극으로 만들겠다고 저작권 신청을 해놓은 상태였다. 말하자면 우리는 막차를 탄 셈이었다. 그래도 끝날 때까지는 끝난 게 아니니까 해보는 데까지 해봐야 한다고 판단했다.
우리의 진심을 보여주는 것이 먼저라는 생각이 들었다. 마음을 전할 방법을 찾다가 직접 손으로 편지를 쓰기로 했다. 속도로 치자면 이메일이 훨씬 빠르지만 왠지 디지털 신호로 바뀌면서 마음이 탈색될 것 같았다. 정확한 내용은 기억하지 못하지만 아래와 같은 내용이었다.

선생의 작품을 빼놓지 않고 읽는 팬의 한 사람으로, 이 작품을 연극으로 만들고 싶다. 연극으로 성공하고 그 다음에 업그레이드시켜 뮤지컬로도 만들어보고 싶다. 이 작품을 다른 장르로 개발하기 위해 여러 곳에서 말이 오간 것으로 알고 있다. 서울연극협회장을 맡았던 만큼 연극에 대한 사명감과 책임감을 갖고 작품 활동을 해오고 있다. 원작에 손상이 가지 않게, 선생께 부끄럽지 않게 최선을 다해 만들겠다. 제작비도 과감하게 투자해서 고급스럽게, 소설이 갖고 있는 이미지에 전혀 손상이 가지 않게 하겠다.
우리는 차범석 선생의 희곡 〈산불〉을 〈댄싱 섀도우〉라는 대형 뮤지컬로 만들었고, 김영하 작가의 소설 〈퀴즈쇼〉를 뮤지컬로 만든 경험도 있다. 지금 황지우 시인의 희곡 〈오월의 신부〉도 뮤지컬로 만들고 있다. 〈엄마를 부탁해〉를 정말 좋은 연극으로 만들어보겠다. 많은 사람들이 볼 수 있도록 홍보마케팅에서도 투자를 아끼지 않겠다. 한 번도 서로 만나지는 못했지만 좋은 인연이 될 수 있다고 확신한다. 꼭 우리에게 기회를 주면 고맙겠다.

일주일이 더 지나고서야 답장을 받았다. 신경숙 작가가 보낸 이메일은 간결했다.
'결정단계에서 편지가 왔다. 정말 시기적절하게 좋은 제안을 해줘서 고맙다. 편지를 받고 출판사에 작품을 잘 만드는 곳에서 하고 싶다고 하니 같이 포함시켜서 저작권 심사를 해달라고 했다. 대형 작품을 만든 믿을 만한 회사라고 소개해 두었으니 빨리 접촉을 해보시라.'
진심이 통한 것일까? 간결한 내용이었지만 이보다 더 든든한 대답은 없을 것이다. 작가가 말을 넣어준 덕분에 일은 일사천리로 진행되었고, 며칠 지나지 않아 계약에서 극장 대관까지 마무리 지었다. (박명성. 세상에 없는 무대를 만들다. 북하우스, 2012)

나. 직접 만져보고 보게 하라

카탈로그와 전단지만으로는 한계가 있었다. 직접 보지 않은 상태에서 물건을 고른 고객들이 실제 제품을 받아본 후 실망하면 장기적으로 통신판매 방식은 지속되지 못하기 때문이었다. 게다가 당시에는 요즘으로 치면 너무 당연한 반품할 수 있는 권리 개념도 없었던 때라 그 위험은 더 컸다.

오랜 고민 끝에 잉바르 캄프라드는 당시로는 파격적인 아이디어를 생각해냈다. 판매하는 제품을 직접 전시하는 것이었다. 고객들로 하여금 전시장을 찾게 해 구입할 가구를 직접 확인하고 여러 제품을 비교할 수 있게 한다면 사람들의 신뢰를 얻게 될 것이라고 생각한 것이다.

1951, 1955, 1962, 1967년도 이케아 카탈로그 표지 사진

그는 엘름훌트에서 비어 있는 제재소 건물을 발견했다. 엘름훌트는 인근 지역에서 가장 큰 도시로 기차역이 있는 곳이었는데, 바로 이곳에 이케아IKEA 최초의 전시장을 세웠다.

캄프라드는 사무용품과 필기구 판매를 포기하고 가구사업에만 집중하는 것이 좋겠다는 생각에, 가구 등 가정용품을 주요 취급품목으로 정하고 카탈로그 맨 뒷장에 전시장 초대장을 첨부했다.

전시장 개관일은 1953년 3월 18일로 엄청난 수의 방문객들이 밀려왔다. 가구는 2층에 전시했는데 바닥이 무너지면 어쩌나 싶을 정도로 매장이 미어터졌다. 내방객들에게 커피와 과자를 제공하겠다고 했지만 그마저도 일찍 동이 났다. 통신판매와 가구 전시장의 조합으로 28세의 캄프라드는 큰 성공을 거뒀다. 고객들은 카탈로그로 미리 원하는 가구를 정했고, 전시장에 와서 이를 직접 확인할 수 있었다. 판매량은 급증했고 점점 더 많은 스웨덴 사람들이 이케아 카탈로그를 신청하게 되어, 1950년대 중반에는 매년 50만 부 넘는 카탈로그를 제작할 정도로 큰 인기를 모았다.

6. 경쟁의 고려

가. 경쟁이 없는 곳의 선택

40대 중반의 한 남자가 벤 프랭클린Ben Franklin이라는 할인점의 일부를 관리하고 있었다. 그는 교외에 사는 사람들이 유통비용 때문에 물건을 비싸게 구매한다는 것을 알고 회사 중역에게 지방 소도시에 할인점을 열자고 제안했다. 하지만 그는 5만 명 이하의 소도시에서 애써 가격을 할인할 필요가 없다며 단칼에 거절했다.

1962년, 그는 아칸소의 작은 도시 로저스에 첫 상점을 열었다. 30년 후, 상점은 1,720개로 불어났으며 해마다 150개의 상점을 새로 열었다. 1990년에 이미 세계 최대의 소매점인 시어즈의 매출을 추월해 거대 조직으로 성장했다. 주인공은 바로 월마트Wal-Mart이며, 그 사람이 샘 월튼Sam Walton이다.

'경쟁이 없는 곳' 하면 제일 먼저 떠오르는 게 '월마트'다. 월마트는 당시 할인점 분야의 절대 강자였던 케이마트Kmart가 없는 곳만을 골라 힘을 키웠다. 창업주인 샘 월튼은 대형 할인매장이 들어서기엔 인구가 너무 적어 케이마트 같은 대형 업체들은 꿈에도 생각하지 않은 곳에 진출해 점포를 세웠다. 월마트는 경쟁이 거의 없는 소도시를 중심으로 점포를 열어 그 지역을 완전히 석권했고, 여기서 나오는 이윤으로 좀 더 큰 도시에 진출하고 더 많은 매장을 세워 나갈 힘을 얻었다. 대도시 외곽과 중소도시에서 힘을 키운 월마트는 그 여세를 몰아 대도시로 사업을 확장할 수 있었다. 그리고 마침내 유통업계의 공룡이라 불리던 케이마트를 누르고 최고의 자리에 올랐다.

> * Walmart Inc.
> 아칸소 주 벤턴빌에 본사를 둔 대형 슈퍼마켓, 할인 백화점 및 식료품점 체인을 운영하는 미국 기업으로 1962년 샘 월튼에 의해 설립되었다.
> 2019년 포춘 글로벌 500대 기업 목록에 따르면 월마트는 매출 기준으로 세계에서 가장 큰 회사로 5,240억 달러를 기록했으며 직원 수도 220만 명에 달하는 세계 최대 민간 기업이기도 하다. 월마트 매출의 65%는 미국에서 발생하며, 캐나다, 영국, 중미, 남미 및 중국에서의 성공과 달리 독일과 한국에서는 매장 철수라는 실패를 경험한 바 있다.

손자孫子는 싸우지 않고 승리하는 것이 최고의 전략이라고 했다. 세계 최대의 유통업체 월마트 역시 그러한 전략으로 성공을 거두었다.

샘 월튼이 세상을 떠날 때 그는 미국 최고의 부자였고 월마트는 소매업 분야에서 미국 최대 기업이 되었다. 아칸소 주 로저스에 첫 점포를 연 지 30년 만에 이룬 성과였다.

나. 싸움의 방식이나 싸움터 바꾸기

(1) 게임의 룰을 바꾼 CGV

영국의 항공학자 란체스터Frederick William Lanchester는 1·2차 세계대전의 공중전을 분석한 결과, 성능이 같은 아군 전투기 5대와 적군 전투기 3대가 공중전을 벌인다면 최종적으로 살아남는 아군 전투기는 2대가 아니라 그 차이의 제곱인 4대가 된다는 것을 알아냈다. 전투력의 차이는 격차의 산술적 차이가 아니라 그 제곱만큼 벌어진다는 것이 란체스터 법칙이다.

언뜻 보면 강자가 유리하다는 얘기인 것처럼 보이지만 사실은 약자가 강자와 동일한 장소, 동일한 무기, 동일한 방법으로 정면대결을 벌여서는 안 된다는 뜻이다. 약자가 강자를 이기려면 전투 조건을 다르게 가져가야만 싸움에서 이길 수 있다는 것을 말하는 것이다.

그렇다면 약자가 강자를 이길 수 있는 방법은 무엇일까? 먼저, 전쟁터를 바꾸는 것이다. 예를 들어 싸우기에 불리한 지형이라면 유리한 곳으로 싸움터를 옮겨야 한다. 전쟁터를 바꾸지 못하는 경우라면 어떻게 해야 할까. 그때는 무기를 바꿔야 한다.[9]

영화업계에서 후발 주자였지만 경쟁의 정의를 새롭게 함으로써 업계를 주도한 기업이 있다. 1990년대 중반, 국내에 처음으로 멀티플렉스 영화관을 소개하며 우리나라

9) 이장우, 황성욱. 마케팅 빅뱅. 위즈덤하우스, 2009 참고

영화 유통의 주도권을 거머쥔 CGV가 그 주인공이다.
사업 초기, CGV는 어떤 영화관을 만들 것인지 고민했다. 기존의 극장들이 지배하는 시장에서 비슷한 극장을 또 하나 더 만들어 봤자 결과는 뻔했다.
이들이 내린 결론은 '기존의 방식으로는 도저히 어렵다'는 것이었다. 돌파구를 찾아야만 했다.

CGV가 집중 공략한 부분은 바로 싸움의 방식(장소)을 바꾸는 것이었다. 단관 형태의 기존 영화관들이 따라 하기 힘들도록 복합상영관(멀티플렉스 영화관)이라는 전혀 새로운 싸움 장소를 창조한 것이다. 후발 주자인 CGV는 보유하고 있는 극장이 하나도 없었기에 새로운 극장을 도입하는 데 상대적으로 용이했다.

수십 년째 영화관에 둥지를 튼 기존 극장과 극장주들이었음에도 불구하고 CGV가 꺼내든 복합상영관은 이들에게 너무나 낯선 방식이었다. 멀티플렉스 영화관으로 게임의 룰을 바꾸면서 CGV는 경기를 주도할 수 있었고 마침내 큰 승리를 거머쥐었다. 기존의 극장주들이 보유한 극장들은 하나같이 대규모의 단일관 형태라 이를 하루아침에 복합관으로 만들기란 무척 어려웠다. 영화판 경력은 보잘것없었지만, 복합상영관이라면 누구보다 앞섰던 CGV였다. 복합상영관은 CGV가 선택한 신의 한 수였다.

(2) 헌책방의 영업 기준을 새로 만든 북오프

1990년 5월, 가나가와 현 사가미하라 시에 35평짜리 중고서적 판매점 〈북오프 1호점〉이 문을 열었다. 알고 지내던 중고서적 판매업자의 재고를 넘겨받은 덕분에 간신히 1호점을 낼 수 있었다. 전단지를 만들고 입간판을 세운 다음 문을 여니 70~80명

이나 되는 사람이 줄지어 들어왔다. 그 줄은 폐점 시각인 밤 10시까지 이어졌다. 사람들의 줄이 끊이지 않았고, 중고서적이 불티나게 팔려나갔다.

그간 중고서적 판매업은 책에 대한 눈썰미가 있어야 할 수 있다고 알려져 있었다. '띠지가 남아 있는 책', '저자의 사인이 들어간 책'은 희소가치가 있어 값을 더 쳐줘야 했다. 수많은 책 중에서 찾는 사람은 많으나 재고가 부족한 책 혹은 절판된 책 등을 골라 내는 책에 대한 안목은 필수였다. 하지만 그런 식견을 갖추는 데 오랜 시간과 수련이 필요하다 보니 헌책방은 아무나 쉽게 할 수 있는 일이 아니었다. 한마디로 말해 누구나 쉽게 뛰어들 수 없는 매우 특이한 업종이라고나 할까.

하지만 북오프는 헌책방을 책에 대해 잘 모르는 사람도 할 수 있는, 더 나아가 누구나 할 수 있는 업종으로 바꿔놓았다. 누가 쓴 책이고 언제 나온 책이며 수요는 또 얼마나 되는지에 대해 전혀 몰라도 상관없었다. 팔려고 가져온 책이 깨끗한지 아닌지만 확인하고, 정가의 10%에 구입해 50% 가격에 되파는 게 전부였다. 1,000엔짜리 책을 100엔에 사들여서 500엔으로 파는 게 북오프의 원칙이다. 희귀본이나 고서적 혹은 저자 사인이 들어 있는 책도 마찬가지였다. 책의 가치가 아니라 상태와 정가표를 기준으로 매입 여부를 결정했을 뿐, 다른 것은 전혀 살피지 않았다.

아무나 할 수 없는 헌책방을 누구나 마음만 먹으면 할 수 있도록 영업 기준을 새로 만든 덕분에 35평으로 시작한 1호점은 금세 200평의 대형 서점으로 커졌고, 체인점도 1,000개 가까이 늘어났다.

• 북오프의 비즈니스 모델

정가 1,000엔짜리 책을 100엔에 사들여 500엔에 팔고, 석 달이 지나도 팔리지 않는 책은 100엔으로 가격을 낮춘다. 같은 책이 세 권 이상 쌓이면 100엔으로 가격을 낮춘다. 이것이 지금은 1,000여 개 점포로 늘어난 북오프 체인점의 시스템이다.[10)]

북오프가 발표한 2018년 3월기 연결결산에 따르면 최종적자 8.8억 엔이었다. 2016년 5.2억 엔, 2017년 11.5억 엔 적자에 이어 3년 연속이다. 매출액도 전년 대비 1.6% 줄어든 800억 엔이었다. 2010년 1,100개에 달하던 매장 수는 올해 3월 말 시점 825개로 8년 만에 300개 가까이 줄었다.

---

10) 사카모토 다카시. 오레노 식당. 북앳북스, 2016

부진의 주된 요인은 매년 감소하고 있는 매입액을 보면 알 수 있다. 중고서적 매입액은 2016년 3월기 마이너스 3.5%, 2017년 3월기 마이너스 4.9%, 2018년 3월기도 2.3% 줄어들며 감소세를 이어가고 있다.
매입액이 줄고 있는 이유는, 중고책을 파는 사람 입장에서 북오프의 '떨이식' 매입에 대한 부정적인 인식이 광범위하게 퍼져 있다. 인터넷 통신기술의 발달로 판매자와 구매자의 매칭이 쉽고, 주된 구매자가 개인인 인터넷 중고거래의 특성상 원하는 상품이라면 다소 높은 가격을 제시하고라도 손에 넣고 싶어 하는 경향이 강해 뜻밖의 고가로 거래가 이루어지기도 하기에 굳이 북오프에 가지 않더라도 인터넷을 통한 거래가 개인의 입장에서 보면 이득인 셈이다.
인터넷 통신 기술의 발달이라는 외부적 환경 변화가 기존 북오프 비즈니스 모델의 근간을 흔드는 주된 요인 중 하나가 분명하다. 전자상거래 활성화는 북오프의 매입 측면만이 아니라 판매 측면에서도 부정적인 요인으로 작용해 오프라인 매장 중심의 북오프 입지는 더 한층 쪼그라들 수밖에 없는 상황이라는 것이 점포경영 컨설턴트 사토 마사시의 주장이다.
한때 일본의 중고서적 거래 시장의 60%를 점유하며 골목길을 환히 밝히던 북오프 간판의 불빛이 중고책 표지처럼 빛바래 보인다.
(한기성, 日중고책 유통시장의 청사진을 그리던 '북오프'는 지금, 프레스맨, 2018.5.30 엔터프라이즈리포트 중에서)

(3) 책 판매에서 추천으로 바꾼 이와타 서점岩田書店

일본 홋카이도 중서부의 한적한 시골마을 스나가와砂川시.
탄광촌이던 이곳의 현재 인구는 1만 8,000여 명으로 이와타 서점은 이곳에 있는 유일한 서점이다. 40평 규모의 동네 책방인 이곳은, 1958년 광부였던 부친이 개업한 서점을 이와타 사장이 물려받은 것으로, 서점의 대형화와 온라인화로 지방 서점들이 사라지고 있는 가운데 이와타 사장이 내놓은 일만선서一萬選書 서비스가 큰 주목을 받고 있다. 이는 책을 주문한 사람에게 서점 주인이 알아서 골라 1만 엔어치를 보내주는 것으로 중학교 시절부터 도서관의 거의 모든 책을 섭렵한 독서광이었던 서점 사장의 경륜이 없었다면 쉽지 않았을 사업 방식이다.

이 서비스를 시작한 계기도 무척 흥미롭다. 고교 동창회에 참석했던 그가 동네 서점의 어려움을 토로하자 몇몇 선배들이 재미있는 책을 골라서 보내달라며 1만 엔씩 건넨 것이 계기가 되었다. 엉겁결에 선금을 받게 된 그는 어떤 책을 보내야 할지 고민하던 중에 큰 깨달음을 얻었다고 한다.
그동안 어떤 책이 잘 팔릴지를 생각해 책을 구비해 왔는데, 그렇게 아니라 독자의 관점에서 필요한 책이 무엇인지를 생각하게 되었고 그런 책들 위주로 서점의 서가를 채우기로 한 것이다.

이와타 서점(출처 : 중앙일보, 2014.10.15)

일만선서 서비스는 주문이 들어오면 조사부터 한다. 고객의 직업 · 나이 · 가족구성은 물론이고, 최근에 읽은 책과 그에 대한 느낌, 지금까지 살아오면서 즐거웠던 때와 슬펐던 때 그리고 가장 행복했던 기억에 대해 물어본다. 꽤나 신중한 조사 과정에서 고객들은 자신의 독서 편중도와 인생의 의미를 되돌아보는 기회를 얻고, 서점 입장에서도 독자가 원하는 것, 나아가 보완해야 할 분야까지 알 수 있게 된다고 한다.

다. 외부와 연대하기

(1) 골드코프Goldcorp 챌린지 콘테스트

골드코프는 금광업계에서는 널리 알려진 유력 기업이다. 하지만 점점 줄어드는 금 채굴량 탓에 회사의 미래가 불안해져만 가던 1999년의 어느 날이었다. 골드코프의 맥이웬 사장은 MIT 대학 강연에 참석했다가 리눅스Linux에 대한 얘기를 듣고 지끈지끈했던 머리가 환해지는 느낌을 받았다.

리눅스는 핀란드 헬싱키 대학에 다니던 리누스 토발즈Linus Torvalds가 개발한 유닉스 기반 PC 운영체제로, 리누스는 소스 코드를 전부 공개했고 이에 열광한 전 세계의 수많은 프로그래머들이 다수를 위한 공개 원칙하에 자연스럽게 개발자 그룹을 형성해오고 있다.

맥이웬 사장의 머릿속에 골드코프의 직원들이 더 이상 금을 찾을 수 없다면, 수많은 지원자들의 참여로 리눅스가 끊임없이 나아지는 것처럼 자기 회사도 외부인들의 도움을 받으면 어떨까 하는 생각이 들었던 것이다.

그의 생각을 실행에 옮기려면 리누스 토발즈가 했던 것처럼 소스 코드에 해당하는 광산에 대한 지질 정보를 모두 공개해야 하는데 그것이 제일 큰 문제였다. 이는 광산업이 매우 은밀한 사업 특성을 지니고 있어, 광산에 대한 지질 정보는 끝까지 비밀로 해야 할 아주 중요한 것이었기 때문이다. 만일 그의 생각을 실행에 옮겨 회사가 가진 지질 정보를 모두 공개할 경우, 이는 한마디로 회사의 재산을 송두리째 내버리는 행위나 다름없었던 것이다.

2003년 3월, 총 57만 5천 달러의 상금이 걸린 '도전 골드코프Goldcorp Challenge' 콘테스트가 열렸다. 약 6,730만 평에 달하는 광산에 대한 모든 정보가 골드코프 웹사이트

골드코프는 IBM과 협력하여 왓슨Watson 컴퓨터를 활용한 인공지능AI 기술을 금광 탐사에 도입하고 있다. 시추 보고서에서 지질 조사 정보에 이르기까지 방대한 양의 데이터를 분석하기 위해 왓슨이 이용되는데, 탐색할 특정 영역을 결정하고 탐사 지점의 지질 모델을 계산하고 해석하는 데 도움을 주고 있다.(출처 : Goldcorp turns to AI for mine exploration, Equipment Journal, 2017.9.3)

에 공개됐고, 이 소식은 인터넷을 통해 빠르게 퍼져 나갔다. 전 세계 50여 개국에서 1천여 명에 달하는 숨은 실력자들이 바쁘게 데이터를 분석하기 시작했다. 몇 주 후, 세계 곳곳에서 골드코프 본사로 분석 결과를 보내왔다. 예상했던 대로 전문 지질학자들도 있었지만 놀랍게도 대학원생, 컨설턴트, 수학자, 군 장교 등 참가자들의 면면은 다양했다.11)

콘테스트 참가자들이 새롭게 찾아낸 유력한 후보지는 110곳에 달했다. 놀라운 사실은 그중 절반 정도는 골드코프 스스로도 눈여겨보지 않았던 지점이었다. 회사에서는 이들이 알려준 후보지의 80% 이상에서 220톤에 달하는 금을 채굴할 수 있었다.

콘테스트 방식은 지금까지 해왔던 회사 내 지질탐사 팀의 작업 기간을 3년 가까이 단축시켜 주었을 뿐만 아니라 매출 1억 달러 기업을 90억 달러 규모의 기업으로 성장시켰다. 또한 생기를 잃고 사양화되던 온타리오 광산 지역에 큰 활기를 불어넣었다.

(2) 레고LEGO와 마인드스톰

덴마크의 블록 장난감 기업인 레고에서 마인드스톰을 개발했을 때의 일이다. 마인드스톰이란 레고사와 MIT 미디어랩의 합작으로 개발된 제품이다.

문제는, 로봇을 만들고 프로그래밍까지 할 수 있는 제품의 특성상 이용자들 중 일부가 레고사의 컴퓨터를 해킹해 마인드스톰 제어 장치 프로그램을 제멋대로 바꾼 다음 이

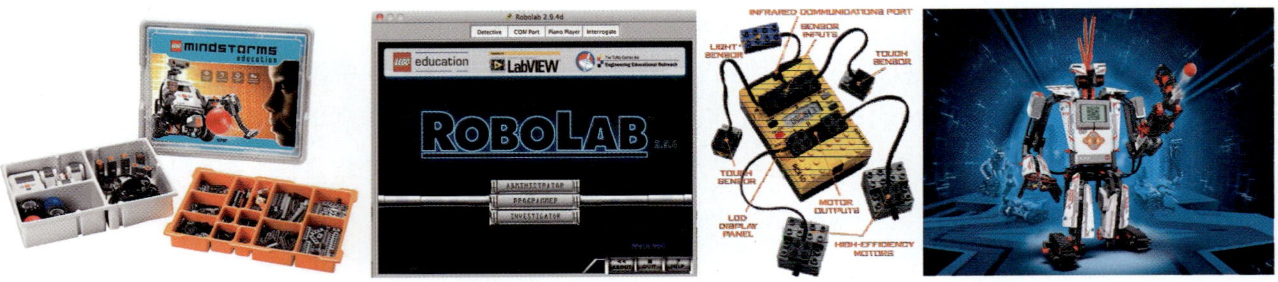

마인드스톰 2세대 모델 NXT, ROBOLAB을 이용한 프로그래밍, 1세대 모델 RCX, 3세대 모델 EV3(출처 : 나무위키)

11) 돈 탭스코트, 엔서니 윌리엄스. 위키노믹스, 21세기북스, 2009 참고

를 인터넷에 버젓이 올리는 일이 발생한 것이다. 초유의 사태를 맞은 레고 경영진은 숙고를 거듭한 끝에 문제를 크게 만드는 대신, 프로그램 소스를 공개하는 쪽으로 결론을 내렸다. 프로그램을 만천하에 공개한 것이다. 그 결과 어떤 일들이 벌어졌을까?

'소비자들이 경쟁적으로 프로그램을 업그레이드시키는 과정에서 엄청난 성능 혁신이 일어났다. 예전에는 단순 동작만 가능했는데 이후에는 계단 오르기 등 복잡한 동작도 가능하게 됐다. 이에 자극을 받은 레고는 2003년부터 아예 고객 스스로 온라인에서 레고 모델을 설계할 수 있게 했다. '디지털 디자이너' 프로그램이 그것이다.'[12)]

레고사의 제품 디자이너는 약 120명쯤 된다. 하지만 레고는 디지털 디자이너 프로그램의 운영으로 전 세계적으로 12만 명에 달하는 자원봉사 프로그래머를 갖게 되었다. 돈 한 푼 요구하지 않고 스스로 좋아 밤을 새우는 열정 가득한 지원군을 말이다. 레고사는 이들 중 일부 적극적이고 뛰어난 서포터즈를 '레고 대사$_{\text{deputy}}$'로 임명하고 본사로 초대해 그들의 공헌에 감사를 표했다.

(3) 백종원식 투자[13)]

식당을 5~6개 운영할 때 가장 돈을 많이 벌었다. 직접 가게를 돌아다니며 장사를 하던 때는 정말 수익이 괜찮았다. 그런데 가게 수가 점차 늘어나 식당 주인의 범위를 넘어 기업화가 되면서 한동안 돈을 벌기 어려웠다.

가게 수에 비례해서 수익이 일정하게 늘어나는 것은 아니다. 식당 하나가 월 500만 원을 번다고 가정해 보자. 식당 두 개면 월 1,000만 원이고, 세 개면 월 1,500만 원을 벌까. 그렇지 않다. 세 개째부터 월매출이 떨어진다고 생각하면 맞다. 네 개부터는 300만 원 정도로 더 떨어지고, 다섯 개부터는 200만 원 정도로 떨어진다. 좀 과장해서 이야기하면, 세 개를 운영하나 다섯 개를 운영하나 수익은 비슷하다. 절대 가게 수가 늘어나는 만큼 돈을 번다고 생각하면 안 된다.

가게가 늘어나면 누군가에게 맡겨야 한다. 그러다 보니 누군가에게 가게를 맡겨 약간의 지분을 주면서 대신 운영을 하라고 하면 열심히 잘할 거라고 생각한다. 그런데 이 방법은 최악의 방법이다. 그 사람은 처음에는 매니저로서 정말 잘한다. 하지만 시간이

---

12) 이지훈. 혼창통$_{\text{魂創通}}$. 쌤앤파커스, 2010 참고
13) 백종원. 백종원의 장사이야기. 서울문화사, 2016 참고

흐르면 마음이 달라지기 마련이다. 자신은 열심히 일하는데, 사장은 수금 때만 나타나 돈만 챙겨간다고 생각한다. 그러니 점점 더 일을 안 하게 된다. 방법은 없는 것일까.

처음부터 지분을 80~90%를 주는 것이다. 그리고 가게 만들 때 사용된 금액을 갚으라고 한다. 그 정도의 돈은 금세 갚는다. 지분이 많기 때문에 자기 가게라는 생각으로 일하기 때문이다. 대신 투자자는 10%만 챙기는 것이다. 백종원은 이 방식을 인도네시아 화교에게서 배웠다고 한다.

7. 기대 그 이상의 제공

약사 김성오가 가진 건 달랑 대학 졸업장뿐이었다. 4.5평의 약국마저 600만 원의 빚으로 시작해야 할 만큼 넉넉지 못한 상황이었다. 손님에게 나눠 줄 지식도 별로 없었고, 물질적으로는 더더욱 열악했다.

그러던 그가 경남 지역 최대의 기업형 약국을 일궈 냈다. 이후 제조업체 영남산업의 대표이사를 거쳐, 메가스터디의 자매 회사인 엠베스트 교육의 최고경영자가 되었다. 일주일에 6일 동안 열심히 일하자며 세웠던 '육일약국'을 기반으로 40만 명의 회원을 거느린 중학생 대상 온라인 교육 시장의 40%를 차지하는 기업의 CEO가 된 것이다. 그가 자신과의 싸움에서 이길 수 있었던 데는 남다른 열정과 신뢰가 큰 힘이 되었다.

약사 시절 그는 약국에 길을 물으러 사람이 오면 쪽지를 받아들고 상세히 설명을 해 주었다. 그래도 알아듣지 못하면 전화를 걸어 주었다. 시골에서 오신 할아버지가 약국에 계시니 모셔가라고 말이다. 전화가 안 될 때는 길 안내에 나서기도 했다. 손님과 상담 중이 아니면, 지체 없이 자리에서 일어났다. 약사를 길잡이로 앞세운 사람들은 한편으론 부담스러워하면서도, 낯선 곳에서 친절한 사람을 만났다는 안도감에 금세 마음을 열었다.
집을 찾아가는 동안 그 가정의 아이들이며 가정 대소사 이야기를 나누다 보면 어느 새 목적지에 도착했고, 예상치도 않았던 그의 도움에 진심으로 고마워했다. 감사하는 마음은 가족들 역시 예외가 아니었다.[14)]

약사 김성오는 무슨 병이든 낫게 하는 기적의 약으로 성공한 것이 아니었다. 오히려 그보다는 길을 물으러 자신의 약국을 찾아온 인연을 소중하게 생각하고 어려움에 처한 이들을 도우면서 크게 일어난 것이다. 누구나 지닌 마음일 수는 있지만, 그는 구체적인 행동으로 실천했다는 것이다. 가운을 벗고 약국 문을 잠시 닫은 후 낯선 곳에서 길을 헤매는 그들을 위해 함께 집을 찾아 나선 것이다.

경쟁자만큼만 하는 친절에 고객의 마음이 열릴 리 없다. 5리를 가자 할 때 10리를 가주는 식으로 두 배는 해야 한다. 왼쪽 빰을 때리면 오른쪽 빰도 내주는 식으로 두 배다. 그렇다고 반드시 두 배여야만 하는 것은 아니다. 친절의 수위가 높아야만 고객이 만족하는 것은 아니다. 길을 물었을 때 길만 알려줄 것이란 예상을 깨고 직접 길 안내로 나서는 파격이 더 중요하다. 고객의 기대 수준을 뛰어넘는 것도 좋지만, 당초의 기대를 벗어나는 것도 한 방법이다.

8. '왜'에 주목하기[15)]

시즈오카는 일본 최대의 녹차 산지다. 시즈오카 녹차는 맛이 매우 좋지만, 생산량은 매년 감소하고 있다. 소비자들의 녹차 구입량도 줄고 있고, 다른 지역에서 내놓는 녹차도 많아지고 있기 때문이다.
관계 당국을 중심으로 이런 상황을 이겨내기 위해 마케팅 활동을 펼쳤다. '녹차를 마시자!'라는 구호를 내건 홍보 활동이 한동안 진행되었다. 하지만 결과는 그리 흡족하지 않았다.

각종 인스턴트 음료가 만연한 가운데, 건강에도 좋은 녹차를 마시자는 건 어찌 보면

14) 김성오. 육일약국 갑시다. 21세기북스, 2007 참고
15) 이와사키 구니히코. 마케팅 전략. 시그마북스, 2013 참고

당연한 것이다. 하지만 세상은 당연한 이치로만 이루어지는 것은 아니지 않은가. 건강에도 안 좋은 탄산음료에다 패스트푸드하며 담배는 또 어떤가. 하지만 이런 제품이 소비자들의 선택에서는 언제나 높은 우선순위를 차지하지 않는가. 녹차를 마시자고 힘껏 소리친다고 녹차를 마시게 될 턱이 없다.

소비자들은 이성적인 존재이기도 하지만 지극히 감성적인 존재이기도 하다는 점을 잊어서는 안 된다. 따라서 지금까지 소비자들이 녹차를 사먹은 이유에 대해 좀 더 고심해 봤어야 한다. 그동안 소비자들이 녹차를 통해 녹차 그 이상의 무엇을 얻고자 했던가에 대해 생각을 해 봤다면, 별 의미 없는 '녹차를 마시자'와 같은 구호는 나오지 않았을지도 모른다.

그렇다면 지금까지 녹차가 제공해온 '녹차만의 가치'는 무엇이었을까.
녹차를 많이 소비하는 지역의 소비자를 대상으로 다음 문장을 보여주고, 떠오르는 단어 하나를 괄호 안에 적도록 했다.

'찻주전자로 우린 녹차'라는 말을 들었을 때 떠오르는 것은 (　　)다.

설문조사에 앞서 판매자들을 포함한 녹차업계 관계자에게 위 질문을 했더니 '찻잎', '카테킨', '건강', '깊은 맛', '시즈오카' 등의 대답이 많았던 반면, 소비자들로부터는 '휴식', '편안함', '따뜻함', '느긋함' 등 의외의 단어가 많았다고 한다.

결국 지금까지 소비자들은 녹차를 통해 휴식이나 편안함을 추구해온 것이다. 그런데 어찌 된 영문인지, 더 이상 녹차로부터 그러한 가치를 얻지 못했던 것이고 그 결과가 녹차 판매량 감소로 이어진 것이다.

더더욱 눈여겨볼 점은 판매자들의 대다수가 괄호 안에 들어갈 단어로 '찻잎'을 떠올린 반면, 789명의 소비자들 중에는 단 두 명만이 이 단어를 적었다는 것이다. 판매자 등 공급자들의 대부분은 녹차의 원료로 찻잎을 생각한 반면, 소비자들은 녹차를 통한 안식을 떠올린다는 것이다. 녹차를 두고 벌어진 양측의 서로 다른 입장 차는 어떻게 받아들여야 할까.

공급자(판매자)의 관점에서 무엇을 파느냐가 중요한 것이 아니라 소비자들이 왜 사는

지에 대해 제대로 알아야 한다. 소비자로 하여금 상품을 사고 싶다는 마음이 들게 하려면 무엇을 파느냐가 아니라, '왜 사는지'에 주목해야 한다. 소비자가 관심을 두는 것은 상품 자체가 아니다. 그보다는 상품이 자신에게 어떤 가치가 있느냐, 어떤 편익을 가져다주느냐가 더 중요하다. 따라서 소비자는 '무엇'이 아니라 '왜'에 의해 움직인다. 이것이 마케팅 활동의 첫걸음이다. 가치를 파악하기 위한 키워드도 '왜'이다. '왜'라는 물음을 반복해 보면 자사가 고객에게 제공하는 잠재적인 가치를 부각시킬 수 있다.

병원은 질병을 치료하는 곳인가 아니면 건강 혹은 건강에 대한 희망을 판매하는 곳인가도 마찬가지다. 아마도 의료진들은 당연히 치료하는 곳이라 생각하겠지만, 많은 환자들은 건강회복 혹은 희망을 되찾는 곳으로 받아들일 수 있다. 질병을 치료하는 곳이기에 앞서 질병의 고통을 벗어나는 곳이자 질병으로부터 생겨난 두려움을 없애는 곳이 환자들이 생각하는 의료기관이 제공해야 할 가치라 생각한다면 치료 과정에서 동반되는 고통 역시 우선적으로 줄여야 할 최우선 과제 중 하나가 분명하다. 아울러 의료기관이 제공해야 할 가치 중 하나로 두려움을 없애주는 곳을 들 경우, 치료 못지않게 환자들을 격려하고 용기를 잃지 않도록 위로하는 것 또한 우선 과제로 받아들여야 할 것이다. 이와 같은 맥락에서 성형외과는 미美, 요양병원은 효孝, 소아과는 성장成長, 내과는 안녕安寧이라는 가치 제공을 위해 다양한 노력을 기울일 수 있을 것이다.

9. 이기심의 활용

아파트 단지 혹은 도심 곳곳에 과속방지턱이 있다. 제아무리 날랜 운전자라 할지라도 과속방지턱 앞에만 가면 순한 양이 된다. 과속방지턱을 그대로 지나치다 자동차가 울컥 하며 크게 요동치고 자동차 바닥이 지면과 닿으면서 긁히고 부서지는 경우도 있어 그때의 쓰라림은 이루 말할 수 없을 정도다. 그런 경험을 몇 차례 하고 나면 그때부터는 과속방지턱이 보이면 미리부터 조심 또 조심이다.

과속방지턱은 아서 콤프턴Arthur Holly Compton이란 노벨상 수상 경력의 물리학자가 워싱턴대학교 총장을 맡고 있던 1953년의 어느 날, 보행자들의 안전을 위협할 정도로 빠르게 달리는 캠퍼스 내 차들이 눈에 띄면서 우연히 떠오른 아이디어였다. 학교에는 경비도, 과속금지 표지판도 있었지만 아무 소용이 없었다. 이 모든 상황을 집무실에서 내려다보던 중 차량 속도를 제한하는 방법으로 과속방지턱을 떠올리게 된 것이다.

눈여겨볼 것은 운전자들이 왜 속도를 줄이는가 하는 점이다. 보행자들의 안전이 아니라 자기 차의 서스펜션이 고장 날까 봐 속도를 줄인 것이다. 하지만 이유야 어찌됐든 간에 캠퍼스는 보다 안전해졌다. 경비원을 늘리고 과속금지 표지판을 더 많이 세우는 방식으로 해결하려 했다면 얼마나 많은 예산이 더 필요했겠는가. 과속방지턱은 사람들에게 굳이 이타심을 호소하는 대신 사람들이 가진 이기심을 적극 활용한 것이다. 자기 차를 아끼는 마음을 적극 활용함으로써 결국에는 다른 사람들에게도 도움되는 결과를 이끌어낸 것이다.

10. 고정관념의 탈피

가. 동물원과 수족관

(1) 아사히야마旭山 동물원

아사히야마 동물원은 홋카이도에서 기차를 타고 2시간쯤 가다 버스로 다시 1시간을 더 가야 닿는 곳에 있다. 1967년에 개장된 이곳은, 2004년 방문객 32만 명을 정점으로 점점 쇠락해가는 곳이었다. 그러던 이곳에 관람객 수 270만 명(2006년)을 시작으로 매년 300만 명이 넘는 관람객이 몰려들고 있다. 인구 35만 명인 이곳에 있는 동물원을 찾는 사람들이 그 지역 인구의 10배나 된다. 도대체 이 동물원에서 무슨 일이 있었던 것일까.

동물원은 홋카이도의 시골 지역에 있다 보니 동물 개체 수도 많지 않은 데다, 테마파크 열풍에 밀려 관람객이 급감하면서 폐쇄라는 절박한 상황에 놓이게 되었다. 그나마 다행인 것은 신임 원장이 사육사 출신이라 현장 경험과 동물원에 대한 이해가 남다르다는 점뿐이었다.

사람들의 흥미를 끌 수 있는 무엇이 필요했다. 고민 끝에 동물들의 야생성을 제대로 보여준다면 사람들의 흥미를 끌 수 있을 것이란 생각이 들었다. 이른바, 야생의 습성과 행동 능력을 있는 그대로 보여주는 '능력 전시'라는 개념을 구현하기로 했다.

동물원 측은 관람객들이 동물들과 교감하며 이들을 관찰할 수 있는 시설을 하나씩 만들어 갔다. 케이지 안으로 들어가 새들이 날아다니는 모습을 직접 볼 수 있는 시설, 북극곰을 가까이서 볼 수 있는 파크, 펭귄과 물개를 눈앞에서 볼 수 있는 수족관(아쿠아리움), 오랑우탄의 공중그네 타는 솜씨를 볼 수 있는 시설 등이 만들어졌다.

예전엔 그저 뒤뚱거릴 뿐이었던 느림보 펭귄은 새로 만든 수족관에서 새처럼 빠르게 헤엄쳤고, 날아다니는 펭귄이라는 별명도 붙었다. 원숭이 우리 한쪽 끝에는 바나나가 있고 그 맞은편에 원숭이들이 있다. 이쪽과 저쪽은 완전 미로에다 웅덩이를 비롯한 각종 장애물이 그득하다. 과연 원숭이들이 여기를 헤쳐 바나나를 차지할 수 있을까, 가다가 다치지는 않을까. 사람들이 숨죽이며 이 광경을 지켜본다. 그렇다고 조용하게 관람하는 동물원을 생각하면 큰 오산이다. 관람객들의 기

출처 : ko.m.wikipedia.org/wiki/%ED%8C%8C%EC%9D%BC:Asahiyama-zoo-seimon.jpg, access-n.jp/summer2020/en/kankou/detail/4160.html

대와 염려가 함께 담긴 열띤 응원을 펼치고, 그 가운데 원숭이가 장애물을 넘어 바나나를 손에 쥐는 순간, 환호성과 박수는 그칠 줄 모른다. 동물원에서는 원숭이의 잠재된 능력을 보여주었고, 관람객들은 다른 동물원에서는 기대하기 힘든 이들의 놀라운 능력을 눈으로 직접 보며 감동에 흠뻑 빠져든다.
내내 잠만 자던 북극곰도 물고기를 잡아먹기 위해 물속으로 뛰어드는 야생의 모습을 보여주었다. 그 결과 동물들의 본연의 모습을 생생히 보고 체험할 수 있는 아사히야마 동물원은 일 년에 300만 명이나 되는 관람객이 찾아오는 최고의 동물원으로 탈바꿈했다.

(2) 기타미시 북대지의 수족관

홋카이도 기타미시 루베시베 마을에 있는 〈북대지의 수족관北の大地の水族館〉.
이곳은 부지 면적이 약 600평방미터 정도 되는 산골 마을에 있는 작은 수족관이다. 1978년에 개장한 이곳의 당초 이름은 〈산의 수족관〉이었다. 이름에서 알 수 있듯이 북대지의 수족관은 산기슭에 있는 수족관이다. 이런 산골에 있는 수족관을 찾는 방문객이 연간 30만 명이 넘는다.

시골에 위치해 있어 접근성이 떨어진다는 점과, 겨울철에 특히 모든 것이 꽁꽁 얼어붙는다는 것이 가장 큰 약점이었다. 하지만 수족관 측에서는 약점을 무리하게 바꾸는 대신 있는 그대로의 모습을 관람객들에게 보여줌으로써 산골 마을의 사계절을 자연 그대로 드러내는 쪽으로 방향을 세웠다.

출처 : livejapan.com/ko/in-hokkaido/in-pref-hokkaido/in-abashiri/article-a1000153/

겨울에는 대부분의 수족관들이 물고기를 실내 수조 또는 임시 수조를 만들어 보관하는 경우가 일반적인데, 기타미시 수족관에서는 겨울에도 그 수조에 그대로 둔다. 산골이다 보니 추운 겨울이 되면 수조 윗부분이 꽁꽁 어는 건 당연하다. 하지만 그 속에서도 물고기는 여전히 살아 있다. 관람객들은 두꺼운 얼음 아래서 살고 있는 물고기들을 볼 수 있다. 수족관은 추운 겨울을 나는 물고기들의 모습을 보여주는 세상에서 단 한 곳뿐인 얼음 수족관이자 어디에서도 볼 수 없는 특별한 체험이 이루어지는 곳이 된다.

험난한 겨울을 견디는 물고기들의 모습을 관찰할 수 있는 얼어붙은 수조

옥외에 설치된 '북대지의 사계' 수조다. 홋카이도에서 서식하는 송어나 아메마스 등이 살고 있는 강바닥을 재현한 환경에서 사육되고 있다. 살아 있는 무지개송어 등의 먹이를 주는 라이브 행사도 있다. 1미터나 되는 큰 물고기가 송어를 잡아먹는 압도적인 모습과 먹이사슬에 대해 이해할 수 있다.

'생명이 반짝이는 폭포'라는 수조다. 폭포 안의 광경을 아래에서 올려다보는 반구 형태로 된 수조로 힘찬 물길을 거슬러 올라가는 매기나 산천어의 모습을 관찰할 수 있다.

여름에는 여름을 보여주고, 겨울이 되면 또 그 겨울을 있는 그대로 보여주는 것만으로도 큰 비즈니스 기회가 만들어질 수 있다는 사실을 깨닫기까지 오랜 시간이 걸렸다.

아사히야마 동물원과 북대지의 수족관이 매우 큰일을 해낼 수 있었던 가장 큰 원동력은 고정관념의 탈피에 있었다. 그 속에서 찾아낸 '다르게 보기'와 '남다름'이야말로 성공의 큰 힘이 되었다.

나. 먹기대회 단골 우승자 코비[16]

고바야시 타케루小林 尊(1978년생)는 대식가다. 세계 먹기 대회 우승자로, 한 번에 98개에 달하는 햄버거를 먹어치워 사람들을 놀라게 했다. 현재 그는 세계에서 가장 핫도그를 많이 먹는 사람 중 하나로 기네스북에 올라 있다.

- 기네스북 기록
  2001년 12분 만에 핫도그 50개
  2002년 50.5개
  2003년 53.5개
  2007년 59.5개 기록갱신
- 수상 경력
  2000년 텔레비전 도쿄 'TV챔피언 전국 많이 먹기 선수권' 올스타전 우승
  2006년 세계 햄버거 빨리 먹기 대회 우승
  2007년, 2008년 나단 인터내셔널 핫도그 먹기 대회 준우승
  2009년 중국 쑤저우에서 열린 초밥 먹기 대회 우승(20분 동안 초밥 164개)

2000년 가을, 훗날 코비라는 이름으로 매스컴을 타게 될 한 청년의 여자 친구는 우승상금 5천 달러가 걸린 많이 먹기 대회 소식을 접하고는 남자 친구에게 물어보지도 않고 참가 신청부터 했다. 그녀의 남자 친구는 대식가라고는 상상하기 힘든 마른 체구에 키도 170센티미터를 조금 넘는 정도였지만, 마지못해 참가에 동의했다. 당시 두 사람은 뭐든 해야만 했을 정도로 생활고가 심했다. 그들에게는 우승 상금 5천 달

16) 스티븐 레빗, 스티븐 더브너. 괴짜처럼 생각하라. 웅진지식하우스, 2015 참고

러가 꼭 필요했다.

먹기 대회 순서는 삶은 감자를 다 먹으면 해산물이 나오고, 칭기즈칸 요리와 국수로 이어지는 4단계로 구성되어 있었는데, 대부분 초기 단계에 지나치게 공을 들이다 보니 다음 단계에서는 배가 너무 불러 일을 그르친다는 점에 주목했다.
코비는 다음 단계로 올라갈 정도로만 먹음으로써 시합을 계속할 에너지와 위 용량의 여분을 남겨두며 결국 우승상금 5천 달러를 거머쥐었다.

다음 목표는 미국 핫도그 체인업체인 네이선스 페이머스Nathan's Famous의 핫도그 먹기 대회였다. 오랜 역사를 자랑하는 이 대회는 ESPN을 통해 100만 명이 넘는 시청자들이 지켜보는 큰 행사로, 12분 동안 핫도그를 가장 많이 먹으면 된다. 당시 최고 기록은 25와 1/8개였다.

첫 출전한 코비의 성적은 50개로 기존 기록의 두 배나 되는 대기록이었다. 그는 이 대회에서 6연패라는 엄청난 기록을 세웠다. 평범해 보이기만 하던 그가 이와 같이 대단한 기록을 세울 수 있었던 이유는 무엇일까?

먹는 방법에 대한 규정이 따로 없었던 상황에서, 코비는 몇 가지 실험을 해보았다. 핫도그를 먹기 전에 절반으로 자르면 어떨까? 그러면 입이 해야 할 씹고 자르는 일 중 자르는 일의 일부를 손이 대신할 수 있다.
소시지와 빵을 함께 먹는 기존의 방식에도 의문을 가졌다.

소시지를 따로 빼 반으로 잘라 한 움큼씩 삼키듯 넘겼다. 한 손으로 소시지를 먹으면서 다른 손으로는 빵을 물 컵에 담근 후 물기를 짜낸 뒤 입에 넣었다. 물에 젖은 빵을 먹음으로써 목이 덜 마르게 되었고, 물 마시는 시간도 줄일 수 있었다. 물 온도도 실험했는데, 따뜻한 물이 씹는 근육을 이완시켜준다는 것도 알게 되었다.

속도를 내다 중간에 좀 늦췄다가 마지막에 전력을 다하는 게 나은지 아니면 일정 속도를 유지하는 게 나은지도 시험해 보며 결국 빠르게 시작하는 게 좋다는 사실도 알아냈다. 관건은 체력이라 잠을 충분히 자두었고, 근력 운동도 했다. 튼튼한 근육은 먹는 데는 물론, 구토를 참는 데도 큰 도움이 되기 때문이다. 아울러 먹어가면서 간간이 뛰고 몸을 꿈틀거리면 위에 더 많은 공간을 만들 수 있다는 사실도 알아냈다. '고바야시 셰이크'라 명명된 이상한 동작이 바로 여기서 나왔다.

경쟁자들이 하나같이 어떻게 하면 더 많이 먹을지 '먹는 법'에 집중한 것과 달리, 코비는 '더 쉽게' 먹는 법에 주목했다. 먹기 대회의 성패가 어떻게 하면 쉽게 먹을 수 있을까에 달려 있다고 문제를 재규정한 것이다. 이로써 예전에 없었던 다양한 모색이 이루어졌고, 그 과정에서 새로운 방법을 마련할 수 있었다. 코비의 사례가 주는 가장 큰 교훈이 바로 이것이다. 문제를 재규정하는 것!

2001년 코비는 핫도그 먹기 대회 기록을 뒤집어 놓았다.(출처 : Business Insider, 2018.7.3)

11. 끊임없이 혁신하기

핵심 자산이 부채가 되는 세상

증권사의 꽃은 목 좋은 곳에 있는 점포였다. 번화가 1층과 같은 곳에 있는 점포를 많이 가진 증권사일수록 더 많은 고객을 확보하며 번창할 수 있었다. 그런데 최근 들어 이런 점포는 하나도 없이 오로지 인터넷을 기반으로 하는 새로운 업체들이 늘고 있다. 이들은 하나같이 파격적인 저가 수수료를 제시하거나 심지어 수수료를 받지 않겠다며 사람들을 끌어모으고 있다. 은행이 이자 수익을 통해 수익을 확보하는 것처럼 증권사들은 증권거래 수수료를 통해 돈을 버는 것인데, 수수료 없이 어떻게 돈을 벌겠다는 것일까.

비결은 파격적인 조건에 끌려 몰려든 사람에게 주식담보대출 등 대출 서비스를 통해 수익을 올리는 것이다. 이런 업체들 탓에 업종 간 경계가 파괴되고 기존 업체의 수익모델 또한 급속하게 무너지고 있다.

이론적으로야 기존 증권사들도 이런 모델을 도입하면 되겠지만, 말처럼 쉬운 게 아니다. 인터넷 중심으로 운영 방식을 바꿀 수 있을지는 몰라도 그렇게 할 경우 여태껏 들인 노력이 모두 물거품이 되어 버린다. 그동안 애써 마련한 도심의 수많은 지점들이 돌연 '경직성 자산(부채)'으로 변해버리기 때문이다.

증권사들은 지점 운영을 위해 인력과 자산 등 많은 투자를 해왔다. 그런데 갑자기 인터넷 중심으로 사업 방식을 바꾸려면 기존의 자산인 지점을 줄이거나 없애야 하는데, 그게 말처럼 쉬운 것도 아니다. 하루아침에 인터넷 비즈니스로 변신하기도 쉽지 않지만, 기존의 지점 중심의 영업 방식을 포기하기란 더 어려운 일이다.

백화점이나 대형마트 등 유통업계도 아마존을 필두로 인터넷 기반 유통업체들의 영향력이 맹위를 떨치고 있다. 온라인 마켓이 활성화되면서 많은 소비자들은 백화점에 가서는 구경만 하고 정작 구입은 인터넷에서 한다. 해외 직접구매도 늘고 있다. 이마트, 홈플러스 등도 온라인 사업을 개시했지만 이 부문이 확대될수록 지금까지 쌓아왔던 그 많은 오프라인에서의 투자가 헛된 물거품이 되는 셈이다. 게다가 그동안 누렸던 오프라인에서의 지배력을 내려놓을 수밖에 없다. 하지만 변화를 인정하지 않을 수 없다. 강 건너 불구경 마냥 그대로 지켜만 볼 수 없는 입장이라 눈물을 머금고 온라인으로 갈아탈 수밖에 없는 것이다.

2019년 10월, 이마트에서는 전격적으로 외부인사 영입을 통한 CEO 교체를 단행했다. 불문율처럼 지켜 오던 내부승진 관행을 깨면서까지 파격적인 인사를 단행할 수밖에 없었던 이유는 단 한 가지! 온라인 사업을 주도할 새 인물이 필요했기 때문이다. 오프라인 영역에서 배우고 성장한 내부 인재로는 새롭게 떠오른 온라인 시장을 감당하기 힘들다는 판단에 따른 것이다.

(김남국. 제로 시대. 비즈니스북스, 2016 참고)

가. 끊임없는 혁신

바흐J.S. Bach(1685~1750)의 무반주 첼로 모음곡은 300여 년 전인 1720년경에 작곡되었다. 하지만 현란한 기교를 요구하는 이 곡을 제대로 연주한 사람이 없었고, 결국 악보는 묻히고 사라졌다.

그 악보를 찾아낸 사람은 파블로 카잘스(1876~1973)라는 13세 소년이었다. 그날부터

93세의 파블로 카잘스

장장 12년 동안 카잘스는 매일같이 그 곡을 연습했다. 전주곡과 알르망드, 꾸랑뜨, 사라방드, 미뉴에트와 지그로 이어지는 두 시간여의 작품을 말이다. 그러고는 마침내 25살이 되던 해에 이 곡을 세상에 내놓았다. 12년 동안 매일 갈고닦아온 것이니만큼 기교와 실력은 오죽했겠는가. 사람들은 열광했고, 첼로라는 악기가 독주 악기로도 전혀 손색이 없다는 것이 밝혀졌다. 그로 인해 첼로가 독주 악기로 새로 태어나게 된 것이다. 사람들은 그에게 '첼로의 성자聖者'라는 존칭을 붙였다.

역사상 가장 위대한 첼리스트라는 그가, 고령의 나이임에도 하루도 연습을 거르지 않는 것을 본 기자가 이유를 물었다. 그의 나이 아흔다섯 살 때의 일이다. 카잘스의 대답은 다음과 같았다.

"왜냐하면 지금도 조금씩 발전하고 있다고 생각하기 때문입니다."

하나의 곡을 완벽하게 연주하기까지 얼마나 많은 연습이 필요한가. 한 분야의 전문가가 되기 위해서 희생하고 치러야 할 대가는 또 어떠한가. 하물며 최고를 꿈꾼다면 그 과정은 더 혹독하다는 것은 비단 음악 장르에 국한된 일만은 아닐 것이다.

나. 베이츠빌Batesville Casket Co.

관棺 및 화장 항아리를 제조하는 이 회사는 인디애나 베이츠빌에 본사를 둔 기업으로 1884년에 설립되어 꽤 오랫동안 관棺을 만들어온 미국 제1의 관棺 제작 업체다. 관이라는 제품의 특성상, 이 업계의 특성은 보수적이고 좀처럼 변화를 위한 노력을 기울이지는 않는 편이다. 엄숙한 장례식장의 분위기를 감안해 볼 때 전통적이고 고전적이며 예부터 내려온 관의 디자인을 바꿀 생각이 없는 데다, 돌아가신 분들 중에 시대에 맞는 좀 더 세련된 관을 만들어 달라고 요구하는 경우도 없었기 때문이었는지도 모른다.

LA Times(2015.6.4)는 베이츠빌 홈페이지(batesville.com)에서 고른 몇몇 사진(Mike Clarke/AFP/Getty Images)을 게재하며 아시아인들의 호화로운 장례식에 대한 수요 증가로 관 제작업체들의 수익 증대를 전망했다. 사진은 이 기사에 실린 2009년 홍콩 장례용품 엑스포funeral expo 현장

그럼에도 불구하고 끊임없이 새로운 시도를 추구하는 곳 중 하나가 바로 베이츠빌이다. 금속제 관에 '음극 보호 장치'가 설치되어 있는 것도 베이츠빌뿐이다. 이것은 알래스카 석유 수송관이나 선박의 부식을 막기 위해 사용되는 기술로 베이츠빌이 이를 도입한 것이다.

심지어 누수방지 시스템인 '모노실'도 제공한다. 관마다 누수 여부를 체크하기 위해 진공 실험을 실시한다. 최종적으로 시험에 통과한 제품에 대해 품질 보증서를 제공하고, 관의 종류에 따라 최고 75년까지 품질을 보증한다. 이 관을 선택한 가족들은 고인이 세상에서 가장 좋은 관에 잠들었으며 자연 풍파로부터 오래오래 보호받을 것으로 굳게 믿고 있을 것이다.

조별 과제

① 제13장에 수록된 내용 중 가장 공감하는 부분은 무엇이며, 그렇게 생각하는 이유를 설명하시오.
② 제13장에 추가할 내용으로 딱 좋은 사례를 찾아보고, 해당 사례를 선정한 이유에 대해 설명하시오.

개인 과제

CHAPTER 13. 마케팅과 지속 성장

학번		성명		제출일	

① 이번 장을 한 문장으로 표현해 보자.

② 이번 장과 관련해 스스로 찾아본 것에 대해 자세히 적어 보자. 책은 50쪽 이상 읽은 것만 적을 수 있으며, 영상 자료와 신문 및 기타 내용은 출처나 연도 표기를 정확히 적어 보자.

책	
영상 자료	
신문	
기타	

③ 이번 장에 관해 200자 이상의 에세이를 손으로 직접 써 보자.

* 이 페이지는 절취하여 다음 시간에 제출할 것

찾아보기

[ㅈ]

[기타]

홍 상 진
(daniel@dju.ac.kr)

연세대학교를 졸업하고 대전대학교 의료경영학과에 재직 중이다. 매년 수백 권의 책을 정독하는 독서광이며, 거의 무제한 대출이 가능한 교수 신분을 이용해 관심 분야를 점차 넓혀가고 있다. 문학, 철학, 역사를 아우르는 명실상부한 '르네상스인'을 꿈꾸며, 독서 시간을 확보하기 위해 단조로운 일상과 소박한 생활을 적극 실천하고 있다. 한동안 음악방송 코너를 진행했을 정도로 음악에 대해 관심이 많으며 LP 음반 수집이 취미로, 2만 장이 넘는 음반을 소장하고 있다.

지금까지 출간한 책은 〈이야기 보건학〉 〈보건스포츠 연구방법론〉 〈마케팅, 생각의 천장을 없애라〉(공저) 〈그들은 어떻게 읽었을까〉 〈원룸으로 월세 부자되기〉(공저) 〈병원과 경영 워크북〉 등이 있고, 번역서로는 〈병원의 미래 클리블랜드 클리닉〉이 있다. 좋은 책을 쓴 사람으로 기억되길 바라기에 오늘도 그 목표를 향해 조금씩 나아가고 있다. 이 책도 그런 과정에서 나온 것이다.

슬기로운 의료마케팅

2020년 9월 1일 제1판 1쇄 인쇄
2020년 9월 5일 제1판 1쇄 발행

저　　자 홍 상 진
발 행 인 권 영 섭
발 행 처 (주)신 영 사
경기도 파주시 심학산로 12(출판문화단지)
등　　록 : 1988. 5. 2 / 제406-1988-000020호
전　　화 : 031-946-2894(代)
F A X : 031-946-0799
e-mail : sys28945@naver.com
홈페이지 : http://www.shinyoungsa.co.kr

㈜신영사

정가 27,000원
ISBN 978-89-5501-737-3